저널리즘의 7가지 문제와 점검 목록

방송 뉴스 바로 하기

방송기자연합회 저널리즘 연구 시리즈 2

BROADCASTING
NEWS

저널리즘의 7가지 문제와 점검 목록

방송 뉴스 바로 하기

방송기자연합회 저널리즘 특별위원회
심석태 김호성 김재용 정필모 최문호
임장혁 강형철 윤태진 이민규 임대근 지음

culture Look

방송기자연합회 저널리즘 연구 시리즈 2

방송 뉴스 바로 하기

저널리즘의 7가지 문제와 점검 목록

지은이 심석태 김호성 김재용 정필모 최문호
임장혁 강형철 윤태진 이민규 임대근
펴낸이 이리라

편집 이여진 한나래
디자인 에디토리얼 렌즈

2014년 8월 16일 1판 1쇄 펴냄

펴낸곳 컬처룩
등록 제2011–000149(2010. 2. 26)
주소 121–898 서울시 마포구 동교로 27길 12 씨티빌딩 302호
전화 070.7019.2468 | 팩스 070.8257.7019 | culturelook@naver.com
www.culturelook.net

Published by Culturelook Publishing Co.
Printed in Seoul

ISBN 979–11–85521–05–3 93070

* 이 도서의 국립중앙도서관 출판예정도서목록(CIP)은 e-CIP홈페이지(http://www.nl.go.kr/ecip)와 국가자료공동목록시스템(http://www.nl.go.kr/kolisnet)에서 이용하실 수 있습니다. (CIP제어번호: CIP2014019599)

• 이 책은 한국언론진흥재단의 후원으로 발행되었습니다.

차례

일러두기

· 한글 맞춤법은 '한글 맞춤법' 및 '표준어 규정'(1988), '표준어 모음'(1990)을 적용하였으나 혼란이 있는 경우는 출판사의 원칙을 따랐다.

· 사용된 기호는 다음과 같다.

방송 프로그램, 신문 등: 〈 〉

책이름 등: 《 》

방송 저널리즘의 문제, 어떻게 뛰어넘을 것인가

저널리즘, 그중에서도 방송 저널리즘의 문제를 7가지 유형으로 분류해 제시한 지도 1년이 넘었다. 방송 기자들은 물론 언론학계에서도 적지 않은 반향이 있었다. 무엇보다도 방송 뉴스 현업에 있는 사람들과 언론학자들이 실제 방송 사례들을 분석해서 문제 유형을 도출해 냈다는 점에서 의미가 있었다. 저널리즘특별위원회(이하 특위)가 제시한 7가지 문제 유형은 여러 저널리즘 스쿨에서 예비 언론인들을 교육하는 과정에서도 활용되고 있다. 또한 언론 현장에서 아직 큰 흐름을 만들어 내지는 못했지만 적어도 많은 언론인들에게 고민과 변화의 방향을 제시했다는 점에서 의미 있는 작업이었다.

사실 특위가 제시한 방송 저널리즘의 7가지 문제 유형은 가장 기본적인 것들이다. 처음부터 그런 문제 유형에 해당하는 기사를 쓰겠다고 기자의 길에 들어선 사람은 없을 것이다. 시청자들 또한 그런 기사들을 보려고 TV를 켜거나 방송사 뉴스 사이트를 방문하지는 않을 것이다. 그런 점에서 현실적인 여러 이유를 차치하고, 특위가 제시한 7가지 유형의 기사가 '문제적'이라는 데에는 기자 사회의 광범위한 공감대가 존재한다고 본다. 언론 문제에 대한 각종 논의나 예비 언론인 교육 등에서 이 문제 유형들이 나름의 설득력을 갖고 있는 것도 이것이 워낙 당연한 원칙에 해당하기 때문일 것이다.

특위는 7가지 문제 유형을 제시한 이후로도 꾸준히 방송 뉴스에 대한 모니터와 분석을 계속해 왔다. 과연 7가지 문제 유형 분류는 제대로 된 것인지, 분류 방식을 바꾸거나 개선할 여지는 없는지 등을 살펴보기 위해서였다. 또 실제 방송 뉴스 모니터를 통해 우리의 문제 제기가 정작 방송 뉴스 제작 현장에서는 어떻게 받아들여지는지도 점검해 보고 싶었다. 이러한 활동을 통해 우리는 다음 두 가지 측면을 발견할 수 있었다.

첫 번째는 특위가 제시한 저널리즘의 문제 유형에 해당하는 기사들이 여전히 만들어지고 있다는 것이다. 그중에서도 정치적 편향으로 분류할 수 있는 기사들이 압도적으로 많이 눈에 띄었다. 문제가 되는 기사들을 면밀히 분석해 보면 실제로 한 가지 유형만이 아니라 여러 유형의 문제를 동시에 드러내는 것들이 많았다. '사실 관계 확인 부족'이라는 가장 초보적인 문제점은 거의 모든 문제 유형의 기사들에서 공통적으로 확인되었다.

적지 않은 사람들이 저널리즘 문제를 고민하고 있음에도 불구하고 이런 문제 유형의 사례들이 양산되는 것은 그만큼 우리의 취재 보도 관행이 이런 식의 기사들을 생산하는 방식으로 운영되고 있다는 방증이 아닐까 싶다. 부실한 기초 위에서 어느 쪽이든 편향을 드러내거나 시청률이나 자사 이익을 좇는 것이 비교적 긴 시간 동안 관행으로 지속되어 왔다고 볼 수 있다. 비록 지금 일정한 유형의 문제가 빈발하고 있기는 하지만 길게 보면 이런 모든 문제들이 갑자기 하늘에서 뚝 떨어진 것은 아니라는 얘기다. 이처럼 관행화된 것들은 저널리즘을 실행하고 있는 사람들이 실질적인 문제로 인식하기가 쉽지 않고, 또 이를 고치기는 더 어렵다는 것을 의미한다. 특히 소수이기는 하지만, 그리고 특수한 정치적 상황에서 비롯된 것으로 보이기는 하지만, 저널리즘의 기본 가치들이 일부에 의해서 노골적으로 무시되는 사례가 나타나는 것은 매우 우려스러운 일이다.

그나마 다행스러운 것은 그래도 바람직한 방송 저널리즘에 대해 고민하는 사람들이 그렇지 않은 사람에 비해 훨씬 많다는 것이고, 어떻게든 더 나은 저널리즘을 실천해 보려고 애를 쓰는 사람들이 끊임없이 나타나고 있다는 것이다. 당장 상황이 개선되기는 어렵겠지만 현장에서의 고민이 사라지지 않는 한 우리는 희망이 있다고 본다.

두 번째로 이번 특위 활동 과정에서 확인된 것은 바른 저널리즘을 고민하는 언론인이라 하더라도 구체적인 사안을 다루는 과정에서 어떤 것이 바람직한 것인지, 어디가 넘어서는 안 될 선인지 등을 판단하기가 쉽지는 않다는 것이다. 이는 특위 논의 과정에서도 수시로 드러났다. 저마다 각각의 원칙을 추구하는 수준이 다르고 눈높이도 다르기 때문에 위원들 사이에서도 동일한 보도를 놓고 의견이 엇갈리는 경우도 있었다. 더구나 짧은 시간 안에 의사 결정을 내려야 하는 저널리즘의 속성을 고려해 보면 현장 언론인들이 일상적으로 겪는 어려움을 상상하기는 어렵지 않다.

심지어 개인적인 취향의 차이까지 반영되는 이런 차이는 경우에 따라서는 저널리즘에서의 의사 결정을 지나치게 주관적인 것으로 비치게 만들기도 한다. 때문에 어떤 객관적인 기준을 도출하는 것 자체가 불가능하다면서 모든 것을 각자의 시각 차이로 몰아가는 사람들이 나타나기도 한다. 이런 식의 논리는 저널리즘 관련 문제 제기에 대한 방어 수단으로 종종 동원된다. 하지만 그렇다 하더라도 적어도 큰 방향에서의 옳고 그름은 구분할 수 있어야 한다. 또 정도의 차이는 있더라도 적어도 저널리즘이라고 이름 붙이려면 절대로 넘어서는 안 되는 최소한의 기준은 분명히 객관화시킬 수 있어야 한다. 적어도 기자라면, 저널리즘의 품질이 더 좋고 덜 좋은 차원의 문제가 아니라 저널리즘이라고 부를 수 있는 최소한의 기준이 무엇인지에는 의견이 일치할 수밖에 없기 때문이다.

특위는 지금까지 자료 수집과 분석, 토론 등의 활동을 통해 저널리즘을 바르게 실천해 보려고 고민하는 언론인들, 시간 압박 속에서 어떻게든 최선의 판단을 내리려고 애쓰는 언론인들을 위해 무엇인가 보다 실질적인 도움이 될 수 있는 결과물을 내보려고 노력해 왔다. 이를 위해 우리가 할 수 있는 일은 저널리즘적 측면에서, 바람직하거나 그렇지 않음을 구분할 수 있는 기준을 조금이라도 더 잘 정리해서 제시하는 것이라고 판단했다. 그래서 2013년 출간한 《방송 보도를 통해 본 저널리즘의 7가지 문제》에서 제시했던 것보다 훨씬 체계적으로 우리 저널리즘의 문제를 정리해 보기로 했다.

이를 위해 우리는 지속적인 뉴스 모니터링을 통해 7가지 유형의 문제가 드러난 기사들을 선정하고 분류하는 작업을 진행했다. 어떤 기사가 도대체 왜 문제가 있다는 것인지를 피부에 와 닿게 정리해 보여 주는 것이 필요하기 때문이다. 구체적인 사례를 자세히 보여 주다 보니 양적으로는 아무래도 가장 많은 부분을 차지하게 되었다. 여기에 다음과 같은 《방송 보도를 통해 본 저널리즘의 7가지 문제》와 구별되는 몇 가지 중요한 내용을 추가했다.

먼저 저널리즘의 일반적인 이론에 더해서 한국 언론 현실의 특수성을 고려한 이론적 내용을 대폭 강화했다. 방송 저널리즘의 문제를 개선하기 위한 실천적 관점에서 이 책을 읽는 독자들은 이 대목을 건너뛰고 바로 방송 저널리즘의 7대 문제 유형부터 읽어도 좋다. 하지만 이번에 보강된 우리 언론의 현실을 반영한 이론 부분은 방송 저널리즘의 구조적 문제를 이해하려는 독자들에게 좋은 길잡이가 될 것이라고 생각한다.

이 책에서는 또 기존의 7가지 문제 유형에서 한 발 나아가 각 유형별로 보다 자세한 세부 유형을 나누어 제시했다. 이를 통해 기자들은 물론 일반 독자들도 실제로 저널리즘에서 문제가 되는 것이 무엇인지를 조금 더 쉽게, 보다 체계적으로 파악할 수 있을 것이다.

여기에 실제로 이런 문제 유형에 해당하는 기사들이 어떻게 해서 만들어지는지를 좀더 구체적으로 분석해 제시하였다. 특정 사안에 대한 저널리즘적 판단을 내리는 과정에서 7가지 문제가 어떻게 발생하게 되는지를 보여 주고 있다. 또 이번에는 7가지 문제의 세부 유형별로 각각의 문제가 발생하는 이유도 정리했다. 이를 토대로 언론인들이 최종적으로 뉴스 판단을 내릴 때 저널리즘 문제를 최소화하기 위해 어떤 사항들을 점검해야 하는지를 정리해 목록으로 제시하였다. 기사 판단이 기계적으로 똑같이 나올 수 없고 이런 사안에서 절대적 정답이 존재하는 것은 아니지만 적어도 저널리즘의 원칙에 어긋날 가능성을 최소화시킬 수 있는 점검 목록을 매일매일 뉴스 판단 과정에서 활용하는 것은 매우 의미가 있는 일이라고 생각한다. 이런 점검 목록을 현장 기자에서 데스크나 뉴스 최종 책임자들까지 항상 옆에 두고 참고한다면 최소한 어이없는 문제가 반복되는 것은 막을 수 있을 것이라고 기대한다.

이번 작업을 통해 특위는 단순히 저널리즘의 문제 유형을 제시하는 것을 넘어서서 실제로 이런 문제가 생기는 것을 방지하기 위해 어떤 식으로 우리의 뉴스 판단 과정을 정비할 것인지 매우 현실적인 방안을 제시해 보았다. 중첩되는 부분도 있고 의미가 다소 불명확해 보이는 부분도 있을 것이다. 저널리즘의 7가지 문제 유형과는 달리 그 세부 유형의 분류나 이를 방지하기 위한 점검 목록 등의 경우는 훨씬 다양한 현장의 의견이 제시될 수 있을 것이다. 그러한 의견들을 바탕으로 보다 더 세련되고 더 실질적인 도움이 되는 기자들의 작업 매뉴얼이 만들어질 수 있을 것이다. 앞으로 현장으로부터 비판을 포함한 다양한 의견이 제시되기를 기대한다.

2014년 4월 16일에 일어난 세월호 참사는 한국 방송 언론의 수준과 시청자들의 기대 사이에 얼마나 큰 간극이 있는지를 극명하게 드러냈다. 세월호 참사는 곧 언론 참사라는 말까지 나왔다. 비교적 긴 시간 동안 이어진 특보 과정에서 우리가 제시한 7가지 문제 유형이 그대로 나타났다. 이번에 언론에 대해 쏟아진 비난은 이제 이런 문제를 바로잡는 것이 단순히 저널리즘 품질의 좋고 나쁨의 문제가 아니라 저널리즘의 존립 자체에 관한 문제임을 일깨워 주고 있다. 많은 언론인들이 저널리즘의 위기를 직접 몸으로 느꼈다. 그리고 시청자들은 저널리즘이 얼마나 중요한 것인지를 절감했다.

다행스러운 것은 이번 세월호 참사 보도의 문제점에 대해 많은 현장 기자들이 스스로 반성하고 개선 노력을 다짐하고 있다는 것이다. 하지만 무엇을 잘못했는지를 정확하게 파악하지 못한다면 제대로 된 개선도 이루어지기 어렵다. 이 모든 저널리즘의 문제가 하루아침에 만들어진 것이 아니기 때문이다. 한 번의 결단으로 끝낼 수 있는 문제가 아니라 매일매일 힘겹고 질긴 싸움을 벌여 나가야 하는 문제이다. 몸으로 배운 것은 쉽게 잊어버리지 않는 법이다. 이번에 온몸으로 저널리즘의 문제를 깨달은 기자들은 일상의 쳇바퀴 속에서 이런 문제를 고치겠다는 결심을 쉽게 잊어버리지 않을 것이라고 믿는다. 이들이 저널리즘의 문제를 바로잡기 위한 실천에 나서는 데 이 책이 조금이나마 길잡이가 되길 바란다. 이를 통해 중병이 든 한국 방송 저널리즘이 조금이라도 더 빨리 회생의 길을 찾을 수 있기를 간절히 기원한다.

이 책이 나오기까지 많은 분들의 도움을 받았다. 특위 활동을 전폭적으로 지원해준 방송기자연합회 김유석, 전동건 회장과 사무국의 김진영 실장과 김순애 국장, 황주성 과장, 고은혜 간사 그리고 표지 디자인에 도움을 준 YTN 정지원 팀장에게도 감사의 말씀을 드린다. 이번에도 출판을 맡아준 컬처룩의 이리라 대표와 편집진에게도 깊은 감사를 드린다.

마지막으로 이 책에 자신의 기사가 사례로 사용된 분들께는, 이 작업이 저널리즘의 문제들을 조금이라도 해결해 보려는 것이지 특정인을 공격하거나 비난하기 위함이 아니라는 점을 헤아려 주시기를 부탁드린다.

I
저널리즘 이론에서 본 방송 저널리즘의 7가지 문제

1. 방송 저널리즘의 영향력

한국언론진흥재단에서는 1984년부터 29년 동안 꾸준히 '언론 수용자 의식 조사'를 시행하고 있다. 전국 규모의 조사를 하는 주목적은 한국 사회의 미디어 보도에 대한 수용자들의 평가와 역사적 추이를 파악하는데 있다. 그림 1에서와 같이 1993년부터 2013년까지 20년 동안 일일 미디어 이용 시간의 변화를 살펴보면 TV의 경우 약간의 기복은 있었지만 다른 미디어와 비교했을 때 꾸준하게 이용하고 있음을 알 수 있다. 더구나 인터넷과 같은 뉴 미디어의 거센 도전 속에서도 가장 높은 이용 시간을 보여 준다. 2013년의 경우, 2012년에 비해 TV 평균 시청시간이 6.2분 증가한 약 3시간(176.9분)을 나타냈다. 특히, 미디어를 이용하지 않은 응답자를 제외한 미디어별 이용자 비율을 살펴보면 TV의 이용이 96.8%에 달해 다른 어느 미디어보다도 월등하게 높은 이용률을 보여 주었다. 다매체 시대를 맞이하여 방송 저널리즘 영향력의 감소를 지적하는 언론학자들의 우려에도 불구하고,[1] 여러 해에 걸쳐 축적된 수용자 의식 조사 결과는 사회 전반에 걸쳐서 여전히 TV 이용 비중이

그림 1. 하루 평균 미디어 이용 시간 추이 (1993~2013)

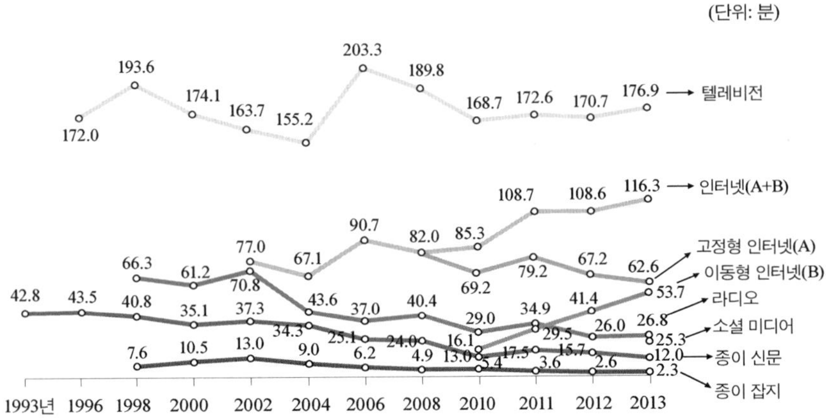

출처: 한국언론진흥재단 (2013), 〈2013 언론 수용자 의식 조사〉, p.23.

가장 높고 이에 따른 매체 영향력이 매우 크다는 점을 보여 준다.

그림 2의 '2013 언론 수용자 의식 조사'에 나타난 미디어별 기사와 뉴스 및 시사 보도 이용 시간을 살펴보면 TV가 56분으로 53.5%를 차지하여 가장 높았고, 인터넷이 30.3분(28.8%)으로 2위를 차지했다. 다음으로 종이 신문 12분, 라디오 6분, 종이 잡지 0.7분으로 매체별 시사 뉴스 이용 시간이 조사되었다. 하루 평균 1시간 정도를 TV를 통해서 뉴스나 시사 정보를 접하는 것으로 밝혀졌다. 이런 TV의 시사 보도 이용 시간은 타매체가 따라올 수 없는 많은 이용 시간을 보여 준다.

또한 지난 2010년부터 2013년까지 미디어별 하루 평균 기사와 뉴

1 K. Auletta (1992), *Three Blind Mice: How the TV Networks Lost Their Way*, Vintage.

그림 2. 2013년 하루 평균 기사/뉴스 및 시사 보도 이용 시간

(단위: 분, n=5,082)

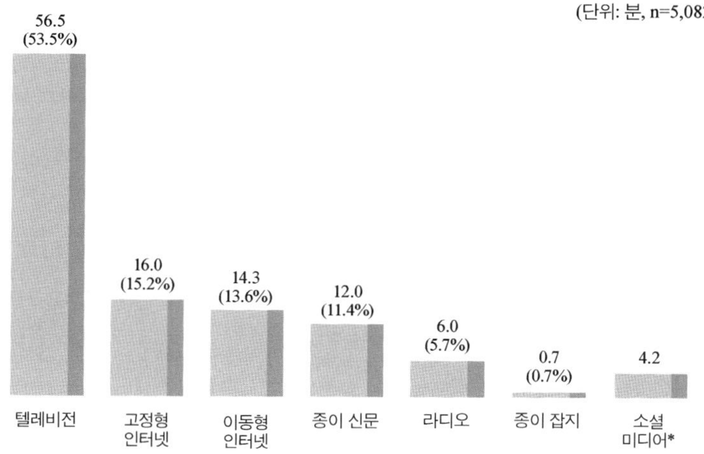

* 소셜 미디어 이용 시간은 인터넷 이용 시간과 중첩되므로 합계에서 제외.

출처: 한국언론진흥재단(2013), p.25.

스 및 시사 보도 이용 시간의 변화 추이를 살펴보면, 그림 3에서 보는 것처럼 TV를 중심으로 한 방송 저널리즘의 경우 2010년 평균 41.2분에서 날이 갈수록 증가하여 2011년 52.3분, 2012년 55.3분, 2013년은 56.5분으로 2010년에 비해서 15.3분이 증가하여 시사 정보를 시청하는 시간이 2010년에 비해서 무려 37%나 급증하였다. 반면, 종이 신문의 경우 2010년 13분에서 2011년 17.5분, 2012년 15.7분, 2013년은 12분을 나타내 지속적인 감소 추세를 보였다. 2011년에 비해서 2013년의 열독 시간이 31.4%가 감소하였다. 미디어 활용 시간의 양극화 현상이 극명하게 나타난 통계 수치이다.

또한 TV 뉴스 소비와 관련해서 “지난 1주일간 TV 수상기를 통해 방송 뉴스와 시사 보도를 시청한 경험이 있는지”를 물은 결과 93.8%

그림 3. 미디어별 하루 평균 기사/뉴스 및 시사 보도 이용 시간 추이 (2010~2013)

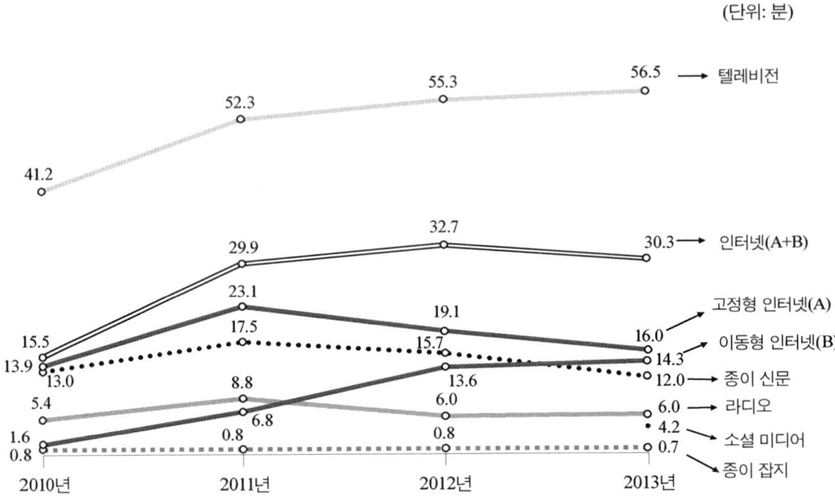

출처: 한국언론진흥재단 (2013), p.87.

가 "시청했다"고 응답했다. 그림 4에 나타난 것처럼 방송 유형별로 저녁 뉴스를 얼마나 시청했느냐는 설문에서 지상파 TV 저녁 종합 뉴스를 1일 이상 시청했다는 답변이 93.8%, 보도 전문 채널 저녁 종합 뉴스를 시청했다는 답변은 56.4%, 종합 편성 채널 저녁 종합 뉴스를 시청했다는 답변은 53.3%로 나타났다.[2]

"매일 시청했다"는 답변도 지상파 TV의 저녁 종합 뉴스가 67.3%로 가장 높았고, 보도 전문 채널의 저녁 종합 뉴스 19.9%, 종합 편성 채널의 저녁 종합 뉴스 19.2% 순으로 나타났다. 하지만 "전혀 이용

2 한국언론진흥재단 (2013), 〈2013 언론 수용자 의식 조사〉, 한국언론진흥재단.

그림 4. 방송 유형별 저녁 종합 뉴스 이용률

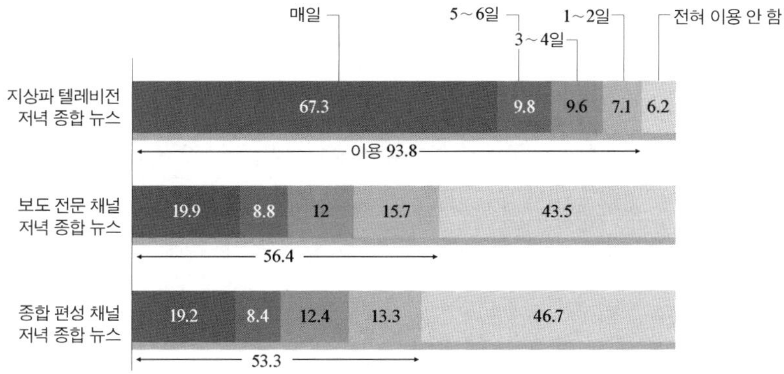

출처: 한국언론진흥재단 (2013), p.36.

하지 않았다"는 비율은 역으로 종합 편성 채널의 저녁 종합 뉴스가 46.7%로 가장 높았고, 보도 전문 채널의 저녁 종합 뉴스 43.5%로 조사되었다. 지상파 TV의 저녁 종합 뉴스를 "전혀 시청하지 않았다"는 비율은 불과 6.2%로 현저히 낮았다. TV를 플랫폼별로 구분하여 살펴보면 지상파 저녁 종합 뉴스의 영향력이 매우 크다는 것을 입증하는 조사 결과이다.

한편, '2013 언론 수용자 의식 조사'에서 매체별로 여론 형성에 얼마나 영향을 미치는지 미디어 영향력을 조사한 결과 그림 5에서 보는 것처럼 TV 92.8%, 인터넷 67.1%, 신문 56.6%, 소셜 미디어 41.7%, 라디오 40.5%순으로 나타났다. 한국 사회에서 TV가 여론 형성에 절대적인 영향력을 행사하고 있음이 밝혀진 것이다.

또한 뉴스 및 시사 보도에 대한 신뢰도를 5점 척도(1점 "전혀 신뢰하지 않는다," 5점 "매우 신뢰한다")로 조사한 결과 언론 전반에 걸친 평균 신뢰도

그림 5. 미디어별 여론 형성 영향력

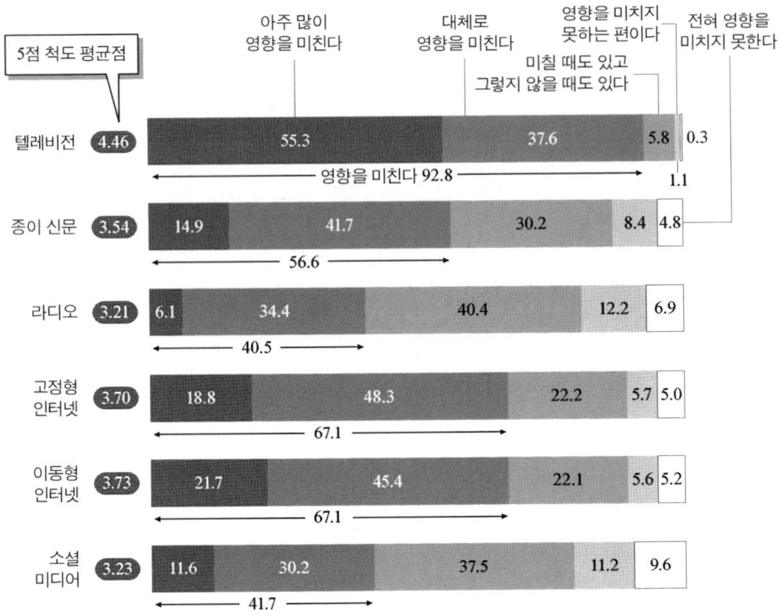

* 5점 척도: 1점 '전혀 영향을 미치지 못함,' 5점 '아주 많이 영향을 미침'

출처: 한국언론진흥재단 (2013), p.132.

는 3.40점이었다. 미디어별로 분석해 본 결과 지상파 TV가 4.13점으로 가장 높았고 보도 전문 채널(3.84점), 종합 편성 채널(3.72점), 전국 종합 신문(3.65점), 뉴스 통신(3.61점), 포털 뉴스(3.58점) 등의 순서로 나타났다.

이처럼 수용자를 대상으로 한 각종 조사에서 TV를 중심으로 한 방송 저널리즘의 영향력과 신뢰도는 시간이 지날수록 증가하고 있다. 이에 따라 자연스럽게 방송 저널리즘에 대한 사회적 책임의 중요성을 강조하는 목소리가 커지고 있다. 영상 시대를 맞이하여 TV 시청자들은 TV 뉴스가 공공성을 충실하게 준수하고 생생한 영상을 기반으로

그림 6. 미디어 내용에 영향을 미치는 요소

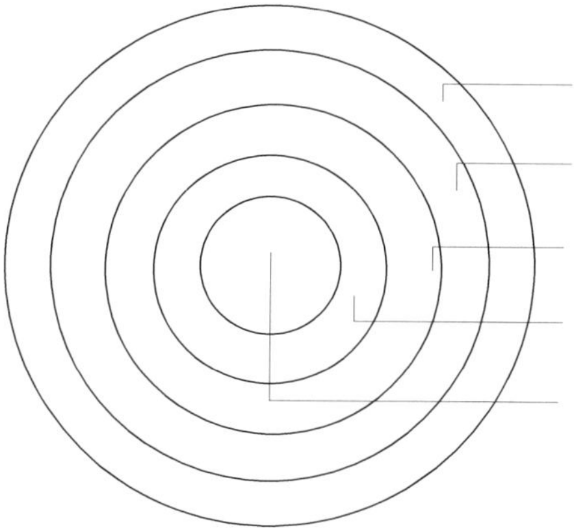

출처: Shoemaker & Reese(1996/1997), p.120.

매우 객관적이고 공정할 것으로 기대하고 있다. 하지만 P. J. 슈메이커P. J. Shoemaker와 S. D. 리즈S. D. Reese가 주장했듯이 실제 보도 내용은 작게는 기자 개인의 가치와 규범으로부터 시작하여 뉴스 제작의 일반적인 관행, 해당 조직의 문화, 여러 사회 세력과의 관계, 이데올로기 등 복합적인 요인에 큰 영향을 받고 통제되고 있다고 해도 과언이 아니다.[3]

특히, 새로운 정권이 들어서고 방송의 수익 구조가 악화되면 광고, 판매 등 정치와 경제적 요인이 뉴스 내용에 결정적인 영향을 미친다.[4]

3 P. J. Shoemaker & S. D. Reese (1996), *Mediating Media Message: Theories of Influences on Media Content*, New York: Longman. 김원용 옮김, 《매스미디어 사회학》, 나남, 1997.

4 R. Di Tella & I. Franceschelli (2009), Government Advertising and Media Coverage of Corruption Scandals," NBER Working Paper no. 15402.

슈메이커와 리즈는 뉴스 조직을 수익을 창출하는 업무를 가장 중요한 목표로 삼는 경제적 조직으로 규정했으며,[5] H. J. 알철H. J. Altschull은 미디어의 내용은 그들에게 재정을 지원하는 사람들의 이해와 직접적인 관계를 맺는다고 주장했다.[6] 심지어 언론은 광고주 제품의 품질에 대한 정보를 관망하다가 광고비를 협상할 때 해당 정보를 활용한다는 연구 결과도 있다.[7]

이 책에서는 한국 사회에서 TV 뉴스를 중심으로 방송 저널리즘의 올바른 보도에 대해 체계적인 논의를 해보고자 한다. 올바른 보도가 무엇인지에 대한 대부분의 논의는 대체적으로 선언적인 상태에 머물러 공정성을 실천하기 위한 원칙이나 기준을 구체적으로 마련하는 단계로 발전하지 못하고 있는 것이 현실이다. 실제로 방송법이나 심의 규정 또는 각 방송국의 보도 기준을 살펴보면 그 내용이 추상적이고 선언적인 규정들을 나열하는데 그치고 있다.[8]

이런 문제를 해결하기 위해 이 책에서는 먼저 언론 통제 메커니즘 관점에서 본 한국 방송 저널리즘 문제의 본질을 이론적으로 살펴보려고 한다. 이를 바탕으로 7가지 방송 저널리즘의 문제를 이론적으로 접근해 보고 대안을 제시해 보고자 한다.

5 Shoemaker & Reese (1996/1997).

6 H. J. Altschull (1984), *Agents of Power*, New York: Longman.

7 A. Blasco, P. Pin, & F. Sobbrio (2012), *Paying Positive to Go Negative: Advertisers' Competition and Media Reports*, Mimeo, IMT Lucca.

8 권영설 (2000), "방송의 공정 보도 기준에 관한 연구," 방송위원회 엮음, 《방송의 공정성에 관한 연구》, 방송위원회, pp.123～173.

2. 언론 통제 메커니즘의 관점에서 본 한국 방송 저널리즘 문제의 본질[9]

1) 정치 권력에 의한 방송 보도 통제

방송이 정치 권력의 통제와 압력으로부터 벗어나 자유롭고 공정한 방송을 하려면 정치적 독립성 확보가 필수적이다. 이 전제는 방송의 소유 형태가 공영이든, 민영이든 마찬가지로 적용된다. 단 정치적 독립성을 결정짓는 요소는 두 방송 체제에서 다소의 차이가 존재한다. 공영 방송은 지배 구조가 정치적 독립성을 가늠해 볼 수 있는 핵심 요소인 데 비해, 민영 방송은 규제 시스템이 정치적 독립에 적지 않은 영향을 미친다. 이는 방송의 지배 구조와 규제 시스템이 정치 권력의 공식적 방송 통제에 매우 효과적인 수단으로 작용할 수 있음을 의미한다.

그러나 정치 권력의 방송 통제가 공식적 차원에서만 이뤄지는 것은 아니다. 오히려 비공식적 수단을 이용한 통제가 더 이뤄지고 있는지도 모른다. 공식적 통제가 제도나 법의 맹점을 이용해 노골적으로 이뤄지고 있는데 비해, 비공식적 통제는 관행과 인적 관계, 물적 수단을 이용해 음성적으로 이뤄지는 특징이 있다. 이 때문에 비공식적 통제는 대부분 그 과정이 눈에 보이지 않고 흔적도 거의 남지 않는다. 설사 그 과정이나 흔적이 일부 드러나는 경우라도 조직 논리나 상황 논리로 흡수되어 문제가 되는 일이 별로 없다.

9 이 부분은 정필모의 박사 학위 논문 〈공영 방송 보도의 공정성 저해 요인에 관한 연구〉(2012) 중 일부를 발췌해 보완 및 재작성한 것이다.

(1) 지배 구조와 규제 시스템을 이용한 통제

한국의 공영 방송이 대통령과 관련된 이슈를 사회적인 논쟁 이슈로 다루지 못하는 구조적 한계의 중심에는 지배 구조*governance*가 자리를 잡고 있다. 현재의 공영 방송 지배 구조는 사장 등 경영진과 주요 간부의 임명에 청와대의 정치적 입김이 강하게 작용할 수 있는 여지를 준다. 문제의 핵심은 공영 방송 이사회 구성과 사장 임명의 절차와 형식이다.

먼저 KBS의 이사회 구성과 사장 임명 제도를 살펴보자. 이사 추천 권한은 방송통신위원회가 갖고 있다. 문제는 이 방송통신위원회 위원을 구성하는데 작용하는 정치성에서 비롯된다. 현재 방송통신위원회 위원 5명 가운데 대통령이 위원장을 포함해 2명을 임명하고 나머지 3명은 국회에서 추천하되, 대통령이 소속되거나 소속됐던 정당의 교섭 단체가 1명, 그 외 교섭 단체가 2명을 추천하도록 돼 있다. 이렇다 보니 방송통신위원은 정부-여당과 야당 추천인이 3:2의 비율로 나뉠 수밖에 없는 구조이다. 이에 따라 KBS 이사의 정치 성향도 자연히 비슷한 비율로 나뉠 수밖에 없는 한계를 갖게 된다.

문제는 여기서 그치지 않는다. KBS 이사회의 구성에서 사실상 정부-여당의 추천을 받은 인사가 과반수이다 보니, 사장과 감사 등 집행 기관은 물론 주요 보직 간부들조차 정치적으로 정부-여당의 입김을 강하게 받는 인사가 임명되기 십상이다. 이는 공영 방송이 지켜야 할 독립성과 자율성을 훼손시키고 내적 다원성을 저해하게 되어 KBS의 공영성과 공익성, 공정성 구현에 걸림돌로 작용한다. 사실상 대통령의 의중에 따라 사장이 정해지고, 그에 따라 감사, 부사장, 본부장은 물론이고 국장급, 경우에 따라서는 부장급 주요 핵심 간부들도 사장과 정치 성향이 같거나 최소한 사장의 뜻을 거스를 수 없는 사람들이 임명될 수밖에 없다.

MBC의 사정도 KBS와 다르지 않다. 지배 주주인 방송문화진흥회는 KBS 이사회와 마찬가지로 방송통신위원회가 임명한다. 그 결과 역시 정부–여당에 우호적인 인사들이 이사회의 다수를 차지한다. 거기서 선출되는 사장 역시 청와대의 의도에 따라 결정되고, 핵심 간부들 또한 사장과 정치적 견해를 달리 하는 사람은 임명될 수 없는 구조를 갖고 있다.

이렇게 임명된 경영진과 고위 간부들은 청와대가 공영 방송을 정치적으로 통제하는 통로로 이용된다는 의혹을 받고 있다. 그것은 청와대의 직접적인 지시나 압력에 의해 일어날 수도 있고, 아니면 간부들이 스스로 알아서 행하는 것일 수도 있다. 그러나 분명한 것은 최근 몇 년 사이 공영 방송 보도가 권력 비판과 사회 감시 기능을 거의 상실하는 대신, 급격하게 친정부적인 경향을 띄게 되었다는 사실이다.[10]

청와대가 지배 구조를 통해 공영 방송을 통제하는 것은 아직까지 한국 사회에서 유지되고 있는 권위주의적 정치 지배와도 밀접히 관련돼 있다. K. 밀튼K. Milton에 따르면,[11] 민주화를 경험한 대부분의 나라에서 방송은 여전히 정권의 도구 역할을 벗어나지 못하고 있다. 한국 사회도 마찬가지이다. 특히 이명박 정부 이후 공영 방송은 권위주의 정권 시절에서 그랬던 것처럼 다시 정권의 통치 이념 구현을 위한 수단으로 전락됐다는 지적을 받는다. 이는 민주화 이후 공영 방송이 정치 권

10 김유진 (2010), "방송 장악 이후 KBS 프로그램의 변화," 방송독립포럼 창립 기념 '방송 장악과 민주주의 위기' 토론회 발제문.

11 K. Milton (2001), "Bound Not Gagged: Media Reform in Democratic Transitions," *Comparative Political Studies*, 34(5), pp.493～526.

력으로부터 독립해 공적 서비스와 책무를 다할 수 있도록 법적, 제도적으로 지배 구조를 개선하지 못했기 때문이다.

민영 방송은 공영 방송과 지배 구조가 다른 만큼 정치 권력으로부터 상대적으로 자유롭다고 생각하기 쉽다. 일견 맞는 말이다. 그러나 정부로부터 허가와 승인을 받는 민영 방송도 정치 권력의 눈치를 보지 않을 수 없다. 허가 및 승인의 유효 기간이 있기 때문에 방송을 계속하려면 재허나 재승인을 받아야 하기 때문이다. 이는 비록 민영 방송이라도 정치 권력이 마음만 먹으면 허가와 승인 등 규제 시스템을 이용해 방송을 통제할 수 있다는 것을 의미한다.

현재 지상파 방송의 경우 방송법 제9조 ①항에 따라 방송통신위원회의 허가를 받아야 한다. 케이블의 종합 편성 채널이나 보도 채널도 방송법 제9조 ⑤항에 따라 방송통신위원회의 승인을 받도록 되어 있다. 또한 방송법 제16조에 따른 허가 및 승인의 유효 기간이 지나면, 방송법 제17조에 따라 재허가나 재승인을 받아야 한다. 이때 특정 요건을 충족시키지 못하면 방송법 제18조에 따라 허가나 승인이 취소될 수도 있다.

공영이든 민영이든, 방송이 법 규정에 따라 허가나 승인을 받는 것 자체가 문제가 되는 것은 아니다. 방송사가 방송 서비스를 위해 필요한 자격 조건을 갖추고 공적 책무를 다하는 것은 최소한의 의무이기 때문이다. 문제는 허가나 승인이 정치적 고려 없이 공정하게 이뤄지지 않을 수도 있다는 데 있다. 이럴 경우 민영 방송조차도 재허가나 재승인을 의식해 정치 권력의 눈치를 보지 않을 수 없다. 특히 현재와 같이 합의제 기구이면서도 사실상 집권 여당이 추천한 위원장의 독임제 기구처럼 운영되는 방송통신위원회 제도하에서는 방송의 허가나 승인 제도가 정치적으로 악용될 소지가 없지 않다. 종합 편성 채널과 보도 채널의 승인 과정에서 정치적 논란이 일어났던 것도 이와 무관치 않다.

공영이든, 민영이든 정치 권력의 공식적 방송 통제에 이용될 수 있는 또 하나의 수단은 방송 심의 제도이다. 방송의 공정성과 공공성을 심의하기 위해 설치된 방송통신심의위원회는 표면상으로는 민간 독립 기구이다. 그러나 심의위원 구성을 보면 정치적으로 예속될 수밖에 없는 구조이다. 현재 심의위원 9명은 방송통신위원회의 설치 및 운영에 관한 법률 제5장 18조 ③항에 따라 대통령이 위촉하되, 그 가운데 3인은 국회의장이 국회 각 교섭 단체 대표의원과 협의해 추천한 자를 위촉하고, 3인은 국회의 소관 상임위원회에서 추천한 자를 위촉한다. 이에 따라 방송통신심의원회 역시 방송통신위원회, KBS 이사회, 방송문화진흥회와 마찬가지로 정부·여당에 우호적인 인사가 다수를 차지할 수밖에 없는 구조적 한계를 갖고 있다. 이 때문에 방송통신심의위원회는 민간 독립 기구의 형식을 갖추고 있음에도 불구하고 실제 운영이 매우 정치적으로 이뤄지면서 방송 통제의 수단으로 전락했다는 지적을 받는다.

(2) 권위주의적 통제의 부활

언론과 정치의 밀접한 관계는 언론이 정치 권력의 획득, 유지, 행사를 위한 실제적인 수단으로 이용된다는 점에서 더욱 뚜렷이 부각된다. 이런 이유 때문에 정치 권력은 언론을 장악하고 통제하려 든다.[12] 언론에 대한 장악과 통제 욕구는 권위주의적 정권일수록 더욱 노골적으로 드

12 이효성 (1996), 《한국 언론의 좌표》, 커뮤니케이션북스.

러내게 된다. 특히 공영 매체는 권위주의적 정권이 언론을 장악하고 통제하고자 할 때 그 첫 번째 표적이 된다.

권위주의적 정치 지배로 상징되는 정치적 통제는 지배 구조를 이용해 인사권을 개입하는 형태로 나타난다. 이명박 정부 초기 박재완 청와대 수석은 "KBS 사장은 정부 산하 기관장으로서 새 정부의 국정 철학과 기조를 적극적으로 구현하려는 의지가 있는 사람이 돼야 한다"[13]는 취지의 말을 했다. 이 발언 직후 이명박 정부는 노무현 정부에서 임명된 정연주 KBS 사장의 축출 작업에 착수했다. 방송법 제5조 2항에는 KBS 사장은 이사회의 제청으로 대통령이 임명한다고 규정되어 있을 뿐 해임 조항은 없다. 그런데도 이명박 정부는 자의적인 법 해석까지 동원하며 해임을 강행했다.

대통령에게 KBS 사장의 임명권만 부여한 것은 방송사의 독립성을 강조하기 위한 입법 취지이다.[14] 1998년 방송개혁위원회 실행 위원들이 이 법을 논의하는 과정에서 최우선적으로 꼽은 것은 공영 방송의 독립성이었다. 이와 같은 입법 취지에도 불구하고 이명박 정부는 KBS 이사회는 물론 감사원, 국세청, 검찰 등 정부 기관을 동원해 끝내 정연주 사장을 강제 해임하고 후임에 이병순 사장을 임명했다. 이후 진행된 MBC와 YTN의 사장 교체 과정도 마찬가지였다. 사장 교체 과정이 비록 합법적 절차에 따라 이뤄졌다 하더라도 청와대가 내정한 사람을 선출하는 요식 행위에 불과했다. 이런 일련의 사장 교체 과정은 권위주의적 정치 지배에 의해 통제되는 공영 방송 혹은 공공 방송의 현주소

13 정현상 (2008), "단독 인터뷰: 박재완 청와대 국정기획수석 인터뷰," 〈신동아〉, 통권 587호, pp.120~135.

14 김주언 (2008), 《한국의 언론 통제》, 리북.

를 극명하게 보여 준다.

이처럼 한국 사회에 여전히 온존하는 권위주의적 정치 지배는 이명박 정부 출범 이후 다시 효과적인 비공식적 언론 통제 수단으로 이용되고 있다. 권위주의적 정치 지배를 이용한 정치 권력의 언론 통제가 가능한 것은 언론사 내부에 적극적으로 협조하는 세력이 있기 때문이다. 강준만은 이들이 오랜 기간 권위주의 정권의 권력과 통제의 탄압에 짓눌려 오는 동안 나름대로의 생존술과 처세술을 터득해 왔다고 본다.[15]

(3) 통제의 고리로 작용하는 연고주의

전통적 연고주의는 혈연, 지연, 학연 등을 기초로 하는 사적 연계로 얽힌 사회 조직 원리이다. 이와 같은 전통적 연고주의에 의해 매개되는 연줄 커뮤니케이션은 공공의 이익보다는 사적인 이익의 추구에 보다 적극적으로 활용된다.[16] 한국 사회에서 정권 교체기마다 정부 고위 관리와 언론사 간부들이 특정한 지연과 학연, 혈연 등의 연고를 가진 사람들로 연쇄적으로 교체되는 것도 정치 권력의 비공식적 언론 통제와 무관치 않다. 이명박 정부가 출범 직전 인수위원회 시절 언론사 간부들에 대한 성향 조사[17]를 벌인 것도 그런 의도와 관련이 있다고 볼 수 있다.

여기서 주목할 만한 것은 당시 조사 항목에 조사 대상자의 성향뿐만 아니라 출신지, 학력, 주요 경력, 최근 활동 등도 포함돼 있었다는 점이다. 이는 지연, 학연 등 연고를 이용한 언론 통제까지 염두에 둔 것

15 강준만 (1998), 《카멜레온과 하이에나: 한국 언론 115년사》, 인물과사상사.
16 박승관 (1994), 《드러난 얼굴과 보이지 않는 손: 한국 사회의 커뮤니케이션 구조》, 전예원.
17 경향신문 (2008. 1. 12), "인수위, 언론사 간부 성향 조사…… '언론 통제' 의도 파문."

으로 보인다. 정권 차원의 이러한 조사가 이후 청와대의 언론 장악에 이용되었음을 보여 주는 증거도 드러났다. 실제로 이명박 정부 당시 국무총리실 공직윤리지원관실의 청와대 하명 사건 처리부와 사찰 결과 보고서는 청와대가 방송사 인사에 깊이 개입했음을 입증해 준다.

청와대가 방송사 인사에 관여했다는 증거가 드러났음에도 불구하고, 연고주의를 매개로 하는 정치 권력의 방송 통제는 실제로 문제가 된 적이 별로 없다. 학연, 지연을 매개로 한 통제가 외부에 드러날 만큼 공개적으로 이뤄지는 일은 거의 없기 때문이다. 그렇다고 연고주의를 매개로 한 보도 통제가 없다고 단정해서는 안 된다.

연고주의는 혈연, 학연, 지연에만 뿌리를 둔 것은 아니다. 근래에 들어와 조직적 차원의 연고라 할 수 있는 직연職緣이 주목되고 있다. 원래 직연은 직장 내의 인맥을 통해 형성된 연고를 의미한다.[18] 그러나 이 개념을 확대하면, 같은 출입처를 통해 인맥 간에 맺어진 연고도 포함할 수 있다. 예컨대, 특정 정당의 출입 기자단, 청와대 출입 기자단 등 출입처에서 기자들끼리는 물론 기자와 취재원 간에도 직연이 형성된다고 보아야 한다.

역대 정권을 볼 때 청와대 출입 기자는 정치 권력의 이동과 밀접한 관계를 가진다. 2007년 대통령 선거 이후 한나라당을 취재했던 중앙 언론사의 현장 반장급 기자들이 대거 청와대 출입 기자로 교체 투입된 것을 볼 때 이러한 사실은 더욱 극명해진다. 2005년 노무현 정부의 청와대 출입 기자와 2008년 이명박 정부의 출입 기자 명단을 비교 분석해 보면, 청와대 중앙 언론사 풀기자단에 소속된 거의 모든 언론사 출

18 현동헌·최낙진 (2009), "지역 언론의 내적 통제 요인에 관한 연구: 제주 지역 연고주의를 중심으로," 〈언론과학연구〉, 제92호, pp.607~644.

입 기자가 대부분 바뀌었음을 알 수 있다.[19]

청와대는 단순히 대통령이 기거하고 집무를 보는 장소가 아니다. 권력의 결정체로 국가를 움직이는 대한민국의 심장부이다. 이러한 이유로 각 언론사는 정권의 핵심 세력과 선이 닿을 수 있는 조건을 갖춘 기자를 선발해 청와대에 출입하도록 해왔다. 역대 정권에서 청와대 출입 기자의 조건 중 하나는 정권 핵심 세력과 사적 채널이 있느냐는 것이었다. 이는 전통적 의미의 혈연, 지연, 학연이든, 조직적 차원의 직연이든 연고주의가 언론사의 중요한 취재 수단의 하나임을 확인시켜 준다. 반대로 정치 권력의 차원에서는 연고주의를 언론 통제의 수단으로 인식하고 있음을 보여 주는 것이다.

위에서 살펴본 바와 같이 전통적 연고주의는 물론 출입처를 중심으로 맺어진 직연이라는 새로운 형태의 조직적 연고주의도 정치인과 기자의 사적 관계 형성을 매개한다. 그리고 그렇게 형성된 사적 관계는 언론사의 인사에 영향을 미침으로써 통제 효과를 극대화하는 것으로 드러났다. 정치 권력의 교체와 함께 언론사의 경영진과 주요 간부가 교체되고, 청와대 등 권력 핵심부에 출입하는 기자가 바뀐다는 사실이 이를 뒷받침해 준다. 이는 연고주의가 정치 권력의 비공식적 언론 통제에 이용되고 있다는 사실을 보여 준다.

(4) 정치인의 후견에 의한 기자 예속화

정치인과 기자의 관계를 논할 때 연고주의 못지않게 중요한 것이 후견

19 윤창빈 (2008), "언론 현장: 이번엔 한나라당 취재반장 대거 이동," 〈신문과 방송〉, 5월호, pp.62~65.

주의이다. 정치인은 정치적 영향력이 자산이다. 과거와는 달리 국회의원이나 청와대 등 권력 핵심부 고위 인사의 경제적 영향력은 많이 줄어들었지만, 정치적 영향력은 여전히 막강하다. 정치인의 경제적 영향력이 줄어든 것은 과거에 비해 은밀한 정치 자금의 수수나 배분이 원활치 않은 데서 그 원인을 찾을 수 있다.

그러나 경제적 영향력이 줄었다고 해서 정치인의 후견인 역할이 약화된 것은 아니다. 여전히 막강한 정치적 영향력을 배경으로 하는 스폰서 문화가 공공연히 존재하고 있다. 유력 정치인 주변에는 그로부터 기업 활동의 후견을 받는 대신, 그 반대급부로 그를 위한 스폰서 역할을 자처하는 기업인들이 끼어들게 마련이다. 이렇다 보니 기업인은 정치인을, 그 정치인은 기자를 후견하는 연쇄적인 스폰서십이 형성되는 경우가 적지 않다. 이로 인해 과거 관행화되었던 촌지 문화가 많이 사라졌다고는 하지만, 정치인의 기자 후견인 역할이 다른 형태로 변화하고 있다. 그것은 촌지 못지않게 정치인과 기자의 유착 고리 역할을 하는 향응이나 접대가 아직 사라지지 않고 있는 이유이기도 하다.

정치인의 후견인 역할은 여기서 그치지 않는다. 비록 향응이나 접대보다는 빈도가 낮지만 정치적 영향력을 이용해 기자에게 여러 가지 혜택을 제공하기도 한다. 이런 영향력은 기자가 소속한 언론사의 지배구조가 정치적 통제에 취약하고 인사 제도가 투명하지 못하게 운영될 때 더욱 효과적으로 작동한다. 예컨대, 정치인이 영향력을 이용해 자신이 관리하는 기자를 특정 부서에 배치하도록 청탁하고, 때로는 승진이나 해외 연수 및 특파원 선발에 간접적으로 간여하기도 한다.

후견인 역할을 하는 정치인과 그것을 받아들이는 기자의 관계는 대개 수직적이다. 그에 따라 후견을 하는 정치인은 그 혜택을 받는 기자에 대해 우월한 지위를 가지게 된다. 문제는 이런 비대칭적이고 종속적인 관계가 결정적인 순간에 언론 통제에 효과적으로 이용된다는 점이다. 특정 정치인으로부터 물질적 혹은 인사상 지원을 받아온 기자가 그 정치인에게 불리한 기사를 쓰거나 내보내는 것은 결코 쉽지 않기 때문이다.

(5) 정치 권력의 유혹과 기자의 출세주의

정치 권력의 언론 통제는 언론사 내부의 협조 없이는 불가능하다. 즉 정치 권력이 언론을 통제하기 위해 압력을 가하더라도 언론사 내부에서 조직적으로 저항한다면 통제의 목적을 달성할 수 없다. 이 때문에 정치 권력은 한편으로는 저항하는 언론인에게 불이익을 줌으로써 그를 굴복시키려 하고, 다른 한편으로는 정치 권력에 편입시켜 협조자로 만들려는 시도를 하기도 한다. 이러한 경향은 정당성이 결여된 정권일수록 더욱 노골적으로 나타난다. 과거 쿠데타로 집권한 박정희 정권과 전두환 정권하에서 언론인에 대한 탄압과 포섭 작업이 동시에 이뤄졌던 것도 그런 차원이다.

언론을 탄압하지 않는 정권도 언론인을 이용하기는 마찬가지이다. 정도의 차이는 있지만 역대 정권은 언론인을 정치권에 끌어들여 정치적 정당성을 확보하기 위한 대언론 홍보 작업에 이용하거나 언론을 감시하는 역할을 맡겨왔다. 오랫동안 언론인 경험에서 획득한 취재 메커니즘, 언론사 내부의 생리, 보도 방법 등의 지식이 정치 권력의 언론 통제 목적에 부합하기 때문이다.[20] 정권에 협조한 언론인은 그 반대급부

20 강명구 (1993), 《한국 언론 전문직의 사회학》, 나남, p.140.

로 관직이나 의원직 또는 명예와 보수가 따르는 자리를 얻게 된다.[21] 이와 같은 정치 권력과 언론인 개인 차원의 권언유착 이면에는 기자의 출세주의와 그것을 이용하려는 권력의 유혹이 자리 잡고 있다.

방송 기자들의 경우 과거에는 정치권이나 공직 진출이 유력 일간지 등 경쟁 매체에 비해 적은 편이었다. 다른 매체에 비해 정치 권력이 직접적으로 영향력을 행사하기 쉬운 태생적 한계와 지배 구조로 인해 정권 차원에서 방송 출신을 끌어들일 필요성이 상대적으로 적었기 때문이었다. 정치 권력은 오히려 공영 방송에 신문 출신 등 외부 인사를 사장으로 임명함으로써 방송을 정권의 통제하에 두고자 했다. 그러나 방송의 영향력이 커지면서 방송 출신 언론인들의 정치권과 공직 진출이 눈에 뜨이게 증가했다. 방송의 위상이 높아질수록 방송인을 정권 홍보에 이용하려는 정치 권력의 행태가 그만큼 노골화되는 것으로 볼 수 있다.

기자가 정치 권력에 편입되는 과정에서 주로 제기되는 문제는 그것이 기자들의 취재 보도 관행에도 영향을 미친다는 점이다. 기자가 정관계 진출을 염두에 두는 순간 권력에 대한 비판, 감시자로서의 역할보다는 권력의 내밀한 협조자로서의 역할을 할 가능성이 커진다. 그럴 경우 기자의 직업 윤리와 비판 정신은 권력 지향성과 출세주의에 의해 압도당하기 십상이다. 그렇다 하더라도 취재 보도 과정에서 정치 권력과의 거래나 협조가 매우 은밀하게 이뤄지기 때문에 기자의 권력 지향적 출세주의 성향이 쉽게 드러나지는 않는다.

기자의 정치 권력 편입은 뉴스 생산 조직 내부의 가치 규범과 행동양식에도 변화를 가져오게 된다. 정관계에 진출하는 기자가 많아질수

21 이효성 (1989), 《정치 언론》, 이론과실천.

그림 7. 정치 권력에 의한 방송 보도 통제 구조

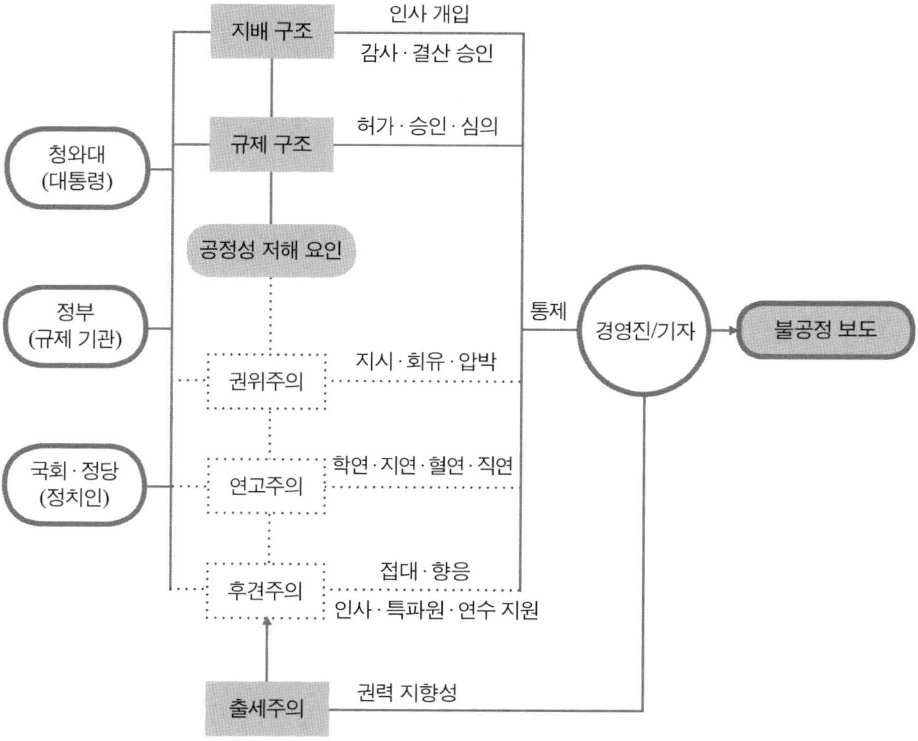

* 실선은 공식적 통제, 점선은 비공식적 통제를 의미함.

록 권력 지향적 출세주의에 대한 자기 합리화 경향이 강해지기 때문이다. 그럴 경우 정치 권력에 대한 감시자 혹은 정치 과정에 대한 중립적 관찰자로서 윤리 규범을 지키려는 기자들이 권력 지향적 기자들에 의해 불평불만 세력으로 매도당하는 분위기가 형성된다.[22] 이는 언론이 본래의 역할과 존재 의미를 상실하는, 자기 파괴적인 가치 전도 현상이 나타남을 의미한다. 그러한 가치 전도 현상이 심화될수록 기자들이 정치 권력의 유혹에 쉽게 넘어감으로써 언론사 내부 조직은 외부 통제에 취약해질 수밖에 없다.

이를 토대로 정치 권력에 의한 방송 보도 통제 구조를 도식화하면 앞의 그림 7과 같다.

2) 자본 권력에 의한 방송 통제

자본 권력이 언론을 통제하는 데 가장 유효한 수단은 광고이다. 그런 경향은 갈수록 심해지고 있다. 경제 성장률의 저하로 광고 시장의 성장세는 둔화된 반면, 뉴 미디어의 등장과 방송 채널의 증가로 광고 수주 경쟁이 치열해지고 있기 때문이다. 오늘날 정치 권력의 언론 통제보다 자본 권력의 언론 통제에 더 주목해야 한다고 강조하는 전문가들이 늘고 있는 것도 이런 상황을 반영하는 것이다. 그럼에도 불구하고 자본 권력의 언론 통제는 정치 권력의 그것에 비해 상대적으로 주목을 받는 일이 드물다.

22 강명구 (1993), 《한국 언론 전문직의 사회학》, 나남, p.152.

자본 권력이 언론을 통제하는 목적은 정치 권력의 그것과 근본적으로 다르지 않다. 기업 활동에 불리한 사고 기사는 축소하거나 막고 유리한 홍보 기사는 될 수 있는 대로 널리 알리려는 데 있다. 이 가운데 주로 문제가 불거지는 것은 불리한 기사가 축소되거나 삭제되었을 경우이다. 이와 같은 일은 대개 모든 언론의 기사화를 막을 수 없거나 기사의 축소 혹은 삭제로 인해 피해자가 생길 때 드러난다. 반면, 기업의 로비에 의해 유리한 기사가 부풀려지거나 홍보성 기사가 실리는 경우에는 문제가 되는 일이 별로 없다. 홍보성 기사의 부풀리기는 불리한 기사의 삭제나 축소에 비해 훨씬 많이 일어나지만, 관련된 사람들에게 피해가 가는 경우가 거의 없기 때문에 주목을 받지 못하고 있을 뿐이다.

(1) 언론의 생존 논리와 자본의 영향력 확대

미디어 산업에 시장주의가 도입되면서 언론사 간의 생존 경쟁은 갈수록 치열해지고 있다. 언론이 경제적 생존 논리에 내몰리다 보면 정치 권력의 압박보다 자본의 압력에 더 취약해질 수밖에 없다. 특히 상업 언론의 경우 자본 권력에 맞서 싸우면 생존의 위협을 받는다. 반면에 정치 권력과 맞서 싸우면 오히려 생존에 도움이 되는 경우도 있다. 예컨대, 정부-여당에 강력한 비판적 논조를 펴다보면 정권과 불편한 긴장 관계에 놓이게 된다. 하지만 정권에 비판적인 성향의 시청자나 독자를 끌어들이는 데는 유리하다. 그만큼 시청층과 구독층이 늘어나고 광고 수주에도 도움이 될 수 있는 것이다. 반면에 대광고주인 재벌 기업을 비판할 경우 당장 광고를 줄이거나 끊겠다는 압력이 들어오는 것이 현실이다.[23] 이는 시장주의 확대로 언론에 대한 자본의 장악력이 갈수록 확대된다는 것을 의미한다.

언론에 대한 자본의 영향력 확대는 비단 광고를 통해서만 이뤄지는 것은 아니다. 협찬이나 후원 등을 통해서도 방송 보도에 간접적으로 영향을 미칠 수 있다. 방송사들은 올림픽이나 월드컵 등 시청자의 관심이 큰 국제적인 스포츠 행사가 있을 때마다 중계 방송의 협찬사 모집에 나선다. 이럴 경우 수억 원의 협찬금을 내는 곳은 주로 재벌 그룹 산하의 기업들이다. 물론 협찬금 모집 자체는 공식적인 것이다. 그러나 모집 과정에서 드러나지 않게 보도국 취재 부서의 인맥이 동원되기도 한다. 드러난 협찬금과는 달리 보이지 않는 손이 작용하는 셈이다. 협찬금을 낸 기업 입장에서 보면, 협찬 과정에서의 은밀한 접촉이 얼마 동안 중요한 순간에 방송 보도에 영향력을 행사할 수 있는 여지를 만들어 주는 결과를 가져다주는 것이다.

방송사에 대한 기업들의 협찬이나 후원은 그것이 공식적인 절차와 과정을 거친 것이라면 그 자체로 문제가 되지 않는다. 하지만 그것이 비공식적 접촉의 결과로 얻어진 것이라면 후견주의 차원의 언론 통제 수단으로 변질될 가능성이 없지 않다. 은밀한 거래를 통해 기업과 방송 사이에 후견인*patron*과 피후견인*client*이라는 수직적이고 비대칭적인 우열 관계가 형성된 것이나 마찬가지이기 때문이다. 결과적으로 언론이 시장 논리에 의한 경쟁 속에서 생존 논리에 내몰릴수록 자본 권력의 방송에 대한 영향력도 확대될 수밖에 없다. 이럴 경우 광고든, 협찬이나 후원이든 방송은 자본의 통제로부터 자유로울 수 없게 된다.

23 정필모 (2012), "사유화된 공론장을 복원하려면," 한국언론학회 3차 기획 세미나 '민주주의와 갈등: 저널리즘의 새 지평을 모색하다' 토론문.

(2) 은밀한 통제 수단으로 전락한 기업의 후견

기업들이 방송 보도를 통제하는 데 이용하는 또 하나의 수단은 기자들에 대한 사적 후견이다. 기업과 기자의 관계를 연결하는 수단 가운데 후견주의적 성격을 가진 것은 협찬, 촌지, 향응, 접대, 선물, 외유성 취재 및 국내외 연수 지원, 편의 시설 제공 등을 들 수 있다. 물론 과거와는 달리 기업의 촌지 문화나 술자리 향응은 많이 사라진 것이 사실이다. 대신 식사와 골프 접대, 선물, 국내외 연수 지원, 시설 편의 제공 등은 오히려 더 활발하게 이뤄지고 있다. 이에 대한 기자들의 인식도 많이 무디어졌다. 특히 휴일에 기업의 골프 접대를 받는 일은 일부 기자들에게는 일상화되었다.

협찬을 제외하고 기업의 후견인 역할 가운데 그나마 공개적으로 이뤄지는 것은 기자들의 국내외 연수와 취재 지원이다. 이와 같은 지원은 대개 공개된 절차를 통해 이뤄지기 때문이다. 그러나 연수와 취재 지원이 공식적으로 이뤄진다고 해서 거기에서 파생되는 효과도 공식적인 것은 아니다. 기업의 입장에서 기자들에 대한 연수 비용 지원은 연수를 다녀온 기자들을 지속적으로 관리할 수 있는 일종의 연결 고리를 만드는 수단이다. 기자들도 연수 비용을 지원해 준 기업에 대해 좋은 감정을 가지게 마련이다.

기업의 입장에서 취재 지원도 연수와 비슷한 효과를 가져다준다. 기업이 공식적으로 경비를 지원하는 취재는 대개 기업 활동을 우호적으로 보는 아이템을 대상으로 한다. 그 때문에 기업이 취재 경비를 지원한 아이템이 보도되면, 해당 기업은 직간접적인 홍보 효과를 거두게 된다. 이런 경우 지원을 받은 취재 기자는 처음부터 그 기업에 우호적인 감정을 가질 수밖에 없다. 게다가 지원 대상이 외유성 취재인 경우 공적 업무가 사적 여행의 성격까지 띠게 된다.

연수와 취재 지원의 경우에도 기업과 기자의 관계는 후견인과 피후견인이라는 수직적이고 비대칭적인 우열 관계로 변질될 수 있다. 그렇게 되면 기자에 대한 기업의 통제가 용이해지고, 그것은 보도의 공정성을 해치는 결과를 낳을 수도 있다.

기업의 후견인 역할 가운데는 협찬이나 연수, 취재 지원과는 달리 잘 드러나지 않는 것들이 더 많다. 촌지나 향응, 접대, 선물, 편의 시설 제공 등이 그런 것들이다. 이와 같은 행위는 주로 홍보 담당자와 기자의 사적 관계를 통해 은밀하게 지속적으로 이뤄진다는 특징이 있다. 이 때문에 그 폐해의 심각성에도 불구하고 어떤 계기에 의해 드러나지 않은 이상, 방송사 내부는 물론 외부에서도 문제가 되는 경우는 거의 없다.

(3) 로비 통로로서의 연고주의

연고주의에 의한 자본의 언론 통제는 정치 권력과 마찬가지로 지연, 학연, 혈연 등 사적 연고를 매개로 비공식적 커뮤니케이션 채널을 통해 언론에 영향을 미치는 것을 의미한다. 하지만 연고주의를 매개로 한 기업인과 기자의 관계는 정치인과 기자의 관계에서보다 잘 드러나지 않는 특징이 있다. 정치 활동은 공적 영역이라는 특성상 공중에 노출되기 쉬운 데 비해 기업 활동은 사적 영역이라는 점에서 공중에 잘 드러나지 않는 경향이 있기 때문이다.

그럼에도 불구하고 지연이나 학연은 기업인과 기자의 관계를 더욱 공고히 해주는 아교풀과 같은 역할을 한다. 예컨대, 만약 기업인과 기자가 고교 동창이라면 기업인은 그 기자에게 더 자연스럽게 이야기할 것이고 스스럼없이 기자의 스폰서 역할을 하게 된다는 것이다.[24] 이는 연고주의가 기업의 언론 통제에 효과적인 매개체 역할을 할 수 있다는 것을 뜻한다.

기자들은 대개 기업의 정보를 획득하고 취재하는 일을 공식적인 통로와 절차에만 의존할 수 없다고 생각한다. 기업이 공식적으로 제공하는 발표 자료나 인터뷰는 지나치게 정형화되어 있기 때문에 시청자의 정보 욕구를 충족시키는 데 한계가 있다는 것이다. 이를 보완하기 위해 비공식적으로 정보를 얻으려면, 기업인들과의 사적 관계를 형성하는 것이 유리하다고 기자들은 일반적으로 생각한다.

문제는 기업인과 기자 사이의 공적 관계가 연고를 매개로 해 사적 관계로 변질되면서 언론 통제 수단으로 이용된다는 점이다. 공적 관계는 단순히 친해지려는 관계가 아니라 합리성에 기초한 이해의 교환 관계로서 목적을 지니고 이뤄지는 역할의 관계이다. 반면에 구성원들이 친분을 도모하며 정을 쌓아가는 사적 관계에서는 정의 교류를 통해 '우리'를 공고히 하며 궁극적으로 '내 것과 네 것'의 구별이 없어지는 사이를 지향한다.[25] 원래 기업인과 기자의 관계는 목적을 지니고 이뤄지는 역할의 관계, 즉 공적 관계이다. 하지만 기업인이나 기자에게 사적 관계의 형성과 유지가 중요하게 취급된다는 점에서 공적 영역에 사적 영역이 깊숙이 관여한다는 사실을 알 수 있다.[26] 이는 취재원인 기

24 송국건 (2011), "'스폰서 기자'의 은밀한 세계: 타인 명의 법인 카드로 후배 기자 챙기기," 〈신동아〉, 11월호, pp.156～163.

25 한규석 (2000), "한국인의 공과 사의 영역: 공적과 인정의 갈등," 〈한국심리학회지: 사회문제〉, 제6권 2호, pp.39～63.

26 신미현 · 배미경 (2008), "PR 실무자와 기자의 언론 관계성 인식 유형 연구," 〈언론과학연구〉, 제8권 4호, pp.441～479.

업인에 의한 통제에 노출될 수 있다는 점에서 기자에게는 치명적인 약점으로 작용할 수 있다. 특히 연고에 의해 형성된 사적 관계는 다른 어떤 관계보다 친밀감이 강하다는 점에서 더욱 그런 경향을 보인다.

기업의 기자 관리에서 연고주의는 후견주의와 서로 밀접히 연관돼 있다. 연고를 매개로 형성된 기업인과 기자의 사적 관계가 후견인과 피후견인의 후견 관계로 이어지는 경우가 많기 때문이다. 연고를 매개로 하는 사적 관계가 후견 관계로 이어지면, 기업인과 기자의 관계는 사적 친분 관계를 넘어 유착 관계로 발전할 가능성이 커진다. 이럴 경우 취재원인 기업인과 기자 사이의 공적 관계는 사적 관계에 압도돼 설 자리를 잃게 된다.

기자가 취재, 보도 활동을 하면서 공사를 구분하는 것은 당연하다. 그러나 공적 영역에까지 전통적 연고주의가 침투해 있는 한국 사회에서 기자들이 그것을 실천하기는 쉽지 않다. 특히 막강한 인맥을 구축

그림 8. 자본 권력에 의한 방송 보도 통제 구조

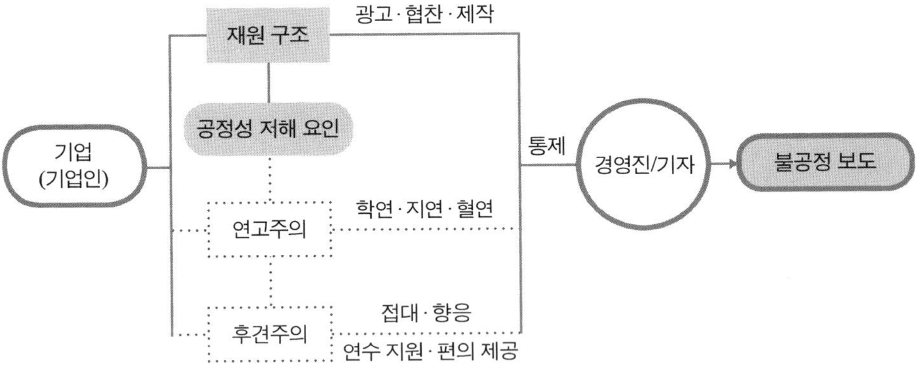

* 실선은 공식적 통제, 점선은 비공식적 통제를 의미함.

한 대기업들이 연고를 매개로 언론을 통제하려 하는 한, 그것으로부터 자유로울 수 있는 기자는 별로 없다.

이를 바탕으로 자본 권력에 의한 방송 보도 통제 구조를 도식화하면 앞의 그림 8과 같다.

3) 방송 저널리즘의 내적 통제

방송사 조직의 내적 통제는 크게 네 가지 차원에서 살펴볼 수 있다. 첫 번째는 방송사의 조직 문화 차원에서 작동하는 통제이다. 두 번째는 경영진의 인사권 차원에서 이뤄지는 통제이다. 세 번째는 내재화*internalization* 차원의 자기 검열적 통제이다. 네 번째는 전문직주의*professionalism*가 약화되었을 때 나타나는 통제이다.

이 가운데 조직 문화는 조직의 경직화나 위계질서와 밀접한 관련이 있다. 인사권 역시 조직의 위계질서에 영향을 미치는 방식으로 계서적*hierarchical* 통제를 강화하는 데 이용되기도 한다. 인사권은 동시에 조직 논리의 내재화를 촉진함으로써 기자들이 자기 검열을 정당화하는 구실이 되기도 한다.

결과적으로 경직된 조직 문화와 인사권 악용, 계서적 통제는 내재화를 통한 기자들의 자기 검열을 강화함으로써 방송 저널리즘의 효과적인 내적 통제 수단으로 작동하는 셈이다. 여기에 기자들의 전문성까지 결여되면, 방송사 조직 내부의 제작 자율성이나 직업적 저항성은 극도로 약해질 수밖에 없다. 이는 비로소 방송의 자기 파괴적 내적 통제가 완결성을 갖게 된다는 것을 의미한다.

(1) 경직된 조직 문화와 계서적 통제

방송사의 조직 문화는 프로그램이라는 방송 조직의 생산물에 결정적인 영향을 미친다. 범위를 좁혀 기자들이 생산하는 뉴스도 기자 조직의 문화와 밀접하게 관련되어 있다.[27] 여기에는 뉴스 생산 과정에서 개인으로서의 기자보다는 조직원으로서의 기자의 역할이 더 중요하다는 의미도 담겨 있다. 실제로 뉴스 생산 과정을 연구한 결과에서도 뉴스 선택에 결정적인 영향을 미치는 것은 개인보다 조직이라는 사실이 밝혀졌다.[28] 같은 맥락에서 뉴스 생산을 왜곡시키고 공정성을 저해하는 언론의 내적 통제 요인을 찾으려면 조직 차원의 분석이 필수적이다.

국내의 지상파 방송 뉴스에 영향을 미치는 요인 연구에서도 뉴스 조직 내부의 조직적 통제와 관행 등이 보도 행위에 상당한 영향을 주는 것으로 나타났다. 즉 취재 보도에 필요한 인력, 장비 등에 대한 자원 통제부터 오랜 동안 구축되어 온 뉴스 조직 내부의 의사 결정 메커니즘과 관행 등이 보도 행위에 커다란 영향을 미친다는 것이다.[29] 여기서 의사 결정 메커니즘과 관행은 조직 문화에서 파생된다는 점을 주목할 필요가 있다.

방송 조직은 그 어느 조직보다도 자율성과 창의성이 요구된다. 기자나 PD가 자율을 바탕으로 창의성을 발휘해야만 양질의 콘텐츠를

27 박인규 (2010), "조직 문화의 관점에서 본 KBS 피디 저널리즘의 퇴행 원인," 〈현상과 인식〉, 제34권 3호, pp.299～322.

28 G. Baily & L. Lichty (1972), "Rough Justice on a Saigon Street: A Gatekeeper Study of NBC's Tet Execution Film," *Journalism Quarterly*, 49, pp.221～229.

29 남궁협 (2004), "방송 뉴스 보도에 미치는 내적·외적 영향 요인에 관한 연구," 한국언론학회 연구 보고서 및 기타 간행물, pp.25～66.

생산할 수 있기 때문이다. 그럼에도 불구하고 한국의 방송사 조직은 경직돼 있다는 비판을 받아 왔다. 경직된 조직 문화는 유연성 부족과 의사 결정 지연, 자율성 위축 등의 문제를 일으키게 된다.

방송사의 뉴스 조직은 뉴스 생산 과정에서 늘 긴장과 갈등이 존재한다. 취재와 편집을 담당하는 일선 기자들은 제작의 자율성을 요구하고, 그에 반해 보직 간부들은 직무상의 권한과 계층적 위계질서를 내세워 취재와 편집에 간여하려고 하기 때문이다. 그러나 이러한 긴장과 갈등에도 불구하고 기자들은 수습 기간부터 제작의 자율성보다는 위계질서에 바탕을 둔 상하 명령과 복종 관계에 길들여진다.

여기에는 크게 두 가지 이유가 있다. 하나는 방송사가 지향하는 가치에 따라 일관성 있게 뉴스의 방향을 결정해야 할 필요성에서 비롯되는 것이다. 그것은 뉴스의 편집 방침을 통해 표출되고, 그것을 바탕으로 기자들에 대한 관리, 통제가 이뤄지게 된다. 다른 하나는 제한된 시간 내에 뉴스를 생산해야 하는 조직의 특성에 기인하는 것이다. 뉴스는 속보 경쟁이 치열할 뿐만 아니라 기사와 리포트의 길이에도 엄격한 시간의 제약이 가해진다. 이 때문에 뉴스 생산 조직은 시간적 효율성을 중시하고 그에 따라 기자들의 업무적 측면에서도 관리, 통제가 따르게 된다.

경직된 조직에서 공영 방송의 사장이나 민영 방송의 사주 등의 지시와 명령은 절대적이다. 그 앞에서는 규정도 무시되기 일쑤이다. 그럴 경우 계서적 통제의 맨 상층부에 사장이나 사주가 자리하는 셈이 된다. 방송사 역시 마찬가지이다. 사장이나 사주가 절대적 권한을 행사하면, 계서적 통제는 밑으로 내려올수록 강도가 강해질 수밖에 없다. 그렇게 되면 독립성을 보장받아야 할 편집권이나 편성권이 위협받게 되고, 제작 자율성이 위축되며, 뉴스나 프로그램의 공정성에 문제가 생기게 된다.

(2) 인사권 악용과 충성 경쟁

경영진과 간부들의 인사권은 기자들의 부서와 출입처 배치, 승진, 보직 임명, 특파원과 해외 연수 선발에 절대적인 영향을 미친다. 기자 조직도 일반적 조직과 마찬가지로 공개된 기준과 원칙, 투명한 절차가 있더라도, 그 평가는 어쩔 수 없이 소수 경영진과 간부들의 권한이기 때문이다. 더욱이 기자들의 부서와 출입처 배치, 승진, 보직 임명, 특파원과 해외 연수 선발은 모두 제한된 소수의 자리에 비해 희망하는 사람이 다수인 것이 일반적이다. 이럴 경우 결정 권한을 가진 경영진과 간부들의 인사권은 기자 조직에서 강력한 힘을 발휘하게 된다.

기자들은 일반적으로 정치적 권한과 경제적 영향력이 있는 출입처를 선호하는 경향이 있다. 그런 출입처일수록 자신의 사회적 위치나 조직 내 위상이 높아질 수 있다고 생각하기 때문이다. 그러나 주로 젊은 초년 기자를 배치하는 일선 경찰서를 제외하면 정치부, 경제부, 사회부의 주요 출입처에 나갈 수 있는 기자는 모두 합쳐도 많아야 50명 안팎에 불과하다.

기자들은 이처럼 희망하는 부서와 출입처를 배정받기가 쉽지 않은 상황에서 치열한 경쟁을 벌일 수밖에 없다. 반면에 보도본부의 간부들은 부서와 출입처 배치를 기자에 대한 매우 효율적인 통제 기제로 활용할 수 있게 된다. 이는 오늘날 데스크 등 뉴스룸 간부들의 업무가 뉴스의 편집 또는 편성보다는 관리의 기능, 즉 기자와 뉴스 생산 시스템, 자원을 관리하는 것이라는 슈메이커와 리즈[30]의 견해와 같은 맥락이다.

출입처의 기자실은 일반인이 출입할 수 없는 것은 물론 기자라 할

지라도 등록되어 있지 않으면 마음대로 출입할 수가 없다. 이와 같은 배타성과 독점성은 정보의 독점과 편중 현상을 가져온다.[31] 이는 출입처의 취재원 입장에서는 정보 통제가 그만큼 용이해진다는 것을 뜻하고, 출입 기자로서는 독점적 정보 획득과 이용이라는 편리성을 가져다준다는 의미가 있다. 출입처는 이처럼 비록 각자 다른 차원이지만, 취재원과 기자의 이해가 맞아떨어지면서 둘 사이에 공생 관계를 형성하는 매개 역할을 한다. 더욱이 기자들은 한국 사회에서 강력한 권한을 지니는 출입처 취재원과의 비공식적 교제를 통해 대내외적 신분이나 지위 상승에 유리한 위치를 차지하게 된다. 또한 흔히 경력 관리라는 말로 표현되는 특정 부서 경험과 출입처의 출입 여부는 기자 조직에서 개인 능력의 척도가 된다.[32]

이처럼 한국 언론의 기자 조직에서 승진이나 보직 발탁은 배타적 소유 정보의 확대, 조직 내 권한의 증대, 사회적 지위 상승, 그리고 정치인과 관료, 기업인 등 다른 직종으로의 충원 가능성 확대 등의 기회를 가져다준다. 그에 비해 기자들의 승진이나 보직 경쟁은 제한된 자리로 인해 치열할 수밖에 없다. 이 때문에 기자들은 조직의 위계 내에서 최고의 목표를 승진과 보직 발탁에 두는 경향이 있다.[33] 이로 인해 기자들은 스스로 조직의 통제에 취약해지고, 실제로 간부들은 그것을 기자들을 통제하는 데 이용하게 된다.

30 Shoemaker & Reese (1996/1997).

31 한국언론연구원 (1997), 《경제 보도》, 한국언론연구원.

32 임병걸 (1991), "방송 조직의 관료적 통제 메커니즘에 관한 연구," 서강대학교 대학원 석사 학위 논문.

33 옥선미 (1989), "자본주의 사회의 신문 언론 노동의 성격에 관한 연구," 서울대학교 대학원 석사 학위 논문.

주요 보직의 발탁은 높은 직책일수록 한층 경쟁이 치열해진다. 조직의 위계질서상 부장은 차장보다, 국장은 부장에 비해 갈수록 자리가 제한돼 있다. 게다가 경영진과 내밀한 이야기까지 주고받아야 할 고위직일수록 강한 충성심을 요구받게 된다. 이 때문에 보직 발탁은 경영진이 보도본부 간부들을 통해 보도를 통제하는 아주 유효한 수단이 된다.

현행 방송법 제4조 ③항은 "방송편성책임자의 자율적인 방송편성을 보장하여야 한다"고 규정하고 있다. 이는 편집권 혹은 편성권의 독립을 보장해 사장이 부당하게 방송 내용에 관여할 수 없도록 하기 위한 것이다. 그럼에도 불구하고 방송사의 사장 등 경영진은 인사권을 이용해 편집제작권을 통제하고자 하는 유혹을 버리지 못하고 있다.

최근 들어 방송사 보도본부 내에 주요 해외 특파원, 그리고 해외 연수 대상자 선발에서조차 권력 기관 출입 기자, 앵커, 파업 불참자가 뽑히는 사례가 늘어나는 대신, 파업 등 노조 활동에 적극 참여한 기자는 거의 뽑히지 않는다는 인식이 확산되고 있다. 청와대 출입 기자 배치나 앵커 선발이 다수 기자들의 동의를 얻지 못하는 상태에서 이처럼 특파원과 연수 대상자 선발에까지 기자들의 불만이 팽배해 있다면, 그 원칙과 기준, 절차 등에 분명히 문제가 있다. 이는 결과적으로 기자들의 자율성과 창의성을 제고시켜야 할 조직 관리 차원의 인사권이 기자들을 순치시키고 보도를 통제하는 데 이용되고 있다는 사실을 보여 준다.

(3) 내재화와 자기 검열

기자들이 관찰과 경험을 통해 조직이 원하는 바를 배운다는 것은 뉴스룸의 사회화에 대한 연구를 통해 이미 입증된 사실이다.[34] 기자들이 뉴스 생산 과정에서 회사의 규범과 가치를 내재화시키는 것은 다른 조직에서와 마찬가지로 자연스런 현상이다. 이는 내재화 자체가 항상 문제가 되는 것은 아니라는 의미이다. 문제는 내재화가 어떤 내용으로 어떻게 이뤄지느냐는 것이다. 특히 공공 서비스를 통해 공익적 가치를 실현하는 것을 목표로 하는 방송의 경우 구성원들이 그것을 내면화하는 일은 매우 중요한 일이다.

기자들의 내재화는 조직 논리에 동화되거나 간부들의 입장에 동조하는 형태로 나타난다. 내재화가 이뤄지는 원인은 기자들이 인사고과, 승진, 부서와 출입처 배치, 연수와 특파원 선발 등에서 유리한 위치를 차지하기 위한 경쟁에서 찾을 수 있다. 경쟁에서 선택을 받으려면 회사의 뉴스 편집 방침이나 간부들의 지시, 명령에 충실히 따라야 하고, 그러한 논리는 자연스럽게 자기 합리화를 통해 내면화된다.

내재화된 조직 논리는 특정 부서의 '배타적 집단화*exclusive grouping*'를 야기한다. 배타적 집단화는 특정 조직이 조직의 논리에 따르지 않는 사람을 배제하는 대신, 철저히 복종하는 사람만으로 조직원을 충원하는 것을 의미한다. 방송의 뉴스 조직에서 배타적 집단화 현상이 가장 두드러진 조직이 정치부와 메인 뉴스 편집부이다. 정치부는 권력의 핵심인 청와대와 국회 및 정당을 취재하는 부서이고, 메인 뉴스 편집부는 방송의 간판 뉴스라고 할 수 있는 저녁 메인 뉴스의 편집을 맡은 곳이다. 회사의 입장에서는 최고 핵심 업무를 담당하는 부서이다. 이는 그만큼 회사 차원의 관리와 통제가 필요하다는 의미이기도 하다. 바로 이와 같은 관리와 통제의 필요성이 조직 논리의 내재화를 통해 정치부와 메인 뉴스 편집부의 배타적 집단화를 야기하는 것이다.

34 W. Breed (1960), "Social Control in the News Room," in W. Schramm (ed.), *Mass Communications*, Urbana, Illinois: University of Illinois Press, pp.178~194.

조직 논리의 내재화가 야기하는 배타적 집단화는 뉴스 생산 과정에 부정적 영향을 미친다. 특히 배타적 집단화의 정도가 심할수록 더 그런 현상이 나타난다. 정치부는 취재, 제작 관행이 다른 부서에 비해 독특하다. 정치부는 부장이나 차장 데스크가 리포트를 직접 기획하고 구성안을 만드는 경우가 적지 않다. 현장의 취재 기자는 그 구성안을 받아서 제작만 하는 경우가 자주 발생하는 것이다. 취재 기자가 먼저 리포트의 기획과 구성을 하고 부장이나 차장이 데스크를 보는 다른 부서와는 사뭇 다르다. 물론 국회와 정당을 중심으로 취재된 많은 자료를 모아서 리포트를 제작해야 하는 정치부의 특성상 그럴 필요성이 전혀 없는 것은 아니다. 그러나 데스크가 만들어 준 리포트 구성안이 자신의 의견과 다를 경우에도 이의를 제기하는 정치부 기자를 쉽게 찾아볼 수 없다는 것은 문제이다.

이런 식의 보도가 나가는 것은 비단 간부만의 책임이 아니다. 아무런 문제 제기를 하지 않는 기자도 그 책임에서 벗어날 수 없다. 공정하지 못한 리포트가 제작되고 상식을 벗어난 편집이 이뤄졌어도 해당 부서의 기자들이 이의를 제기하거나 항의를 하지 않는 것은 기자들에게 내재화된 조직 논리가 집단적 동조 혹은 묵인의 자기 검열 형태로 나타나고 있다는 것을 의미한다. 자기 검열은 대부분 이처럼 기자가 간부의 의도에 습관적으로 순응하는 것에 익숙해졌을 때 무비판적으로 혹은 무의식적으로 일어날 수 있다.[35] 기자들은 기자 작성과 리포트 제작은 물론 아이템 기획과 취재 단계에서부터 자기 검열적 태도를 보이

35 M. Parenti (1986), "Who Controls the News? The Myths of Independence and Objectivity," in *Inventing Reality: The Politics of the Mass Media*, Boston: St. Martin's Press, pp.35~61.

는 경우가 적지 않다.

기자들이 자기 검열의 함정에 빠졌다는 것은 배타적 집단의 조직 논리가 심각할 정도로 내재화되었다는 징표이다. 기자들은 내재화로 인해 직업 윤리나 기자 정신보다는 조직 논리를 중요시하게 되지만, 그것은 조직 내의 생존 경쟁에서 살아남기 위한 방편에 지나지 않는다. 문제는 그럴수록 조직 차원의 통제가 한결 용이해지고 간부들의 일방적 지시와 명령만이 조직을 지배하게 되면서 기자들의 자율성과 창의성은 점차 사라지게 된다는 점이다. 결과적으로 내재화된 조직 논리는 뉴스 조직의 다원성을 위축시켜 공정성을 저해하는 요인이 되는 셈이다.

내재화는 조직 내부에서만 진행되는 것은 아니다. 기자들은 통상적으로 권위가 있고 신뢰할 수 있는 유능한 취재원을 찾는다. 그들이 제공하는 정보는 검증 없이도 쉽게 받아들일 수 있어 상대적으로 더 저렴한 비용으로 뉴스를 만들 수 있기 때문이다.[36] 대신 기자들은 그들에게 공공의 이슈에 대한 정의를 내릴 수 있는 권한을 제공하고, 이후 전개될 논의의 내용들을 제한할 수 있는 기회를 부여하게 된다.[37] 그럴 경우 취재원은 기자와 자연스럽게 관점을 공유하고 상호 협조해 나간다는 명분으로 언론을 통제할 수 있는 기회를 획득하게 된다.[38] 이는 기자가 취재원과의 관계에서 그의 논리에 동화되는 내재화가 이루

36 E. Herman (1986), "Gatekeeper Versus Propaganda Models: A Critical American Perspective, in P. Golding et al. (eds.), *Communicating Politics: Mass Communications and the Political Process*, Leicester: Leicester University Press, pp.171~196.

37 S. Hall et al. (1978), *Policing the Crisis: Mugging, the State and Law and Order*, London: Macmillan.

38 M. Entman (1989), *Democracy without Citizens: Media and the Decay of American Politics*, New York: Oxford University Press.

어진다는 것을 의미한다.

취재원과의 관계에서 일어나는 내재화는 출입처와 밀접히 관련돼 있다. 출입처는 대부분 기자실을 두고 취재의 편의를 제공하고, 기자들은 자연스럽게 이들 출입처 중심의 취재 관행에 익숙해지게 된다. 특히 방송 기자의 경우 제작 과정의 효율성을 높이기 위해 이들 공식 취재원에 의존하는 경향이 신문 기자에 비해 높은 편이다.[39] 방송 뉴스는 제작 과정이 복잡하고 시간이 많이 걸리기 때문이다. 물론 출입처의 취재원은 정보 습득과 인터뷰가 용이하다는 점에서 뉴스 제작 과정의 효율성을 높이는 데 도움이 된다.[40] 그러나 공식적인 취재원에 대한 지나친 의존은 언론의 공정성에 문제를 야기할 수 있다. 더욱이 취재원과 기자의 관계가 정보를 주고받는 차원을 넘어서 지나치게 밀착될 경우 취재원의 언론 통제 메커니즘은 보다 효과적으로 작동하게 된다.

(4) 전문직주의의 후퇴와 형식적 객관주의

언론사 조직은 일반적으로 경영진의 권위 및 뉴스룸 내의 조직적 통제와 기자들의 취재 보도 자율성 간에 갈등이 존재한다. 언론사의 경영진이 기업적 목표와 가치를 추구하는 과정에서 가하는 조직적 통제에 기자들의 직업적인 저항이 뒤따르기 때문이다.[41] 그럴 경우 그 저항의 근원이 되는 것은 공공성과 저널리즘 활동의 자율성을 구현하려는 기

39 D. A. Berkowitz (1997), *Social Meanings of News: A Text-reader*, Thousand Oaks, CA: Sage Publications.

40 E. Epstein (1974), *News from Nowhere*, New York: Vintage Books.

41 Shoemaker & Reese (1996/1997).

자들의 전문직주의이다.[42] 즉 전문직주의는 기자들의 취재 보도 자율성을 보호하기 위한 이데올로기 역할을 수행한다고 볼 수 있다.[43]

언론사의 조직적 통제와 기자들의 전문직주의 간의 충돌은 대개 상업적 이익을 추구하는 상업 언론에서 일어난다. 그러나 공영 방송에서도 정치 권력이 권위주의나 지배 구조를 이용해 조직적 통제를 가할 경우, 기자들의 저항이 일어날 수밖에 없다. 이때도 저항의 근원은 역시 전문직주의에서 찾을 수 있다.

방송에서 기자들의 전문직주의는 두 가지 의미를 가지고 있다. 하나는 시민으로부터 위임된 뉴스 생산 과정의 권한과 책무를 수행하는 데 필요한 '집단 지성*collective intelligence*'[44]의 근거가 된다는 뜻이다. 다른 하나는 뉴스라는 창의적 노동 가치를 생산하는 '배타적 지식'으로서의 전문성을 인정받는다는 의미이다.

그러나 방송사 뉴스 조직의 현실은 집단 지성 차원의 의미는 물론 배타적 지식으로서의 전문성이라는 의미에서도 전문직주의가 뿌리를 내리지 못하고 있다. 부서 단위의 기획회의나 보도국 편집회의에서 토론이 사라진 것은 전문직주의에 기초한 집단 지성이 구현되지 않는 것과 마찬가지이다. 그 원인은 전문직주의를 압도하는 지시와 명령이 지배하는 조직적 통제에서 찾아볼 수 있다. 집단 지성의 실종은 특정인의

42 허진 (1997), "전문직 정향과 구조적 통제에 대한 인식이 방송인의 직업 만족도에 미치는 영향: 보도 부문을 중심으로," 서울대학교 대학원 박사 학위 논문.

43 J. Soloski (1989), "News Reporting and Professionalism: Some Constraints on the Reporting of the News," *Media, Culture and Society*, 11, pp.207~228.

44 집단 지성이란 다수의 개체들이 서로 협력 혹은 경쟁을 통하여 얻게 되는 지적 능력에 의한 결과로 얻어진 집단적 능력을 말한다. 이는 소수의 우수한 개체나 전문가의 능력보다 다양성과 독립성을 가진 집단의 통합된 지성이 올바른 결론에 가깝다는 논리에 근거를 둔다(출처: 위키백과).

독단적 견해가 뉴스에 반영될 위험성을 높인다. 그럴 경우 내적 다원주의가 위축됨으로써 뉴스의 공정성을 해치는 결과를 낳을 수 있다.

전문직주의의 실종은 형식적 객관주의를 중요시하는 풍토와도 관련이 있다. 형식적 객관 보도는 보도 대상에 관해 많은 지식을 가질 필요가 없다. 특정 사건이나 사안, 인물에 관해 관련 당사자나 제3자가 하는 말을 그대로 전달하는 것만으로 족하기 때문이다. 따라서 취재 기자도 그것들에 관해 해박하거나 전문적인 지식을 가질 필요가 없게 된다. 경영진이나 간부들로서는 굳이 껄끄러운 전문 기자 제도를 유지해야 할 이유가 없어지는 것이다.

조직적 차원에서 통제가 강화되더라도 부장이나 차장 데스크가 전문 기자를 통제하는 것은 쉬운 일이 아니다. 전문적인 식견을 가진 기자를 통제하려면, 위계적 권한과 권위만 가지고 있어서는 안 되기 때문이다. 데스크가 기자를 논리적으로 설득하려면, 그 기자가 가지고 있는 전문적 지식 이상으로 해박한 지식을 가지고 있어야 한다.[45] 그렇지 않을 경우 효과적인 통제 목표를 달성하기는 어렵다.

기자가 전문적인 식견을 가질수록 외적 통제에 대한 내성도 강해진다. 취재 기자들이 출입처의 보도 자료나 발표를 토대로 기사를 쓰고 리포트를 제작할 때 그것을 이해할 수 있는 기초 지식이 필요하다. 물론 부족한 전문 지식은 외부 전문가의 도움을 받아서 보충하기도 한다. 그렇다 하더라도 기자는 외부 전문가가 제공하는 정보 조언에 대해 진위나 타당성을 파악할 수 있어야 한다. 그렇지 못할 경우 본의 아니게 취재원이나 외부 전문가의 언론 플레이에 이용당할 수 있기 때문이다.

45 이효성 (1989), p.71.

형식적 객관 보도는 탐사 취재나 심층 취재를 통해 그 사건의 실체적 진실을 파헤치기보다는 사건의 이해관계가 걸린 사람들의 말을 그대로 전하는 피상적인 중계 보도가 되기 십상이다. 이 경우 언론에 쉽게 접근할 수 있는 사람들은 사건의 당사자 중에서 금력이나 권력을 가진 지배 세력이기 때문에 결국 형식적 객관 보도는 지배 세력의 홍보 수단으로 전락한다. 결과적으로 전문직주의의 후퇴는 탐사 보도와 해석 보도를 회피하는 대신, 형식적 객관 보도를 정당화함으로써 시청자가 사건의 실체적 진실과 맥락을 파악하는 것을 방해하게 된다.

이를 토대로 내적 통제에 의한 방송 보도 통제 구조를 도식화하면 그림 9와 같다.

그림 9. 내적 통제의 의한 방송 보도 통제 구조

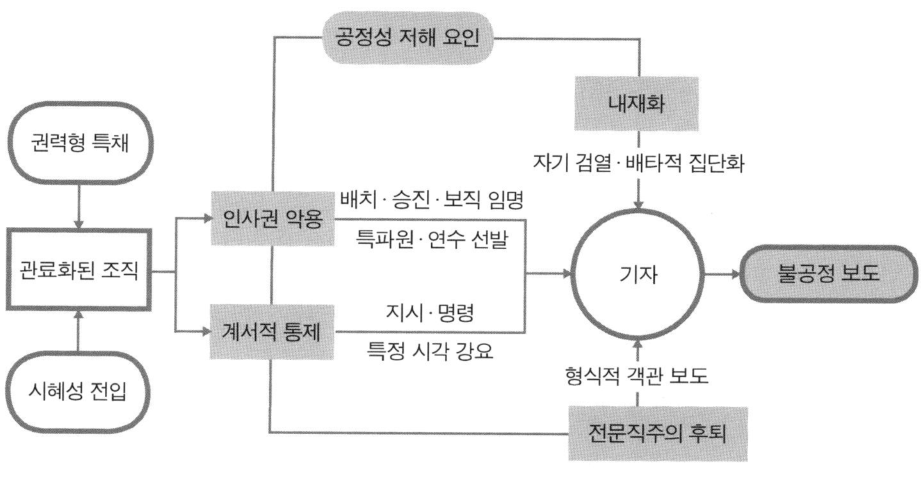

3. 방송 저널리즘의 품격을 지키기 위한 7가지 문제 극복 프로젝트

무엇보다도 건전한 민주주의 발전을 위해 방송 저널리즘이 추구해야 할 두 가지 핵심 덕목은 자유로운 언론 보도의 보장과 공정성 확보이다.[46] 이와 관련해 정치철학자 존 롤스John Rawls는 언론 자유가 시민들의 실질적인 정치 참여를 가능하게 해주는 역할을 수행한다고 말한다.[47] 롤스가 주장하는 언론 자유의 가치는 크게 네 가지로 구분할 수 있는데, 견제적 가치*the checking value*, 개인의 자율성*individual autonomy*, 다양성*diversity*, 자치*self-government* 등이 그것이다.[48]

이를 실현하기 위해서 구체적으로 《방송 보도를 통해 본 저널리즘의 7가지 문제》에서는 핵심적으로 다음과 같은 4가지 행위를 극복해야 한다고 주문했다. 구체적으로 살펴보면 ① 과도한 정치적 정파성, ② 물불을 가리지 않는 일방적인 자사 이기주의, ③ 교묘한 상업주의, ④ 앞뒤가 맞지 않는 의도적인 사실 왜곡과 같은 보도 내용이다. 이러한 문제들은 그림 10에서 보는 것과 같은 상호 연관성을 가지고 있다.

우리는 이런 4가지 핵심적인 문제 유형을 중심축으로 하여 한국 방송 저널리즘이 현실적으로 극복해야 할 7가지 사항을 모색하였다. 구체적으로 살펴보면 ① 사실 관계 확인이 부족한 방송 보도, ② 정치

46 최영재 · 홍성구 (2004), "언론 자유와 공정성," 〈한국언론학보〉, 48권 6호, pp.326~342.

47 J. Rawls (1993), *Political Liberalism*, 장동진 옮김, 《정치적 자유주의》, 동명사, 1998, pp.409~410.

48 J. Rawls (1971), *Theory of Justice*, 황경식 옮김, 《사회정의론》, 서광사, 1985.

그림 10. 방송 저널리즘 문제를 진단하는 대표적인 네 가지 유형

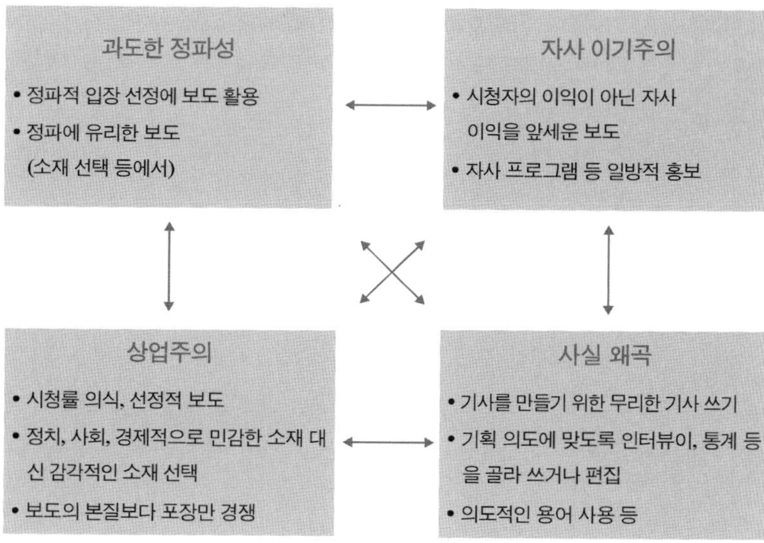

출처: 심석태 외 (2013), 《방송 보도를 통해 본 저널리즘의 7가지 문제》, 컬처룩, p.27.

적 편향 방송 보도, ③ 광고주 편향 방송 보도, ④ 출입처 동화형 방송 보도, ⑤ 자사 이기주의 방송 보도, ⑥ 시청률에 집착하는 방송 보도, ⑦ 관습적 방송 기사 작성으로, 2013년 실제 문제가 된 방송 보도 사례와 이를 방지하기 위한 구체적인 점검 목록을 살펴보았다. 2014년과 2013년 이전 사례도 일부 검토 대상에 포함되었다.

결론적으로 방송 저널리즘의 진정한 생명은 '법적으로 할당된 책임*assigned responsibility*'이나 '계약된 책임*contracted responsibility*'이라기보다는 '자기에게 부과된 책임*self-imposed responsibility*'이라는 차원에서 자정 노력에 심혈을 기울여야 한다.[49] 다음 장에서 구체적으로 제시

될 방송 저널리즘 문제에 관한 자체적인 진단과 자율적인 해결 방안에 관한 모색은 방송 자율성 확보라는 차원에서 매우 중요한 의미를 가지고 있다.

49 박홍원 (2004), “미디어 어카운터빌리티 개념을 통한 사회 책임 이론의 재조명,” 〈언론과 사회〉, 12권 3호, pp.8~53.

II
방송 저널리즘의 7대 문제 유형

1. 사실 관계 확인 부족

1) 사실 관계 확인 부족의 유형별 사례 분석

저널리즘의 본질은 진실을 추구하는 것이다. 이 점에 대해 동의하지 않는 기자들은 거의 없다. 그러나 혼란도 동시에 존재한다. 진실이 무엇을 의미하는지에 대해 정의하기란 쉽지 않기 때문이다.[50] 그렇다 하더라도 진실을 추구해야 하는 저널리즘의 본질적 가치가 사라지는 것은 아니다. 진실에 대한 정의가 어려울수록 오히려 진실에 접근하기 위한 실천적 방안에 대한 고민이 더 필요하다.

진실 추구는 사실 확인으로부터 출발한다. 물론 모든 사실이 진실인 것은 아니다. 예컨대 취재원이 어떤 말과 행동을 했을 때, 그 자체가

50 B. Kovach & T. Rosenstiel (2007), *The Elements of Journalism: What Newspeople Should Know and the Public Should Expect*, New York: Three Rivers Press. 이재경 옮김, 《저널리즘의 기본 원칙》, 한국언론진흥재단, 2011, p.70.

하나의 사실인 것은 분명하다. 그러나 거기에 반드시 진실이 담겨 있는 것은 아니라는 의미이다. 하지만 사실에 근거하지 않는 것은 어떤 것도 진실일 수 없다. 진실은 사실 하나하나의 조각을 찾아내 맞춰나감으로써 비로소 드러나기 때문이다. 미국의 퓨 연구소Pew Research Center가 기자들에게 어떤 가치가 중요하냐고 물었을 때, 답변자 100%가 "사실을 정확하게 전하는 것*getting the facts right*"이라고 답했다.[51] 퓰리처상으로 유명한 미국의 언론인 J. 퓰리처J. Pulitzer는 이미 100여 년 전에 저널리즘의 가장 중요한 원칙은 사실 확인 작업이라는 것을 강조했다. 이처럼 사실 확인은 진실을 추구하는 언론이 무엇보다 먼저 생각하고 실천해야 할 의무이다.

사실 확인의 원칙은 저널리즘을 연예 오락이나 선전 선동, 소설, 예술 등과 구별해 주는 중요한 특성이다.[52] 특위는《방송 보도를 통해 본 저널리즘의 7가지 문제》에서 "사실 관계에 대한 확인은 기사 작성을 위한 가장 기본적인 원칙이다"라고 말한 바 있다. 사실 관계 확인이 부족했다는 것은 기사로서의 기본 요건도 충족시키지 못한 생태에서 기사를 작성했다는 것을 의미한다. 앞서 우리가 실시한 조사에서도 기자들은 스스로 연령이나 근무 경력과 무관하게 '사실을 정확하게 취재하는 일'(4.95)을 취재 보도 원칙 가운데 가장 중요한 척도로 평가했다.[53] 또 중요도에 대한 인식과 마찬가지로 이 요건을 스스로 '어느 정

51 http://www.people-press.org/1999/03/30/section-i-the-core-principles-of-journalism/

52 Kovach & Rosenstiel (2011), p.129.

53 이 조사 결과, 취재 보도 원칙 가운데 기자들이 그다음으로 중요하게 생각하는 것은 '근거 없는 소문을 기사화하지 않는 일'(4.59점), '공직자의 활동을 비판적으로 감시하는 일'(4.57점), '기업의 활동을 비판적으로 감시하는 일'(4.56점) 등의 순으로 나타났다. 심석태 외 (2013),《방

도 실행하고 있다'고 생각하는 점수(4.19점)는 '근거 없는 소문을 가시화하지 않는 일'(4.07점), '중립적인 보도 자세를 견지하는 일'(3.85점)보다 상대적으로 높게 나왔다.

하지만 안타깝게도 사례를 검토하는 과정에서 의외로 이 분류에 해당하는 기사들이 많이 발견되었다. 앞서 지적한 것처럼 우리가 기사를 검토한 시기가 한국의 방송 저널리즘에 있어서 특별한 문제적 시기였기 때문일 수도 있다. 하지만 그 문제점을 주시하지 않아서 그렇지 분석 대상으로 삼은 시기가 아니어도 이런 '요건을 충족시키지 못한 기사'가 실제로 적지 않게 생산되고 있다는 지적은 새삼스러운 일이 아니다.

사실 관계 확인이 부족한 보도는 다음과 같이 유형별로 분류해 볼 수 있다. 첫째, 단편적 정보에 의존한 성급한 추측 보도이다. 사건·사고는 그 원인이 밝혀지기까지 상당한 시간과 노력이 필요한 경우가 적지 않다. 그러므로 언론은 단편적인 정보에 의존해 성급하게 추측 보도를 쏟아 내서는 안 된다. 자칫 오보를 낼 수 있을 뿐만 아니라 사건의 실체적 진실을 밝히는 데 오히려 방해가 될 수 있기 때문이다. 둘째, 유력 취재원의 발표 자료를 무비판적으로 인용하는 보도이다. 기자들은 일반적으로 유력한 취재원이 발표하는 자료나 발언을 무비판적으로 인용하는 경향이 있다. 이럴 경우 그 자료나 발언이 사실에 부합하는지에 대한 검증이나 확인을 소홀히 함으로써 취재원의 언론 플레이에 이용당할 가능성이 크다. 셋째, 논쟁적인 사안에 대해 일방의 주장만을 전달하는 보도이다. 언론이 논쟁적, 혹은 갈등적 이슈를 다룸에

송 보도를 통해 본 저널리즘의 7가지 문제》, 컬처룩, p.117.

있어서 이해관계자 한쪽의 일방적 주장만 담은 기사를 다른 한쪽 당사자의 반론 없이 보도하거나 반론 기회를 주더라도 전후 맥락을 고려하지 않고 형식적으로 반영할 경우, 형평성뿐만 아니라 사실 관계 확인에도 치명적인 결함이 생긴다. 넷째, 익명의 취재원에 의존해 작성된 기사의 보도이다. 익명의 취재원이 흘려준 정보에 의존하는 기사일수록 보도에 앞서 사실 관계를 확인하는 것이 매우 중요하다. 익명의 취재원은 자신의 신분이 드러나지 않는 만큼 오보로 밝혀지더라도 책임지지 않으려는 경향이 있기 때문이다.

(1) 단편적 정보에 의존한 성급한 추측 보도

사건·사고가 발생했을 때 신속하게 그 전말을 보도하고자 하는 것은 언론의 속성이다. 기자 개인으로서도 다른 기자보다 더 빨리 기사를 내보려는 특종의 욕구가 있는 것은 당연하다. 그러나 그것으로 사실 관계를 제대로 확인하지 않은 보도를 합리화하거나 정당화할 수는 없다.[54]

대형 사건·사고가 일어나면 그 원인을 둘러싸고 갖가지 추측성 정보와 소문이 난무하게 마련이다. 하지만 그럴수록 그 원인을 명확하게 규명하는 데는 많은 시간과 노력을 필요로 하는 경우가 적지 않다. 이

54 BBC는 'Editorial Guidelines'를 통해 재난 상황과 관련한 보도 가이드라인을 다음과 같이 제시하고 있다. "전쟁 보도 및 국내외 긴급 상황(테러 행위, 천재지변, 사고 등)의 초기 단계를 보도할 때 불명확한 사실 관계가 있을 경우, 제3자에게 정보 및 보도자료를 제공하는 일이 중요하다. 초기의 사상자 파악은 종종 부정확하기 때문이다. 만약 다수의 정보원이 각기 다르게 추정할 경우, 우리는 범위를 정해 보도하거나 혹은 가장 권위 있는 정보원에 기반해 피해 상황을 파악한다."

때 언론이 속보 경쟁을 위해 단편적으로 흘러나오는 정보와 소문을 바탕으로 성급하게 추측성 보도를 할 경우, 그 부작용은 단순히 오보를 내는 것에 그치지 않는다. 사실 관계를 제대로 확인하지 않은 추측성 보도는 일반 수용자는 물론 이해관계자들을 혼란에 빠뜨리고 사건의 실체적 진실을 규명하는 데도 오히려 방해가 된다.

단편적 정보에 의존해 성급히 보도를 했다가 오보를 한 대표적인 사례는 세월호가 침몰했을 때 '단원고 학생 전원 구조'라고 오보를 한 사건이다. 2014년 4월 16일 오전 경기도 교육청은 세월호가 침몰하고 있다는 소식이 전해지고 얼마 지나지 않았을 즈음 "단원고 학생 전원이 구조됐다"는 문자 메시지를 출입기자들에게 발송했다. 이를 근거로 방송들은 추가적인 사실 확인 없이 "단원고 학생이 전원 구조됐다"고 앞다퉈 보도하기 시작했다. 물론 오보의 1차적인 책임은 사실과 다른 내용을 정확하게 확인하지 않고 기자들에게 제공한 경기도 교육청에 있다. 그러나 사고 책임 기관에 확인하지도 않고 이를 성급하게 단정적으로 보도한 방송들도 오보의 책임에서 결코 자유로울 수 없다. 더욱이 한 방송사의 경우 현지 계열사 취재팀이 "해경 관계자에게 확인한 결과 전원 구조는 불가능하며, 아직도 많은 승객이 선체에 갇혀 있을 것 같다"고 네 차례나 보고했음에도 본사 보도국이 이를 반영하지 않은 것으로 드러났다.[55]

재난 보도는 어떤 뉴스보다도 정확성이 중요하다. 불확실하거나 잘

55 목포 MBC의 박영훈 기자는 2014년 5월 13일 방송기자연합회 주최 '재난재해 취재 보도 개선 방안 토론회'에서 "목포 MBC가 사고 현장과 가깝고 취재 현장에 빠르게 접근했고, 승객들이 200여 명 갇혀 있을 거라고 했습니다. 단원고 관련 '전원 구조'가 11시 조금 넘은 시간이었는데 제가 현장에 도착한 시간이 거의 비슷한 시각이었습니다. 보도가 나가서 저희 보도국장, 국장, 취재 기자 통해서 총 네 차례 서울에, 공식 발표가 나기 전에 언급을 했고요"라고 말했다.

표 1. 방송의 '단원고 학생 전원 구조' 오보 및 정정 시간

방송사	최초 오보 시간	최초 정정 시간
MBC	11:01	11:24
YTN	11:03	11:34
채널A	11:03	11:27
뉴스Y	11:06	11:50
TV조선	11:06	11:31
SBS	11:07	11:19
MBN	11:08	11:27
KBS	11:26	11:33

출처: 방송통신심의위원회

못된 정보는 자칫 피해를 키울 수 있기 때문이다. 그럼에도 불구하고 사건 초기에 방송들은 '단원고 학생 전원 구조'라는 터무니없는 속보를 경쟁적으로 내보내 시청자들을 혼란에 빠뜨렸을 뿐만 아니라 결과적으로 당국의 구조 작업을 지체시키게 만들었다. 이는 재난 보도에서조차 엄정한 사실 취재에 기초하기보다는 분별없이 속보 경쟁을 해온 우리 방송들의 구태의연한 관행이 빚어낸 결과이다.

2013년 7월 7일(한국 시간 기준) 새벽 미국 샌프란시스코 공항에서 일어난 '아시아나 여객기 착륙 사고' 보도 역시 단편적인 정보에 의존해 성급하게 추측성 보도를 쏟아낸 전형적인 사례로 볼 수 있다. 첫날 사고 원인은 다음 YTN 보도의 제목과 앵커 멘트에서 보는 것처럼 서로 엇갈리는 추측만이 나온 상태였다. 이 보도는 "유도 시스템 고장·기장 조종 미숙"이라는 제목과는 달리 앵커 멘트에서 현지 언론의 보도와 전문가들의 말을 인용해 "기체 결함 가능성과 기장의 조종 미숙을 주요한 사고 원인으로 꼽고 있다"고 밝혔다. 하지만 이어진 기자 리포트는 제목과 마찬가지로 "공항의 항공기 자동 유도 시스템 이상"을 언급하면서 그로 인해 "수동 착륙을 시도하는 과정에서 기장이 된 지 사흘밖에 되지 않은 조종사가 조종 미숙으로 사고를 일으켰을 가능성이 큰 것으로 추정되고 있다"고 전했다. 아마도 급하게 보도를 하려다 보니 지금까지 나온 내용의 사실 관계는 물론 앵커 멘트가 제목이나 기자 리포트와 일치하는지 여부도 확인하지 못한 것으로 보인다.

2013년 7월 7일 〈YTN 뉴스〉

"유도 시스템 고장·기장 조종 미숙"

앵커 이번 아시아나 여객기의 지상 충돌 사고 원인이 다양하게 제기되고 있는데요, 현지 언론과 전문가들은 기체 결함 가능성과 기장의 조종 미숙을 주요한 원인으로 꼽고 있습니다. ○○○ 기자가 보도합니다.

기자 사고 비행기는 착륙하는 과정에 동체 후미가 활주 면에 충돌하면서 꼬리 부분이 잘려나갔습니다. CNN은 사고 비행기가 착륙을 위해 랜딩기어를 내리고 바다 쪽에서 활주로에 접근하는 과정에서 방파제에 바퀴가 부딪쳤다고 공항 당국자의 말을 인용해 보도했습니다. 조종사가 랜딩기어를 내리고 활주로에 접근하는 과정에서 지나치게 일찍 고도를 낮추면서 방파제에 바퀴가 부딪힌 것으로 보입니다. 당시 샌프란시스코 공항의 항공기 자동 유도 시스템에 이상이 있었고 대체 시스템까지 고장 나 있어 조종사가 수동 착륙을 시도하는 과정에서 사고가 발생한 것이라고 전했습니다. 유도 시스템 고장으로 활주로를 제대로 찾지 못한데다 적정 고도를 유지하지 못해 항공기 바퀴가 방파제에 부딪혔고 뒤이어 꼬리 부분이 지상에 충돌했다는 것입니다. 사고기 조종사는 기장이 된 지 사흘밖에 안 된 것으로 전해졌습니다. 이 때문에 조종사가 수동 착륙을 하는 과정에서 조종 미숙으로 사고를 일으켰을 가능성이 큰 것으로 추정되고 있습니다. 여러 가지 사고 원인이 나오고 있는 가운데 아시아나항공은 오늘 오후에 공식 브리핑을 통해 입장을 밝힐 예정입니다.

항공기 사고는 통상 그 원인을 정확히 규명하는 데 1년 정도의 시간이 걸리는 것으로 알려져 있다. 그런데도 방송들은 사고 직후부터 며칠 동안 사고 원인에 대해 단편적으로 흘러나오는 미확인 정보를 바탕으로 추측성 보도를 쏟아냈다. 심지어는 그저 추정에 불과한 사고 원인을 보도하면서 컴퓨터 그래픽을 이용해 당시의 상황을 재구성하기도 했다. 이를 정리하면 표 2와 같다.

표 2. 지상파 3사 저녁 종합 뉴스의 아시아나 여객기 착륙 사고 보도(2013)

	KBS	MBC	SBS
7. 7 (일)	1. [영상] 아시아나기 美 착륙 사고…… 180여 명 사상 4. 긴박했던 '교신' 일부 공개 …… 조종 미숙? 기체 이상? 5. 관제탑에 "비상 조처" 교신, 착륙 전·후 혼선 6. 착륙 직전 '마의 8분'…… 사고 시나리오는? 7. '가파른 하강?' 사고 원인 다각도로 조사 11. 착륙 시도에서 충돌까지 '공포의 5분' 재구성 19. 2000년 이후 첫 대형 항공기 사고	1. 아시아나 항공기 착륙 사고 …… 2명 사망·5명 위독 6. 착륙 전까지 평온·지상과 충돌…… 사고 순간의 재구성 7. '마의 8분' 사고 원인은? …… 기체 결함? 조종 미숙? 10. 전문가가 본 사고…… "왼쪽 보조날개 안 펴져" 22. 사고 순간의 재구성…… 충돌·불시착 증언	1. 아시아나 항공기 착륙 사고 …… 2명 사망·183명 부상 21. 사고 불안하지만…… 예약 취소나 결항 없었다
7. 8 (월)	1. 아시아나기 충돌 영상 공개 …… "낮고 느리게 착륙" 3. 샌프란시스코 공항 착륙 …… '마의 8분' 시뮬레이션 9. '충돌에서 화재까지……' 활주로 상황 재구성 12. 中 사망 여학생 "단짝 친구"…… 애도 물결	1. 착륙 사고 당시 영상 공개 …… "펑" 하마터면 대형 참사로 4. [단독] "생각만큼 출력 안 나와"…… 조종사 실수 아냐 6. 충돌부터 멈춤까지 18초 …… 공포의 사고 순간 재구성 15. [뉴스플러스] 사고 원인은? …… '다양한 가능성' 존재 18. 생존 확률 높인 첨단 안전 시스템…… 승객 '90초 안에 탈출'	1. 180도 돌더니 '쿵'…… 사고 순간 영상 첫 공개 3. 착륙 7km 앞두고 속도 낮아져…… 긴박했던 조종실 7. [단독] 착륙 까다로운 특수 공항에 '초보 교관' 8. [단독] "사고 직전 관제사 바뀌었다"…… 영향 미쳤나 14. "사고 보상, 부상·직업·나이에 따라 달라진다
7. 9 (화)	1. 사고 초기 탈출 영상 공개 …… 필사적 현장 이탈 4. '충돌 82초 전' 수동 조종 전환 후 급하강 11. 비정상 고도·속도…… 관제탑 늑장 대응 의혹 13. 사고 여파, 항공기 안전 논란 확산…… 오해와 진실	1. 폭발 직전 '필사의 탈출' …… 생사의 갈림길 영상 공개 3. 충돌 전 82초 미스터리…… 무슨 일이 있었나? 4. 비행기 속도 저하…… '조종사 과실' vs. '기체 결함' 공방 11. 피해자 돕기 '팔 걷은 현지 교민'…… 훈훈한 온정	1. 잘려나간 꼬리 부분으로 …… 필사의 탈출 장면 공개 4. 美 "충돌 직전, 운항 속도 기준에 못 미쳤다" 9. 갈수록 아픈 곳 늘어…… 사고 순간, 부상 줄이려면

7. 10 (수)	4. "착륙 때 자동 속도 장치 꺼져 있었다"…… 왜? **5. [앵커&리포트] 자동 속도 장치…… 결함? 과실?** **7. 꼬리 아닌 바퀴부터 충돌…… 거의 한 바퀴 돌아** 12. 항공기 사고 때 '웅크린' 안전 자세도 중요	**4. 조종사 "오토 스로틀 작동 이상했다"…… 뜨거운 논란** **5. 조종사 과실로 몰아가는 미 조사 당국…… 객관성 도마에** **6. 사고 원인 공방, 결국은 '돈 문제'…… 지나친 힘겨루기** 9. [심층 취재] 안전한 착륙 핵심은 '속도'…… 착륙의 과학	3. "자동 속도 장치 작동 안 했다"…… 책임 공방 **4. "사고 나는 건 시간 문제"…… 공항 결함 지적** 6. "섣부른 발표" vs. "투명한 공개"…… NTSB 논란
7. 11 (목)	**5. "섬광에 시야 방해"…… 자동 속도 장치 진실 규명** **6. '자동 속도 장치'가 핵심…… '실속 방지 장치' 미작동?** 9. 사고 여객기 숨은 영웅 6명 '눈물의 귀국'	3. 아시아나 승무원들 '눈물의 기자회견' **4. '오토 스로틀'은 가동됐나?…… 사고 규명의 열쇠** 6. 美 언론 "조종사 잘못" 매일 반복…… 편파적 발언 경솔	6. 아시아나기 동체 곧 수거…… 늑장 대피 논란 조사 **7. 사고기 조종사 "섬광 탓에 앞이 안 보여" 진술**
7. 12 (금)	**11. 美 "속도 장치 이상 없어…… 충돌 전 재상승 시도"** 14. 초기 조사 마무리…… 잔해 수거 작업 한창	6. 아시아나 사고 직후 "20분 지나서 구급차 출동" 8. NTSB 현장 조사 종료…… 끝까지 "조종사 책임"	15. 아시아나기 사고 당시 구급차 늑장 도착 논란 16. 아시아나기 사고 놓고 엇갈린 해석…… 쟁점은?
7. 13 (토)	8. 아시아나기 사고 중국 소녀 사망…… 모두 3명 **9. '막장 비하' 연루 NTBS, '일방적 결론' 우려** 10. ICAO, 안전 등급 평가 개시…… 항공업계 긴장	13. 美, 조종사 비하 방송 파문…… 3번째 희생자 中여학생 14. 꿈의 보잉 787기, 또 화재…… 잇단 사고 왜 이러나?	11. 美 방송사, 사고기 조종사 이름 '막말 조롱' 파문 12. [단독] 불타고, 녹아내리고…… 사고기 모습 '처참'
7. 14 (일)	11. 사고 조종사 4명 귀국…… 미 NTSB에 항의 서한 12. "여객기 사고 이후 승무원 역할 인식 바꿔"	14. 정부, NTSB에 아시아나기 사고 공정 조사 요구 항의 **15. "활주로 생존자 신고했지만" 관제탑, 구조 신고 묵살?**	9. 아시아나 사고기 조종사 4명, 어제 새벽 귀국

* 굵은 글씨는 추측성 보도로 판단되는 리포트의 제목.

** 번호는 리포트 순서임.

특위 분석 결과 사고 직후 8일 동안 지상파 3사 저녁 종합 뉴스에서 단편적인 정보에 의존해 성급하게 내보낸 추측성 보도는 35꼭지에 이르는 것으로 나타났다. 이는 같은 기간 '아시아나 여객기 착륙 사고' 관련 보도 총 291꼭지의 12%에 이른다. 이 가운데는 서로 모순된 것도 있다. 이는 방송이 확인되지 못한 정보를 가지고 성급하게 보도했다는 것을 자인하는 셈이다. 컴퓨터 그래픽을 이용한 사고의 재구성도 대부분 미확인 정보를 바탕으로 이뤄졌다는 점에서 문제가 있기는 마찬가지이다. 시청자의 이해를 돕기보다는 오히려 혼선을 불러오고 정확한 사고 원인에 대한 조사 결과가 나오기 전에 자칫 엉뚱한 방향으로 사고 원인을 각인시킬 우려마저 있다. 이렇듯 단편적 정보에 의존한 성급한 추측성 보도는 비록 의도한 것은 아닐지라도 저널리즘의 기본 원칙인 사실 관계 확인을 등한시함으로써 보도의 신뢰성을 떨어뜨리는 결과를 가져온다.

(2) 유력 취재원 발표 자료의 무비판적 인용 보도

언론은 보도 자료를 취사선택할 수밖에 없고 또 그럴 권리가 있다. 보도 시간이나 지면의 제약상 취재원이 제공한 모든 자료를 기사화할 수 없기 때문이다. 그렇다고 취사선택이 무조건 합리화나 정당화되는 것은 아니다. 불공정한 취사선택에 의해 중대하거나 의미 있는 팩트가 묵살되거나 은폐된다면 보도의 공정성을 의심받게 된다.[56] 더욱이 이해관계자인 취재원이 제공한 자료를 사실 관계를 제대로 확인하지 않

56 이효성 (1996), p.111.

고 무비판적으로 인용할 경우 결코 편파나 왜곡 보도 논란에서 자유로울 수 없다. 이런 사례를 자주 목격할 수 있는 보도가 노동쟁의와 관련된 뉴스이다.

2013년 8월 20일 KBS 〈뉴스 9〉은 현대자동차 노조의 파업과 관련해 울산 현지 기자 리포트, 사회2부 '데스크 분석,' '이슈&뉴스' 등의 묶음 기획을 내보냈다. 현지 기자 리포트에서는 부분 파업 이틀째를 맞아 노사의 입장과 파업에 따른 생산 차질 등을 보도했다. 이어 '데스크 분석'과 '이슈&뉴스'를 통해 몰락한 자동차 도시 미국 디트로이트 사례를 전했다.

2013년 8월 20일 KBS 〈뉴스 9〉 큐시트 일부

16	현대차 4시간 부분 파업 돌입… 2년 연속 파업	○○○	사회
17	[데스크 분석] 美 자동차업계의 교훈	○○○	사회
18	[이슈&뉴스] 美 디트로이트 몰락… 지자체 파산 도미노?	○○○, ○○○, ○○○	국제

우선 문제가 되는 것은 몰락한 자동차 도시인 디트로이트를 사례로 들며 마치 파업으로 울산 자동차 산업이 무너지고, 그 결과 도시가 몰락할 것이라는 뉘앙스를 짙게 나타내는 등 논리적 비약이 심했다는 점이다. 사실 미국 빅 3 회사의 몰락 이유는 복합적이다. 방만한 조직문화와 대형차 위주의 제품군에 변화를 주지 않는 등 시장 상황에 적극적으로 대처하지 못했고, 인구 감소라는 요인도 겹쳤기 때문이다. 더욱 심각한 문제는 '데스크 분석'에서 인용한 임금과 생산성 관련 지표들의 출처 표시가 없다는 점이다. 전형적인 '사실 관계 확인 부족' 기사

이다. 더욱이 사용자 측에서 제시한 자료를 검증 없이 인용했다면 기사의 객관성, 공정성에도 문제가 제기될 수 있다.

2013년 8월 20일 KBS 〈뉴스 9〉

[데스크 분석] 미국 자동차업계의 교훈

현대자동차 전체 직원들의 평균 임금은 9,400만 원입니다. 일반 회사원 연봉의 3배입니다. 물론 생산직의 평균 임금은 이보다는 훨씬 낮습니다. 하지만 지난 10년간 2배 이상, 연평균 물가 상승률보다는 3배 올랐습니다. 시간당 평균 임금은 이미 미국과 일본 수준에 근접했습니다. 그럼 생산성은 어떨까요? 현대차 국내 공장에서 자동차 1대를 만드는 시간은 30.5시간으로 미국 공장의 15.4시간, 체코 16.2시간 러시아의 18시간, 심지어 중국, 인도 공장보다도 효율이 현저히 떨어집니다. 경쟁 업체인 닛산(18.7), 포드(20.6), GM(21.9), 도요타(27.6)보다 훨씬 낮습니다.

현대차는 올 봄 노조의 특근 거부로 8만 3,000대를 생산하지 못했고, 이 결과 국내외에 17여만 대의 주문이 밀려 있습니다. 자동차 업계는 지금 생산 감소와 내수 부진, 수출 감소라는 3중고에 직면해 있습니다. 결국 회사는 해외 공장의 생산 비중을 늘리겠다고 합니다. 이런 상황은 일본 회사들보다 두 배의 임금을 받으면서도 생산성은 더 낮았던 미국의 빅 3 자동차 회사들의 몰락 과정을 연상케 합니다. 빅 3의 몰락을 보며 미국 언론들은 노조의 도덕적 해이를 질타했고 경영진에 대해서는 "영혼을 노조에 팔았다"고 비판했습니다. 우리는 어떻습니까? 데스크 분석이었습니다.

앞의 사례처럼 기사와 관련해 직접적인 이해관계가 있는 집단이나 개인이 있는 경우에는 기사가 잘못 나가게 되면 방송 이후에 곧바로 문제 제기가 이뤄질 가능성이 높다. 반면, 기사와 관련해 직접적인 이해관계에 있는 사람이 누구인지가 상대적으로 불분명한 경우에는 직접적인 문제 제기가 있을 가능성이 별로 없다. 이 경우 기자는 기사에 담으려는 사실이 실제로 맞는 것인지, 혹은 사실의 일면만을 보고 있는 것은 아닌지를 오히려 더 철저하게 검증해야 한다. 다시 말해 기사의 근거로 사용하는 각종 자료나 통계가 올바른 것인지 더 철저한 시각으로 바라봐야 하는 것이다. 그러나 많은 경우, 특히 국가나 지방 자치 단체의 대형 이벤트를 보도할 때 주어진 자료나 통계를 검증 없이 무비판적으로 인용하는 사례를 쉽게 찾아볼 수 있다.

2011년 11월 12일 제주도는 '뉴 세븐 원더스 재단'이 선정한 '세계 7대 경관'의 하나로 선정되었다. 나중에 언론의 후속 보도를 통해 그 실체가 더 분명히 드러났지만, 선정 전에도 SNS 등을 통해 재단의 문제점에 대한 이야기가 상당 부분 유포된 상태였다. 게다가 제주도 공무원들이 한 사람에 하루 평균 200~500통을 할당받아 자동 응답 전화(ARS) 투표에 매달렸다는 소문도 있었다. 그러나 당일 방송사들은 이미 알려져 있었던 문제들에 대해 확인 취재를 하거나 경제 효과 등 제시된 통계들을 비판적으로 바라볼 생각은 애초에 없었다는 듯이 환영 일색의 기사를 내보냈다.

2011년 11월 12일 SBS 〈8뉴스〉

세계 속 제주도 '도약'…… 풀어야 할 과제 먼저

앵커 이번 세계 7대 경관 선정으로 유발되는 경제 효과는 1조 2,000억 원에 이를 거라는 분석입니다. 그러나 시급히 해결해야 할 과제도 적지 않습니다. ○○○ 기자가 짚어봤습니다.

기자　7대 자연 경관 선정으로 가장 크게 기대되는 효과는 관광객 증가에 따른 지역 경제 활성화입니다. 제주발전연구원은 외국인 관광객은 최대 73.6%, 내국인 관광객은 8.5%가 늘어날 것으로 보고 있습니다. 이를 통해 연간 최대 1조 2,000억 원에 달하는 경제 효과를 거둘 수 있다는 예측입니다. [○○○ 제주발전연구원 책임연구원: 연간 1조 2,000억 원 정도에 생산 유발 효과를 기대할 수 있을 것으로 예상합니다.] 제주도는 선정 효과를 극대화하기 위한 준비에 들어갔습니다. 먼저, 브라질의 아마존 등 7대 자연 경관으로 함께 선정된 지역과 교류 협력을 강화해 특색 있는 자연 환경 체험 관광 상품을 개발한다는 계획입니다. 유네스코 자연 환경 분야 3관왕에 오른 제주도 내 관광지는 통합적으로 관리하고 활용하기로 했습니다. [최광식 문화체육관광부 장관: 세계적인 관광 명소로 자리매김할 수 있도록 많은 노력을 할 것을 약속드립니다.] 이를 위해서는 외국인을 위한 통역사를 크게 늘리고 낙후된 숙박 시설을 재정비하는 일이 시급합니다. 또 2020년쯤에는 포화 상태에 이르는 공항을 시급히 확충하고, 볼거리 위주의 관광지를 의료나 컨벤션과 연계하는 등 관광의 질적인 변화를 모색해야 할 때입니다.

이와 비슷한 사례는 방송 뉴스에서 자주 발견된다. 특정 이벤트나 사업과 관련해 재벌 기업 산하 경제연구소나 정부 산하 연구 기관 등은 이른바 편익 분석을 통해 경제 효과를 제시하는 경우가 많다. 그런데 언론이 이에 대한 사실 관계를 제대로 검증하지 않고 관습적으로 인용 보도함으로써 일방적 홍보 기사가 나가는 것이다. G20 정상회담 개최의 경제 효과가 30조 원이라고 발표한 삼성경제연구소의 자료나 아라뱃길의 경제 효과가 3조 원이라고 밝힌 정부의 홍보 자료가 그대로 기사에 반영된 것이 그런 사례이다.

청와대는 유력 취재원 가운데서도 가장 힘 있는 곳이다. 그만큼 국민 생활과 직결된 중요한 정보가 생산되는 곳이기도 하다. 그럼에도 불구하고 한국 언론, 특히 방송사들은 대통령과 관련된 사안을 사회적인 논쟁 이슈로 다루지 못하는 구조적 한계를 갖고 있다. 대통령의 공적 업무 수행과 관련한 보도조차 청와대의 발표 자료에 전적으로 의존해 사실 관계를 확인하지 않고 내보내는 방송사들의 행태는 그런 한계에서 비롯된 것이다. 이 때문에 국민 생활에 중대한 영향을 끼치는 사안에 대한 사실 보도조차 이뤄지지 않는 일이 일어나고 있다. 권력에 대한 감시, 견제, 비판이 언론의 주요 역할이라는 점에서 이는 매우 부자연스럽고 부당한 일이다.

2013년 11월 5일 박근혜 대통령의 한국·프랑스 경제인 간담회 연설 보도는 방송 뉴스가 국민 경제에 중대한 영향을 미치는 대통령 발언에 대해 기본적인 사실조차 누락한 전형적인 사례이다. 당시 프랑스 언론은 박 대통령이 프랑스 측 기업인으로부터 "도시 철도 분야를 비롯한 한국의 정부 조달 시장을 개방해줬으면 좋겠다"는 건의를 받았다고 보도했다. 이에 대해 박 대통령은 "WTO 정부 조달 협정의 국내 비준을 추진하고 있는데, 비준안이 통과되면 연내에 WTO에 비준 기탁서를 제출할 수 있을 것이다. 그렇게 되면 도시 철도 분야 진입 장벽도 개선될 수 있다"며 "유럽연합(EU) 역시 정부 조달 협정 비준을 조속히 추진해 주길 바란다"고 답했다. 이는 11월 11일 청와대의 발표 자료에서도 확인됐다. 그러나 방송사들의 주요 뉴스는 11월 5일은 물론 11일에도 이를 보도하지 않았다.

2013년 11월 5일 KBS · MBC 아침 종합 뉴스

KBS 〈뉴스광장〉

박 대통령, 불어 연설 "미래 · 문화 · 中企 협력"

앵커 박 대통령은 양국 간의 문화 협력을 강화하자는 문화 외교에도 주력했습니다. 프랑스어 연설을 통해 미래 산업과 문화 산업의 협력을 강화하자고 제안했는데, 큰 호응을 얻었습니다. 이어서 ○○○ 기자가 보도합니다.

기자 한-프랑스 경제인들이 함께 한 자리. 박 대통령은 20분 동안 프랑스어로 연설하며 양국 경제인들의 협력 강화를 당부했습니다. [박 대통령: 미래 신산업과 문화 산업, 중소 · 벤처 기업 등 세 분야에서 양국 경제인의 관심과 노력이 필요하다고 생각합니다.] 프랑스 만화가 원작인 우리 영화 〈설국열차〉를 예로 들며 문화 협력을 통해 새로운 산업을 발전시키자고 제안했습니다. [박 대통령: 공동 번영의 미래를 꿈꾸고 그 꿈이 공동의 노력을 통해 결실을 맺을 것이라는 믿음을 다지는 자리가 되기를 바랍니다.] 박 대통령의 프랑스어 연설에 양국 경제인들은 기립 박수로 화답했습니다. 청와대는 자국 언어에 대

한 자긍심이 강한 프랑스인들에게 프랑스어 연설은 최고 수준의 문화 외교라고 설명했습니다. 박 대통령은 39년 전 유학 당시 머물렀던 이제르 주의 전 지사 부인인 보드빌 여사를 만나 각별한 추억도 되새겼습니다. 이어 장 마크 에로 총리가 주최한 만찬에 참석해 양국 간 실질 협력 증진 방안을 논의했습니다. 2박 3일간의 프랑스 방문 일정을 마친 박 대통령은 영국 국빈 방문을 위해 런던에 도착했습니다. 박 대통령의 프랑스 방문으로 양국 간 창조 산업 분야 협력은 물론 문화 협력이 한층 강화될 것이라고 청와대는 밝혔습니다. 파리에서 KBS 뉴스 ○○○입니다.

MBC 〈뉴스투데이〉

朴 대통령 20분 불어 연설 "양국 협력해 창조 경제 이끌자"

앵커 박 대통령은 프랑스 경제인들과도 만나 양국 경제인들이 협력해 창조 경제를 이끌어달라고 호소했습니다. 연설은 프랑스어로 진행됐고 기립 박수를 받았습니다. 이어서 ○○○ 기자가 보도합니다.

기자 박 대통령은 한－프랑스 경제인 간담회에서 20분 분량의 연설을 처음부터 끝까지 프랑스어로 진행했습니다. 양국 경제인들이 창조 경제 분야에서 시너지 효과를 창출하고, 미래의 경제 틀을 만들어 나가야 한다고 호소했습니다. [박 대통령: 양국 간 창조 경제 협력의 잠재력이 큰 미래 신산업과 문화 산업, 중소·벤처 기업 등 세 분야에서 양국 경제인의 관심과 노력이 필요하다고 생각합니다.] 또 문화 산업의 중요성과 중소기업 간 협력을 강조했습니다. 연설이 끝나자 참석한 경제인들은 기립 박수를 보냈으며, 세일즈 외교로 경제의 어려움을 극복하겠다는 대통령의 의지가 느껴졌다는 등의 반응을 내놨다고 청와대는 전했습니다. 르노 전기차 센터도 방문했습니다. LG화학과 르노자동차 간 미래 친환경 자동차 분야 협력이 '창조 산업' 협력의 모범 사례로 평가받고 있기 때문입니다. [박 대통령: 이런 협력이 더 확대되기를 바라고, 더 큰 성과를 거두시기 바랍니다.] 박 대통령의 이 같은 행보는 양국 기업들의 협력을 유도해 새로운 먹거리를 창출할 수 있는 장을 마련해 주자는 취지라고 청와대는 설명했습니다.

정부 조달 협정은 공공 조달 시장 개방과 관련된 국가의 주요 사안이다. 정부는 박 대통령의 발언이 나온 직후인 2013년 11월 5일 국무회의에서 조달 협정 개정 의정서 비준안을 의결했다. 국회 비준 동의 필요성 여부와 철도 시장 개방 등 여러 가지로 민감한 사안인데도 불구하고 방송사들은 사실 보도조차 하지 않았다. 11월 11일 청와대의 뒤늦은 해명성 자료마저 외면했다. 유력 취재원인 청와대의 발표 자료라도 대통령에게 부담이 되면 사실 관계 확인은 물론 내용 전달조차 꺼리는 행태는 저널리즘의 기본 원칙을 저버리는 것이다.[57]

(3) 논쟁적 사안의 일방적 주장 전달 보도

대부분의 이슈에는 대개 입장과 이해관계가 서로 다른 대립하는 양측이 있기 마련이다. 따라서 언론은 의견이 대립한 사안을 보도할 때 가능한 한 이해관계를 달리하는 여러 개인이나 집단의 상이한 시각이나

57 일종의 '무보도' 현상이나 사실 보도조차 의도적으로 외면한다는 점에서 넓은 의미에서 사실 관계 확인 부족으로 규정하고자 한다.

주장을 고루 제시해야 한다.[58] 그럼에도 불구하고 방송이 논쟁적, 혹은 갈등적 이슈를 다룸에 있어서 이해관계자 한쪽의 일방적 주장만 담은 기사를 다른 한쪽 당사자의 반론 없이 보도하거나 반론 기회를 주더라도 전후 맥락을 고려하지 않고 형식적으로 반영하는 경우가 적지 않다. 이는 보도의 형평성, 공정성을 저해할 뿐만 아니라 사실 관계를 확인하고 보도해야 하는 저널리즘의 기본 원칙에도 어긋나는 일이다.

2013년 9월 30일 KBS는 채동욱 전 검찰총장의 혼외 아들 논란과 관련해 내연녀로 지목된 임 모 씨 집에서 가정부로 일했다는 이 모 씨를 인터뷰한 TV조선의 보도를 아무런 자체 확인 절차 없이 그대로 베껴 보도했다. 이 씨와 임 씨가 채무 관계로 얽혀 있는 상황에서 한쪽의 주장을 일방적으로 보도한다는 것은 형평성 차원뿐만 아니라 사실 관계 확인 차원에서도 문제가 있다. 더욱이 혼외 아들 의혹을 맨 먼저 제기한 언론사의 보도인 만큼 더욱 더 검증이 필요했지만 자체 취재는 거의 없었다. 결국 이 씨의 주장에 대한 임 씨의 입장은 전혀 반영되지 않은 채 보도가 이뤄졌다. 다만 논란의 또 다른 당사자인 채동욱 전 검찰총장이 "TV조선 보도는 사실무근이라며 법적 대응하겠다"고 말했다는 소식만 이어 붙였을 뿐이었다.

58 이효성 (1996), pp.121~122.

2013년 9월 30일 KBS 〈뉴스 9〉

임 여인 가정부 "채동욱 혼외 아들 맞다"

앵커 채동욱 전 검찰총장의 혼외 아들 논란과 관련해 임 모 여인의 집에서 일했다는 가정부가 채 전 총장이 아이의 아빠라고 주장했습니다. TV조선이 방송한 인터뷰에서 이 가정부는 채 전 총장으로부터 받았다는 연하장을 증거로 제시했습니다. ○○○ 기자가 보도합니다.

기자 TV조선이 채 총장의 내연녀로 지목된 임 모 씨 집에서 4년 7개월 동안 가정부로 일했다는 이 모 씨의 진술을 보도했습니다. (……) TV조선은 사설 감정 기관에서 필적을 대조한 결과, 이 연하장의 필체가 채 전 총장의 필체와 같은 것으로 판명됐다고 주장했습니다.

"임 여인, 아이 아버지 발설 마라 협박"

앵커 이 가정부는 또 채 전 총장이 검찰총장이 된 직후 임 여인이 어

깨들을 동원해 아이 아버지를 발설하지 말라고 협박했다고 주장했습니다. ○○○ 기자의 보도입니다.

기자 이 씨는 채동욱 전 총장의 취임 한 달여 뒤, 임 씨에게서 협박을 받았다고 주장했습니다. (……) 이 씨는 또 임 씨의 아이가 7개월일 때부터 4년 7개월간 보모 겸 가정부로 일하며 채 전 총장을 여러 차례 봤다고 주장했습니다. TV조선은 이 씨 외에 임 씨의 가족과 임 씨 사업체의 직원 등 여러 명이 채 전 총장이 아이의 아버지란 사실을 알고 있다고 전했습니다.

채 전 총장 "TV조선 보도는 사실무근…… 법적 대응"

앵커 이 같은 의혹에 대해 채동욱 전 검찰총장은 사실무근이라고 주장했습니다. 채 전 총장은 오늘 공식 퇴임을 하면서, 진실을 밝히기 위해 유전자 검사를 계속 추진하겠지만, 정정 보도 청구 소송은 일단 취하한다고 밝혔습니다. ○○○ 기자가 보도합니다.

기자 채동욱 전 검찰총장은 오늘 TV조선의 보도에 대해 전혀 사실무근이라고 밝혔습니다. (……) 공직에서 물러나는 만큼 가장으로서 가정을 지키는 게 최우선이라는 입장도 밝혔습니다. [채동욱 전 검찰총장: 최고의 가장은 아니었지만, 부끄럽지 않은 남편과 아빠로 살아왔고, 앞으로도 그러할 것입니다.] 오늘 채 전 총장이 퇴임하면서 검찰총장 업무는 당분간 길태기 대검 차장검사가 대행합니다.

[데스크 분석] 검찰총장 임기 보장되려면……

채동욱 검찰총장이 오늘 검찰을 떠남으로써 또 다시 2년 임기를 채우지 못했습니다. 총장 임기제가 도입된 이후 지금까지 열여덟 명의 검찰총장 가운데 열두 명이 중도 하차했습니다. 김기수 총장은 김영삼 전 대통령의 차남 현철 씨 구속이 불씨로 알려졌고 신승남 총장은 동생이 이용호 게이트에 연루돼 책임을 졌습니다. 김각영 총장은 대통령의 불만 표시로, 한상대 총장은 검사 비리와 성추문에 따른 검찰 내분으로 물러났습니다. 검찰을 통제하려는 정치권의 입김도 작용했지만 검찰 내부의 청렴성과 도덕성도 문제였습니다. 이번 채동욱 총장 사태는 혼외 아들 문제에서 비롯됐습니다. 총장 개인의 도덕성과 관련해 물러난 첫 사례입니다. 따라서 검찰 조직의 지휘, 통솔 능력뿐 아니라 도덕성과 청렴성도 총장이 갖춰야 할 필수 요건입니다. 검찰총장 임기제는 검찰의 독립을 위해 반드시 필요하고 정착돼야 할 제도입니다. 그러기 위해서는 총장 후보 추천과 국회 청문회 과정에서도 철저한 검증이 필수적입니다. 데스크 분석이었습니다.

이날 보도의 또 다른 문제는 채동욱 검찰총장의 사퇴 원인을 혼외 아들 의혹을 둘러싼 도덕성 문제로 단정했다는 점이다. 혼외 아들 의혹 보도의 진위를 둘러싸고 논란이 계속되고 있던 시점에서 구체적 근거 제시도 없이 도덕성 문제로 결론을 내린 것은 사실 관계 확인 원칙을 지키지 않은 것이다. 설사 혼외 아들 의혹이 사실로 밝혀지더라도 당시 국정원 대선 개입 사건 수사와 관련한 청와대의 검찰총장 '찍어내기' 의혹이 제기됐다는 점을 감안하면 그런 단정은 성급했다는 지적을 피할 수 없다. 더욱이 공익의 관점에서 판단한다면 이 사안은 도덕성 문제와 함께 외압으로 인한 검찰의 정치적 독립성 훼손 문제도 반드시 구체적으로 짚었어야 한다. 당시 다른 언론의 보도를 보면 청와대 등 권력 핵심부가 개입했다는 의혹을 제기할 수 있는 정황 증거는 적지 않았다. 따라서 KBS는 그 같은 의혹에 대해 사실 관계를 확인하고 적어도 도덕성 문제와 같은 비중으로 다뤘어야 했다.

논쟁적 사안에 대해 이해 당사자의 의견을 취재해 기사에 반영할 때는 유의할 점이 있다. 이와 관련해 〈워싱턴 포스트〉의 '보도 기준 및 윤리'는 "중대한 사실을 생략하는 어떠한 이야기도 공정하지 않다"고 명시하고 있다. 한국의 옛 '신문윤리실천요강'도 "사실은 부분만이 아니라 그 전모와 의미를 포괄적으로 보도해야 한다"고 규정하고 있다. 이는 사실 관계를 확인할 때 전체적 맥락을 이해하는 데 방해가 되는 취사선택의 위험성을 지적한 것이다. 그럼에도 불구하고 방송 보도는 때때로 강자에게 유리한 내용은 단정적으로 상세하게 전하지만, 약자의 주장이나 입장은 형식적으로 끼워 넣는 경향이 있다. 이는 언론 스스로 사실 관계 확인을 소홀히 한 것일 뿐만 아니라 수용자가 전체적인 사실 관계의 맥락을 파악하는 것을 방해하는 결과를 가져온다.

2013년 6월 27일 KBS가 〈뉴스 9〉에서 보도한 "환경 단체, '수공,

물사업 능력 의문' 발언 파문"은 이와 같은 문제를 담고 있는 사례이다. 이날 보도에서 앵커는 "환경운동연합이 태국까지 가서 수자원공사를 헐뜯는 발언을 해서 논란이 일고 있습니다"라고 언급했다. 이어 기자 리포트에서는 태국 언론의 보도를 인용해 환경운동연합 사무총장이 "수자원 공사가 방수로 18킬로미터를 만드는 데 10년이 걸렸다. 대형 사업 경험이 없어 태국 물 관리 사업을 수행할 수 없다고 본다. K-water의 부채가 700%에 이른다"고 말했다고 전했다. '헐뜯는 발언'이라는 앵커의 단정은 사실 확인도 없이 너무 성급하게 내린 결론이다. 게다가 이 리포트에는 수자원공사 측의 반박만 있을 뿐 환경운동연합 측의 입장은 반영되지 않았다. 이어진 '데스크 분석'의 맨 첫머리에 환경운동연합 사무총장의 해명을 언급했을 뿐이다. 하지만 그것도 곧바로 태국 언론의 보도가 '완전 오보'라는 주장을 통해 환경운동연합 측의 행동이 "우리 기업들의 사기를 꺾는 일일 뿐만 아니라 우리 경쟁 상대에게 악용될 소지를 만들어 주는 행위"라고 결론을 내린다. 이는 "태국 내 활동이 4대강 사업의 시행착오를 되풀이하지 말라는 것이었을 뿐, 한국 기업의 사업 수주를 반대한 적이 없다"는 환경운동연합 측의 해명은 애초부터 형식적 끼워 넣기에 불과했음을 보여 준다. 전체적 맥락을 파악하는 데 필요한 사실 관계 확인은 그저 시늉내기에 그친 셈이다.

2013년 6월 27일 KBS 〈뉴스 9〉

환경단체 '수공, 물 사업 능력 의문' 발언 파문

앵커 태국은 지난 2011년 대홍수로 엄청난 피해를 입은 뒤에 다시는 홍수 피해를 겪지 않겠다며 10조 원 규모의 초대형 물 관리 사업을 추진하고 있습니다. 이 사업에 우리나라 수자원공사 K-water가 6조 원 대의 건설공사를 따내기 위해 안간힘을 쓰고 있는데요. 환경운동연합이 태국까지 가서 수자원 공사를 헐뜯는 발언을 해서 논란이 일고 있습니다. 방콕에서 ○○○ 특파원이 보도합니다.

기자 태국어 인터넷 신문 〈타이 포스트〉가 환경운동연합 염형철 사무총장 발언이라며 기사화한 내용입니다. "수자원 공사가 방수로 18km를 만드는 데 10년이 걸렸다. 대형 사업 경험이 없어 태국 물 관리 사업을 수행할 수 없다고 본다"는 내용이 들어 있습니다. "K-water의 부채가 700%에 이른다"는 내용도 있습니다. 태국 언론들은 즉시 K-water에 사실 관계 확인을 요청했고 후속 기사들을 쏟아냈습니다. K-water는 방수로 건설 경험이 경인운하 한 곳뿐이라는 건 사실과 다르다고 반박했습니다. [윤병훈 K-water 해외사업본부장: K-water는 극한 홍수에 대비하여 29건의 비상 방수로 공사를 시행했거나 시행하고 있기 때문에 태국 방수로 공사 능력이 충분합니다.] 또 부채 비율이 700%라는 것도 2008년 대비 증가율이고 실제로는 122%로 정부 투자 기업 평균 195%에 비하면 재정이 훨씬 건전하다고 했습니다. 태국 정부는 "K-water의 사업 능력 자격을 면밀히 점검했고, 하자가 없는 것으로 확인했다"며 K-water를 옹호했습니다. K-water는 10조 원 규모 태국 물 관리 사업에 입찰해 최근 방수로와 저류지 분야에서 우선 협상 대상자로 확정됐습니다. K-water는 6조 원 최종 낙찰 사업자가 되기 위해 현재 태국 정부와 계약 조건 협상에 매진하고 있습니다.

[데스크 분석] 도 넘은 NGO 활동

환경운동연합은 태국 내 활동이 4대강 사업의 시행착오를 되풀이하지 말라는 것이었을 뿐이라고 해명합니다. 한국 기업의 사업 수주를 반대한 적도 없다고 주장합니다. [염형철 환경운동연합 사무총장: 투명하게 개방하고 의견 듣고 감시를 허용해야 한다. 그런 부분을 위해 태국 사회도 노력해야 한다는 취지로 얘기했다.]

그런데 태국 언론이 K-water가 아라뱃길 18km 시공에 10년이 걸렸다고 한 폭로는 건설 여부를 둘러싼 정치권 논쟁이 길어진 때문이지 실제 공사 기간이 아닌 만큼 완전한 오봅니다. 또 수자원공사, K-water는 소양댐과 충주댐, 대청댐 건설, 아라뱃길 시공 등 치수 설계와 감리 분야에서 독보적 기술력을 인정받고 있습니다. 의도야 어떻든 이런 기업의 능력이 실제와 다르게 저평가 되도록 한 것은 뭔가 잘못된 것입니다. 치열한 국제 경쟁 속에서 살아남아야 하는 기업들의 사기를 꺾는 일일 뿐만 아니라 우리 경쟁 상대에게 악용될 소지를 만들어 주는 행위기도 합니다. 또 국제 공모와 엄밀한 심사를 거쳐 대상자를 선정한 태국 정부의 권위에도 해를 끼치는 행윕니다. 좋은 취지였다고 강변하기보다 과연 적절한 행동이었는지 성찰해 볼 필요가 있습니다. 데스크 분석이었습니다.

이 보도는 사실 관계 확인을 소홀히 함으로써 결과적으로 논쟁적 사안에 대해 일방적 주장을 전달한 셈이다. 이는 이후의 반론 보도를 통해서도 확인된다.

2013년 8월 9일 KBS 〈뉴스 7〉

반론 보도문

지난 6월 27일자 9시 뉴스 "해외 수주에 '고춧가루'" 및 "도 넘은 NGO 활동" 제하의 기사에서 환경운동연합이 태국까지 가서 수자원공사를 비난하는 발언을 해 논란이 있다고 보도한 바 있습니다. 그러나 이에 대해 환경운동연합은 언론중재위원회에 조정 신청을 한 바 있고, 수자원공사가 방수로 18km를 만드는 데 10년이 걸렸다거나 부

채가 700%에 이르며 대형 사업 경험이 없다는 발언을 한 사실이 없다고 밝혀왔습니다.

위에서 언급한 두 가지 보도와 같은 사례는 집권 세력과 그 반대 세력, 공권력(공공 기관)과 시민운동단체, 사용자와 노동자 등 주로 비대칭적 역학 관계를 가진 이해 당사자들 간의 논쟁이나 갈등을 다룰 때 나타난다. 이럴 경우 보도는 앞의 반론 보도문에서 보듯이 불공정 논란에 휩싸이고 결과적으로 보도의 신뢰성까지 의심받게 된다. 이해관계자 간에 첨예하게 의견이 대립된 논쟁적, 갈등적 이슈일수록 언론은 더 철저하게 사실 관계를 확인해 양쪽의 의견을 충실히 반영해야 한다. 이렇게 해야 기사의 형평성을 제고할 수 있고 시청자도 전후 맥락을 쉽게 이해할 수 있기 때문이다.

(4) 익명의 취재원에 의존한 보도

정치, 경제적으로 힘 있는 사람들은 언론에 쉽게 접근할 수 있는 이점을 이용해 거짓 정보가 언론에 보도되게 함으로써 자신들에게 유리한 방향으로 여론을 조작하려고 한다. 이때 강자들이 제공하거나 흘리는 정보나 자료에 대해 언론이 그 진위에 대한 확인도 없이, 또는 그 반대 측의 입장이나 자료를 제시하지도 않고, 일방적으로 보도해 줌으로써 결과적으로 그들의 여론 조작을 돕게 된다.[59] 이 때문에 언론사들이나 언론 단체들은 뉴스가 누군가의 선전에 이용되지 않도록 사실 확인의 중요성을 강조하고 있다. 특히 익명 보도를 전제로 정보를 흘려준 취재원에 의존하는 기사일수록 사실 관계 확인은 더욱 중요하다. 익명의 취재원은 자신이 드러나지 않는 만큼 오보로 밝혀지더라도 책임지지 않으려는 경향이 있기 때문이다. 그러나 불행하게도 많은 언론들은 정보나 자료를 얻은 방법과 동기, 취재원 등에 대해서 아무것도 말하지 않는 경우가 적지 않다.[60]

익명 보도의 문제는 오보의 가능성이 크다는 것이다. 실제로 방송뉴스에서 기자가 익명의 소식통이 던져준 정보를 기사화했다가 나중에 오보로 밝혀졌거나 실체가 확인되지 않은 채 유야무야된 경우가 심심치 않게 발견된다. 다음은 익명 보도의 문제를 드러낸 대표적인 사례이다.

2012년 1월 19일 KBS는 〈뉴스 9〉에서 "민주통합당 국회의원 후보 예비 경선 현장에서 돈 봉투가 조직적으로 살포되는 걸 목격했다고 한 후보 진영이 폭로했다"고 보도했다. 이 보도의 유일한 근거는 현장을 목격했다는 경쟁 후보 측 관계자의 증언이었다. 그런데도 상대 후보 진영에 대한 확인 취재는 없이 익명의 경쟁 후보 측 관계자의 말을 인용해 일방적 보도가 이뤄졌다. 이후 검찰의 수사 결과, 문제의 봉투는 돈 봉투가 아니라 출판기념회 초청장으로 밝혀지면서 이 보도는 오보로 판명되었다.

59 이효성 (1996), p.118.

60 Kovach & Rosenstiel (2011), p.152.

2012년 1월 19일 KBS 〈뉴스 9〉
"야당 예비 경선서 돈 봉투 살포 목격"

앵커 민주통합당 예비 경선이 치러진 지난달, 경선 현장에서 돈 봉투가 조직적으로 살포되는 걸 목격했다고 한 후보 진영이 폭로했습니다. 검찰이 사실의 확인에 나섰습니다. ○○○ 기자의 단독 보도입니다.

기자 서울 양재동의 교육문화회관. 민주통합당 예비 경선이 치러진 지난달 26일, 행사장 한쪽에서 이상한 일이 벌어졌습니다. [○○○ 후보 측근: 선거 현장 입구 옆에 화장실이 있어요. 선거하기 30~40분 전에 화장실에서 돈 거래하는 거 봤어요.] 투표가 시작되기 직전 2층의 행사장 인근 화장실 안에서 돈 봉투 살포 장면이 목격된 것입니다. [○○○ 후보 측근: ○○○가 24일, 25일 돈을 좀 많이 뿌렸어요. 300씩 뿌렸다는 거 아니에요. 150에서 300까지 뿌렸어요. ○○○하고도 경쟁이 붙었죠.] 돈 봉투를 뿌린 사람은 A 후보 진영 관계자, 대상은 투표권을 가진 대의원들이었습니다. KBS 취재진에게 이 같은 사실을 폭로한 B 후보 진영 관계자는 경선에 나선 의원과 함께 이를 목격하고도 당내 문제라는 이유로 침묵했다고 털어놨습니다. [○○○ 후보 측근: 저희 의원님이 분개해서 어떻게 하려다가 당 선거니까 참았는데. 이런 일이 되게 흔해요. 저희가 또라이 될까봐 참는 건데.] 전당대회 돈 봉투 살포는 이미 여러 해 전부터 반복돼 온 만연한 문제라는 점도 한 이유였습니다. [○○○ 후보 측근: 10명 중에 7, 8명이 돈 쓰는 구조면 그거 뭐 돈을 주면 뽑아 주는 구조가 아니라 돈을 주면 욕을 안 먹는 구조인 거예요.] 특히 본선보다는 유권자가 적은 예비 경선 때 돈이 집중적으로 뿌려진다며 설명했습니다. 검찰도 이 같은 폭로에 대해 즉각 확인 작업에 나섰습니다. 검찰은 조만간 관련자 조사와 현장의 CCTV 압수 수색 등을 통해 사실 관계를 파악하겠다고 밝혀 돈 봉투 수사가 새로운 국면을 맞게 됐습니다.

익명의 취재원을 이용한 보도가 가장 빈번하게 일어난 분야는 북한 관련 보도이다. 북한이 폐쇄 사회라는 특성 때문에 사실 확인이 불가능한 경우가 대부분이기 때문이다. 문제는 이런 식의 익명 보도가 취재원의 언론 플레이에 이용되기 쉽다는 점이다. 대표적인 사례는 다음과 같다.

2010년 10월 14일 KBS는 〈뉴스 9〉에서 "김정일 국방위원장의 장남 김정남이 중국을 전격 방문했던 아버지를 현지에서 만나 동생 정은이 천안함 사태를 일으키도록 왜 묵인했느냐고 강하게 항의했다"고 보도했다. 이와 같은 정보를 준 취재원은 "중국 정부에 있는 김정남의 측근"이라는 말도 덧붙였다. 하지만 단지 측근이라고 밝혔을 뿐 두 사람이 어떤 관계인지 신뢰할 만한 근거에 대해서는 아무런 설명이 없었다. 거기에다 마지막 부분에 "동생이 후계자로 등극하자 큰형 김정남이 안전에 위협을 느끼고 있는 것으로 보인다"는 우리 정부 당국자의 해석까지 붙였다. 실체 확인이 불가능한 익명의 취재원을 이용한 '아니면 말고 식'의 보도도 문제지만, 정부 당국자의 추측성 분석을 인용한 것 역시 보도의 신뢰성을 떨어뜨린다.

2010년 10월 14일 KBS 〈뉴스 9〉

"김정남, 김정일 방중 때 만나 '천안함' 항의"

앵커 김정일 위원장의 장남 김정남이 지난 8월 중국을 전격 방문했던 아버지를 현지에서 만났던 것으로 전해졌습니다. 동생 정은이 천안함 사태를 일으키도록 왜 묵인했느냐고 강하게 항의했던 것으로 전해졌습니다. ○○○ 기자의 단독 보도입니다.

기자 김정일 위원장이 중국을 전격 방문한 지난 8월 말. 마카오와 베이징을 오가며 살던 큰아들 김정남이 숙소를 찾아가 아버지를 만났다고 중국 정부에 있는 김정남의 측근이 말했습니다. 김정남은 이 자리에서 "동생 정은이 무리하게 화폐 개혁을 단행했다가 실패하자 천안함 사건을 일으켰고 아버지가 왜 사고를 치도록 묵인했느냐?"라며 거세게 항의했다고 김정남의 중국인 측근은 전했습니다. [중국 정부 내 김정남 측근: 화폐 개혁하고 천안함 사건, 얼굴 나타내기 전에 말아먹은 일인데, 아버지가 묵인하고 계속 이런 일이 생겼다. 이걸 항의

한 거죠.] 김정남은 또 동생 정은이 계속 잘못된 행동을 한다면 자신도 제 길을 가겠다고 말했습니다. [중국 정부 내 김정남 측근: 동생이 자기 잘못을 인정 못하고 계속 앞으로 이런 일을 추진하게 되면, 그리고 아버지가 계속 묵인해 준다면 자기가, 정남이가 자기 길을 가겠다고……] 이 측근은 당초 9월 상순에 열려고 했던 당대표자회가 연기된 배경도 장남의 항의에서 찾았습니다. [중국 정부 내 김정남 측근: 고민하다가 (당대표자회가) 결국 열리긴 열렸는데, 그 때문에, 정남이 때문에 미뤘다고요.] 우리 정보 당국자들은 동생이 후계자로 등극하자 큰형 김정남이 안전에 위협을 느끼고 있는 것으로 보인다고 말했습니다.

앞의 두 가지 사례에서 보듯이 취재원이 공개되지 않은 기사를 사실 관계를 확인하지 않고 보도할 경우 신뢰성이 떨어지고, 취재원의 계획된 음모에 의한 정보 제공으로 의심받을 수 있다.[61] 더욱이 익명 보도 관행에 익숙한 취재원은 '오프 더 레코드*off the record*'까지도 의도적으로 이용하려는 경향이 있다. 이런 취재원은 어떤 정책이나 의사 결정에 대한 여론 동향을 살펴보기 위해, 특정 언론사의 기자를 선정해 그것을 오프 더 레코드 방식으로 흘리고 반응을 면밀히 분석한다. 이 때 여론의 동향이 긍정적으로 나타나면, 공식 기자회견을 통해 그 사실을 공식적으로 확인한다. 이 경우 첫 보도를 한 기자는 특종을 하게 되는 셈이다. 반대로 부정적 견해가 지배적이면, 오프 더 레코드로 정

61 N. Somerick & H. M. Culbertson (1976), "Cloaked Attribution: What Does It Mean to News Readers?" *ANPA News Research Bulletin*, May 19.

보를 흘린 장본인 대신 다른 취재원이 나서 그것을 공식 부인한다. 이럴 경우 그 보도는 오보로 취급되지만, 취재 내용 자체가 오프 더 레코드로 나온 것이기 때문에 기자가 취재원에게 적극적으로 따질 수도 없게 된다. 이는 가장 일반적으로 동원되는 언론 통제 방법이다.[62]

2) '사실 관계 확인 부족'의 원인

사실 관계를 제대로 확인하지 않은 보도가 나가는 원인을 단정적으로 규정하기는 쉽지 않다. 많은 경우 한 가지 원인보다는 여러 가지 복합적인 원인이 겹쳐서 사실 관계 확인을 소홀히 하게 되기 때문이다. 게다가 그런 보도가 나간 책임 소재를 따져보면, 기자 개인이 최선을 다하지 않은 경우도 있지만, 때때로 회사 조직 차원의 잘못된 관행과 의식에서 비롯된 경우도 적지 않다. 그럼에도 불구하고 사실 관계 확인 부족의 원인을 다음과 같은 몇 가지 범주로 구분해 볼 수 있다.

(1) 속보 경쟁과 특종 의식

사실 관계 확인 부족 보도의 원인으로 우선 생각해 볼 수 있는 것은 속보 경쟁이다. 예컨대, 기자가 개인적인 특종 욕심 때문에 사실 관계를 충분히 확인하지 않고 기사를 쓰는 경우가 여기에 해당한다고 볼 수 있다. 회사 조직 차원에서 타사보다 빨리 보도하기 위해 사실 관계

62 윤석홍 (1998), 《오프 더 레코드》, LG상남언론문고, p.73.

를 충분히 확인하지 않은 기사를 속보나 자막 형태로 내보내거나 다른 언론의 보도가 있을 경우 자체적인 확인 없이 따라가는 기사를 쓰는 것도 그런 범주에 속한다.

이런 속보 경쟁의 이면에는 우리가 제시한 방송 저널리즘의 7가지 문제 가운데 하나인 '시청률 집착'이라는 보다 근본적인 원인이 자리 잡고 있다. 이런 원인 때문에 발생하는 사실 관계 확인 부족 보도의 유형은 대부분 '단편적인 정보에 의존한 성급한 추측 보도'이다. 대형 사건·사고가 발생했을 때 이런 유형의 보도가 빈번하게 일어난다. 앞에서 예를 든 '아시아나 여객기 착륙 사고 보도'에서 그런 기사가 많았던 것은 결코 우연이 아니다. 시청률을 의식한 속보 경쟁과 특종 의식이 만들어 낸 결과이다.

(2) 기자의 관습과 출입처 동화

사실 관계 확인 부족의 원인은 우리가 제시한 방송 저널리즘의 7가지 문제 가운데 '정치적 편향,' '광고주 편향,' '출입처 동화,' '관습적 기사 작성' 등 다른 4가지 문제와도 밀접히 관련돼 있다. '사실 관계 확인 부족' 보도의 두 번째 유형인 '유력 취재원 발표 자료의 무비판적 인용 보도'의 표면적인 원인은 유력 취재원이 주는 정보를 검증 없이 내보내는 '관습적 기사 작성'에서 찾을 수 있다. 하지만 보다 근본적인 원인은 '정치적 편향'이나 '광고주 편향,' '출입처 동화'에 있다고 할 수 있다.

기자가 출입처에서 주는 자료나 취재원이 흘린 정보에 의존해 관습적으로 기사를 쓰다 보면, 취재원의 정치적, 경제적 성향을 답습하거나 출입처의 의도에 말려드는 결과를 낳게 된다. 기자는 날마다 출입처를 중심으로 유력한 취재원을 만나 정보를 주고받고 때때로 식사나 술자리, 골프 등 사적인 친교를 나누기도 한다. 이런 정보 교환과 사적 교류를 통해 기자는 자기도 모르는 사이에 그들의 논리에 동화되기 쉽다. 특히 출입처나 취재원으로부터 유무형의 도움이나 지원을 받았다면, 채무 의식 혹은 부담감마저 생기게 된다. 이는 자칫 출입처나 취재원이 주는 자료나 정보를 비판적으로 바라보는 시각을 흐리게 만듦으로써 사실 관계를 제대로 확인하지 않고 기사를 쓰게 되는 원인이 된다. '유력 취재원 발표 자료의 무비판적 인용 보도'나 '논쟁적 사안의 일방적 주장 전달 보도'는 주로 이런 원인으로 인해 생기는 사실 관계 확인 부족 보도의 유형이다.

(3) 간부의 정치·경제적 편향성

일반인들은 흔히 사실 관계 확인 부족의 문제가 취재 기자들의 특종 의식이나 윤리 의식 부재에서 비롯됐다고 생각하기 쉽다. 물론 앞서 지적한 대로 그것이 원인될 수 있고, 실제로 그런 경우가 종종 나타난다. 그러나 많은 경우 보도국 간부들의 책임이 더 크다는 것이 우리의 분석 과정에서 드러났다. 보도국 간부들은 기회만 있으면 기자들에게 '사실 확인*fact checking*'을 강조한다. 너무나 당연한 얘기이다. 저널리즘의 기본은 사실 확인에서부터 시작한다고 해도 과언이 아니기 때문이다.

그렇다면 간부들이 그 기본에 충실한가? 불행하게도 그렇지 않은 경우가 적지 않다. 우리가 수집한 사례들이 보여 주듯이 오히려 그들이 먼저 사실 확인이라는 기본 원칙을 저버린다. 보도국 간부들이 그들의 평소 공언과는 달리 사실 확인이라는 기본 원칙에 어긋나게 취재, 제작 지시를 내리고 뉴스를 편집하는 원인은 대개 그들의 이해관계나 성향과 관련돼 있다. 우리가 사례로 든 "단원고 학생 전원 구조" 보도나 "현대자동차 노조 파업과 미국 자동차 업계의 교훈" 보도, "채동욱 검찰총장 혼외 아들 의혹" 보도, "환경단체, '수공 물 사업 능력 의문' 발언 파문" 보도는 간부들의 편향성이 빚어낸 사실 관계 확인 부족 보도이다. 이는 간부들의 정치적, 경제적 편향성으로 인해 가장 중요한 사실 확인의 원칙조차 뒷전으로 밀려날 수 있음을 보여 준다.

(4) 회사의 시청률 경쟁

사실 관계 확인 부족 보도의 또 다른 유형인 '익명의 취재원에 의존한 보도'는 보다 복합적인 원인에 의해 발생한다. 이 경우 앞서 다른 유형의 보도에서 원인으로 지적된 속보 경쟁, 특종 의식, 출입처 동화, 그리고 기자와 간부의 정치적, 경제적 편향성에 더해 회사 차원의 시청률 경쟁이 또 다른 원인으로 작용한다. 우리가 사례에서 보여 준 "야당 예비 경선서 돈 봉투 살포 목격" 보도나 "김정남, 김정일 방중 때 만나 '천안함' 항의" 보도는 특종 의식, 정치적 편향성, 선정적 시청률 경쟁이 복합적으로 빚어낸 사실 관계 확인 부족 보도이다. 이런 식의 보도는 공정하지 못한 정치적 편향 보도, 또는 '아니면 말고 식'의 추측성 보도일 뿐만 아니라 자칫 오보라는 오명을 뒤집어쓰기 십상이다.

사실 관계를 제대로 확인하지 않은 보도의 원인은 대부분 기자 개인이든, 뉴스 조직 차원이든 기자와 언론 스스로에게 있다. 설사 취재원이 고도의 '언론 플레이'를 하더라도 그들이 던지는 자료나 언행의 사실 관계를 확인하고 진위를 가려내는 일은 기자와 언론의 몫이기 때문이다. 진실 추구라는 저널리즘의 궁극적 가치 실현도 사실 하나하나를 확인해 꿰맞추는 작업에서부터 시작된다. 사실 관계 확인이라는 저널리즘의 기본 원칙을 아무리 강조해도 지나치지 않은 것은 바로 이 때문이다.

3) 사실 관계 확인을 위한 점검 목록

사실 확인은 기자가 뉴스의 품질을 높이고 공공의 토론을 향상시키기 위해 지켜야 하는 가장 기본적이고 중요한 원칙이다. 이는 저널리즘을 다른 분야와 구분 짓는 특징인 동시에 저널리즘이 존속해야 하는 근거이기도 하다.[63] 그렇다면 기자가 취재와 기사 작성 과정에서 사실 확인의 원칙을 지키기 위해 어떻게 일해야 하는가? 여기서는 사실 확인을 위한 규율과 기법 차원에서 점검 목록을 제시해 보고자 한다.

(1) 규율 차원의 사실 관계 확인 점검 목록

사실 확인의 기법들을 익히기에 앞서 기자들이 반드시 염두에 두고 준수해야 할 규율들이 있다. 언론 현장의 경험을 토대로 오랫동안 저널리즘을 연구해 온 B. 코바치B. Kovach와 T. 로젠스틸T. Rosenstiel은 다음과 같은 다섯 가지 규율을 제시한다.[64]

63 Kovach & Rosenstiel (2011), p.141.
64 Kovach & Rosenstiel (2011), p.142.

- 일어나지 않은 일을 추가하거나 일어난 일을 의도적으로 배제하지 않았는가?

  일어나지 않은 일을 추가하지 말라는 것은 취재와 기사 작성, 편집이 최대한 사실에 바탕을 두고 이뤄져야 한다는 말과 결코 다르지 않다. 반대로 일어난 일을 의도적으로 삭제하는 행위도 같은 맥락에서 결코 해서는 안 된다.

- 뉴스 수용자를 기만하지 않았는가?

  진실을 파헤쳐야 하는 뉴스에서 허위 사실을 내보내는 것은 스스로 존재 이유를 부인하는 행위이다. 허위 사실은 아니더라도 사실 확인이 안 된 정보를 뉴스에 반영하는 것 역시 수용자의 판단을 흐릴 수 있다.

- 취재 방법과 제작 동기의 투명성은 확보되었나?

  투명성은 수용자로 하여금 정보가 얻어진 과정과 그 정보를 제공하는 기자가 갖고 있는 동기를 알게 해줌으로써 신뢰의 바탕이 된다. 비록 취재 방법과 제작 동기를 투명하게 밝히지 못할 부득이한 경우라도 윤리적인 문제가 없었다는 것을 입증할 최소한의 근거는 확보해 놓아야 한다.

- 기사 작성에 필요한 자료를 스스로 직접 취재해 얻은 것인가?

  기자가 스스로 직접 취재하는 것은 그래야만 사실을 정확히 확인할 수 있다는 믿음 때문이다. 당사자로부터 사실 여부를 직접 확인할 없는 경우에도 복수의 취재원으로부터 사실 관계를 확인한 뒤 보도해야 한다.

- 자신의 능력에 대해 겸허한 자세를 가지고 있는가?
  자신의 지식과 경험에만 의존한 기사 작성은 자칫 오보를 낳을 수 있다. 이것을 막으려면 취재원이 던지는 자료나 언행의 의도에 대해 의구심을 가져야 하는 것처럼, 자신의 경험과 지식도 결코 현장의 사실을 뛰어넘을 수 없다는 생각을 가져야 한다는 뜻이다.

(2) 기법 차원의 사실 관계 확인 점검 목록

사실 관계 확인 부족으로 인한 불공정 보도나 오보를 줄이려면, 기자의 지식과 경험에 의존한 상식적 수준 이상의 좀더 구체적인 사실 확인 기법이 필요하다. 코바치와 로젠스틸[65]은 저널리스트들의 현장 경험을 바탕으로 다음과 같은 사실 확인 기법을 제안하고 있다.[66]

- 취재원의 의도에 이용되지 않도록 회의적인*skeptical* 태도로 기삿거리를 검토했는가?

65 Kovach & Rosenstiel (2011), pp.161～170.

66 이은택 · 이창호 (2013). 《저널리즘의 이해》, 한국방송통신대학교 출판문화원, pp.36～38.

회의적인 기사 검토란 확실해 보이는 어떤 것이라도 의심하고 확인하는 태도를 말한다. 예컨대, 기삿거리를 입수하면 그 맥락과 취재원의 의도, 수용자의 반응 등을 신중하게 고려해야 한다.

- 기사를 이해하는 데 필요한 배경 자료를 충분히 확보했는가?

기사의 정확성을 높이려면 배경 자료를 충분히 확보하는 것이 중요하다. 시간 제약으로 인해 비록 기사에 담을 내용이 제한적이라 하더라도 배경 자료가 충분하다면, 기사를 보다 쉽게 쓰면서도 필요한 정보를 정확히 전달할 수 있다.

- 기사에서 관련 당사자들을 모두 확인하고 그들에게 말할 기회를 주었는가?

취재와 제작 시간에 쫓기더라도 기사에 관련된 당사자들을 모두 확인하고 그들에게 의견을 진술할 기회를 줘야 한다. 이는 기사의 정확성을 높이는 데 도움이 될 뿐만 아니라 형평성 차원에서도 반드시 지켜야 할 점검 목록이다.

- 모든 정보의 출처를 밝히고, 그 사실이 정확한지를 실증적으로 확인했는가?

정보의 출처가 분명하지 않은 기사는 신뢰도가 떨어진다. 취재원 보호를 위해 정보의 출처를 기사에 밝히지 못하는 경우에도 정보가 정확한 것인지를 실증적으로 확인하는 절차는 반드시 필요하다.

- 논쟁이 있는 사실에 대해 복수의 취재원을 사용했는가?

  논쟁적 사안에 대해 어느 한쪽의 의견만 듣고 기사를 작성한다면, 그것은 편향적일 뿐만 아니라 사실 왜곡의 원인이 될 수 있다. 논쟁적 사인일수록 반드시 의견이 다른 복수의 취재원을 통해 다양한 자료를 수집하고 의견을 들어야 한다.

- 인용문이 정확하고 전체 문맥에 맞는가?

  취재원의 자료나 말을 인용할 때는 그 의미가 정확하고 전체 문맥에 맞는가를 확인해야 한다. 그렇게 하지 않으면 취재원이 말한 의도를 왜곡할 수 있기 때문이다. 특히 시간 제약상 특정 문구를 잘라 쓸 경우 더 세심한 주의를 기울일 필요가 있다.

- 취재원이나 이해 당사자들의 신분이나 연락처를 확인하고 기록했는가?

  취재원이나 이해 당사자에 따라서는 보도 이후 입장을 바꾸거나 자신이 한 말을 부인할 수 있다. 이에 대비하기 위해서라도 취재원이나 이해 당사자의 신분이나 연락처를 확인하고 기록하는 습관을 가져야 한다.

- 취재와 기사 작성 과정에서 사전에 가정을 하고 단정을 짓지는 않았는가?

  취재와 기사 작성 과정에서 사전에 가정을 하고 단정 짓는 것은 금물이다. 예컨대, 사건·사고의 원인이나 사망자, 실종자, 부상자의 수, 명단이 아직 확실하지 않은데도 단정적으로 보도하는 경우가 자칫 오보로 이어질 수 있기 때문이다.

- 익명으로 보도하지 않아도 될 기사를 익명으로 처리하지는 않았는가?

  기사가 보도될 때 불가피한 경우를 제외하고는 취재원의 신분을 밝혀야 한다. 그래야 취재원도 책임감을 갖고 정확한 정보를 제공하게 되고, 기자도 사실 관계를 확인했다는 가장 초보적인 근거를 확보하게 된다.

- 익명의 취재원을 이용한 보도가 불가피한 경우 취재원으로부터 독립을 유지했는가?

  취재원을 보호하기 위해 그의 이름을 밝히지 못하는 경우라도 기자는 취재원으로부터 독립을 유지해야 한다. 이는 취재원의 의도가 아니라 기자 스스로의 판단에 의해 정보의 기사화 여부를 결정해야 한다는 것을 의미한다.

2. 정치적 편향

1) 정치적 편향의 유형별 사례 분석

저널리즘은 과연 민주주의의 진화에 기여하는가? 이 질문은 저널리즘의 역사만큼이나 오랜 기간 토론의 대상이 되어 왔다. 이 논쟁과 관련해 한국의 방송 뉴스는 심각할 정도로 정치적으로 편향돼 있다는 것이 특위 위원들의 공통된 의견이었다. 뉴스의 정치적 편향이 문제가 되는 이유는 이것이 시민들의 현명한 판단이나 정치 참여를 방해하기 때문이며 이는 민주주의의 근간을 위협하는 일이기 때문이다. '편향'이라는 어휘를 선택한 이유는 정치 뉴스가 한쪽으로 기울어지는 현상이 예측 가능할 뿐 아니라 일정한 패턴을 보이고 있기 때문이다. 바로 집권 세력으로의 편향이다. 지금은 현 집권 세력과 동기화되어 있지만 집권 세력이 바뀌면 편향의 방향은 다시 바뀔 가능성이 있다. 그만큼 한국 방송의 정치 뉴스는 집권 세력에 종속 내지 포섭된 상황이다.

민주주의에서 정치 뉴스가 충족해야 하는 과제를 M. 구레비치M. Gurevitch와 G. 블럼러G. Blumler는 다음과 같이 8가지로 요약한다.[67] 핵심은 토의 정치의 활성화다.

① 긍정적으로든 부정적으로든 시민의 복지에 영향을 미칠 개연성이 있

67 M. Gurevitch & J. G. Blumler (1990), "Political Communication Systems and Democratic Values," *Democracy and the Mass Media: A Collection of Essays*, Cambridge University Press, pp.269~289.

는 상황 전개를 보도하여 사회 정치적 환경을 감시하는 것

② 하루의 핵심 쟁점을 확인하는 활동을 통한 유의미한 의제 설정

③ 정치인들과 대변자들이 상이한 정치적 대의와 이익 집단을 설득력 있고 명료하게 지지할 수 있는 플랫폼의 제공

④ 권력 보유자와 일반 대중 사이의 대화와 다양한 견해들 사이의 대화

⑤ 공직자들에게 권력을 행사하는 방식과 관련하여 책임을 지우는 메커니즘

⑥ 시민들이 정치 과정을 그저 묵종하거나 구경만 하는 대신 학습하고 선택하고 정치 과정에 참여하게끔 인센티브를 제공하는 일

⑦ 미디어 외부 세력이 미디어의 독립성을 전복하려는 시도에 대항하는 원칙적 저항

⑧ 자신의 정치적 환경에 대해 잠재적으로 관심을 갖고 있고 또 그것을 이해할 수 있는 존재로서의 시청자에 대한 존경심

그러나 2013년 한국의 방송 뉴스들은 위 8가지의 당위적 역할을 충분히 수행하지 못했다. 현 정권 출범 후 고위 공직자 임명, 정부 조직 개편, 국정원 대선 개입 수사, NLL 대화록 논란, 대통령 해외 순방과 청와대 대변인 성추행 사건 등을 보도하면서 정치 뉴스는 집권 세력에 유리한 기사는 부풀리고 불리한 기사는 축소하거나 누락했다. 사안의 비중이나 본질에 적합하지 않는 방식으로 뉴스를 보도하고, 비중이 다른 사안을 기계적 균형을 내세워 동등하게 취급하는 등 많은 문제점들을 드러냈다. 뉴스와 집권 세력 사이의 관계를 적대－견제－공생－협력－유착 등 다섯 가지 단계로 구분했을 때 정치 뉴스는 유착에 가까웠다.

집권 세력으로 편향됐다고 판단된 뉴스들은 다음 6가지 세부 유형

으로 구분됐다. ① 아젠다 변경, ② 진실 규명 소홀, ③ 특정 정파 낙인 찍기, ④ 선과 악의 대비, ⑤ 편파적인 뉴스 어휘와 구성, ⑥ 보도 축소 또는 누락이다. 정치적으로 편향됐다고 판단된 뉴스 가운데 많은 뉴스들에서는 6가지의 세부 유형들이 겹쳐서 나타났다. 그럼에도 불구하고 특위는 보다 지배적인 특징을 바탕으로 세부 유형들을 구분해 보았다.

(1) 아젠다 변경

언론사는 뉴스를 통해 아젠다를 설정하는 기능을 한다. 이 과정에서 여러 아젠다가 서로 경쟁하거나 때로는 공존하게 된다. 문제는 언론사가 수용자들이 여전히 많은 관심을 보이는 아젠다를 의도적으로 회피하거나 축소하는 경우다. 이를 '의도적 아젠다 변경'으로 부를 수 있다. 2013년 국내 정국은 국정원 대선 개입 수사와 NLL 대화록 논란으로 요동쳤다. 저널리즘 특위가 모니터한 결과 이들 두 이슈를 대하는 방송 뉴스의 태도는 확연히 달랐고 '의도적 아젠다 변경'이 아닌지 의심되는 대목도 많았다. 국정원 대선 개입 수사는 여권에 불리하고, NLL 대화록 논란은 야권에 불리한 이슈였다. 정파적 이해가 정반대로 엇갈리는 경쟁 이슈가 동시에 발생했을 때 국내 방송 뉴스들은 어떤 보도를 했을까?

2013년만을 놓고 볼 때 시기적으로 국정원 대선 개입 혐의 수사가 먼저 발생했고 NLL 대화록 논란이 뒤를 이었다. 방송사별로 정도의 차이가 다소 있기는 했지만 방송 뉴스들은 대체로 청와대와 여당에 불리한 국정원 선거 개입 혐의 수사에 대해서는 처음부터 소극적인 태도를 보였다. 그러다 2013년 6월 20일을 기점으로 새누리당이 NLL 대화록 이슈를 제기하자 NLL 대화록 논란을 확산시켜 의도적으로 의제를 변경하려는 경향이 두드러졌다. 6월 말 새누리당과 국정원이 NLL 대화록 공개 가능성을 제기하자 방송은 갑자기 관련 보도를 쏟아내기 시작했고 새누리당과 국정원은 이에 호응해 국민의 관심이 대화록에 집중되고 있다며 정상 회담 대화록을 공개했다. 이로써 같은 공간에서 경쟁하던 두 이슈 가운데 NLL 대화록 이슈가 지배적 의제의 자리를 차지했고 방송 뉴스는 의제 변경의 1등 공신이었다. 집권 세력에 포섭된 방송 뉴스들의 정치적 편향 사례들을 두 이슈가 진행되는 시기별로 나누어 조명해 본다.

국정원 수사 초기

국정원 관련 이슈에 대한 방송 뉴스의 보도 태도는 소극적이었다. 2013년 3월 18일 〈한겨레신문〉과 민주당은 원세훈 전 국정원장이 원장으로 재임하던 시절 국내 정치에 불법 개입했다는 의혹을 국정원 내부 문서 등을 인용해 제기했다. 이후 국정원과 관련된 의혹은 국정원이 지난 대선에도 불법적으로 개입했다는 쪽으로 확대됐다. 진실로 확인될 경우 국가의 기강을 흔들 정도의 폭발력 있는 사안이었고 그만큼 진실을 규명하려는 노력이 필요했다. 그러나 방송 뉴스들은 진실이 무엇인지를 확인하려는 적극적인 노력을 하기보다는 소극적인 태도로 일관했다. SBS가 발생 당일 메인 뉴스 앞부분에 관련 내용을 리포트로 보도한 반면, MBC는 뉴스 후반부에 단신, KBS는 단신으로도 보도하지 않았다. 3월 24일에는 검찰이 원세훈 전 원장을 출국 금지했다는 내용이 확인됐지만 KBS는 출국 금지 내용을 저녁 9시 뉴스에서 전혀 보도하지 않았다. 전직 국정원장이 출국 금지를 당했다는 사실에 대해 KBS만이 뉴스 가치가 없다고 판단한 것에 대해 KBS가 의도적으로 사실을 누락한 것이 아니냐는 의심이 제기됐다.

경찰 수사 결과 발표와 검찰 수사 착수 이후

국정원 선거 개입 의혹에 대한 보도는 경찰이 수사 결과를 발표하고 검찰에 사건을 송치하면서 다시 한 번 뉴스 가치를 갖게 된다. 2013년 4월 18일 경찰은 국정원 여직원 김 씨를 비롯해 4명을 기소의견으로 검찰에 송치했다. 수사 착수 넉 달 만이었다. 경찰은 이들이 국정원 직원의 정치적 중립 의무를 지키지 않아 국정원법을 위반했지만 선거법 위반 혐의를 적용하기는 힘들다고 밝혔다. 그러나 이런 경찰의 발표에 대해 국정원이 국정원법뿐만 아니라 대선에 개입함으로써 선거법도 위반한 것이 아니냐는 비판이 제기됐다. 또 경찰의 최종 수사 내용은 대선 이틀 전 서울 수서경찰서장이 직접 발표한 중간 수사 결과와는 크게 다른 내용이었다. 여기에 채동욱 검찰총장이 "국정원 관련 의혹은 국민적 관심이 지대한 사건"이라면서 "한 점 의혹 없이 신속하고 철저하게 수사하라"고 지시함에 따라 검찰에서도 대규모 특별 수사팀이 꾸려졌다는 상황도 추가됐다. 이런 점을 모두 감안했을 때 지상파 메인 뉴스는 이날 관련 뉴스를 중요한 비중으로 다루었어야 했으나 방송 뉴스는 이를 성실하게 보도하지 않았다.

우선 MBC는 KBS나 SBS에 비해 사안을 덜 중요하게 다룸으로써 이슈를 회피하려 했다는 비판을 받았다. 사건이 검찰에 송치된 2013년 4월 18일 KBS와 SBS가 주요 뉴스(각각 9번째, 4번째)로 처리한 반면 MBC는 끝에서 두 번째인 22번째 리포트로 보도했다. 저녁 8시 40분 무렵으로 수도권을 제외한 지방에서는 관련 뉴스를 볼 수가 없는 시간대였다. 이에 대해 보도본부 내에서부터 비판이 제기되자 MBC의 한 간부는 "23번째로 나간 것이면 중요 뉴스이며, 〈뉴스데스크〉에 나갔다는 것 자체가 중요한 뉴스"라고 말했다.

다음날인 4월 19일에는 수사의 실무 책임자였던 권은희 전 수서경

표 3. 국정원 댓글 사건 경찰 수사 관련 지상파 방송 보도

날짜	주요 발생 사안	MBC	KBS	SBS
4. 18 (목)	– 경찰, 국정원 직원 등 4명 기소의견 송치 – 검찰총장 철저 수사 지시	정치 개입, 대선 불개입 (23)	국정원 직원 정치 관여 (9)	국정원 직원 정치 개입 (4)
4. 19 (금)	– 권은희 전 수사과장, 외압 의혹 제기 – 검찰, 전면 재수사 방침 – 검찰, 국정원 국장 출국 금지		원세훈 철저 수사 …… 소환 불가피 (21)	
4. 20 (토)		원세훈 개인 비리도 수사? (12) 외압 있었다 vs. 외압 없었다 (13)		경찰 위선이 축소 은폐 (11)
4. 22 (월)	– 이성한 경찰청장 "진상 조사할 것" – 검찰, 김용판 전 서울경찰청장 수사	수사 외압 주장 진상 조사 (26)	외압 논란 일파만파 (8)	전 서울경찰청장도 수사 (3)

* 괄호 안의 숫자는 리포트 순서임.

찰서 수사과장이 입을 열었다. 경찰 고위층이 국정원 사건을 축소 은폐하라고 지시했다는 폭로였다. 그러나 지상파 방송 3사는 약속이라도 한 듯 이를 보도하지 않았다. MBC의 경우, 기자들이 권은희 과장으로부터 직접 사실을 확인한 뒤 편집부에 "짧게라도 리포트를 하겠다"고 요청했지만 받아들여지지 않았다. KBS나 SBS도 관련 내용을 보도하지 않았다. 결국 권은희 수사과장의 외압 의혹 제기 관련 뉴스는 다음날인 20일에야 방송됐다. 기자들이 사실을 확인하고도 하루

늦게 보도를 하는 해프닝이 벌어진 것이었다. 게다가 KBS에서는 뒤늦은 보도조차도 없었다. 대신 발생을 다룬 1보가 없는 상황에서 "외압 논란 일파만파"라는 속보성 뉴스만 있었다.

검찰 수사 발표 이후

국정원 선거 개입 이슈를 홀대한 대표적인 사례로는 원세훈 전 국정원장에게 선거법 위반 혐의를 적용할 것인지를 놓고 검찰과 법무부가 갈등한다는 내용에 대해 KBS가 타사보다 이틀 늦은 2013년 6월 5일에야 보도한 것이 꼽혔다. 2013년 6월 3일 일부 신문은 국가정보원의 정치 개입 혐의를 수사 중인 검찰이 원세훈 전 국정원장을 공직 선거법 위반으로 구속기소하려 하자 황교안 법무부 장관이 제동을 걸었다고 보도했다. 같은 날 MBC와 SBS는 저녁 메인 뉴스에 이 소식을 리포트로 처리했다.

2013년 6월 3일 MBC 〈뉴스데스크〉

앵커 국정원의 정치 개입 의혹과 관련해 원세훈 전 국정원장의 구속 여부를 놓고 항간에 검찰과 법무부가 갈등을 빚고 있다는 얘기가 돌고 있습니다. 검찰은 통상적인 의견 조율 과정이라고 진화에 나섰습니다.

2013년 6월 3일 SBS 〈8뉴스〉

앵커 원세훈 전 국정원장에 대한 구속 영장 청구 문제를 놓고 법무부와 검찰이 갈등을 빚고 있다는 의혹이 일었습니다. 선거법 위반 혐의 적용을 황교안 법무장관이 막았다는 겁니다.

그러나 KBS는 〈뉴스 9〉에서 이 소식을 전하지 않았다. 다만 이틀이 지난 6월 5일 "검찰, 원세훈 전 국정원장 '선거법 위반' 적용 고심"이라는 제목으로 검찰이 선거법 위반 혐의 적용을 놓고 고심하고 있다는 내용으로 보도했다. 특히 MBC와 SBS가 모두 검찰과 법무부의 갈등설을 핵심 내용으로 보도한 반면에 KBS는 "선거법 적용을 놓고 검찰 내부에서도 찬반이 팽팽한 것으로 알려졌습니다"라고 보도하면서 법무부와 검찰 사이의 갈등이 아닌 검찰 내부 갈등설을 제기했다. 당시는 물론 이후 드러난 사실들을 종합하면 KBS의 검찰 내부 갈등설은 부정확한 보도였다.

2013년 6월 5일 KBS 〈뉴스 9〉

앵커 국정원 선거 개입 의혹 수사가 사실상 마무리되고 있습니다. 검찰은 원세훈 전 국정원장에게 선거법 위반 혐의를 적용할지 거듭 고민하고 있습니다.

기자 경찰은 수사 4달 만에 국정원 직원 등 3명에게 국정원법 위반 혐의만 적용했습니다. 대선을 앞둔 공무원의 선거 개입 의혹에 왜 선거법을 적용하지 않느냐는 논란이 뒤따랐습니다. 검찰은 지난 한 달 반 동안 충분한 물증을 확보했습니다. 경찰은 문제의 정치적인 글을 3개 사이트에서 백여 건을 찾아내는 데 그쳤지만, 검찰은 15개 사이트를 분석해 수백 건을 확보했습니다. 글 상당수가 정치 현안에 관한 내용이어서, 검찰은 원세훈 전 원장에게 정치 개입을 금지한 국정원법을 적용하는 쪽으로 가닥을 잡았습니다. 관건은 선거법까지 적용할 수 있느냐 입니다. 특정 정당이나 후보를 거론한 글도 적지 않게 발견됐기 때문입니다. 검찰이 선거법 적용을 결정하면, 정보기관 수장의 선거 범죄가 되는 셈이어서 원세훈 전 원장에게 구속영장 청구가 불가피할 것으로 보입니다. 그러나 선거법 적용을 놓고 검찰 내부에서도 찬반이 팽팽한 것으로 알려졌습니다. 검찰은 선거법 사건의 공소시효가 오는 19일로 끝나는 점 등을 감안해 이번 주 안에는 결론을 내겠다는 방침입니다.

2013년 6월 14일 검찰의 수사 결과 발표 보도도 큰 문제로 지적됐다. 국가의 핵심 정보 기관이 조직적으로 선거에 개입해왔다는 수사 결과 발표가 있었음에도 지상파의 메인 뉴스들은 주마간산식 접근 태도를 보였다. 지상파 가운데 가장 적은 보도를 한 MBC(리포트 2개)는 '국정원이 지난 대선 때만이 아니라, 지난 2010년 지방 선거 때부터 개입해 왔다'는 주요 수사 내용을 아예 거론하지 않았다. 부정확한 보도를 하는 실수도 범했다. 당초 검찰의 발표는 '정치 개입 혐의가 적용된 글이 1,977개이고, 이 가운데 73개는 선거 개입 혐의'였지만, MBC의 첫 리포트에서는 "정치에 개입한 1,900여 건의 글 이외에 추가로 73건이 선거에 개입"이라고 보도했다. 또한 MBC는 이 첫 리포트 뒤에 곧바로 여야의 공방을 다루는 내용을 붙였는데, 두 번째 리포트는 의도적인 물타기 보도였다는 게 특위 위원들의 공통된 판단이었다. 표 4와 5는 국정원 대선 개입 혐의에 대한 검찰 수사 결과를 보도한 방송 뉴

스와 신문 뉴스를 비교한 것이다.

표 4. 국정원 수사 관련 지상파 방송 뉴스 보도

	MBC 〈뉴스데스크〉	SBS 〈8뉴스〉	KBS 〈뉴스 9〉
6.14 (금)	대선 개입 혐의 기소 (1) 직접 지시 여부 공방 (2)	국정원 대선 개입…… 정치 게시글 1,977건 (1) 원세훈 전 원장 직접 지시 (2) "유감"…… "반발"…… 국정 조사 어떻게? (3)	원세훈 前 원장 불구속기소 ……"선거 개입 지시" (1) 선거 개입 지시 여부가 핵심 쟁점 (2) 민주 "국정 조사 추진"…… 새누리 "재검토해야" (3)
6.15 (토)	정보 기관 수장…… 불행한 말로 (15)		
6.16 (일)	국정원 사건…… 여야 '파상공세' (16)	"국정원 사건에 분노"…… 날선 공방 (13)	
6.17 (월)	국정원 수사 여야 폭로전 (19)	"권영세가 배후"…… "김부겸이 매수" (15) 원세훈 청탁 의혹…… 산림청에 압력? (16)	'국정원 정치 개입 의혹 사건' 놓고 여야 충돌 (18)
6.18 (화)		'공안검사 vs. 운동권' …… 웬 이력 논쟁? (9)	
6.19 (수)	'국정원 수사' 난타전 (5)	"국정원 전화 받았다" …… 수사 압력? (2)	
6.20 (목)	국정 조사 힘겨루기 (22; 로컬)	동상이몽 국정 조사 합의 (3) "NLL 발언 확인"…… "물타기 말라" (4)	국정원 국조 6월 처리 노력 …… 시국 선언 잇따라 (16) 국정원 "여야 동의하면 NLL 회의록 전문 공개" (17)

* 괄호 안의 숫자는 리포트 순서임.

표 5. 2013년 6월 15일 국정원 수사 관련 주요 신문 보도

신문	기사	
조선일보	1면	– ‘국정원 댓글’ 원세훈 · 김용판 등 5명 불구속 기소
	3면	– 국정원 심리전단 70여 명 중 4명 기소유예…… 나머지는 무혐의
		– 검찰 내부선 여전히 두 목소리(선거법 위반 혐의 적용 관련)
		– 국정원 “소수의 댓글 보고 선거 개입으로 왜곡해 유감”(1면 계속)
	4면	– “국정원 국내 정보 수집, 대북 분야로만 제한해야”
		– 여 “원세훈 선거법 위반 적용 합당한가” 야 “솜방망이 처분으로 면죄부 준 것”
		– “경찰이 대선 직전 발표한 국정원녀 수사 결과 김용판 당시 서울청장 지시에 의해 조작돼”
	31면	– 국정원이 대북 업무에서 이탈하는 근본 원인 찾으라(사설)
중앙일보	1면	– 검찰, 국정원 수사 끝내 대형 사고 수사 결과 발표 전날 공소 사실 통째로 유출 ‘초유의 사태’
	3, 4면	– 검란 뒤 검찰 수습 기대 모은 채동욱…… 첫 작품서 리더십 심각한 타격
		– “원세훈, 작년 대선 전 12차례 직원들에게 선거 개입 지시”
	30면	– 국정원의 임무가 정원 안보인가(사설)
동아일보	1면	– 기사 없음
	13면	– 원세훈 “종북 세력에 대응 안하면 국정원 없어져” 댓글 지시
	27면	– 법정에서 가려야 할 원세훈의 ‘선거법 위반’ 혐의(사설)
한국일보	1면	– 국정원 선거 때마다 불법 개입
	4면	– 원세훈, 종북 척결 빙자해 불법 지시 반복…… 선거 개입으로 변질
		– 야 후보 반대 글 많아…… 문재인 37건, 이정희 32건, 안철수 4건
	5면	– 김용판, 선거 개입 포착하고도 은폐…… 대선 이틀 전 거짓 회견
		– “경찰로서 부끄러울 뿐 달리 할 말이 없습니다”(권은희 수사과장)
		– 증거 찾을 때마다 “오, 오” 놀라거나 박수…… 다음날엔 “없는 것으로 하자”
	6면	– ‘박원순 제압 문건’ 또 다른 뇌관…… 정치 개입 폭발력 더 클 수도
		– 내부 아닌 외부 세력이 유출 의심…… 이례적 강경
		– ‘댓글 여직원’ 노트북 · 휴대폰이 실마리
		– 일베 · 오유 등 12개 사이트 DB 저인망 추적
		– 여 “과도한 수사” 야 “면죄부 수사”
	31면	– 국정원 정치 관여 차단할 확실한 장치 필요(사설)

신문	면	기사
한겨레	1면	– 원세훈의 국정원, 선거란 선거엔 모두 개입했다
	5면	– "4대강 떠드는 야당, 강에 처박아야지…… 왜 가만히 있나"
		– 원세훈 전 국정원장 불법 정치 관여, 선거 개입 지시 개요
		– 선거 개입 게시글 1,977건 살펴보니
	6면	– "닉네임 찾았다" 박수 짝짝짝…… 대선 3일 전엔 "다 파쇄해"
	7면	– '박원순 제압' '반값 등록금 차단' 문건 수사는 손도 안 대
		– 김용판 전 서울청장 '대놓고 개입' 왜?
		– '은밀하게 쪼잔하게' 수사 방해
		– 검찰, 국정원 수사 형평성 논란 (정치 개입 직원은 기소유예, 여론 조작 폭로 직원은 처벌)
	8면	– 톱: 여당 "국정원 수사, 선거법 적용 재검토" 요구
		– 문재인 "비열한 종북 딱지 붙이기 자행 참담"
	23면	– 국정원·경찰의 대선 개입, 청와대는 할 말 없나(사설)
경향신문	1면	– 김용판, 국정원 선거 개입 확인하고도 '혐의 없다' 허위 발표
		– 원세훈의 국정원, 2010년 지방 선거부터 개입
	2면	– 경찰 "국정원 댓글 찾았다" 환호 이틀 뒤 "없는 것으로 하자"
		– 주말 앞둔 수사 결과 발표…… 검찰 또 '금요일의 법칙'
	3면	– 원세훈 "종북 좌파가 다시 정권 못 잡게 국정원이 싸워야"
		– 청와대 '배후' 의혹…… 박근혜 캠프와 교감은 경찰, 치밀한 증거 인멸…… '윗선 지시' 있었나
	4면	– 국정원 직원, 문재인 공약에 번번이 반대 글…… '문죄인' 비하도
		– 새누리 "민주당 후보 비판 단 3건…… 야당 정치 공세 사과를" 민주당 "검찰, 치욕 자청…… 황교안·곽상도 책임 꼭 물을 것"
	27면	– 한계 드러낸 검찰의 '국정원 의혹' 수사(사설)

새누리당과 국정원의 NLL 대화록 이슈 제기 이후

국정원이 NLL 대화록 이슈를 제기한 이후, 방송 보도의 급격한 '아젠다 변경' 또는 '아젠다 몰아가기'가 나타났다. 특히 KBS와 MBC의 경우가 두드러졌다. 6월 20일 KBS 뉴스는 이를 재빠르게 보도한 데 이어, 다음 날인 21일에는 5꼭지를 보도하면서 아젠다 변경에 나섰다. 1~2꼭지에 그친 MBC, SBS와는 크게 대비되는 대목이다. 국정원이 새누리당 정보위원들에게만 대화록 발췌본을 열람하게 하고 이를 근거로 새누리당은 NLL 이슈를 다시 제기했다. 국정원과 여권이 국정원 선거 개입 이슈에서 빠져 나오려는 전략이라는 분석이 많았지만 KBS 뉴스에서 이를 짚어 보는 모습은 보이지 않았다. 그 사이 국정원 선거 개입 이슈는 서서히 사라지고 있었다.

KBS 뉴스를 좀더 미시적으로 살펴볼 필요가 있다. 특정 이슈가 터졌을 때 뉴스의 적극성은 정당이나 정부 기관의 공식적인 발표 외에 '발로 뛰는 취재'가 있는지 그 여부로 판단할 수 있다. 이것이 동일한 이슈 속에서 차별화를 통해 뉴스의 경쟁력을 높이는 길이다. 당시 많은 언론들이 새누리당과 국정원, 그리고 민주당을 중심으로 제기되는 정치적 논란의 실체를 규명하기 위해 당시 정상 회담에 관여했던 여러 인사들을 취재해 보도하고 있었다. 이와 같은 정보의 다양성과 풍부함을 바탕으로 시민들은 보다 나은 판단을 할 수 있다. 당시 KBS 뉴스에는 NLL 대화록 관련해 다른 언론들이 제기한 의심 사항들이 빠져 있는 상태였다. 우선 뉴스가 정보의 출처로 삼고 있는 대화록 발췌본은 전체 정상 회담 대화를 국정원이 직접 요약한 것이었다.

그러나 국정원은 조직적인 선거 개입 혐의로 재판을 받는 처지이고 대통령과 새누리당은 국정원의 선거 개입이 진실이라면 이를 통해 이득을 본 당사자다. 때문에 국정원과 여권이 제기한 발췌문 자체가 자의적 또는 악의적으로 작성됐을 가능성을 배제할 수 없다. 실제로 대화록 전문이 공개되지 않은 상황에서 당시 정상 회담에 배석했거나 추후 정리에 참여한 관련자들이 발췌본이 조작됐다는 주장을 하고 있는 상황이었다. 그러나 KBS 뉴스는 이를 확인하려는 노력을 적극적으로 하지 않았다. "국정원은 왜 이런 결정을 내렸을까요?"라는 말로 시작되는 KBS 뉴스는 국정원의 주장을 전달만 할 뿐 그 주장이 타당한 것인지 또는 합법적인 것인지에 대해서는 분석하지 않았다. 당시 KBS 뉴스에 따르면 국정원이 제시한 정상 회담 대화록을 공개하기로 한 이유는 다음과 같다.

- NLL 발언과 관련해 조작과 왜곡 논란이 계속되고 있고
- 여야 모두 대화록 전문 공개를 요구하는 상황
- 6년 전 남북 정상 회담 내용이 국가 안보에 심대한 영향을 미치지 않으며
- 상당 부분이 언론을 통해 공개돼 비밀 문서로서 가치 상실

그러나 논란에 불을 지핀 것도 국정원이고 불법 논란에도 불구하고 문서를 공개한 것도 국정원인데도 KBS 뉴스는 국정원에 대해서는 어떤 의심도 하지 않았다. SBS의 경우 다음과 같은 내용으로 소극적이나마 문제점을 지적했지만 이 역시 부족하기는 마찬가지였다.

> "하지만 국정원의 선거 개입 의혹과 NLL 대화록 공개 문제를 놓고 여야가 첨예하게 맞붙고 있는 가운데 공개됐다는 점에서 여권 내부의 조율이 있었을 것이라는 관측도 제기되고 있습니다." (2013년 6월 24일 SBS 〈8 뉴스〉)

대화록 발췌본과 전문이 공개된 6월 24일 이후의 보도들은 더욱 편향적이었다. 대화록의 발언들은 정황이나 맥락 속에서 분석하는 것이 합당하지만 KBS와 MBC 메인 뉴스의 상당수 기사들은 발췌문의 특정 문구만을 강조하며 'NLL 포기'라는 인상을 주는데 주력하는 모습이었다. 이는 각 방송사의 6월 24일 첫 리포트들을 비교해서 보면

그 확연한 차이를 느낄 수 있다. 더구나 6월 25일 보도에서 MBC는 첫 리포트에서 "김정일 국방위원장은 양측이 NLL 등 해상 경계선을 포기하는 법률을 만들어 그 사이를 공동 어로 구역으로 지정하자고 제안하자, 노무현 전 대통령은 공감을 표하면서……"라고 보도함으로써 사실상 오보를 하기도 했다. 대화록 원문을 보면 김정일 국방위원장이 NLL 등을 포기하는 법을 만들자는 제안을 직접적으로 한 것이 아니라는 점이 명확하기 때문이다. MBC의 이런 편향은 하루 전날인 6월 24일에 방송된 SBS의 리포트와 비교하면 더욱 두드러진다.

> "김 전 위원장이 "'쌍방이 과거에 정해져 있는 법을 다 포기한다'는 것은 실무 협상에서 논의할 문제지만, 이번 구상은 발표를 해도 되지 않겠느냐"고 되묻자 노 전 대통령은 "좋다"고 대답했습니다. 발췌본 안에서는 노 전 대통령이 'NLL 포기'라는 직접적인 표현은 사용하지 않은 것으로 나타나, 'NLL 포기 발언'의 진위 여부는 전문을 공개해야 판명될 것으로 보입니다." (2013년 6월 24일 SBS 〈8뉴스〉 첫 리포트)

이후 국정원과 NLL 이슈는 공존하면서 서로 경쟁하게 된다. 그러나 방송 뉴스들은 여전히 국정원 대선 개입 이슈에는 소극적, 그리고 NLL 대화록 이슈에는 적극적인 태도를 보였다. 다음 표 6은 2013년 7월 한 달 동안 지상파 방송 3사 메인 뉴스가 국정원과 NLL 두 이슈를 보도한 건수를 분석한 것이다. NLL 대화록 관련 보도는 한 달 동안 20개 정도를 쏟아낸 반면, 국정원 국정 조사 관련 보도는 NLL 대화록 보도의 절반 정도에 불과했다. 또한 국정원 국정 조사 기사는 주로 뉴스 후반부에 배치한 반면 NLL 대화록 보도는 전반부에 배치했다. 가끔 국정원 국정 조사 관련 리포트를 전반부에 배치하기도 했지만, 이때는 본질적인 내용보다 여야 간에 정쟁에 집중하는데 그쳤다. 특히 MBC 뉴스에서 이런 특징이 노골적으로 나타났다. SBS의 경우, 국정원과 NLL 보도량이 각각 12대 18(리포트 기준)로 KBS와 MBC에 비해서는 불균형이 두드러지지 않았다.

표 6. 2013년 7월 국정원, NLL 관련 지상파 방송 3사 메인 뉴스 보도

	MBC		KBS		SBS	
	국정원	NLL	국정원	NLL	국정원	NLL
7. 1(월)	2개 (16, 17)	없음	1개 (1)	2개 (2, 3)	3개 (1, 2, 25)	없음
7. 2(화)	1개 (3)	2개 (1, 2)	없음	3개 (6~8; [이슈&뉴스] 포함)	없음	1개 (4)
7. 3(수)	없음	없음	없음	1개 (15)	없음	1개 (19)
7. 4(목)	없음	없음	없음	없음	없음	없음
7. 5(금)	없음	없음	없음	없음	없음	1개 (18)
7. 6(토)	없음	없음	없음	없음	없음	없음
7. 7(일)	없음	없음	없음	없음	없음	없음
7. 8(월)	1개 (24)	없음	1개 (13)	없음	2개 (2~254)	없음
7. 9(화)	1개 (24)	1개 (27; 단신)	없음	없음	1개 (19)	없음
7. 10(수)	없음	없음	3개 (19~21; [이슈&뉴스] 포함)	없음	1개 (24)	없음
7. 11(목)	없음	1개 (20)	없음	1개 (10)	없음	없음
7. 12(금)	없음	없음	없음	없음	없음	없음
7. 13(토)	1개 (8)	없음	없음	없음	없음	없음

<table>
<tr><td>7. 14(일)</td><td>없음</td><td>1개 (16)</td><td>없음</td><td>없음</td><td>없음</td><td>1개 (20; 단신)</td></tr>
<tr><td>7. 15(월)</td><td>없음</td><td>1개 (22)</td><td>없음</td><td>1개 (14)</td><td>없음</td><td>1개 (20)</td></tr>
<tr><td>7. 16(화)</td><td>1개 (23)</td><td>없음</td><td>없음</td><td>없음</td><td>1개 (24)</td><td>없음</td></tr>
<tr><td>7. 17(수)</td><td>1개 (22)</td><td>없음</td><td>1개 (2)</td><td>1개 (1)</td><td>2개 (20, 21; 단신)</td><td>없음</td></tr>
<tr><td>7. 18(목)</td><td>없음</td><td>3개 (1~3)</td><td>없음</td><td>3개 (3~54)</td><td>없음</td><td>3개 (1~3)</td></tr>
<tr><td>7. 19(금)</td><td>없음</td><td>2개 (19~203)</td><td>없음</td><td>2개 (1~2)</td><td>1개 (23; 단신)</td><td>1개 (1)</td></tr>
<tr><td>7. 20(토)</td><td>없음</td><td>1개 (1)</td><td>없음</td><td>2개 (1~2)</td><td>없음</td><td>1개 (1)</td></tr>
<tr><td>7. 21(일)</td><td>없음</td><td>2개 (1~2)</td><td>없음</td><td>1개 (1)</td><td>없음</td><td>2개 (3~4)</td></tr>
<tr><td>7. 22(월)</td><td>없음</td><td>1개 (1)</td><td>없음</td><td>1개 (7)</td><td>없음</td><td>2개 (12~13)</td></tr>
<tr><td>7. 23(화)</td><td>없음</td><td>1개 (19)</td><td>없음</td><td>2개 (13~14)</td><td>없음</td><td>1개 (6)</td></tr>
<tr><td>7. 24(수)</td><td>1개 (20)</td><td>1개 (21)</td><td>1개 (14)</td><td>1개 (15)</td><td>1개 (210)</td><td>1개 (20)</td></tr>
<tr><td>7. 25(목)</td><td>1개 (22)</td><td>2개 (1~2)</td><td>1개 (12)</td><td>2개 (10~11)</td><td>1개 (2)</td><td>1개 (1)</td></tr>
<tr><td>7. 26(금)</td><td>1개 (20)</td><td>1개 (1)</td><td>1개 (2)</td><td>1개 (1)</td><td>1개 (4)</td><td>1개 (19)</td></tr>
<tr><td rowspan="2">7. 27(토)</td><td rowspan="2">없음</td><td rowspan="2">2개 (20, 22; 단신)</td><td>없음</td><td>1개 (14)</td><td>없음</td><td>1개 (4)</td></tr>
<tr><td colspan="2">1개 (19; 단신)</td><td colspan="2">1개 (20; 단신)</td></tr>
<tr><td>7. 28(일)</td><td>1개 (21; 단신)</td><td>없음</td><td>1개 (18; 단신)</td><td>없음</td><td>1개 (18)</td><td>없음</td></tr>
<tr><td>합계</td><td>리포트: 11
단신: 1</td><td>리포트: 20
단신: 2</td><td>리포트: 9
단신: 1.5</td><td>리포트: 25
단신: 0.5</td><td>리포트: 12
단신: 3.5</td><td>리포트: 18
단신: 1.5</td></tr>
</table>

* 괄호 안의 숫자는 리포트 순서임.

10월의 검찰 내부 갈등 표출

2013년 10월 들어 국정원 이슈는 검찰 내에서 수뇌부와 수사팀 간의 갈등이 표면화되면서 다시 한 번 뉴스의 전면에 나서게 된다. 이 시기 방송 뉴스들은 검찰 내 갈등 상황을 '항명 사태'로 틀 짓기를 하려는 노력을 보인다. 이 과정에서 국정원이 대선에 개입했다는 의혹을 뒷받침하는 새로운 사실들은 누락되거나 곁가지로 다뤄지는 경우가 많았다.

검찰의 국정원 직원 긴급 체포의 경우 KBS는 10월 18일 '직원 3명 체포했다가 석방'이란 제목으로 보도했다. 국정원의 대선 개입 '행위'보다 절차상의 문제로 '석방'된 것을 강조한 것이다. 윤석열 팀장이 수사팀에서 배제된 사안을 다룬 뉴스도 비슷하다. 국정원 직원이 수만 건의 트윗 글을 작성했다는 혐의가 확인돼 긴급 체포됐다는 내용은 비켜둔 채, 내부 보고와 결재를 거치지 않았다는 '지시 불이행'에 초점을 맞추었다.

표 7. 국정원 수사 검찰 내부 갈등 관련 지상파 방송 뉴스 보도

	KBS	MBC	SBS
10. 18 (금)	'트윗글 작성' 국정원 직원 3명 체포했다 석방 (10) '국정원 댓글' 수사팀장, 규정 위반 전격 보직 해임 (11) 여 "검찰 판단 존중"…… 야 "권력의 부당 외압" (12; 단신)	검찰, 국정원 댓글 수사팀장 교체…… 업무 배제 배경 논란 (4)	국정원 직원들, 트위터에서도 '정치 댓글' (1) '국정원 댓글' 수사팀장 직무 배제…… 검찰 내 갈등 (2) "권력 외압" vs. "정치 공세"…… 여야 공방 (3)
10. 19 (토)	검찰, 윤석열 팀장 진상 조사 착수 (16; 단신)	檢, '국정원 수사' 윤석열 본격 조사…… 원세훈 혐의 추가 철회? (4)	'원세훈 공소장 변경' 철회?…… 검찰 수뇌부 고심 (2)
10. 20 (일)	야 "SNS 조직적 개입" vs. 여 "법적 효력 없어" (3) "'軍 대선 개입 의혹' 수사 불가피" (17; 단신)	국정원 '트위터글' 여야 공방…… "조직적 선거 개입" vs. "증거 없다" (2) 사이버사령부 '인터넷 정치글' 정식 수사 전환 (21; 단신)	국정원 수사팀 "사전 보고 했다"…… 논란 새 국면 (2) "선거 개입" vs. "수사권 남용"…… '대선 댓글' 공방 (3)

* 괄호 안의 숫자는 리포트 순서임.

2013년 10월 18일 검찰 내부 갈등과 관련한 KBS와 SBS의 보도를 비교해 보면 그 차이가 명확해진다. 특히 윤 지청장의 수사팀 배제 기사를 보면, KBS의 경우 기사의 구조가 '항명'이라는 인상을 강하게 풍기며 검찰 수뇌부 쪽으로 편향된 반면에 SBS는 대검과 수사팀의 입장을 비교적 균형감 있게 다뤘다.

2013년 10월 18일 검찰 내부 갈등과 관련한 KBS와 SBS의 보도

KBS 〈뉴스 9〉 해당 리포트

지난 16일 국정원 직원들에 대한 체포 영장과 압수 수색 영장 청구. 그리고 어제 아침 영장 집행. 그러나 수사팀의 직속 상관인 이진한 서울중앙지검 2차장과 조영곤 서울중앙지검장은 집행이 끝날 때까지 이 사실을 전혀 알지 못했습니다. 윤석열 팀장이 2차장과 서울중앙지검장에게 보고와 결재를 생략한 채 영장을 청구하고 집행한 것입니다. 서울중앙지검장은 중요 사건에 있어서의 지시 불이행, 보고 절차 누락 등을 이유로 어제 윤 팀장을 보직 해임하고 수사에서 배제시켰습니다. 그런데도 윤 팀장은 오늘 오전 또 아무런 보고 없이 원세훈 전 원장 등에 대한 공소장 변경 신청서를 법원에 접수시켰습니다. 길태기 검찰총장 직무대행은 보고 누락에 대해 즉시 진상을 파악하라며 사실상의 감찰을 지시했습니다. 검사는 검찰 사무에 관하여 소속 상급자의 지휘 감독에 따라야 한다는 검찰청법 7조와 검찰 보고사무 규칙을 윤 팀장이 위반했다는 겁니다. 이에 대해 윤 팀장은 영장 청구를 보고 했다면 결재가 나지 않았을 것이라며, 휴가를 내고 오늘 출근하지 않았습니다. 원세훈 전 국정원장에 대한 선거법 위반 적용과 구

속 영장 청구를 놓고 갈등을 빚었던 윤 팀장이 의도적으로 보고와 결재를 누락하면서 또 다른 파문이 일고 있습니다.

SBS 〈8뉴스〉 해당 리포트

어제 체포됐던 국정원 직원들에 대한 영장은 윤석열 특별수사팀장의 전결로 집행됐습니다. 서울중앙지검 지휘라인은 물론, 대검과 법무부에도 보고가 되지 않았습니다. 뒤늦게 영장 집행사실을 알게 된 검찰 지휘부는 윤석열 특별수사팀장을 직무에서 배제시키고, 국정원 직원들을 석방 조치했습니다. 그러자 특별수사팀은 오늘 오전 재차 지휘부 보고를 생략하고, 국정원 직원들의 트위터상 선거법과 국정원법 위반 혐의를 공소장에 추가했습니다. 서울중앙지검 이진한 2차장은 보고 의무를 규정한 검찰청법을 위반한 처사라며 수사팀을 비판했습니다. 윤석열 팀장은 국정원 사건의 특성상 수사 기밀 유지를 위해 불가피한 조치였다고 맞섰습니다. 집단 항명이라는 비판과 수사를 위한 용단이란 평가가 엇갈리고 있습니다. 수사팀과 지휘부 사이의 갈등이 노골적으로 표면화되면서 채동욱 전 총장 퇴진 이후 수면 아래로 가라앉았던 국정원 수사 외압 논란이 재점화될 가능성이 커졌습니다.

이 사안에서 MBC 뉴스의 편향성도 두드러졌다. MBC는 한 꼭지로만 다뤘는데, '국가 기관의 대선 개입'이라는 측면은 회피한 채, '수사팀장이 내부 방침을 어긴 것'을 더 크게 해석하고 있다. 또한 문제가 되는 '정치 관련 글'이 어떤 것인지 구체적으로 제시하지 않으면서 사안을 단순히 '검란 사태'로 해석했다. 다음은 해당 기사의 일부이다.

2013년 10월 18일 MBC 〈뉴스데스크〉

앵커 국정원 정치 개입 의혹을 수사 중인 검찰이 국정원 직원들이 트위터에도 정치 관련 글을 올렸다며 체포해 조사했습니다. 그런데 수사팀장이 보고 라인을 거치지 않고 독단적으로 행동한 것이어서 논란이 일고 있습니다.

기자 서울중앙지검은 국정원 직원에 대한 수사를 할 땐 국정원장에게 통보해야 하는데 이를 생략했고, 체포 영장과 압수 수색 영장을 청구하는 과정에서 상부에 보고하지 않아 업무에서 배제했다고 밝혔습니다. (……) 오늘 윤 팀장의 업무 배제를 놓고 검찰 일각의 반발이 확산될 경우 제2의 검란 사태가 재연될 가능성도 배제할 수 없다는 전망도 나오고 있습니다.

2013년 10월 19일 MBC 〈뉴스데스크〉

앵커 상부에 보고도 하지 않고 독단적으로 수사를 강행한 윤석열 수사팀장에 대해 검찰이 진상 조사에 나섰습니다. 사안이 중대한 만큼 감찰로 이어질 공산이 크다는 전망입니다.

기자 윤석열 전 특별수사팀장에 대해 검찰이 문제 삼는 대목은 두 가지입니다. 먼저, 국정원 직원 3명을 체포하는 과정에서 지휘 라인에 보고가 없었다는 점. 또 이로 인해 업무 배제 명령을 받고도 상부 보고 없이 원세훈 전 국정원장 등에 대한 혐의를 공소장에 추가해 달라고 법원에 신청했다는 점입니다. (……)

이에 비해 SBS는 같은 날 수사팀의 공소장 변경 신청의 맥락을 상세하게 설명한데 이어 20일에도 수사팀이 조영곤 중앙지검장에게 압수수색과 체포 영장 계획을 사전 보고했지만 지검장이 허락하지 않아 어쩔 수 없이 전결 처리했다는 점을 보도하는 등 차별화된 모습을 보였다.

(2) 진실 규명 소홀

뉴스가 추구해야 할 제1의 덕목은 진실 추구이다. 그러나 방송의 정치뉴스들은 이슈가 집권 세력에게 불리한 경우 진실을 규명하려고 노력하기 보다는 사안을 축소하거나 권력의 입장을 적극적으로 대변해 주는 방식을 통해 언론의 기본 책무를 방기하고 있었다. 진실 추구를 소홀히 함으로써 정치적 편향을 나타낸 구체적인 사례로는 박근혜 정부 초기 고위 공직 후보자 무더기 낙마 사태와 윤창중 청와대 대변인 성추문 사건, 그리고 국회 국정원 국정 조사에 대한 편파적 보도가 꼽혔다.

박근혜 정부 출범 초기 장, 차관급 고위 공직 후보자들이 줄줄이 사퇴하는 초유의 상황에 대해 방송 뉴스들은 파장을 축소하며 상당 부분 여권 편향적인 입장을 드러냈다. 자체 특별 취재팀을 통한 검증 보도도 드물었지만 인사청문회 등을 통해 드러나는 사실을 보도하는 것에서도 소극적으로 임하는 경우가 많았다. 부실한 내용으로 리포트를 하거나 사안의 중요성에도 불구하고 단신 정도로 처리하는 것이 대표적인 편향의 사례로 지적됐다. 박근혜 정부의 정권 초기 각료 인사가 실패라는 평가가 당시 새누리당 내에서까지 나올 정도로 문제가 있었다면 뉴스는 여러 각도에서 문제의 원인이 무엇인지를 조명했어야 한다. 왜냐하면 어느 한 원인으로는 모든 것이 다 설명이 되지 않기 때문이다. 예를 들어 인사권자의 독선은 없었는지, 후보자 지명 이전에 검증은 제대로 이루어졌는지, 지명된 사람이 스스로 자기 검열을 철저히 했는지 등이 초점이 될 수 있다. 그러나 방송 뉴스들은 인사 실패의 원인을 대부분 검증 부실 탓으로 돌리고 있었다. 다시 말해 인사권자인 박근혜 대통령은 인사 실패에 책임이 없다는 것이 그 안에 녹아 있는 논리다. 그러나 방송 뉴스는 책임의 소재를 다른 곳으로 돌리고 있었다.

> "황 내정자의 사퇴로 청와대의 인사 검증 시스템이 다시 논란거리가 되고 있습니다."
>
> "인사 검증을 둘러싼 논란은 더 거세질 것으로 예상됩니다."
>
> "김 차관의 전격 사표로 고위 공직자 인사 검증을 둘러싼 논란은 더 거세질 것으로 예상됩니다."
>
> "여야는 한 목소리로 인사 검증 시스템을 문제 삼았습니다. 새누리당은 사퇴 결정을 존중한다면서도 철저한 인사 검증 시스템을 촉구했습니다. 민주당은 김 후보자의 사퇴가 너무 늦었다면서 인사 검증 책임자의 경질을 요구했습니다. 새 정부 주요 인사들이 연이어 낙마하면서 청와대의 고민이 깊어지고 있습니다."

실패의 정확한 원인을 규명하고 이를 통해 같은 일이 재발하지 않도록 감시하는 것이 언론의 기본 책무이지만 경우에 따라서는 청와대에 유리하도록 사안의 순서를 바꾸거나 책임 규명보다는 청와대의 해명을 우선해서 보도하는 경우도 있었다. 예를 들어 김병관 국방부 장관 후보자 사퇴에 대한 보도에서 MBC 보도가 유독 특위 위원들의 비판을 받았다. KBS나 SBS가 김병관 후보자의 사퇴 소식을 전한 후, 장관 유임 소식을 뒤에 전한 것과 반대로 MBC는 장관 유임과 청와대 인터뷰를 앞부분에 배치해 청와대에 유리하도록 리포트를 구성했다. 또한 새로운 장관 후보자가 임명되고 인사청문회까지 진행됐던 상황에서 "두 정부에 걸친 국방부 장관의 유임은 이례적이지만 김 장관의 유임설은 꾸준히 제기 되었습니다"라는 모순적인 내용을 추가해 사안의 영향력을 축소하려고 했다는 비판이 제기됐다. 또 리포트 말미에는 "박 대통령은 정상적인 업무 추진을 강조했습니다"와 "사실상 국정 운영 정상화의 첫 주인 다음 주부터 대통령은 국무회의와 각 부처 업무 보고 등 모든 일정을 정상적으로 진행할 것이라고 청와대는 밝혔습니다"를 덧붙임으로써 청와대 대변인을 자처하는 듯한 보도 태도를 보였다.

2013년 3월 22일 MBC 〈뉴스데스크〉

앵커 여러분 안녕하십니까? 국방 장관에 내정된 이후 각종 의혹과 도덕성 논란에 휩싸였던 김병관 후보자가 자진 사퇴했습니다. 박근혜 대통령은 김관진 현 국방부 장관을 유임시켰습니다.

기자 박근혜 대통령은 김관진 현 국방장관을 유임시켜 새 정부 국방 사령탑의 중책을 맡겼습니다. 김 장관의 투철한 안보관과 지도력이 인정됐고 안보 불안을 조속히 해소해야 한다는 판단입니다. [녹취/김행 청와대 대변인: 박근혜 대통령께서는 또다시 정치적 논쟁과 청문회로 시간을 지체하기에는 국가와 국민의 안위가 위급한 상황이라는 판단을 내렸습니다.] 두 정부에 걸친 국방부장관의 유임은 이례적이지만, 김 장관의 유임설은 꾸준히 제기됐었습니다. 박 대통령은 현오석 경제부총리와 남재준 국정원장, 신제윤 금융위원장에게 임명장을 수여하며 김 장관에게도 안보와 국민 안전에 최선을 다해달라고 당부했습니다. 앞서 김병관 국장장관 내정자는 자신의 일로 국민께 심려를 끼쳐 송구스럽고, 새 정부의 국정 운영을 위하겠다며 사퇴했습니다. 농림수산식품부 업무 보고를 받은 박 대통령은 정상적인 업무 추진을 강조했습니다. [녹취/박근혜 대통령: 각 부처에서는 국정 운영의 기조를 바탕으로 해서 모든 업무 계획을 추진해 주시기 바랍니다.] 사실상 국정 운영 정상화의 첫 주인 다음 주부터 대통령은 국무회의와 각 부처 업무 보고 등 모든 일정을 정상적으로 진행할 것이라고 청와대는 밝혔습니다.

2013년 1월 29일 김용준 국무총리 후보자 낙마에서 3월 25일 한만수 공정거래위원장 후보자 낙마에 이르기까지 잇따른 인사 실패 관련 뉴스를 보면 대부분 사태의 원인을 검증 부실로 돌리고 있고 최종 인사권자인 대통령의 책임을 언급하는 뉴스는 찾아보기 어려웠다. 보수와 진보를 떠나 당시 많은 언론들이 대통령의 인사 스타일을 실패의 한 원인으로 지목하고 있었지만 방송 뉴스는 이를 지적하기보다는 오히려 청와대의 해명을 적극적으로 보도해 주었다. 다음은 해명에 방점이 맞춰진 뉴스의 대표적인 예로 지적된 KBS 뉴스로 같은 날 MBC, SBS 뉴스와 대조를 보인다.

2013년 3월 25일 한만수 공정거래위원장 후보 사퇴 관련 보도

KBS

지난주 법무차관 사퇴 당시 인사 검증 시스템을 강도 높게 비판했던

새누리당이 오늘도 목소리를 높였습니다. (……) 청와대는 고위공직 후보자들의 연이은 낙마에 당혹스런 분위깁니다. 민정수석실이 한만수 후보자를 검증했지만, 해외 계좌 추적 등은 짧은 기간 때문에 현실적으로 한계가 있다고 설명했습니다. 다른 관계자도 수사가 아닌 만큼 현금이나, 보석, 해외 계좌 등은 검증이 어렵다며, 후보자의 자기 검열이 철저하지 않았던 게 아쉬웠다고 말했습니다. 곽상도 민정수석을 비롯한 청와대 참모들은 대통령 취임 한 달 만인 오늘 임명장을 받았습니다. 청와대는 인사 검증 라인 문책은 논의되지 않았다고 밝혔습니다.

MBC

한만수 공정거래위원장 내정자의 사퇴로 청와대는 또 한 번 당혹감에 빠졌습니다. (……) 상명하복식 인사 시스템, 허술하게 구멍 뚫린 검증 시스템이 원인이라는 비판이 제기되고 있습니다. 이에 따라 더 이상 이 문제를 방치해서는 안 된다는 자성론과 함께, 대통령의 인사 스타일 변화와 참모들의 충심어린 직언이 절대적으로 필요하다는 지적들이 잇따르고 있습니다. 부실 검증에 대한 책임론은 물론이고, 인사위원회가 제 역할을 할 수 있는 시스템을 갖춰야 한다는 평가도 나옵니다. 청와대 관계자들은 인사 문제에 대한 비판을 겸허하게 받아들이겠다면서, 검증 단계에 불가항력적인 측면도 반드시 개선책을 찾겠다는 입장을 보이고 있습니다.

SBS

오늘(25일) 오전 새누리당 최고위원회의, 친박계 핵심인 서병수 사무총장이 나서 장·차관급 내정자들의 잇단 낙마에 대해 국민께 죄송하다고 사과했습니다. 여당으로선 이례적으로 인사 검증을 담당했던 청와대 관계자들의 문책도 공개적으로 거론했습니다. [녹취/서병수 새누리당 사무총장: 제도 개선은 물론 필요하다면 관계자들에 대한 적절한 조치도 있어야 할 것입니다.] 이상일 대변인도 브리핑을 통해 자고 일어나면 사퇴하는 것을 지켜봐야 하는 여당으로서는 당혹감과 자괴감을 금할 수 없다면서, 청와대의 반성과 부실 검증 책임자들의 문책을 요구했습니다. (……) 민주당은 또 한만수 공정거래위원장 내정자의 해외 비자금 의혹 등 지금까지 드러난 각종 의혹들을 철저히 수사하라고 촉구했습니다.

윤창중 대변인의 성추문 사건에 대한 보도도 크게 다르지 않았다. 주요 언론들은 기사와 해설, 논평을 통해 박 대통령의 인사 관행 및 검증 실패, 청와대 내부의 충성 경쟁과 권력 투쟁, 공직자의 자질 등에 관해 비판을 쏟아냈지만, 사건의 본질이나 문제점 지적과는 동떨어진 선정적 기사 역시 적지 않았다.

KBS는 선정적 보도 면에서는 상대적으로 적은 편이었지만, 사건의 본질이나 사건의 원인으로 지목됐던 박 대통령의 인사 방식 등에 대한 문제점을 지적하는 기사 역시 극히 드물었다. 대부분 이미 다른 언론에서 언급한 것을 따라가는 수준에 머물렀다. 그러면서도 청와대의 해명에 대해서는 적극적으로 보도하는 태도를 보였다. 더욱이 사건에 대한 국민들의 관심이 고조된 시점에서 관련 보도를 오히려 축소하고는, 별로 중요하지 않은 뉴스를 비중 있게 취급하는 모습을 보여 주었다. KBS 〈뉴스 9〉는 5월 14일 정부가 개성공단에 보관돼 있는 남한 기업의 완제품 반출을 위한 실무 회담을 제의했다는 소식을 두 개의 리포트로 톱으로 보도했다. 그러나 당시 정부의 제의는 물자 반출을 위한 실무 회담이었기 때문에 MBC와 SBS는 각각 21번째와 12번째로 한 꼭지씩만 보도한 바 있다. 두 방송은 "북한은 박근혜 정부의 지난 두 차례 대화 제의를 거부한 바 있고, 개성공단 전원 철수가 이뤄진 지난 3일 완제품 반출 협의 제안에도 무응답으로 일관하고 있어서 회담 성사 여부는 불투명하다"고 보도했다. 그러나 KBS만이 남북 관계가 전환될 가능성이 있다며 정치적 의미를 확대해서 부여하는 모습을 보였다. 이와 같은 보도 태도는 이른바 권력 눈치 보기 식의 정치적 편

표 8. 2013년 5월 14일 지상파 방송 3사 메인 뉴스 아이템 순서

순서	KBS	MBC	SBS
1	정부 '판문점 회담' 北에 제의 …… "개성공단 논의"	성추행 의혹' 윤창중, 사흘째 행방 묘연…… 문자로 변명	정부, 美 경찰에 신속 수사 요청 …… "진실 달라" 증언도
2	회담 제의 배경은?…… 남북 관계 전환 계기 될까	운전기사, 도피 당일 행적 증언 …… 대통령 행사 도중 '줄행랑'	윤창중 동석 운전기사 "자정 넘도록 술자리" 증언
3	일본 정부 인사 오늘 방북…… "사전 통보 없어"(단신)	동석한 운전기사가 본 것은? …… 그날 밤 술자리 검증	호텔 방서 무슨 일이?…… 윤창중 혐의 무게 달라진다
4	'윤창중 의혹' 확인 vs. 미확인 쟁점 해법은?	그날 밤…… 워싱턴 페어팩스 호텔 8층 윤창중의 방	靑, 윤창중 사건 무마 개입 의혹 …… "초기 대응 미숙"
5	대통령 "공직자 처신 중요" …… '인사·감찰' 공감대	윤창중 전 대변인, 중범죄자로 송환되나?	박 대통령 "공직자 처신 중요성 절감…… 기강 확립"
6		朴 대통령, 공직 기강 확립 거듭 강조…… 방미 수행단 '고강도 감찰'	
12			정부, '개성공단 논의' 남북 실무 회담 공식 제의
21		정부, 北에 '완제품 반출' 개성공단 실무 회담 제의	

향 보도라는 비판에서 자유로울 수 없다. 윤창중 스캔들을 다룬 KBS 보도가 '물타기 보도'의 전형으로 지적되었기 때문이다.

2013년 5월 14일 뉴스에서는 KBS만 그런 보도 경향을 보였지만 5월 15일에는 MBC도 비슷한 식의 보도 행태를 드러냈다. 이어 5월 16일에는 때 맞춰 나온 이른바 "'살인 진드기' 의심 환자 국내 첫(?) 사

표 9. 2013년 5월 15일 지상파 방송 3사 메인 뉴스 아이템 순서

	KBS	MBC	SBS
1	정부 "가족 뜻으로 연명 치료 중단 결정 추진"	대한민국, 북극 이사회 '정식 옵서버' 진출 성공	美 국무부, "윤창중 美 다시 와야 할 수도" 통보
2	'안락사' 변질 등 부작용 차단이 과제	'자원의 보고' 북극 개발 참여…… 빙하 전쟁 본격화	"최초 신고는 8시 12분"…… 윤창중 긴급 피신 정황
3	한국, 북극 이사회 '옵서버' 진출…… 의미는?	"1차 성추행 한국문화원이 묵살"…… 어설픈 초기 대응	윤창중 나흘째 잠적…… 청와대 '직권 면직'하기로
4	북극 자원 개발, 한국도 참여 기회 열려	美 경찰, 윤창중 경범죄로 조사…… "모든 정황 검토"	박 대통령 "윤창중 인사…… 엉뚱한 결과에 실망"
5	여야 새 원내대표 최경환 vs. 전병헌…… 정국은?	청와대, 사건의 재구성 하지만…… '묵묵부답' 의혹 부풀려	
6	'日 극우 행보' 세계가 분노…… 정부 대응 고심		
7	日 방북 돌발 행동…… 대북 제재 공조 이탈?		
8	분노의 오키나와…… '독립 요구' 반정부 시위		
9	주미 문화원, '1차 성추행 신고' 묵살 의혹		
11	박 대통령 "인사위원회 통해 철저히 검증"		

망" 소식이 지상파 3사 메인 뉴스에서 모두 톱으로 올라가면서 '윤창중 스캔들'은 자연스럽게 뒤로 밀려나게 되었다. 이후 후속 보도가 거의 사라진 것을 보면, '윤창중 스캔들' 보도에는 권력형 추문·비리 발생 → 언론의 경쟁적·선정적 보도 → 권력의 정치적 위기 고조 → 언론의 축소 보도 및 물타기 보도 → 권력의 위기 탈출 수순으로 이어지는 '위기 정상화*normalization* 수법'이 그대로 드러나 있다. 정상화 보도는 사건의 진위 파악이나 해결 없이 사건을 축소시키거나 무마하려는 권력의 숨은 의도를 도와주는 경향이 있다. 여기서 주목할 점은, 권력자나 영향력이 큰 인물의 등장으로 사건이나 이슈가 안전하고 정상적인 상황으로 빠르게 회복되어 간다는 점이다. 한동안 언론의 최대 이슈였던 윤창중 사건 역시 임명권자인 박 대통령의 직접적인 언급으로

표 10. 2013년 5월 10일과 18일 방송된
박근혜 대통령의 방미 성과 관련 KBS 특집 프로그램

특별 좌담 박근혜 대통령 방미 결산 — 한미 네오파트너십(5. 10)	특별 기획 한미동맹 60년, 글로벌 파트너십의 미래(5. 18)
진행: 홍기섭 출연자: 유호열 고려대 북한학과 교수, 박인휘 이화여대 국제학부 교수, 곽수종 글로벌 경제 전문가, 이중근 기자	진행: 홍기섭 출연자: 윤덕민 국립외교원장, 정인교 인하대 경제학부 교수, 김준형 한동대 교수, 이석호 기자
구성 - 안보 분야 한미 공조와 한반도 프로세스 지지 - 글로벌 파트너십 - 창조 경제와 코리아 디스카운트 불식 - 밤 잠 없는 외교 노력, 한류 홍보 - 윤창중 사건 신속한 처리 - 상, 하원 합동 연설	구성 - 한미동맹 강화와 대북 공조 확인 - 상, 하원 합동 연설과 미의회 - 한반도 신뢰 프로세스 - 창조 경제와 코리아 디스카운트 불식 - 한류 홍보 등 문화 외교
특징: 냉정한 평가는 없는 일방적인 칭찬	특징: 리포트 구성물 위주의 일방적인 칭찬

진상 규명이나 대책 마련 여부와 상관없이 슬그머니 방송 뉴스에서 사라져 갔다.

반면 집권 세력이 자랑하고자 하는 부분은 적극적으로 홍보해 주었다. 2013년 5월 박근혜 대통령의 방미는 윤창중 당시 청와대 대변인의 성추행 사건으로 빛이 바랬다. 그 와중에 KBS는 박근혜 대통령의 방미 성과를 부각시키는데 유독 노력하는 모습을 보였다. 박근혜 대통령의 방미 성과에 대한 '밀어주기' 방송은 전파 낭비의 사례로 지적됐다. 2013년 5월 10일과 18일 방송된 두 특집 프로그램은 프로그램 포맷이나 출연자 구성, 방송 내용 등에서 사실상 같은 프로그램을 두 번 방송한 것이기 때문이다. 같은 내용을 1주일 간격으로 방송하는 것은 전례를 찾아보기 어려운 일이었다.

(3) 특정 정파 낙인찍기

우리나라 방송 뉴스가 보인 정치적 편향의 또 다른 유형은 집권 세력에 도전하거나 반대하는 정파에 대한 '낙인찍기'였다. 이런 보도들의 대표적인 특징들은 과장, 윤색, 감정 보태기, 과도한 비난 등이다.

대표적인 사례가 정부 조직 개편안을 둘러싼 MBC의 보도였다. 정부조직법 처리가 지연된 문제와 관련해 MBC는 유독 민주당을 비난하는 기사들을 집중적으로 내보냈다. 여권의 잘못에는 눈감기를 하면서 야당에는 논리가 부족한 비판을 퍼부었다. 여기에는 '뒷거래,' '말 뒤집기,' '노사 관계 개입' 등 자극적인 용어들도 등장한다. 특히 3월 6일의 "민주당, 공영 방송 인사 집착 의도는?" 보도에서는 후반부에 민주당과 MBC 노동조합과의 관계가 의심스럽다는 식의 논리를 전개한 후 갑자기 공영 방송의 정치적 중립 보장은 김대중 정부에서부터 시작됐다는 내용으로 기사를 종료시킴으로써 전형적인 편들기와 흠집내기 기사에 해당하는 사례로 지적됐다. 더욱이 이런 기사들은 기회가 될 때마다 계속 등장한다. 2013년 3월 22일 보도에서는 '정치 재난'이라는 극도로 자극적인 용어까지 사용된다.

정부조직법 개정 관련 MBC 〈뉴스데스크〉 보도

2013년 3월 6일 "정부 조직 볼모 공영 방송 흥정"

오늘 한 언론은 민주당이 정부조직법 개정안의 쟁점인 종합 유선 방송의 관할권을 정부안대로 미래창조과학부로 이관하는데 동의하는 대신 공영 방송 사장을 임명할 때 인사청문회를 거치게 하자고 제의했다고 보도했습니다. 민주당이 정부 조직과는 아무 관련이 없는 문제를 가지고 뒷거래를 하고 있다는 것입니다. 민주당은 뒷거래 제안은 없었다며 언론사에 대한 형사 고발을 거론했습니다. (……)

2013년 3월 6일 "민주당, 공영 방송 인사 집착 의도는?"

민주당이 정부 여당에 새롭게 공개한 협상 조건을 보면 이 같은 자신들의 주장과는 모순된다는 지적이 나오고 있습니다. (……) 민주당이 공영 방송 인사와 노사 관계에 개입을 시도한 것은 이번이 처음이 아닙니다. MBC 노조가 파업 중이던 지난해 5월에는 민주당 의원과 당선자들이 노조 간부의 안내를 받으며 아무 예고 없이 사장실 진입을 시도했습니다. 또 앞서 문성근 당시 대표대행이 파업 현장에서 노조원들과 '함께 가자'는 구호를 외치기도 하는 등 민주당 인사들이 여러 차례 노조 파업 현장을 찾아 사장 퇴진을 거론한 바 있습니다. 공영 방송의 정치적 중립을 보장하기 위해 구 방송위원회에 여야 추천위원 합의체가 만들어진 것은 김대중 정부 당시입니다.

2013년 3월 7일 "겉으론 '공정' 뒤로는 '장악' 꼼수"

정부조직법 협상 과정에서 민주당은 종합 유선 방송 인, 허가권과 관련해 '방송의 공정성'을 거듭 강조해 왔습니다. 그런데 조직법 개정안에 동의할테니 공영 방송사 이사 선임 구조를 바꾸자는 조건을 내걸면서, 과연 민주당의 진짜 속내가 무엇인지, 의문이 들지 않을 수 없습니다.

2013년 3월 22일 "국익보다 당리 후진국 정치"

그동안 정부조직법 개정안 처리 과정을 지켜보면서, 우리 정치는 왜 저럴까 국민들의 짜증과 실망감이 거의 한계점에 달했습니다. 이 정도면 가히 정치 재난이라 할 수 있습니다. (……) 민주당은 종합 유선 방송 등 뉴 미디어 방송을 미래부로 옮기면 정부가 방송을 장악할 수 있다며 버텼지만, 목적은 다른 곳에 있었습니다. 민주당은 MBC 사장 퇴진과 KBS 이사 선임 구조 변경 등 정부조직법과는 무관한 조건을 내걸고 뒷거래를 시도했습니다.

2013년 8월 말부터 불거진 통합진보당 이석기 의원의 내란 음모 혐의 관련 보도 역시 '특정 정파 낙인찍기'의 대표적인 사례이다. 방송사들은 체포와 구속 기소에 이르기까지 국정원과 여당, 검찰에서 나온 발언이나 기록들을 일방적으로 '받아쓰기' 식으로 보도하는 경우가 많았다. 정치성을 강하게 띄는 공안 사건에서 과거 언론이 보여 온 행태가 반복됐다는 지적이 나왔다. 대표적인 사례가 국회에 체포동의요구서가 보고된 2013년 9월 2일 뉴스였다. 대다수 방송 뉴스들은 국정원과 여당에서 나온 이석기 의원의 발언이나 행적들을 사실로 간주해 자세하게 소개했다. YTN의 경우 세부 발언을 4꼭지에 걸쳐 자세하게 소개하기도 했지만 실제 그런 말을 했는지, 전체적인 발언의 취지는 무엇이었는지 등을 확인하려는 노력은 보이지 않았다. 공안 당국의 주장을 그대로 거의 베껴 쓰는 수준을 보인 것이다.

2013년 9월 2일 이석기 의원 관련 YTN 보도

1. 체포동의안 국회 보고 / "전국 동시다발적 전쟁 준비"

앵커 통합진보당 이석기 의원에 대한 체포동의안이 국회에 보고됐습니다. 민주당은 법사위와 정보위를 열어 사건 내용을 보고 받은 뒤 표결 절차에 들어가야 한다고 주장하고 있어 체포동의안 처리는 내일쯤 이뤄질 것으로 보입니다. ○○○ 기자가 보도합니다.

2. "국회는 사회주의 혁명 투쟁의 교두보"

앵커 국회에 제출된 체포요구서에는 이석기 의원이 '국회를 혁명 투쟁의 교두보'로 언급한 것으로 나타나 있습니다. 구속된 김근래 진보당 경기도당 부위원장은 사회주의 혁명을 달성하기 위해 통합진보당을 건설했다고 말했습니다. ○○○ 기자의 보도입니다.

3. "우두머리 김정일" 반국가단체 혐의 검토

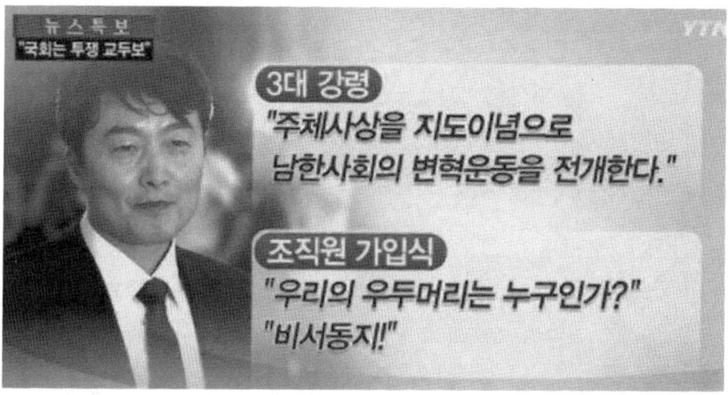

4. 제보자 "천안함 계기 전향" "북한과 연계"

앵커 이번 내란 음모 의혹 사건 수사는, 통합진보당 당원의 제보에서 시작된 것으로 확인됐습니다. 국정원은 제보자의 진술 등을 바탕으로 이석기 의원의 지하 조직이 북한과 연계됐을 가능성에 무게를 두고 있습니다. ○○○ 기자가 보도합니다.

방송 뉴스는 획일적 진단과 결론을 내리기도 했다. 9월 5일 "RO 조직원 PC에 폭탄 제조법 있었다"라는 제목의 KBS 리포트에서는 보스턴 마라톤대회 테러 사건 당시의 영상을 보여 주면서, 이른바 합정동 RO 모임에서 나왔던 밥솥 폭탄 언급과 연결하기도 했다. 국정원이 폭탄 재료를 입수하거나 정황 증거를 분명히 제시하지 않은 상황에서 '진보당=테러 집단'이라고 연결시킬 우려가 있는 보도였다.

2013년 9월 5일 KBS 〈뉴스 9〉

"지하 혁명 조직 'RO'는 '민혁당' 재건 조직을 승계한 것으로 알려져 있습니다. 공안 당국은 민혁당처럼 'RO'도 북한과 수시로 접촉했을 가능성이 있는 것으로 보고 있습니다"라는 YTN의 리포트도 공안 당국의 귀띔이나 추정을 그대로 인용한 경우로 지적되었다. 오해의 소지가 다분한 부분을 편향적으로 해석해 보도하는 경우도 있었다. 2013년 8월 30일 녹취록이 공개됐는데, MBC는 〈뉴스데스크〉에서 이석기 의원의 발언을 과도하게 편향적으로 해석해 보도했다. 녹취록 요약본에는 "북은 집권당 아니야. 그렇지. 거기는 모든 행위가 다 애국적이야. 다 상을 받아야 돼. 그런데 우리는 모든 행위가 다 반역이야. 지배 세력한테는 그런 거야"라고 되어 있었으나, MBC의 리포트는 "이

의원은 또 북을 지칭하며 '거기의 모든 행위가 다 애국적이다' 그런데 '우리는 다 반역'이라는 발언도 있습니다"라고 보도한 것이다. 반면 해당 녹취록 대목을 설명하고 있는 SBS 뉴스를 보면 앞서 거론한 리포트와 달리 맥락을 설명함으로써 잘못 해석될 소지를 차단하려고 노력하고 있다.

> "자신들의 행위에 대해 북한에서는 '애국적'이지만 대한민국 지배 세력에게는 '반역'이라고 언급하고 북한 핵개발은 엄청난 것이라고 추켜세우기도 했습니다." (2013년 8월 30일 SBS 〈8뉴스〉 리포트 중)

방송 뉴스들은 양적인 면에서도 편향을 드러냈다. 국정원 선거 개입과 진보당 내란 음모 혐의 사건은 모두 국정원이 뉴스 발생의 진원지였다. 전자는 정권 또는 국정원에 '불리'하고 후자는 '유리'한 이슈다. 두 이슈에 대해 방송 뉴스가 어떻게 보도했는지를 KBS 보도를 예로 설명하면, 국정원이 대선에 불법 개입했다는 검찰의 수사 결과 발표가 있은 후 10일 동안 KBS 〈뉴스 9〉의 관련 보도는 모두 6건이었다. 이 가운데 국정원의 불법 대선 개입 혐의를 전달하는 내용은 2꼭지였으며 나머지 4꼭지는 이를 둘러싼 정치권의 공방을 전했다. 그러나 통합진보당 이석기 의원 등이 내란을 음모했다는 혐의가 불거지자 KBS 〈뉴스 9〉은 10일 동안 58건의 리포트를 쏟아냈다. 하루 평균 6건 정도다. MBC나 SBS, YTN도 KBS와 크게 다르지 않았다. 국민적 관심이 집중됐던 두 이슈에 대해 방송 뉴스들이 이렇듯 불균형적인 보도를 한 것은 방송 뉴스가 정치적으로 편향됐다는 명백한 증거라 할 수 있다.

(4) 선과 악의 대비

대비는 사안을 설명하는 효과적인 방법이지만 과도할 경우 현실을 왜곡할 수 있다. 2013년 방송 정치 뉴스에서는 항상 선과 악으로 등장하는 존재가 있었다. 대통령은 항상 선이었고 북한은 언제나 악이었다. 대통령의 말은 자세히 전하면서 칭찬하지만 북한은 무조건 일탈의 영역에 있는 존재로 간주했다. 북한은 애초에 남북 간의 합의를 위반하거나 평화를 위협하는 적대자로 규정되어 있다.

방송사는 보도를 함에 있어서 북한 주장의 진위와 의도도 꼼꼼히 따져봐야 하지만 동시에 이에 대한 정부의 대응도 표면적인 수사 이면에 감춰진 의도가 없는지 검토해야 한다. 특위는 활동 기간 동안 유독 북한 관련 뉴스를 많이 생산한 KBS의 보도를 집중적으로 모니터했다. 2013년 4월 1일부터 21일까지 KBS 〈뉴스 9〉에서 북한 관련해서 보도된 꼭지는 모두 98건이었다. 특이한 점은 북한과 관련한 주목할 만한 발생이 없을 때도 뉴스가 만들어지고 있다는 것이다. 발생이 없으면 기획을 통해서라도 뉴스를 생산해 냈다.

2013년 3월 30일 KBS 〈뉴스 9〉

국방부 "북한군 도발 시 철저히 응징할 것"

앵커 우리 군은 현재까지 북한군의 결정적인 도발 징후는 없지만 도발한다면 철저히 응징하겠다고 다시 한 번 확인했습니다. 계속해서 ○○○ 기자입니다.

기자 정부는 연일 거듭되는 북한의 위협을 북한군 최고사령부의 1

호 전투 태세 진입 명령에 따른 일련의 후속 조치로 보고 있습니다. 이에 따라 북한의 전방 야포 부대와 후방 미사일 부대 등에서 꾸준히 움직임이 관찰되고 있습니다. 다만 도발로 이어질 결정적인 징후는 현재까지 발견되지 않고 있다고 군 관계자는 전했습니다. [녹취/김민석 국방부 대변인: 우리 군은 향후에도 북한의 군사 동향을 면밀히 감시할 것이며, 북한이 어떠한 도발을 할 경우에도 철저히 응징할 것이다.] (……)

2013년 4월 1일 KBS 〈뉴스 9〉

박 대통령 "北 도발 시 초전에 강력 대응"

앵커 박근혜 대통령은 국방부 업무 보고에서 북한이 도발할 경우 초전에 강력히 대응하라고 지시했습니다. 군 당국은 북한의 도발을 미리 포착할 수 있는 감시 체계부터 늘리겠다고 보고했습니다. ○○○ 기자입니다.

기자 북한이 서해 북방한계선 근처 해안포 포문을 열어놓는 등 군사적 위협이 계속되는 상황. 박근혜 대통령은 군의 판단을 믿겠다면서 단호히 대응할 것을 주문했습니다. [녹취/박근혜 대통령: 대한민국에 대해 어떤 도발이 발생한다면 일체 다른 정치적 고려를 하지 말고 초전에 강력 대응해야 할 것입니다.] (……)

심지어 북한이 언제쯤 미사일을 발사할 것이라는 미사일 발사 시나리오를 제기한 뒤 예상대로 미사일이 발사되지 않자 오히려 북한을 비난하기도 했다. 그리고는 같은 날 평양이 축제 분위기라는 뉴스를 함께 내보낸다.

- 청와대, "북 10일 미사일 발사 가능성"(4월 7일)
- "북, 내일 미사일 발사할 수도" …… 예의 주시(4월 9일)
- 북, 미사일 발사 임박 …… "동시다발 가능성"(4월 10일)
- 북, 미사일 기만 전술 …… 군 위협 시 '요격'(4월 11일)
- 평양은 잔치 분위기 …… 경축 행사 준비 한창(4월 11일)
- 북, 대화 제의 침묵…… "미사일 움직임 없어"(4월 13일)

이렇다 보니 같은 내용이 반복되거나 때로는 상충된 경우가 많았다. 당시 한반도 상황은 어느 정도나 위험한 것이었을까? 북한의 군사력은 어느 정도일까? 등을 시청자들이 판단하기 위해 KBS 뉴스를 본다면 오히려 헛갈리는 상황이었다. 북한의 미사일 개발 수준이 어느 정도인지에 대해서도 KBS 뉴스를 봐서는 판단하기 어려울 만큼 들쭉날쭉했다.

- 주한 미군 사령관, "한반도 매우 위험한 상황"(4월 3일)
- 남북 외교전, '한반도 정세 안정적' 설명 맞대응(4월 8일)
- 각국 군사 전문가 "북 미사일 능력 과대 포장"(4월 1일)
- 무수단 미사일 '사정거리 3,500km 탄도미사일'(4월 10일)
- 전문가들, "무수단 미사일 실패 가능성 높아"(4월 12일)

〈KBS 방송 제작 가이드라인〉은 '북한과 통일' 부문에서 북한은 "언젠가는 통일되어서 우리와 더불어 살아야 할 정치적 실체이며, 그 주민은 우리의 동포"로 북한에 대해서는 "가급적 편견을 배제하고 있는 그대로의 진실과 실상을 전해줌으로써 북한과 우리, 그리고 국제 사회 모두에게 이익이 되도록 해야 한다"고 규정하고 있다. 이를 위해 뉴스는 "사실의 정확한 전달"과 "균형 잡힌 관점"을 유지해야 하지만 KBS 뉴스는 스스로의 원칙으로부터도 너무나 떨어져 있었다.

방송 뉴스는 청와대를 북한의 대척점에 위치시켜 선과 악의 대비를 활용하곤 했다. "상황이 발생하면 대통령이 관련 안보회의를 수시로 개최하는 것"은 그 자체로 뉴스 가치가 크다고 보기 어렵다. 지극히 당연한 내용이기 때문이다. 그러나 KBS는 다음 리포트를 두 번째 아이템으로 보도했다.

2013년 4월 2일 KBS 〈뉴스 9〉

박 대통령 "상황에 따라 안보회의 수시 개최"

앵커 박근혜 대통령이 취임 후 처음으로 외교안보회의를 주재했습니다. 박 대통령은 최근 북한의 도발 위협과 관련해 현재의 안보 상황이 매우 엄중하다고 평가했습니다.

기자 새 정부 첫 외교안보장관회의가 긴급 소집됐습니다. 통일부, 국방부, 국가정보원 등 외교 안보 라인 수장들이 한자리에 모였습니다. 박근혜 대통령은 현재의 안보 상황이 매우 엄중하다고 평가했습니다. 튼튼한 안보가 전제돼야 국민들이 생업에 전념할 수 있고, 새 정부의 국정 기조를 이룰 수 있다고 당부했습니다. 북한이 도발하면 강력하게 응징하는 것이 필수지만, 그보다 강력한 외교적, 군사적 억지력을 통해 감히 도발할 생각을 갖지 못하게 해야 한다고 강조했습니다. [녹취/윤창중 청와대 대변인: 외교 안보 부서들은 현 상황에 대한 냉철한 인식을 토대로 만반의 대응 체제를 갖춰 달라고 당부했습니다.] 회의에서는 최근 북한 동향과 개성공단 상황을 점검하고 국제 사회 반응도 평가했습니다. 정부의 대응 방향으로 국군 대비 태세와 외교적 노력, 국민 안전 확보 방안 등도 중점 논의됐습니다. 박 대통령은 향후 상황 전개에 따라 외교안보장관회의나 국가안전보장회의를 수시로 열겠다고 밝혔습니다. 당초 오늘 예정됐던 기획재정부 업무 보고는 내일로 미뤄졌습니다. 청와대 관계자는 강력한 대북 경고 메시지를 보내고 국민을 안심시킨다는 차원에서 회의가 소집됐다고 설명했습니다.

MBC의 정전 60주년 보도 역시 비슷한 사례이다. 정전 60주년인 2013년 7월 27일 MBC는 무려 10꼭지를 보도했다. 그러나 정전의 의미나 평화 정착의 가능성 등을 짚어보기보다는 최전방, 서해전선, 임진각 등을 연결해 현장을 단순히 보여 주는 보도가 많았다. 이는 정전 50주년이었던 2003년 보도와 현격한 차이를 보였다. 다음 표 11, 12는 정전 60년과 50년 방송 보도를 조사한 것이다. 2003년의 경우 "남북 의미 없는 정전협정에서 평화협정 체결 시급," "정전협정, '보완돼야 한다,'" "정전 50년, 포성은 멎었지만" 등의 리포트에서 볼 수 있듯이 휴전에서 평화 체제로의 전환 필요성을 제기했지만 10년 뒤인 2013년에는 이런 보도는 찾아볼 수 없었다.

표 11. 2013년 7월 27일 정전 60년 관련 지상파 방송 3사 보도

MBC	KBS	SBS
1. 정전 60주년 기념식…… '유엔군 참전의 날' 선포 2. F-15K에서 본 6·25 격전지 "팔만대장경 사라질 뻔……" 3. "최전방 이상무" 철통 경계…… 소리 없는 전쟁 4. [데스크 영상] 중공군 개입과 정전협정 5. 엇갈린 남북의 운명……정전 60주년 의미와 과제는? 12. '바다의 화약고' 서해전선 …… 해상 안보 이상無 13. 北, 20년 만에 첫 정전협정일 '열병식' 내부 결속 과시 14. [데스크 영상] UN 혈맹들이 지킨 평화 15. 美 최대 규모 정전 60주년 기념식…… 오바마 현직 첫 참석 16. 분단의 상징 임진각의 '평화 울림' 한반도 곳곳으로	1. '정전 60주년' 참전국 감사 행사 첫 정부 주최 2. 박 대통령 "참전 용사 희생 정신 영원히 기억" 3. '잊혀지지 않는 영웅' 다채로운 행사, 美 들썩 4. 북한군 초소 580미터 앞…… 최전선 GP 지금은? 5. 콜롬비아 참전 용사 후손들, 代 이은 한국 사랑	9. '정전 60주년' 기념식 거행 …… "참전국에 감사" 10. 6·25 끝나지 않은 전쟁…… 하늘에서 본 격전지 11. 北, '정전 기념' 열병식서 300여 종 무기 선보여
리포트 9개, 영상 1개	리포트 5개	리포트 3개

* 번호는 리포트 순서임.

표 12. 2003년 7월 27일 정전 50년 관련 지상파 방송 3사 보도

MBC	KBS	SBS
1. 판문점 한국전 정전협정 50주년 기념 행사 11. 불안한 평화 50년 전 오늘 12. 불안한 정전협정, 비무장지대 놓고 대치 위반 사례 126만 건 13. 남북 의미 없는 정전협정에서 평화협정 체결 시급	1. 정전 50년 '핵 포기하면 북 지원' 2. 북한도 정전 50주년 행사 3. 정전협정, '보완돼야 한다'	1. 한반도 정전 50주년…… 평화 염원 2. 세계 각국 '정전 50주년' 행사 줄이어 3. 정전 50년, 포성은 멎었지만…… 4. "북, 기한부 불가침조약 체결도 환영"
리포트 4개	리포트 3개	리포트 4개

* 번호는 리포트 순서임.

(5) 편파적인 뉴스 어휘와 구성

다음은 정치적 편향의 미시적 또는 전술적인 측면으로 방송 보도 문장이나 리포트 구성 등에서 나타나는 사례들이다.

감정적, 주관적 어휘 사용

대통령이나 청와대, 새누리당의 입장을 강조하기 위해 기자가 주관적인 감정이 들어간 어휘를 사용하는 경우다. 예를 들어 정부 조직 개편안 협상 과정에 대한 2013년 3월 3일 KBS 〈뉴스 9〉를 보면 갖가지 주관적인 표현을 써 가며 박근혜 대통령과 청와대, 그리고 새누리당의 입장을 대변 내지 반복해서 강조하고 있다. 이는 취재 기자가 보도 어딘가에서 한 번 더 정보원의 입장을 강조하려는 유혹을 느낄 때 흔히 사용하는 방법이다. 기자들은 입사 초기부터 이런 보도의 문제점을 교육받지만 이 사례에서 보듯이 현장에서는 쉽게 유혹에 넘어갈 수도 있는 것이다.

- 강한 유감을 표명했습니다
- 강력히 촉구했습니다
- 총력전 태세입니다
- 분명히 했습니다
- 단호히 반박했습니다
- 과감히 양보했다고 강조했습니다

리포트 구성의 유리, 불리

여권에 유리한 내용을 반복하는 방식은 보도에 사용되는 어휘뿐만 아니라 리포트 구성에서도 나타난다. 같은 날 리포트의 여야 정치권 입장 배열을 보면 정부조직법에 대한 대통령과 청와대의 입장을 별도의 리포트로 보도한 뒤 두 번째 꼭지는 여야 간의 협상 진행 상황을 전하는 뉴스였다. 그러나 두 번째 꼭지 말미에 다시 야당을 공격하는 청와대 입장을 배치해 청와대에 유리한 구성을 취했다.

2013년 3월 3일 정부조직법 협상에 대한 KBS 〈뉴스 9〉 리포트 중

박근혜 대통령이 내일 취임 일주일 만에 대국민 담화를 발표합니다. 정부조직법 개정안이 발의된 지 33일이나 지났지만 정치권이 타협점을 찾지 못하자 국민들에게 직접 호소하는 자리를 마련한 것으로 보입니다. [녹취/이남기 청와대 홍보수석: 국민들께서 걱정하고 계신 국정 차질에 대한 사과와 국정 운영의 중요한 기조에 대해 국민 여러분께 소상히 밝힐 것입니다.] 청와대는 대통령이 제안한 여야 지도부 회담을 야당이 거부한데 대해서도 강한 유감을 표명했습니다. 국회와 대통령은 국민을 위해 존재한다, 국회의원의 책임은 국민의 소리를 대신하는 것이라면서 대화로 문제를 해결할 것을 야당 측에 강력히 촉구했습니다. 청와대는 그제 호소문 발표와 어제 여야 회담 제의에 이어 오늘은 오전 9시부터 세 차례나 긴급 브리핑을 하는 등 총력전 태세입니다. [녹취/유민봉 청와대 국정기획수석: 뜻을 모아달라는 마음으로 저희들이 기자회견을 하게 된 것이다.] 청와대는 이번 정부 조직 개편안은 경제 부흥과 국민 행복을 위한 것이라고 거듭 강조하면서 정치적 거래의 대상으로 삼지 않을 것임을 분명히 했습니다.

여야 원내 대표가 휴일인 오늘 다시 머리를 맞댔지만 성과는 없었습니다. 뉴 미디어 인허가권을 미래창조과학부로 넘기자는 여당과 방송통신위원회에 그대로 두자는 야당이 입장 차이만 다시 확인했습니다. [녹취/이한구 새누리당 원내대표: 방송 통신 산업이 세계적 추세에 맞춰서 빨리 도약할 수 있도록 길을 터주자.] [녹취/박기춘 민주통합당 원내대표: 우리 당의 안을 받아들여도 대통령이 추진하고 있는 창조경제 발전에 지장이 다고 본다.] 민주당은 미래창조과학부 신설 부분만 빼고 정부조직법 개정안 나머지 부분을 우선 처리하자고 제안했지만 새누리당은 분리 처리에 반대했습니다. 정부가 방송을 장악하려 한다는 야당 측 주장에 대해 청와대는 오늘도 단호히 반박했습니다. 공영 방송의 임원 선임과 보도 관련 정책을 방송통신위원회에 남겨두는 등 과감히 양보했다고 강조했습니다. [녹취/김행 청와대 대변인: 언론을 장악하기 위한 별도의 술책을 쓸 것이라고 걱정하는 것은 하늘이 무너질까봐 걱정하는 것과 다름이 없습니다.] 임시 국회 폐회가 이틀 앞으로 다가왔지만 정부 조직 개편 협상의 꼬인 매듭은 여전히 풀릴 기미를 보이지 않고 있습니다.

갈등 구조 추가하기

2013년 8월 5일은 1961년 중앙정보부 창설 이후 국가 중심 정보기관의 장이 처음으로 국회 증인으로 출석한 날이었다. 이날 보도에서 문제가 가장 심한 뉴스는 MBC 뉴스로 평가됐다. KBS와 SBS가 남재준 국정원장이 국회에 출석한 내용을 먼저 다뤘고, 기사의 제목도 "국민께 송구"를 달며 첫머리에 국정원장의 사과 육성을 사용한 반면에

MBC는 "국정 조사 정상화 기로"로 처리한 뒤 기사도 "민주당 강경파들이 새누리당 김무성 의원과 권영세 주중대사 증인 채택을 강하게 요구하며 반발하고 있다"는 야당 내 갈등 구조를 앞세웠다. 이는 국정 조사가 정상화되지 않는 핵심 이유가 민주당 내 강경파의 반발 때문이라는 인상을 주고 있는 것으로 이런 민주당 내 강경파 vs. 온건파의 대립 구조는 MBC의 민주당 기사에서 자주 등장하고 있었다.

또한 다른 언론들을 보면 당일 청문회의 핵심적인 본질은 비공개 회의에서 나온 내용들, 즉 대화록 공개 과정과 검찰 기소에 대한 국정원장의 답변 등이었지만 MBC 기사에는 이런 내용들이 없었다. 대신 민주당 강경파의 반발, 야당의 지상파 중계 방송 요구 등을 주요 내용으로 처리했다.

2013년 8월 5일 국정원 국정 조사 관련 지상파 방송 뉴스 보도

MBC: 국정원장, 사상 처음으로 국회 증언대에 섰는데……

민주당 국조 특위 소속 의원들을 중심으로 한 강경파가 새누리당 김무성 의원과 권영세 주중 대사가 반드시 증인으로 채택돼야 한다면서 강하게 반발하고 있습니다. (……) 남재준 국가정보원장은 국민에게 사과했습니다. [녹취/남재준 국정원장: 진위 여부를 떠나 지난 대선에서 국정원 직원이 연루된 사건으로 국민에게 심려를 끼쳐드린 점을 매우 송구스럽게 생각합니다.] 오전에 예정됐던 국정원 기관 보고는 민주당이 갑자기 지상파 방송의 편성권을 고려하지 않은 채 생중계를 요구하면서 4시간이나 지연됐습니다. (……)

KBS: 남재준 국정원장 "국민께 송구"…… 국조 특위 날선 공방

현직 국정원장이 국회 증언대에 섰습니다. 1961년 국정원의 전신인 중앙정보부 창설 이래 처음입니다. [녹취/남재준 국정원장: 대선 때 진위 여부를 떠나 저희 직원이 연루된 사건으로 국민들께 심려를 끼쳐드린 점을 매우 송구스럽게 생각합니다.] 여야는 국정원 선거 개입 의혹을 놓고 맞부딪쳤습니다. (……) 새누리당은 민주당이 당시 국정원 여직원을 감금했다며 사과를 요구했고 민주당은 남재준 원장의 NLL 대화록 공개를 맹비난했습니다. 이어진 비공개 보고에서 남재준 원장은 대화록 공개는 국정원의 독자 판단으로 이뤄진 것이라고 말했습니다. 또 노무현 전 대통령이 NLL을 없애자는 김정일 북한 국방위원장의 발언에 동조했기 때문에 NLL 포기로 본다고 말했다고 새누리당 권성동 의원이 전했습니다. 대북심리전단 조직 확대는 당시 이명박 대통령이 재가해 이뤄진 것이라고 말했다고 민주당 정청래 의원이 전했습니다. 오전에 시작될 예정이었던 기관 보고는 지상파 방송 생중계 건을 놓고 파행됐다가 여야가 뒤늦게 생중계를 공식 요청한 뒤 오후 들어 정상화됐습니다.

SBS: 증인석에 선 남재준 국정원장…… "심려 끼쳐 죄송"

남재준 국정원장은 답변 서류를 빼곡하게 007 가방에 담은 채 국정조사에 출석했습니다. 남 원장은 사과로 인사말을 시작했습니다. [녹취/남재준 국가정보원장: 진위 여부를 떠나 저희 직원이 연루된 사건으로 국민들께 심려를 끼쳐드린 점을 매우 송구스럽게 생각합니다.]

정보 기관을 대상으로 한 기관 보고라는 점을 감안해 여야 각 2명씩, 4명의 기조 발언만 공개됐습니다. (……) 이어 비공개 회의에서 남 원장은 국정원이 직원들을 동원해 댓글을 쓰게 하면서 선거에 개입한 혐의가 있다는 검찰 기소 내용을 전면 부인한 것으로 알려졌습니다. 2007년 남북 정상 회담 대화록 공개는 조작 왜곡 의혹에 맞서 국정원의 명예를 지키기 위한 것이었다는 입장을 고수한 것으로 전해졌습니다. 오늘 기관 보고는 당초 오전에 열릴 예정이었지만, 민주당이 지상파 방송사들의 생중계를 요구하면서 보고가 오후로 연기됐습니다.

---

(6) 보도 축소 및 누락

다음은 뉴스 가치가 있다고 판단된 발생들이었지만 당시 누락 또는 축소 보도된 사례들이다. 특히 일부 사례는 기자들의 보도 의지가 있었지만 편집 과정에서 반영되지 않은 것으로 조사됐다. 대표적인 사례들은 다음과 같다.

'황제 테니스' 사건 보도 누락

7년 만에 다시 발생한 이른바 '황제 테니스' 사건이었다. 당시 보도에 따르면 이명박 전 대통령 측은 매주 토요일 오전 예약 경쟁이 치열한 코트를 독점하면서 국가 대표를 대기시켰고 요금도 절반 정도를 미납했다는 점 등에서 여러모로 2006년 사건과 흡사한 사안이었다. 그러나 방송 뉴스는 이 소식을 외면했다.

처음으로 소식이 알려진 2013년 4월 19일부터 문화체육관광부가 예약 시스템을 점검하겠다고 밝힌 4월 24일까지 지상파 방송 3사의 메인 뉴스에선 이를 보도하는 단신조차 찾아볼 수가 없었다. 무엇보다 시민들의 권리가 무시됐다는 점을 생각하면 이는 고위층의 도덕적 해이의 전형이며 특권과 반칙을 상징하는 사건이었지만 방송 3사는 이를 전혀 다루지 않았다. 한 신문에 첫 보도가 나온 4월 19일 인터넷 포털 사이트에 올라 와 있던 해당 기사에는 무려 2,500개의 댓글이 달렸을 정도로 국민들의 관심은 상당했다. 이런 소식을 단신으로도 보도하지 않았다는 것 자체가 스스로 정치적 편향성을 자인하는 측면이 강하다는 것이 특위 위원들의 지적이었다. 예를 들어 MBC의 경우는 다음 2건의 단신 기사가 작성됐지만 방송에는 나가지 못했다.

2013년 4월 20일 이명박 전 대통령 '황제 테니스' 관련 MBC 기사

"MB 테니스장 이용 시간대 인터넷 예약 시스템 차단"

이명박 전 대통령이 퇴임 후 서울 올림픽공원 실내 테니스장 편법 이용 논란이 일고 있는 가운데 이 전 대통령 이용 시간대의 인터넷 예약 시스템이 차단됐다는 의혹이 제기됐습니다. 민주통합당 박홍근 의원이 공개한 기록에 따르면 한국체육산업개발 측은 지난 2월 27일부터 4월 17일까지 매주 수요일 오후 3시에서 6시, 토요일 오전 8시에서 오후 1시 사이 테니스장 코트 예약 시스템을 차단한 것으로 나타났습니다. 박 의원은 해당 시간은 이 전 대통령이 테니스장을 이용한 시간대로, 한국체육산업개발 측이 이 전 대통령의 편의를 위해 일반인들의 예약을 막은 것으로 보인다고 주장했습니다.

"문화부, 이 전 대통령 테니스장 의혹, 시정 조치키로"

이명박 전 대통령이 실내 테니스장을 이용하며 특혜를 받았다는 의혹과 관련해, 정부가 사용료 미납분을 징수하고 예약 시스템을 점검하겠다고 밝혔습니다. 문화체육관광부는 "이 전 대통령의 테니스장 이용 전후 대기 시간에 대해 사용료를 받지 않은 부분을 완납 조치토록 하고, 앞으로 테니스장 이용은 인터넷 예약을 원칙으로 하는 등 조치를 취했다"고 밝혔습니다. 또 "국민체육공단에서 앞으로 감독을 강화해 향후 같은 사례로 불편함이 생기지 않도록 하겠다"고 덧붙였습니다.

NLL 관련 김무성 의원의 발언

새누리당 김무성 의원이 2012년 대선 유세 연설 과정에서 한 발언이 실제 남북 정상 회담 대화록과 거의 일치한다는 의혹이 제기됐다. 이에 따라 2013년 6월 27일, SBS와 KBS는 당시 연설을 보여 주며 대화록과 일부 조사와 술어만 다를 뿐 실질적으로 같다는 점을 보도했고 〈조선일보〉도 27과 28일 이틀간에 걸쳐 1면 하단에서 관련 내용을 자세히 보도했다. 그러나 유독 MBC는 이를 회피했다. 그러면서 6월 27일 뉴스에서는 논란의 핵심이었던 김무성 의원 발언은 사라지고 여야의 공방만이 보도되었다.

SBS (2013. 6. 27/4번째): 김무성 대선 지원 연설, 대화록과 흡사
(2013. 6. 28/3번째): NLL 음성 파일 출처 논란…… "절취 의혹" — "적법 입수"

KBS (2013. 6. 27/7번째): "새누리 대선 전 '대화록' 입수 의혹" 논란 확산

국정원 대선 개입 관련 촛불집회 보도 외면

국정원 대선 개입을 규탄하는 촛불집회가 크고 작은 규모로 계속되고 있었지만 2013년 7월 30일 현재 방송 뉴스들은 이를 외면하다시피 했다. KBS는 6월 22일과 7월 6일 '간추린 뉴스'로 '진보와 보수 단체 집회가 잇따랐다'는 식으로 짧게 전달했고 SBS는 6월 22일과 28일 '진보와 보수의 시위 대립'에 초점을 맞춰 보도했지만 MBC는 한 건도 보도하지 않았다. YTN은 모두 3건(리포트 1건, 단신 2건)을 다뤘지만 내용은 충실하지 못했다는 비판을 받았다. 심지어 당일 저녁에 열릴 집회에 대한 예고 기사가 새벽부터 나갔지만 실제 집회에 대해서는 취재나 보도도 하지 않은 경우도 있었다.

(7) 기타: 편향 원인이 불명확한 사례

위에 제시된 정치적 편향의 사례들과는 다소 다른 차원의 편향성도 발견된다. 대표적인 사례는 보도국 간부 또는 데스크가 개입해 설득력 있는 이유 없이 기사를 누락시키거나 축소시키는 경우인데, 이는 대부분 권력층이 긴밀하게 연관된 보도일 경우이다.

YTN 사례

YTN은 2013년 3월 7일 전여옥 전 국회의원의 아들이 전 전 의원이 국회의원으로 있던 시절 지역구의 자사고에 사회적 배려자로 특혜 입학했다는 특종을 발굴했다. 처음 취재 기자는 원고를 작성하면서 전

여옥 전 의원의 이름을 실명으로 거론하며 기사를 작성했다. 그러나 데스킹을 거치는 과정에서 취재 기자의 초본 원고에 들어있던 전 전 의원의 실명은 빠지고 "전 국회의원"으로 대체돼 보도됐다. 그러나 이후 다른 언론이 전여옥 전 의원의 실명을 써서 보도하자 실명으로 넣어 다시 제작해 보도한 것이다.

2013년 3월 7일 오후 5시 50분, YTN 1차 방송 기사

지난 2010년 자율형 사립고로 지정된 서울의 한 고등학교. 그런데 지난해 이 학교에 국회의원 자녀가 사회적 배려 대상자 전형으로 합격했습니다. 이 학교가 위치한 해당 지역구 국회의원의 자녀였습니다. 이 국회의원은 선거에서 이 고등학교를 자사고로 전환하겠다는 공약을 내걸어 당선됐고, 자사고로 전환된 첫해에는 입학식에 귀빈으로 참석하기도 했습니다. 그런데 이 국회의원의 자녀는 성적상으로 자사고에 지원할 수 없는 수준. 하지만 다자녀 가정 자녀라는 점을 이용해 사회적 배려 대상자 전형에 지원했고, 결국 합격에 성공한 겁니다. (……) 1년 전 자사고에 입학했던 문제의 국회의원 자녀는 학교에 적응하지 못해 자퇴했고, 해당 국회의원은 지난해 선거에서 떨어진 상황 (……)

2013년 3월 8일 오후 2시, YTN 2차 방송 기사

지난 2010년 자율형 사립고로 지정된 서울 장훈고등학교. 그런데 지난해 이 학교에 국회의원 아들이 사회적 배려 대상자 전형으로 합격

했습니다. 당시 이 학교가 속해 있던 지역구 국회의원, 전여옥 씨의 아들이었습니다. 전여옥 전 의원은 선거에서 이 고등학교를 자사고로 전환하겠다는 공약을 내걸어 당선됐고, 자사고로 전환된 첫해에는 입학식에 귀빈으로 참석하기도 했습니다. 그런데 전여옥 전 의원의 아들은 성적상으로 자사고에 지원할 수 없는 수준. (……)

YTN에서 기사 누락 사례는 또 있었다. 노대래 공정거래위원장의 양도세 탈루와 재산 가압류에 관한 단독 기사는 리포트와 단신 모두 삭제됐다. 비록 액수가 적고 실수일 가능성이 있기 했지만 당시 후보자에 대한 검증이 화두였고, 세금 탈루 혐의가 이미 있는 상태에서 기사를 굳이 삭제까지 하는 것은 잘못됐다는 것이 특위 위원들의 의견이었다. 다음은 삭제된 기사의 전문이다.

노대래 후보자 양도세 안 냈다가 집 가압류

소득 2억 원을 탈루한 사실이 드러나 인사청문회를 앞두고 증여세를 뒤늦게 낸 노대래 공정위원장 후보자가 2005년 양도소득세도 내지 않았다가 아파트를 가압류당한 것으로 드러났습니다. 노대래 후보자는 무소속 송호창 의원에게 제출한 청문회 답변서에서 2005년 자신 소유의 서울 이촌동 한가람 아파트가 용산세무서로부터 압류된 사실이 있다고 답변했습니다. 압류 사유는 2002년 12월 충남 서천의 땅을 농업기반공사에 매각한 뒤 양도소득세 33만 6천여 원을 납부하지 않았기 때문이라고 해명했습니다. 노 후보자는 2003년 2

월부터 2005년까지 주미 한국대사관에 참사로 파견 근무를 하느라고 납세고지 사실을 몰랐다면서 2005년 7월 양도세와 가산세를 뒤늦게 납부했다고 밝혔습니다. 노 후보자는 꼼꼼하게 살펴보지 못한 점을 유감스럽게 생각한다고 덧붙였습니다. 노대래 후보자가 2008년 매형한테서 받은 2억 원에 대한 증여세를 제때 내지 않았다가 지난 3일에서야 가산세 등을 포함해서 4,800만 원을 용산세무서에 납부했습니다. 노대래 후보자의 인사 청문회는 모레 열립니다.

2013년 6월 20일 YTN에서는 기사 누락 건이 또 발생했다. 다음은 국정원의 대선 개입 의혹을 뒷받침하는 YTN의 특종 보도였다.

국정원 대선 개입 의혹 관련 YTN 특종 보도

국정원 수사가 한창이던 지난달, YTN은 트위터 등 SNS에서도 국정원의 정치 개입 활동이 있었다는 사실을 삭제된 의심 계정 복구를 통해 증명했습니다. 그 뒤 이른바 '박원순 제압 문건'과 '반값 등록금 문건'이 정치권에서 공개되며 국정원이 국내 정치 전반에 개입했다는 의혹이 더해졌습니다. YTN은 지난해 9월부터 12월까지 삭제된 '국정원 SNS' 의심 계정 10개를 중심으로 다시 복원을 시도했습니다. 분석 대상 키워드는 앞선 두 문건에 나온 주요 키워드 6개로 한정했습니다. 복구된 트윗글과 인용글은 모두 2만여 건! 이 가운데 박원순 시장과 반값 등록금, 무상 보육 등과 관련한 글이 2,000여 건으로 특히 많았는데, 비판 일색이었습니다. "탈북자북송반대 사진전 철거하는 종로구청, 박원순이 시킨 것인가." "반값 등록금보다 중요한 건 공부 잘하는 학생이 학비 지원받는 제도다." 그런데 이 같은 글들이 전파되는 리트윗 과정을 보면 석연찮은 점이 포착됩니다. 박원순 시장을 비난하는 글들은 하나같이 같은 시각에 다른 아이디 40여 개가 리트윗을 했고, 반값 등록금 관련 글의 경우에는 몇 분 사이에 150여 개가 한꺼번에 리트윗되는 경우도 있었습니다. 사라진 국정원 의심 계정 10개와 별도로 다른 계정들이 트위터에서 조직적으로 정치 활동을 했다고 의심할 수 있는 부분입니다. 검찰 관계자는 국정원 의심 계정 일부를 수사선상에 올려놓고 있다며, '박원순 문건' 등을 감정한 결과가 나오는 대로 수사에 들어갈 것이라고 밝혔습니다. "국정원이 트위터 등 SNS 공간에서 대북 심리전 차원이 아니라 국내 정치 전반에 개입해 여론 조작을 벌인 정황이 포착되면서 또 다른 뇌관으로 떠오르고 있습니다."

그러나 특종 뉴스는 석연찮은 이유로 방송 중단됐다. 24시간 뉴스 방송의 특성상 종일 나가야 할 리포트가 새벽과 아침 시간에만 나간 뒤 오전 10시 뉴스를 끝으로 나가지 못했다. 편집부국장 지시로 중단된 것으로 알려졌지만 이에 대해 국정원 개입설 등 외압 논란이 제기됐다. 이후 이 기사는 방송기자연합회와 한국기자협회가 주는 '이달의 방송기자상'과 '이달의 기자상'을 수상했다.

MBC 〈시사매거진 2580〉 "국정원에서 무슨 일이?" 불방 사태

2013년 6월 MBC에서는 〈시사매거진 2580〉의 "국정원에서 무슨 일이?" 편이 아예 방송되지 못하는 사태가 벌어졌다. 불방된 MBC 〈시사매거진 2580〉의 "국정원에서 무슨 일이?" 편은 최초 송고본(17분 13초)부터 마지막 출고본(8분 36초)에 이르기까지 무려 9번의 중간 편집본이 존재했다. 도대체 무엇 때문에 수정이 반복돼야 했으며, 그럼에도 불구하고 불방 처리된 것일까? 다음은 특위 위원들이 취재를 통해 확인한 불방 사태의 전말이다.

17분 13초 길이의 최초 송고본에서 담당 기자는 검찰의 수사 결과 발표문과 공소장을 검토한 뒤, 검찰의 입장, 국정원 측의 반론, 원세훈 전 원장의 반론, 그리고 여야 정치권의 입장을 취재해 정리했다. 담당 부장은 처음부터 방송에 부정적이었다.

데스크와 취재 기자는 부장의 요구를 일부 수용해 기사를 다시 수정했다. 전, 현직 국정원 직원이 내부 정보를 빼내 민주당에 제보한 사건에 대한 검찰 수사를 기사의 가장 위로 올려 작성한 것이다. 그렇게 작성된 기사가 13분 55초짜리 수정 4판이다. 그러나 기사를 받아 본 부장은 기사에서 절반 이상을 삭제해 6분 분량으로 만들어 건네주며 이대로 제작할 것을 요구했다.

그렇다면 대체 삭제된 부분은 어떤 내용일까? 크게 두 부분이다. 첫 번째 삭제된 부분은 경찰의 수사 증거 은폐와 증거 분석 보고서 조작, 그리고 허위 발표에 대한 검찰의 수사 결과를 담은 부분이다.

두 번째 삭제된 부분은 검찰이 선거 개입의 책임자로 원세훈 전 국정원장을 기소했다는 내용이다. 그 증거로 검찰이 공개한 원세훈 전 원장의 간부회의 지시 발언도 삭제됐다.

당시 검찰 수사 결과 발표문은 네 부분으로 구성돼 있었다. ① 국가정보원 정치 개입 의혹 관련(분량 14쪽), ② 전 서울지방경찰청장 직권 남용 등 의혹 관련(분량 17쪽), ③ 전, 현직 국정원 직원 비밀 누설 관련(분량 3쪽), ④ 국정원 여직원 감금 등 관련 사건(분량 1쪽)이었다. 삭제된 기사

부분은 검찰 수사 결과 발표문과 첨부 자료를 그대로 인용한 부분이었다. 부장이 삭제한 6분짜리 기사대로라면 검찰 수사 결과 가운데 ①, ②번을 삭제하고 ③, ④번만 남게 되는 셈이었다. 결국 전체 35쪽의 수사 결과 본문 가운데 31쪽을 제외하고 4쪽만 보도하라는 것이었다.

방송을 하루 앞둔 6월 22일까지 의견이 좁혀지지 않자 시사제작국장 등이 중재에 나섰다. 그 결과 수정 8판이 나왔다. 수정본에서 7분 정도가 줄어든 8분 36초짜리였다. 그러나 부장은 이 중재안조차 받아들이지 않았다. 그리고 특정 부분을 삭제할 것을 끝까지 주장했다. 부장이 국장의 중재까지 거부하면서 방송을 지시한 안은 경찰이 증거를 은폐하고 허위로 중간 수사 결과를 발표했다는 내용이 통째로 빠진 원고였다. 데스크는 "심각한 왜곡이라 받아들일 수 없다"고 밝혔다. 취재 기자는 국장이 제시한 중재안인 8분 36초 분량의 기사를 토대로 영상 편집을 마쳤다. 하지만 부장은 편집 영상을 확인한 뒤 "경찰의 증거 은폐 부분을 빼겠다. 이대로 방송할지 안 할지 결정하라"고 통보했다. 데스크는 "결국 경찰 은폐 부분은 한마디도 안 들어간 것 아니냐. 받아들일 수 없다"면서, "은폐 부분을 포함시켜 방송하고, 지시에 따르지 않은 책임을 지겠다"고 요구했지만 부장은 결국 불방을 결정했다. 당시 부장이 끝까지 빼야 한다고 주장한 경찰의 수사 은폐와 허위 발표 부분 등은 이른바 '진보지,' '보수지'를 가릴 것 없이 모두 자세하게 다뤄졌던 내용이었다.

〈시사매거진 2580〉 20년 역사상 초유의 불방 사태가 벌어졌지만, 간부들은 책임을 취재 기자에게 떠넘겼다. 불방 사태 3주 뒤, 부장은 취재 기자에게 '업무 배제'를 통보하고 상반기 인사 평가에서 최하 등급인 'R' 등급을 부여했다. "불방의 책임을 묻는 것"이라고 설명했는데, 사실상의 보복 징계나 다름이 없었다. 이후 해당 기자는 2013년 하반기에도 다시 'R' 등급을, 그리고 이듬해 4월에는 그동안의 '인사 고과 불량'을 이유로 정직 1개월과 교육 2개월의 징계를 받았다. 이러는 사이 담당 부장은 시사제작국장으로 승진한 데 이어 자회사 대표이사에 올랐다.

2) 정치적 편향의 원인 분석

한국 방송의 정치 뉴스는 한국 민주주의의 진화에 기여하고 있다고 장담할 수 없는 상황이다. 방송 뉴스의 정치적 편향 문제는 결국 이 문제로 귀결된다고 할 수 있다. 민주주의가 진화하는데 정치적 숙의의 활성화가 핵심 조건이라고 할 때 현재 방송의 정치 뉴스는 정치적 숙의에 위기를 초래하고 있다는 비판을 면하기 어려울 것이다. 안정적이며 예측 가능할 정도로 공고하게 편향돼 있었고 정치 공론장을 활성화하거나 비판 기능을 수행하려는 노력은 미흡했다. 편향의 방향은 집권 세력이었다. 따라서 집권 세력이 교체될 경우 집권 세력을 좇아 편향의 방향도 언제든지 바뀔 수 있다는 것을 의미했다. 이는 신문과는 구별되는 대목이다. 신문의 경우 이념적으로 진보와 보수 가운데 한쪽으로 치우쳐 때로는 집권 세력에 대항하는 모습을 보이기도 하지만 방송의 정치 뉴스는 당시의 집권 세력에 동기화된 측면이 강했다.

특위는 방송 정치 뉴스의 집권 세력을 향한 예속화 또는 포섭의 양상을 6가지 유형으로 구분했다. ① 아젠다 변경, ② 진실 규명 소홀, ③ 특정 정파 낙인찍기, ④ 선과 악의 대비, ⑤ 편파적인 뉴스 어휘와 구성, ⑥ 보도 축소 또는 누락으로 모두 해로운 뉴스라는 비판을 받았다. 이로 인한 정치 뉴스의 다양성 부족은 큰 문제였다. 사회 속의 서로 다른 경향성 혹은 집단들의 관점이 각각의 방송을 통해 광범위하게 반영돼야 하지만 이런 다양성은 찾기 힘들었다. 또 방송사들이 정치 집단과의 제도적 유대를 회피하고 콘텐츠의 중립성과 균형을 유지해 다양성을 확보하려는 모습도 보기 힘들었다. 결과적으로 이런 뉴스들은 이미 존재하는 권력 구조를 강화하고 정당화하게 되며, 대안적 목소리를 걸러내면서 변화를 막는 효과를 가져 온다.

방송과 정치 권력의 관계에 따라 방송 모델은 네 가지로 구분될 수 있다. ① 정부나 정치적 다수파가 방송을 직접 통제하는 '정부 모델,' ② 영국의 BBC나 미국의 PBS처럼 광범위한 정치적 통제로부터 단절된 상태에서 방송은 전문 직업 언론인이 주도해야 한다고 보는 '전문직 모델,' ③ 방송에 대한 통제력을 비례대표제 형식에 따라 정당들에게 배분하는 '의회 또는 비례 대표 모델,' ④ 마지막으로 방송에 대한 통제력을 정당뿐만 아니라 노동조합, 기업, 종교 단체 등 사회적으로 중시되는 집단들에도 확대해서 제공하는 '공중 또는 조합주의 모델'이다. '정부 모델'을 뺀 나머지 세 모델은 모두 정부 모델에 대한 대안으로 출발했다. 방송이 집권 세력의 통제 아래 종속되어 정치적으로 다양한 사회를 위해 봉사하지 못하게 되는 것을 막기 위한 해결책이었던 것이다.[68]

한국 방송들의 경우 어느 모델에 속하는지에 대해서는 세부적인 검토가 필요하겠지만 보도 태도로 봤을 때 상당 부분 '정부 모델'의 속성을 보이고 있다는 것이 저자들의 의견이다. 특히 KBS와 MBC, YTN에서 그런 속성이 강했다. 세 방송국 모두 집권 세력이 사장 임명

68 D. C. Hallin & P. Mancini (2004), *Comparing Media Systems: Three Models of Media and Politics*, Cambridge, New York: Cambridge University Press.

을 포함, 방송국 운영에 직간접적으로 개입할 수 있는 길이 열려 있기도 하다.

방송 뉴스들이 이처럼 집권 세력에 편향돼 있는 이유를 네 가지로 제시하고자 한다. 네 가지는 반대로 방송이 권력으로부터 분리되어 정치적으로 편향되지 않은 보도를 하기 위한 전제 조건이기도 하다. 첫째, 다양한 사회적, 정치적 집단으로부터 오는 압력들에 대응할 수 있는 지배 구조가 갖춰져 있지 않았다. 가장 대표적인 것이 관제적 사장 임명이다. 정권의 입맛에 따라 임명된 사장은 인사권 등을 이용해 조직을 장악하고 그 결과 뉴스의 정치적 편향은 더 심해지고 있었다. 둘째 언론인들이 전문화되고 그에 따른 자율성을 누려야 하지만 그렇지 않았다. 구체적으로는 직업 언론인으로서의 사명감 부족이다. 셋째, 뉴스 제작을 실질적으로 지배하는 규범과 이에 따른 구체적 실천에 있어서 문제점이 있다고 판단됐다. 특히 기계적 균형으로 대표되는 객관주의와 균형의 악용이 문제였다. 마지막으로 정치를 취재하는 정치부 기자들의 동료 의식과 그에 따른 일종의 담합이 지적됐다. 마지막 네 번째 원인은 한국 방송의 정치부 기자들에게만 나타나는 현상이 아닐까 한다. 결국 핵심은 집권 세력으로부터 오는 압력에 대항할 수 있는 지배 구조, 저항을 실천하는 언론인, 건강한 언론 규범과 실천, 그리고 기자들 사이의 적절한 긴장이라고 할 수 있다.

(1) 관제적 지배 구조

KBS와 MBC, YTN은 2012년 동시에 파업을 벌였다. 공영 방송인 KBS와 MBC의 파업 기간은 각각 95일과 170일이었다. 방송 역사상 유례를 찾아볼 수 없는 방송사들의 동시 장기 파업에서 언론인들이 내건 요구는 '방송의 정치적 독립'과 '낙하산 사장 퇴진'이었다. 사장으로 대표되는 방송국 지배 구조가 집권 세력에게 포섭돼 있어 공정 방송이 아닌 정권 편파 방송을 하고 있다는 것이 파업의 이유였다.

현재 KBS 사장은 이사회의 제청을 통해 대통령이 임명하며, MBC 사장은 대주주인 방송문화진흥회(이하 방문진) 이사회가 선임한다. 각각 11명과 9명으로 구성된 KBS 이사회와 방송문화진흥회 이사회는 집권 세력이 추천한 이사가 다수를 차지하고 있다. KBS와 방문진 이사들은 모두 방송통신위원회(이하 방통위)가 추천 또는 임명하는데, 5명의 방통위 위원은 대통령이 위원장을 지명하는 등 3대 2의 여야 구도로 구성돼 있다. 따라서 대통령과 여당이 방통위 위원의 다수를, 방통위가 공영 방송 이사회의 다수를, 이사회가 다시 공영 방송 사장을 임명하는 구도다. 공영적 언론사로 평가받는 YTN의 지배 구조 역시 정권의 영향 아래 있기는 마찬가지다. 공기업이 다수 지분을 갖고 있는 YTN의 특성상 정권이 사장 선임에 개입할 가능성이 크기 때문이다. 상업 방송인 SBS의 경우 지배 구조가 정권의 직접적인 통제하에 있지는 않지만 방송통신위원회라는 규제 기구의 영향력 아래에 있는 만큼 역시 정권의 입김을 받을 수밖에 없는 상황이다.

이런 구조하에서 집권 세력은 마음만 먹으면 KBS, MBC, YTN의 사장에 입맛에 맞는 사람을 임명하고 필요하면 해임도 할 수 있다. 대표적인 사례가 KBS 정연주 사장 해임 사태다. 이명박 정부는 출범 첫해인 2008년에 전임 노무현 대통령 시절에 임명된 KBS 정연주 사장을 임기가 1년 9개월 가까이 남았음에도 해임했다. 검찰과 감사원까지 동원한 KBS 사장 해임의 명분은 배임 혐의였지만 대법원은 정 사장의 배임 혐의에 대해 무죄 판결하고 해임 자체도 무효라고 판결했다. 지난 1990년 비슷한 방법으로 서영훈 당시 사장이 해임된 뒤 KBS에서만 두 번째 사장 해임이었다.

때문에 KBS, MBC, YTN 사장은 자신에 대한 임명권을 쥐고 있는 집권 세력에 예속 또는 종속되고 그 결과 방송이 정치적으로 편향될 가능성이 높다. 실제로 '낙하산' 또는 '코드 맞추기'라는 논란을 부르며 해당 방송국 언론인들은 물론 시민 사회의 반대를 뚫고 임명된 특보 출신 사장들의 친정권 행보는 이를 뒷받침하고 있다. 정권에 종속된 사장은 인사권을 이용해 자신의 지시를 철저히 따라 줄 사람들을 임원과 간부로 임명한 뒤 조직을 장악했고 뉴스는 더욱 편향적으로 변해 갔다. 반대로 뉴스의 편향성에 항의하는 언론인들에 대해서는 징계와 해직 등의 수단을 이용해 억압했다.

방송의 정치적 독립 노력에서 사장으로 대표되는 지배 구조의 중요성은 영국 BBC의 그렉 다이크Greg Dyke 사장 사례를 통해 명확하게 확인될 수 있다. 제도적 측면에서 본다면 BBC의 사장은 KBS, MBC, YTN과 크게 다르지 않는 방식으로 정치권이 임명한다. BBC 사장은 이사회에 해당하는 'BBC 트러스트'가 임명하는데, 트러스트 위원은 형식적으로는 국왕이 임명하지만 실질적으로는 정부 여당이 임명하기 때문이다. 다이크 사장도 이 절차를 통해 임명됐다. 당시 다이크 사장은 집권 정당이던 노동당에 수만 달러의 후원금을 낼 정도로 열렬한 노동당 지지자였고 임명될 당시 언론 전문가들로부터 부적격 인물이라는 지적을 받기도 했다. 그러나 다이크 사장은 우려와 달리 BBC의 독립성을 훼손하려는 시도에 단호히 맞서 왔고 자신을 임명해 준 정부와의 갈등으로 결국 사퇴했다.

당시 BBC는 이라크 전쟁에 대한 보도를 둘러싸고 토니 블레어 정부와 마찰을 빚어 왔다. 블레어 총리가 BBC 사장에게 보도에 항의하는 편지를 직접 보내기까지 할 정도였다. 특히 블레어 총리의 최측근으로 공보 담당 총책임자(우리나라로 보면 청와대 홍보수석)이었던 앨러스테어 캠벨Alastair Campbell은 BBC의 보도국장에게 수시로 항의 편지를 보내 불만을 표시했을 정도로 BBC 보도에 압력을 행사하려 했다. 이는 영국에서도 집권 세력이 얼마나 BBC를 길들이려고 노력했는지를 여실히 보여 준다. 다음은 블레어 총리가 다이크 사장에게 보낸 항의 편지 내용의 일부분이다.

> "내가 보기에는 뉴스와 논평의 경계가 무너진 것 같습니다. 나는 이라크 내부에서 전하는 보도에 대해서 앨러스테어가 미디어에 대해 제한 규정을 확실히 준수하라고 압력을 행사하고 있는 것을 잘 알고 있습니다. (……) 나는 당신이 지지 의견과 반대 의견, 뉴스와 논평, 이라크 정권의 목소리와 이라크 반체제 인사들의 목소리, 그리고 우리가 얻은 외교적 지지와 외교적 반대를 균형 있게 제대로 보도하지 않았다고 믿고 있으며, 나 혼자서만 그렇게 믿고 있는 것도 아닙니다." (토니 블레어 총리, 2003. 3. 19)

이에 대해 BBC의 입장은 명확했다. 다이크 사장은 블레어 총리에게 정당의 목표와 공영 방송의 목표는 다르다며 BBC 보도의 정치적 독립성을 훼손하지 말 것을 요구했다. 다음은 블레어 총리로부터 편지를 받은 지 이틀 후 다이크 사장이 블레어 총리에게 보낸 답장의 일부이다.

> "이 나라에서 가장 큰 민중 시위가 일어나고 역사상 가장 많은 수의 집권당 평의원들이 현 정부에 반기를 드는 상황을 볼 때, BBC가 지지 의견과 반대 의견의 균형을 제대로 유지하는지 여부에 대하여 총리의 미디어 담당 보좌관들이 조언을 할 만한 입장이 못 된다고 생각하지 않으십니까?

그들은 BBC의 공정성에 대하여 이성적인 판단을 내릴 만한 처지가 못 됩니다. 총리는 자신의 독특한 세계관을 인정받기 위해 힘겨운 전투를 벌여 왔습니다. 그 전투 상황이 보도되기를 바라는 마음도 충분히 이해합니다. 그러나 우리는 이 사회에서 다른 역할을 담당하고 있습니다. 이러한 상황에서 우리가 해야 할 역할은 현황을 균형 있게 전달하려고 노력하는 것입니다. 총리나 총리의 보좌관들이 특정 기사에 대해 불만을 표시하는 것은 정당한 행동입니다. 저널리즘은 완벽하지 못한 직업입니다. 우리도 불가피하게 실수를 저지를 때가 있으므로, 실수가 있을 경우에는 제가 앞장서서 우리가 틀렸다고 인정하고 정중하게 사과할 것입니다. 하지만 총리의 견해에 찬동하지 않는 특정 기사에 대한 우려 때문에 라디오, 텔레비전, 온라인 뉴스 서비스 등 BBC의 언론 매체 전반에 대해 의문을 제기하는 것은 옳지 못한 처사입니다." (그렉 다이크 사장, 2003. 3. 21)[69]

KBS, MBC, SBS, YTN 사장들이 대통령으로부터 이런 편지를 받았다면 어떻게 대응했을까? 당시 BBC 보도의 정치적 독립이 다이크 사장 한 명의 노력으로 이루어진 것은 물론 아니지만 사장의 이런 확고함이 큰 힘이 된 것은 확실하다.

(2) 언론인으로서 사명감 부족과 정치적 후견주의

언론인으로서의 사명감과 관련해 전문적인 직업 언론인은 "기자는 전

69 G. Dyke (2005), *Greg Dyke: Inside Story*, Harper Collins. 김유신 옮김, 《BBC 구하기》, (주)황금부엉이, 2006.

달하고 판단은 독자가 한다"는 논리로부터 탈피할 필요가 있다. 특히 전략과 전술, 거짓말이 난무하는 정치 영역을 취재하는 기자들은 더욱 그렇다. 폴리티팩트 닷컴politifact.com이 정치인 등 유력 인사들이 한 진술의 진실성을 검증함으로써 퓰리처상을 수상한 것처럼 기자들도 스스로 진실과 거짓을 판단하는 '사실 확인자*fact checker*'가 되도록 노력해야 한다. 이를 통해 오늘의 실체적 진실이 추구되고 역사의 거친 초고는 완성되는 것이다.

앞서 지적된 정치적으로 편향된 뉴스를 생산한 기자들의 경우 충분한 사명감을 갖고 있는지 의심스럽다. 여기에는 그런 뉴스를 만든 제작 실무자뿐만 아니라 이를 감독한 제작 책임자도 포함된다. 단적으로 국정원과 NLL 이슈, 그리고 윤창중 스캔들 보도에서 기자들은 권력을 감시하기보다는 집권 세력이 정치적 위기를 탈출하는데 도움을 주는 모습을 보였다. 집권 세력은 통제되지 않은 상황을 가장 두려워한다. 기자들이 통제권 밖에서 자율적으로 비판적인 기사를 쓸 가능성이 높기 때문이다. 그러나 권력의 통제가 용이하지 않은 상황에서 조차도 일부 방송 기자들은 진실을 추구하기보다는 권력을 옹호하는 뉴스를 보도했다.

정치 영역을 취재하는 일부 언론인들의 사명감 부족과 정치적 후견주의 사이에는 일정한 연관성이 있는 것으로 생각된다. 앞에서 한국 방송 저널리즘의 문제 전반을 살펴볼 때에도 언급했지만 후견주의는 후견인*patron*이 사회적 자원에 대한 접근을 통제하고 복종과 다양한 형태의 지지에 대한 대가로 피후견인*client*에게 사회적 자원을 제공하는 양식을 말한다. 후견주의에서는 공식적 규칙보다는 개인적 관계나 연줄이 더 중요하고 특정 이익에 대한 헌신이 강하다.[70] 현재 한국 방송 뉴스에서도 정치적 후견주의는 큰 문제로 지적되고 있는데, 외형적으로 다양한 형태로 나타나고 있다. 학연, 지연, 혈연 등에 따른 연고주의가 방송국 인사에 큰 영향을 미치고 있다는 것은 이미 정설이 된 지 오래다. '영포라인,' 'TK라인,' '호남라인' 등의 단어는 이를 잘 보여 준다. 이런 후견주의에 기댄 일부 기자들이 '정치부 기자'가 아닌 '정치적 기자'가 되었고 이후 정계로 진출하거나 조직 내 주요 직책을 얻기 위해 뉴스를 정치 권력에게 헌정하고 있는 것이다. 더욱 심각한 것은 이런 정치적 후견주의에 기대어 출세주의에 빠진 언론인들의 나이가 점점 어려지고 있다는 점이다. 권력에 종속된 간부들이 인사를 통해 편을 가르고 자신들의 편에 선 일선 기자들을 집중적으로 관리하고 있기 때문이다. 후견주의가 이제 조직 내에도 공공연하게 진행되고 있다.

(3) 의례적 객관주의와 균형의 악용

정치 뉴스의 편향성을 지적하는 비판에 대해 의례적으로 "우리는 사실과 주장을 구분해서 보도하고 있으며 정파적 논란을 피하기 위해 최소한 기계적 균형을 지키고 있다"는 반박이 돌아온다. 지난 수십 년간 방송의 정치 뉴스는 이런 의례적 객관주의와 기계적 균형이라는 외피에 안주해 왔다. 방송의 정치 뉴스에서 아직까지 이를 대체하는 규범이나 실천은 발견되지 않고 있다. 객관주의와 균형의 논리는 정치 뉴스에서 강력한 실천 원칙이었으며 기자들이 외부로부터 오는 비판으로부터 자신들을 방어하기 위한 특권화된 논리였다.

그러나 많은 정치부 기자들은 객관주의를 잘못 이해하고 있는 듯

70 Hallin & Mancini (2004).

하다. 무엇보다 객관 저널리즘은 저널리즘의 여러 유형 가운데 하나일 뿐이다. 예를 들어 공공 저널리즘이나 탐사 저널리즘, 뉴 저널리즘 등 여러 저널리즘 유형이 객관 저널리즘과 경쟁하고 있는데, 이는 객관 저널리즘이 시청자들을 진실로 인도하는 가장 빠른 지름길이라는 보장이 없기 때문이다. 정치 뉴스가 진실을 회피하거나 규명하려는 노력에 소홀하다는 비판을 받는 것도 객관주의에 매몰돼 있기 때문이다. 둘째, 객관주의의 핵심은 사실성과 독립성, 전문성이다. 뉴스는 관찰자의 사실적 진술이어야 하며, 어떤 정당이나 파벌에 대해서도 자유롭고 독립적인 대변자여야 하며, 기자는 공평하게 기사를 쓰는 전문가가 되도록 노력해야 한다. 이런 여러 측면들을 다 간과하고 오직 사실과 주장을 구분했으며 상반되는 양측 또는 여러 당사자들의 주장을 동시에 보도했기 때문에 문제가 없다는 주장은 정치 뉴스의 부끄러운 현주소를 보여 주는 것이다.

이런 의례적 객관주의 아래에서 방송의 정치 뉴스는 집권 세력의 도구가 되었다. 예를 들어 2012년 대통령 선거운동 당시 새누리당은 노무현 전 대통령이 김정일 전 국방위원장과 정상 회담을 할 당시 서해 NLL을 포기하는 발언을 했다고 주장했다. 박근혜 정부 출범 후 국정원 선거 개입 혐의 수사가 진행될 때도 새누리당은 같은 주장을 반복해서 제기했다. 그리고 방송 정치 뉴스는 "새누리당이 그런 주장을 했다는 것이 사실"이라며 새누리당의 주장을 충실하게 반복해서 보도했다. 그 과정에서 새누리당 주장의 진실 여부를 규명하려는 노력은 보이지 않았다. 또 통합진보당 이석기 의원 내란 음모 혐의나 북한 미사일 관련 보도에서도 공안 당국이나 안보 관계자의 주장을 검증 없이 재생산했다. 누군가에 의해 철저하게 기획되고 통제되는 사안의 발생에 대해서 의도는 간과하고 우연히 빚어진 사건인 것처럼 치장해 주었다. 우리가 분석한 정치 뉴스는 일관되게 집권 세력 쪽에 우호적인 태도를 보였다.

저널리즘에서 말하는 균형이란 사안에 관계된 당사자들의 주장이 불편부당하게 반영되는 것을 의미한다. 그러나 방송 정치 뉴스는 어떤 사안이든 간에 대부분 인용되는 당사자는 사안 자체들의 관계자들이 아니라 여야 정당들일 뿐이다. '정당의 주장들 가운데 어떤 것이든 진실이 있겠지' 하는 것은 무책임한 태도다. 더욱이 이런 보도는 사안을 정쟁화하고 이슈를 당파적으로 만드는 결과를 가져온다. 그럼에도 기자들은 여야 사이에 균형을 맞추었기 때문에 보도에 문제가 없다는 생각을 갖고 있다. 지구 온난화에 대한 미국 언론 보도는 균형이라는 명분 아래 뉴스가 편향된 대표적인 사례로 지적된다. 보편적 인류 차원의 문제를 정당 사이의 논쟁으로 둔갑시킨데 따른 비판이었다. 국정원의 불법 대선 개입 혐의에 대해서 국내 방송 뉴스는 비슷한 모습을 보였다. 민주주의의 근간을 흔들 수 있는 사안임에도 정치권의 정쟁의 대상으로 환원시키려는 태도를 보였다. 국민적 이슈를 당파적 이슈로 변질시키려 한 것에 대한 비판에 상당수 기자들은 아직도 "우리는 균형을 지켰다"고 주장하고 있다.

(4) 정치부 기자들의 동료 의식

현재 각 방송국들은 뉴스 섹션화나 사건 사고 보도 집중, 심층성 강화 등을 통해 시청자들을 공략하고 있다. 매일 아침 보도국 간부들이 시청률 표를 챙겨 보는 것은 기자들이 경쟁에 각별한 신경을 쓰고 있다는 반증이기도 하다. 그러나 정치 뉴스의 경우만은 차별화와 거리가 멀다. KBS, MBC, SBS, YTN의 정치 뉴스들을 유심히 본 시청자라면 정치 뉴스들이 모두 비슷하다는 느낌을 받을 것이다. 정치 뉴스들이 차별화되지 않고 일정하게 편향된 이유는 무엇일까? 우선 같은 출입처를 통해 맺어진 연고를 들 수 있다. 같은 출입처 기자들끼리 강한 동료 의식을 느끼는 경우로 대표적인 경우가 대통령에 대한 보도다. 청와대 출입 기자는 집권 세력의 변동과 밀접한 관계를 갖고 있다. 한 특위 위원이 조사한 바에 따르면 2007년 대통령 선거 기간에 한나라당을 취재했던 중앙 언론사의 반장급 기자들은 선거 이후 대거 청와대로 출입처를 옮겼다. 방송의 경우 그동안 청와대 출입 기자들 대부분은 집권 세력과 혈연, 지연, 학연, 또는 조직적 차원의 사적 연고가 있었다. 이런 연고가 권력을 견제하는 취재 수단으로 기능했다면 다행이었겠지만 현실은 그렇지 않았다. 그리고 청와대 출입 기자들은 동료 의식으로 뭉쳐 집권 세력을 대변하는 경향을 보였다. 이런 경향은 정당 출입 기자들에서도 크게 다르지 않게 나타나고 있다.

정치부 기자들이 이런 동료 의식에서 벗어나 정치 독립적인 취재와 보도를 하기는 쉽지 않다. 청와대, 정부, 정당의 공보 담당자들은 자신들에 대해 우호적인 보도를 하도록 적극적인 전략을 구사하며 마음에 들지 않는 기자에 대해 때때로 강경한 태도를 취한다. 일차적으로 순응적인 기자에게는 단독 보도의 기회를 주고, 비순응적인 기자에게는 취재를 거부하거나 정보 제공을 차단하기도 한다. 주요 보도자료를 선택적으로 경쟁사에 우선해서 제공하기도 한다. 그래도 순응하지 않을 경우 방송사 책임자에게 직접 압력을 가해 취재를 막거나 출입 기자 교체를 요구하기도 한다. 동료 의식이 지켜지는 다른 요인은 '아마추어 기자' 낙인찍기 때문이다. 특히 정치 영역에 대한 취재에서 특정 기자가 다수의 기자들이 합의한 경로에서 벗어나 예정에 없던 공격적인 질문을 하거나 정치인이나 공보 담당자 진술의 진실성을 검증하려 하면 동료 기자들로부터 "아직 이쪽 생리를 잘 모르는 아마추어 기자"라는 소리를 듣기도 한다. 이런 낙인이 찍힌 기자는 기자들 사이의 정보 공유 네트워크에서 배제될 가능성이 크다. 특히 한국 정치의 특성상 많은 정치부 기자들의 취재가 밤에 대면 접촉으로 이루어지는데, '아마추어 기자'라는 낙인은 기자 개인에게 많은 애로를 불러 오게 된다. 그런 만큼 정치 뉴스들의 차별성은 점점 줄어든다.

3) **정치적 편향을 방지하기 위한 점검 목록**

(1) 관제적 지배 구조

- 뉴스는 정치적으로 독립되어 있는가?
  현재 내가 속한 언론사의 뉴스가 정치 권력으로부터 독립되어 있는가에 대한 진단은 매우 중요하다. 이렇게 질문을 바꾸면 더 이해가 빠를 수 있다. "집권 세력에 대한 비판은 자유로운가? 기자들이 쓰고 싶은 기사를 쓸 수 있는가?"

- 나는 뉴스의 정치적 독립성을 저해하려는 시도들에 대해 대항하고 있는가?
  뉴스가 정치적으로 종속돼 있다면 그 이유가 무엇인지 곰곰이 생각해 봐야 한다. 이렇게 해서 찾아낸 원인을 없애기 위해서 나는 과연 무엇을 했는지 고민해 보자. 잘못을 지적하고 저항하지 않으면 언론의 자유는 달성되지 않는다.

- 선배 기자의 권위에 눌려 정당한 문제 제기를 못하고 있지는 않은가?

  기자 사회는 위계질서가 강력한 곳이다. 업무의 특성상 위계를 통해 도제식 교육이 이루어지는 곳이기도 하다. 그러나 선배의 권위에 눌려 써야 할 기사를 쓰지 않거나 정당한 문제 제기를 포기하는 것은 비록 선배의 사랑을 받을 수 있을지는 몰라도 언론인의 기본 사명을 포기하는 것임을 잊지 말아야 한다.

- 보도국 내에 기존의 편집 방향에 이의를 제기하는 다양한 의견들이 있는가?

  뉴스가 다양성을 가지려면 뉴스를 생산하는 사람들의 다양한 의견이 전제가 되어야 한다. 기자들의 다양한 의견이 합리적인 조정을 통해 뉴스에 반영될 때 뉴스는 건강해진다.

(2) 언론인으로서 사명감 부족과 정치적 후견주의

- 나는 진실을 규명하려고 노력하고 있는가?

  취재와 제작 과정에서 기자는 항상 진실이 무엇인지를 탐구해야 한다. 오늘 진실이라고 믿고 있는 것들이 내일은 거짓이 될 수 있기 때문이다. 뉴스의 역사는 오늘의 진실이 내일의 거짓이 될 수 있다는 것을 끊임없이 증명하고 있다.

- 나는 정치인이나 공보 담당자 등 정보원 진술의 진실성을 검증하고 있는가?

  정치 권력은 방송을 동의 창출의 수단으로 활용하려는 속성을 가지고 있다. 때문에 정치인이나 공보 담당자 등의 진술이 진실이 아닐 가능성은 충분하다. 기자는 이들의 진술을 경계하고 거짓이 없는지를 의심하는 습관을 가질 필요가 있다.

- 나는 전문 언론인이 되기 위해 노력하고 있는가?

  정보원의 진술이 진실인지 아닌지를 검증하기 위해서는 기자 스스로 전문가가 되도록 노력해야 한다. 기자가 전문가와 같은 수준이 되기는 어렵겠지만 전문성을 제고하기 위한 노력을 소홀히 해서는 안 된다.

- 나는 특정 정치인이나 유력 인사에 기대어 출세를 시도하고 있는가?

  기자는 취재를 위해 정치인이나 유력 인사를 만나야 한다. 그러나 자신이 이들을 접촉하는 것이 취재를 위한 것인지, 아니면 친분을 두텁게 해 그들의 후광을 이용하기 위한 것인지 냉정하게 돌아봐라.

- 뉴스는 공직자들에게 권력을 행사하는 방식과 관련하여 책임을 묻고 있는가?
  뉴스는 정책 실패의 원인을 취재해 공직자들에게 책임을 물어야 한다.

(3) 의례적 객관주의와 균형의 악용

- 뉴스는 정치적 결정 과정에 대한 충분한 분석을 제시하고 있는가?
  한국 방송의 정치 뉴스가 보이는 두드러진 특징 가운데 하나는 모든 사안을 정쟁화하는 것이다. 이 과정에서 정치적 결정 과정에 대한 자세한 분석은 사라지고 "여당은 주장했고 야당은 반박했다"는 식의 보도들뿐이다.

- 뉴스에 사안에 관련된 당사자들의 목소리를 포용하고 있는가?
  정치 뉴스의 경우 당사자가 여야 정치권이 아닌 경우가 더 많다. 예를 들어 기초연금법 개정의 경우 주요 당사자는 기초연금법이 개정됨으로써 직접적인 영향을 받는 사람들이다. 그러나 한국 방송의 정치 뉴스는 언제나 여당과 야당만을 당사자로 취급하는 오류를 범하고 있다.

- 정·관계 바깥에 있는 신뢰할 만한 취재원들의 다양한 목소리와

관점이 반영되어 있는가?

여당과 야당의 구도에서 벗어나 취재원의 다양화를 시도해야 한다. 취재원의 다양화는 양질 뉴스의 조건 가운데 하나임을 유념해야 한다.

- 뉴스는 이슈의 역사적 맥락에 대한 정보를 제공하고 있는가?

  한국 방송 뉴스의 가장 큰 단점은 약 1분 30초 길이의 단편적인 리포트의 제작 관행이다. 그러나 이슈는 역사적 맥락에서 더 잘 이해될 수 있다는 점을 인식해야 한다.

- 뉴스는 과학적이고 정밀한가?

  기자는 자신이 작성한 기사가 충분한 근거를 가지고 있고 방법적으로도 오류가 없도록 노력해야 한다.

(4) 정치부 기자들의 동료 의식

- 나는 다른 기자들과 차별화된 보도를 하거나 의제를 개발하고 있는가?

  뉴스 경쟁력은 차별화를 통해서 제고된다. 정치 뉴스의 경우 기존의 관행에서 과감히 탈피해 진실을 규명하려는 적극적인 시도를 해야 한다. 이럴 경우 동료 기자들로부터 일시적인 불이익을 당할 수도 있지만 이런 노력이 쌓여 뉴스의 변화를 가져온다는 점을 명심할 필요가 있다.

- 나는 시청자들이 어떤 뉴스를 원할 것인지 생각하고 있는가?

무엇을 취재할 것인지를 판단할 때 일차적인 고려는 시청자들이어야 한다. 특히 뉴스가 정치적으로 편향돼 있다면 시청자들에 대한 고려는 필수적이다. 왜냐하면 뉴스가 정치적으로 편향된 경우 간부들이 시청자들의 수요를 정확히 파악하고 있다고 볼 수 없기 때문이다.

3. 광고주 편향

1) 광고주 편향의 유형별 사례 분석

우리는 저널리즘이 경제 권력과의 관계 속에서 정상적으로 작동하지 않는 문제를 광고주 편향이라고 부르기로 한 바 있다. '자본 편향' 내지는 '자본 권력 편향' 등의 명칭을 사용할 경우 불필요한 논란을 초래할 수 있고, 대개의 경우 자본 권력의 영향은 광고라는 현실적 이익과 연결되어 있기 때문이다. 이처럼 용어나 표현에 대해서까지 신경을 써야 할 정도로 한국 방송 저널리즘에서 광고주 편향 문제는 심각하고 다양한 형태로 나타난다.

광고주 편향이 저널리즘에서 나타나는 양태는 크게 두 가지로 나눌 수 있다. 하나는 기사의 대상이 광고주라는 것을 알고 일정한 고려를 해야 한다고 스스로 생각하거나 압박을 받는 경우이고 다른 하나는 그렇게 광고주의 이익에 대한 구체적이고 직접적인 고려는 없지만 실질적으로 광고주의 이익에 부합하는 보도를 하는 것이다.

각각의 양태를 조금 더 구체적으로 구분해 보면 광고주 편향은 다음 네 가지 세부 유형으로 분류해 볼 수 있다. 먼저 전자와 관련해서는 ① 광고주와 관련된 문제점을 아예 보도에서 누락시키거나 축소하는 '광고주 관련 기사 누락·축소' 기사와 ② 갈등 사안에서 광고주의 입장에 치우친 보도를 하는 '광고주 입장 대변' 기사로 나누어 볼 수 있다. 후자와 관련해서는 ③ 뉴스가 아니라 상품이나 서비스에 대한 광고를 대신하는 것과 같은 '상품 및 서비스 홍보성 기사'와 ④ 광고주의 활동이나 실적 등에 대한 홍보성 보도와 더 나아가 국수주의적 경향까지 보이는 '광고주 활동 (국수주의적) 홍보' 기사로 구분해 볼 수 있다. 최근 사례들을 중심으로 살펴본다.

(1) 광고주 관련 기사 누락·축소

광고주의 문제점을 축소하거나 누락시키는 사례는 주로 재벌, 대기업과 관련해서 발생한다. 2013년 10월 14일 저녁, 종합 편성 채널인 JTBC는 삼성그룹의 '노조 무력화 전략'이 담긴 문건을 입수해서 메인 뉴스에서 집중 보도했다. 뉴스 시작부터 4개의 기자 리포트와 이 자료를 직접 입수해 JTBC에 제공한 심상정 의원 출연까지 합쳐 약 15분에 걸친 집중 보도였다.

하지만 지상파 방송들과 YTN 등은 이 소식을 제대로 다루지 않았다. 메인 뉴스에서는 아예 이 소식을 전하지 않았고 국회에서 심상정 의원이 해당 문건을 공개하면서 논란이 커지자 이틀 뒤 MBC와 SBS만 낮 뉴스에서 다뤘을 뿐이다. KBS는 이 사건과는 별도로 금속노조에 가입한 경북 포항 삼성전자 서비스센터의 일감을 다른 지역으로 돌려 노조 탄압 논란이 일고 있다는 소식을 리포트로 다뤘으나 그 또한 아침 뉴스와 낮 뉴스에만 방송했다.

2013년 10월 18일에는 서울행정법원에서 삼성전자 반도체 생산 라인에서 근무하다 백혈병으로 숨진 근로자에게 "백혈병과 반도체 공정 업무 사이에 상당한 인과관계가 있다"며 산업 재해를 인정해야 한다는 판결이 나왔다. 이번에는 KBS만 이 판결을 메인 뉴스에서 보도했다. 대기업이 관련된 산업 재해 사건을 방송 뉴스들이 이처럼 제대로 다루지 않는 것은 사실 새삼스러운 일도 아니다. 단순 교통사고나 화재 같은 소식조차 수시로 메인 뉴스에서 보도되는 것과는 매우 대조적인 태도라 할 수 있다. 대기업의 공장 등에서 사고가 났을 때 부실한 관리 체계 등 해당 대기업의 책임 문제를 따지기보다 작업자의 부주의 등을 더 부각시키는 경우도 광고주 편향의 한 사례라고 할 수 있다.

2013년 5월 2일 KBS 〈뉴스 9〉

"삼성전자 화성공장서 또 불산 누출…… 3명 부상"

오늘 오전 11시 반쯤. 새 배관으로 교체하기 위해 천장에 있던 배관을 절단하는 과정에서 속에 남아 있던 불산이 작업자들에게 튀었습니다. [협력 업체 관계자: <u>A형 사다리니까 밑에 붙잡은 사람이 두 명 있었고 배관 자르는 사람이 한 명 있었는데 작업해도 된다고 그래서 작업하</u>

는 도중에…… 불산이 누출되면서 현장에서 작업하던 협력 업체 직원 46살 최 모 씨 등 3명이 팔과 가슴 등에 1도 화상을 입었습니다. 작업자들은 고글과 마스크, 방재복을 착용했지만 모두 내산 장화를 신지 않았던 것으로 확인됐습니다. 또 불산이 완전히 제거됐는지 제대로 확인하지 않은 상태에서 무리하게 배관을 절단한 것으로 추정되고 있습니다. [○○○ 삼성전자 상무: 잔류 불산이 없다는 걸 확인하고 잘랐는데 그게 아마 미량의 불산들이 그 사이에 고여서 주르륵……] 안일한 유독 물질 관리에다 늑장 대응 논란도 되풀이됐습니다.

이 기사는 앵커 멘트에서는 '허술한 관리 체계'를 언급했는데, 정작 기사 본문에는 그런 관리 체계의 문제를 지적하는 대목은 없다. 오히려 기사 내용만 볼 때는 작업자들의 부주의와 실수로 사고가 났을 뿐이다. 물론 대기업 관련 재해 발생 소식을 다뤘다는 것 자체는 평가할 필요가 있지만 이들 대기업이 노동자에 대한 안전 확보 등 기본적인 의무를 다하고 있는지에 대한 취재와 보도가 누락된 것은 광고주 편향이라는 지적을 피하기 어렵다. 특히 이런 보도 태도는 이들 대기업의 실적이나 신제품 등에 대한 다각적인 보도와 극명한 대비를 이룬다.

2013년 5월 10일에 발생했던 당진 현대제철에서의 하청 근로자 5명 사망 사건과 관련해서도 비슷한 문제가 지적되었다. 이와 관련해 YTN에서는 원청 업체인 현대제철에 사고 책임을 묻는 것이 필요하다는 기사가 방송되었으나 출고 부서장이 편집부에 전화를 걸어 검토를 요청하는 등 내부적으로 방송을 두고 논란을 빚었다. 대기업 관련 보도에서 대기업 측에 문제를 제기하는 것이 얼마나 어려운 것인지를 보여 주는 사례이다.

2013년 5월 13일 오후 YTN 뉴스
"원청 업체에 사고 책임 물어야" — 현대제철 사고

앵커 현대제철 공장에서 질식 사고로 숨진 근로자 5명에 대한 장례가 전혀 진행되지 않고 있습니다. 유가족들은 책임자 쪽 대화 창구가 없어 장례를 치르고 싶어도 할 수 없는 상황이라고 하소연하고 있습니다. ○○○ 기자가 보도합니다.

기자 현대제철 당진공장 사고 희생자들의 합동 분향소입니다. 공장 내부에 설치하려 했지만 현대제철이 허가하지 않아 시신이 보관된 장례식장에 마련했습니다. 장례는 전혀 진행되지 않고 있습니다. 유족들은 합의를 위한 책임자 쪽 대화 창구가 없어서 장례를 치르고 싶어도 할 수 없는 상황이라고 말했습니다. [사고 희생자 유가족: 저희 이야기라도 들어 주고 거기에 대한 답변이라도 줬으면 좋겠어요.] 사고 원인인 아르곤 가스가 전로에 어떻게 주입됐는지 밝히는 수사는 큰 진전이 없는 상태. 하지만 내부 작업이 끝나기 전에 가스 배관이 전로에 연결된 사실은 안전 관리 감독을 담당한 현대제철에 일차 책임을 묻고 있습니다. [현대제철 관계자: 저희 책임성을 알고 있기 때문에 재발 막고 사고 수습이 최대한 잘 이뤄질 수 있도록……] 민주노총은 안전사고가 나더라도 하청 업체만 처벌받는 현실 때문에 대형 산재 사고가 끊이지 않는다고 주장했습니다. [○○○ 금속노조 충남지부장: 우리는 일을 하청 받는 것이 아니라 위험을, 죽음을 하청 받고 있는 것이다.] 5명이 숨진 지 사흘 만에 현대제철 안에서는 하청 업체 근로자가 추락해 다치는 안전사고가 또 발생했습니다. 민주노총은 원청 업체의 횡포 속에 이런 중대 재해가 계속 이어지고 있는 만큼 철저한 원인 조사와 함께 사업주의 책임을 반드시 물어야 한다고 강조했습니다.

2013년 4월 18일에는 국회 청문회에 불출석했다가 벌금 700만 원이 구형됐던 신세계그룹 정용진 부회장에게 법원이 구형량의 두 배가 넘는 벌금 1,500만 원을 선고했다. 재범 때는 징역형을 선고할 수 있다는 경고까지 했다. 이달 SBS는 7번째로, KBS는 16번째로 메인 뉴스에서 이 소식을 리포트로 다뤘다. 하지만 MBC는 이 소식을 단신으로 전하는 데 그쳤다. 더구나 그 단신조차 큐시트에 없던 것을 뉴스 진행 중에 보도국장의 지시로 추가했다고 한다. 앞서 3월 26일 정용진 회장이 법정에 출석했을 때에도 MBC는 이 소식을 〈뉴스데스크〉에 다룰 계획이 없었으나 KBS, SBS가 모두 리포트한 뒤 역시 보도국장의 지시로 리포트를 했다. 당일은 축구 중계로 〈뉴스데스크〉가 밤 10시에 시작됐기 때문에 뒤늦게라도 리포트를 할 수 있었던 셈이다.

2013년 4월 18일 메인 뉴스

"'국회 불출석' 신세계 정용진 부회장 벌금 1,500만 원" 보도 비교

MBC 단신 보도

서울중앙지법 형사8단독은 국회 국정감사와 청문회에 출석하지 않아 약식기소됐다 정식 재판에 넘겨진 정용진 신세계그룹 부회장에게 검찰이 구형한 벌금 700만 원보다 무거운 벌금 1,500만 원을 선고했습니다. 재판부는 "기업인으로서 자신의 입장을 밝히는 것이 국민의 대표 기관인 국회와 국민에 대한 의무"라고 밝혔습니다.

SBS, 7번째 리포트

재판부는 "대형 유통업체인 신세계 그룹의 실질적 총수로서 의원 질의에 성실히 답변하고 기업인으로서 입장을 밝히는 게 국회와 국민에 대한 의무"라며 형사 책임을 묻는 게 마땅하다고 밝혔습니다. 재판부는 특히 "1,500만 원이 재벌에게 무슨 의미가 있느냐고 할 수 있지만 범행을 반복하면 집행유예, 징역형에 처하기도 하는 것이 원칙이라는 걸 명심하라"고 경고했습니다.

KBS, 16번째 리포트

국회 불출석혐의로 기소된 정용진 신세계그룹 부회장에게 법원이 벌금형을 선고하고 재범 때는 징역형을 선고할 수 있다며 이례적으로 경고까지 했습니다. 재벌의 사회적 책임을 강조한 것으로 보입니다.

(2) 광고주 입장 대변

당사자들 사이에서 주장이 엇갈리고 있는 사안에서 광고주의 입장에 치우쳐 광고주를 대변하는 듯한 보도로는 노사 관계에 대한 뉴스가 대표적이다.

2013년에는 현대차 임단협 관련 보도가 있었다. KBS는 2013년 8월 현대차의 4시간 부분 파업 소식을 전하면서 '현대차 4시간 부분 파업…… 2년 연속 파업' 기자 리포트에 이어서 '[데스크 분석] 美 자동차업계의 교훈,' '[이슈&뉴스] 美 디트로이트 몰락…… 지자체 파산 도미노?'의 기획 보도 2건을 덧붙이는 묶음 기획 보도를 했다. 첫 기사인 기자의 울산 현지 리포트에서는 부분 파업 이틀째를 맞은 노사의 입장과 파업에 따른 생산 차질 등을 보도했다. 이어 '데스크 분석'과 '이슈&뉴스'를 통해서는 몰락한 미국의 자동차 도시 디트로이트 사례를 전하면서 균형성을 상실한 채 사용자 입장만 대변했다. 디트로이트를 사례로 들며 마치 파업으로 울산 자동차 산업이 무너지고 도시까지 몰락할 것이라는 뉘앙스를 짙게 나타내는 등 논리적 비약도 심했다. 미국 자동차 회사들의 몰락을 단순히 노조의 도덕적 해이 때문이라고 단순화하고 이를 현대차 파업과 연결해 보도한 것이다.

2013년 8월 20일 KBS 〈뉴스 9〉

현대차 4시간 부분 파업 돌입…… 2년 연속 파업

앵커 올해 임금과 단체협약 협상이 결렬된 현대자동차 노조가 오늘 4시간 동안 부분 파업을 했습니다. 기아차 노조도 내일 부분 파업에 들어갑니다. ○○○ 기자입니다.

기자 쉴 새 없이 돌아가던 자동차 생산 라인이 멈췄습니다. 현대차 근로자 4만여 명이 오늘 전국의 공장에서 4시간 부분 파업을 벌인 것입니다. 지난해에 이어 2년 연속 파업입니다. 노조는 또 잔업과 주말 특근도 거부하기로 했습니다. [○○○ 현대차 노조 대외협력실장: 현장에서 땀 흘리는 우리 조합원들의 정당한 요구를 회사가 일관된 무시로 대응하고 있기 때문에 어쩔 수 없이 파업하게 됐습니다.] 노조는 기본급 13만 원 인상과 정년 61세로 연장, 그리고 대학에 진학하지 못한 자녀에 대한 지원 등을 요구하고 있습니다. 현대차는 노조의 요구가 지나치다는 입장입니다. [○○○ 현대차 울산홍보팀장: 집중적인 대화가 필요한 시기에 파업을 강행하는 것은 노사는 물론 수많은 협력 업체에게 피해와 혼란을 가중시킬 뿐입니다.] 현대차는 오늘 파업으로 2,000여 대, 435억 원의 생산 차질이 생겼다고 밝혔습니다. (……)

[이슈&뉴스] 美 디트로이트 몰락…… 지자체 파산 도미노?

진행자 강변을 따라 늘어선 고층 건물군. 그 한가운데 미국 자동차 업체, GM의 본사가 있습니다. GM과 포드, 크라이슬러…… 1950년대 세계 자동차 공업의 중심지였던 디트로이트 십니다. 번영의 상징이었던 이 도시가 법원에 파산을 신청했습니다. 지난달이죠, 사실상 몰락한 것입니다. 사는 사람은 70만 명으로 줄었는데, 시의 부채, 빚은 185억 달러. 우리 돈 20조 원이 넘습니다. 시민 1명이 2억 8,000만 원씩 빚을 갚아야 할 처지입니다. 그러나 실업률이 미국 평균의 두 배가 넘어 길이 보이지 않습니다. 미국에서 가장 위험하고 살기 어려운 도시라는 말까지 듣고 있습니다. 현지 상황을 ○○○ 특파원이 취재했습니다.

특파원 도심을 조금만 벗어나면 디트로이트는 마치 죽은 도시와 같습니다. 사람들로 가득하던 상가는 폐허로 변한지 오랩니다. 주택가도 엉망입니다. 인적까지 끊어지면서 유령 도시처럼 변해가고 있습니다. (……) 파산은 초읽기에 들어갔습니다. 회생 여부는 불투명합니다. 언제까지 고통이 계속될지, 시민들은 힘겨운 삶을 이어가고 있습니다.

진행자 디트로이트가 몰락한 이유. 오래전 문 닫은 이 자동차 공장 유리창이 말해주듯 도시의 번영을 이끈 자동차 산업의 추락에서 촉발됐습니다. 1960년대부터 미국에 들어온 일본 자동차에 가격과 품질 경쟁 모두 밀리기 시작한 것이죠. 도시 주력 산업이 몰락하자 일자리는 줄어들고, 근로자들이 떠났습니다. 1950년대 185만 명이던 인구가 지금은 71만 명이 됐습니다. (……)

기자 미국에서 범죄율이 세 번째로 높은 도시, 오클랜드. 지난해에도 살인, 절도 등의 범죄가 25%나 늘었지만 경찰관은 100명이 줄었습니다. 필라델피아는 공립학교 37곳을 한꺼번에 폐쇄한다고 발표했습니다. 두 지자체는 공공 연금 부담이 너무 커져 이렇게라도 비용을 줄일 수밖에 없다고 주장합니다. (……) 하지만 공무원 노조는 방만한 재정 운영이 더 큰 원인인데 일방적 희생을 강요하고 있다며 반발합니다. (……)

현대차 임단협에 대한 YTN의 기사에서도 이런 광고주 편향성이 지적되었다. 노조에 대해서도 비판할 것은 비판해야겠지만 생산 차질 등 회사 측의 주장을 그대로 사실로 받아들인 기사라는 지적을 받았다. 개별 기업의 노사 협상에서 노조가 택하는 협상 전술을 '안 그래도 돈 많이 받는 사람들'이라는 시각에서 노조가 내세운 조건을 겨냥해 무리한 요구 운운하는 것은 결과적으로 협상 과정에서 사측을 지원하는 행위라고 볼 수밖에 없다. 노사 협상에서는 통상 사측에서 무조건 임금 동결을 들고 나오거나 임금 삭감을 제시하는 등 협상용 조건을 제시하는 경우가 많지만 이런 것을 '무리한 요구'라고 지적하는 기사를 찾아볼 수 없는 것도 우리 언론에 퍼져 있는 광고주 편향성을 보여 주는 사례라고 할 수 있다.

이 부분은 사실 관계 확인 부족과도 관련이 있는데, 실제로 밖으로 내건 협상 조건들과는 달리 내부적으로는 임금 인상률을 비롯해서 실질적으로 노사 간 협상의 쟁점이 되는 부분이 있기 마련이다. 언론으로서는 표면에 내걸린 조건들을 놓고 '무리한 요구' 운운할 것이 아니라 실질적인 쟁점을 제대로 취재해서 보도하는 것이 시청자와 독자가 해당 노사 분쟁을 제대로 이해할 수 있도록 하는 길일 것이다.

2013년 9월 5일 YTN 저녁 뉴스

현대차 임·단협, 잠정 합의안 타결

앵커 현대자동차 노사의 올해 임금과 단체협약안에 잠정 합의했습니다. 그러나 교섭 중에 벌인 노조의 부분 파업으로 1조 원대의 차량 생산 차질이 빚어졌습니다. ○○○ 기자가 보도합니다.

기자 …… 핵심 쟁점 안이었던 노조 간부의 민, 형사상 면책특권과 대학 미진학 자녀의 기술 취득 지원금, 그리고 차량 35% 할인 등은 노조에서 모두 철회했습니다. 노조가 사회 통념상 지나친 요구라는 사회적 여론이 따가웠기 때문으로 풀이됩니다. (……) 회사 측은 교섭 초기부터 노조의 무리한 요구를 수용하지 않겠다는 원칙을 고수한 것이 노조의 마음을 움직였다고 보고 있습니다. [○○○ 현대자동차 홍보부장: 그 어느 때보다 어려운 안건들이 많았지만, 노사 상생과 대외 경영 위기를 함께 극복하자는 뜻을 함께한 잠정 합의안을 마련했습니다.] 하지만 이번 임단협 과정에서 회사는 큰 손실을 봤습니다. 노조가 쟁의행위에 돌입한 지난달 20일 이후 부분 파업과 잔업 거부에다 휴일 특근마저 거부하면서 1조 원대의 자동차 생산 차질을 빚어진 겁니다. 이미 지난 3월 특근 거부로 빚어진 1조 7,000억 원의 생산 차질과 합하면, 올해 노조의 파업으로 2조 7,000억 원대의 생산 차질이 발생했습니다. (……)

---

(3) 상품 및 서비스 홍보성 기사

사례로 보면 앞의 두 가지 세부 유형에 비해 더 자주 나타나는 것이 바로 상품이나 서비스의 광고를 대신하는 듯한 기사들이다. 이러한 기사는 기자들이나 보도국 책임자들은 미처 인식하지 못하고 있을 수도 있지만 사실상 광고주 혹은 대기업에 뉴스 시간을 내주는 것이나 마찬가지인 상황을 초래한다. 앞의 두 가지 세부 유형이 보도국 내부에서도 광고주 편향인지를 놓고 수시로 논의가 이뤄지고, 실제로 관련된 사람들이 조금이라도 신경을 쓰는 것에 비해서 이 유형과 관련해서는 '이 정도가 무슨 문제가 되느냐'는 식으로 인식하는 경우가 많다. 문제라는 인식 자체가 없다는 것이다.

특히 재정이나 금융, 산업 구조, 성장과 분배 등 정책적인 문제에 대한 기사는 취재도 어렵고 전문성을 요하는 사안인 반면 시청률에는 별로 도움이 되지 않는다는 생각이 보도국에 퍼져 있는 경우가 많다. 그러다 보니 경제 기사에서도 이른바 '생활 밀착형'을 표방하면서 각종 상품이나 서비스에 대한 사실상 광고성 보도가 자주 나타나는 것이다. 정말 생활에 도움이 되는 정보라면 뉴스 가치를 떠나 정보 가치라도 있을 것인데 소비자의 시각이 아니라 공급자 시각에서 제공된 정보를 그대로 기사 형태로 제작하는 경우들도 나타난다. 또 해당 서비스의 문제나 역효과 등에 대해서는 깊이 고려하지 않은 채 기사를 쓰는 경우도 종종 눈에 띈다.

상품에 대한 이야기라도 일반인들이 생각하지 못했던 기술 혁신이나 아이디어 등으로 선풍적인 인기를 끄는 등 사회적 반향을 일으키는 경우 충분히 기사가 될 수 있다. 하지만 단순히 철마다 돌아오는 판촉전이라든가 단순한 디자인 변화 등은 그저 제조사들의 관심거리인 경우가 많다. 다음 사례들을 보자. 에어컨 시장에서 봄부터 신제품을 내놓고 경쟁에 들어간다는 상투적인 내용과 함께 전자제품에서 조작 버튼을 단순화시킨다는 이미 오래된 흐름을 마치 새로운 현상인 것처럼 메인 뉴스에서 주요하게 다룬 것이다. 물론 이들 상품이나 기업을 홍보해야겠다는 생각에서 이런 기사가 나왔다고 볼 특별한 근거는 없다. 오히려 정책 기사 대신 손쉬운 경제 기사를 찾다보니 이런 기사를 양산하는 쪽으로 길을 잘못 들었다고 보는 것이 타당해 보인다.

2013년 3월 6일 MBC 〈뉴스데스크〉

벌써 '찬바람 판촉전'…… 신형 에어컨 출시 경쟁

앵커 가전제품과 패션은 늘 계절을 앞서가는데요, 추위가 채 물러가기도 전에 벌써부터 가전업계에 찬바람 전쟁이 시작됐습니다. 올 여름 에어컨 시장을 두고 가전업체들이 신제품을 내놓으며 가격 경쟁에 돌입했습니다. ○○○ 기자입니다.

기자 늘씬해진 디자인에, 4군데서 바람이 나오는 입체 냉각. 스마트폰과 연결해 언제든지 집 내부를 볼 수 있습니다. LG는 목소리 하나로 온도를 조절하는 '첨단 에어컨'을 내세웠습니다. [싱크: 온도 올려(21도)] 삼성은 '빠르고 강력한 냉방'을 강조했습니다. 제트엔진 원리를 이용한 3개의 회오리 팬으로 냉방 시간을 줄인다는 것입니다. 하지만 무엇보다 올 여름 에어컨 시장을 관통하는 주제는 바로 전기료입니다. 각 회사들은 에너지 효율을 높인 최첨단 기술을 선보이며 고객 잡기에 나섰습니다. 삼성은 전기 사용량을 70% 줄인 모델을 내놨고, LG도 한 단계 더 높은 효율을 달성했다고 선전했습니다. (……)

2013년 3월 8일 MBC 〈뉴스데스크〉

"버튼도 어렵다"…… 전자제품도 '버튼 다이어트'

앵커 가정용 세탁기입니다. 헹굼과 탈수 버튼 말고도 이렇게나 기능이 많은데 모두 알고 사용하십니까? 웬만한 전자제품 쓰려면 수십 개의 버튼 사용법쯤은 극복해 내야 했는데요, 최근 트렌드가 바뀌고 있습니다. 이른바 전자제품의 버튼 다이어트라고 할까요. ○○○ 기자가 취재했습니다.

기자 일할 때도, TV를 보거나 빨래를 할 때도, 수없이 버튼을 누르는 게 일상사입니다. 다 쓰지도 않는데 넘치게 많은 기능, 복잡하고 어렵기까지 한 버튼들이 다이어트를 시작했습니다. 버튼만 40개인 TV 리모컨. 기능을 간소화해 단 4개로 버튼이 줄었습니다. 대신 리모컨으로 빔을 쏴 채널을 바꾸고, 목소리도 버튼 역할을 할 수 있습니다. 약한 거품 발생, 센 거품 발생, 이불 빨래 버튼까지 무려 10개가량 있었던 세탁기는 시작과 정지, 단 2개로 줄었고 카메라도 셔터 버튼을 제외하고 모두 LCD 화면 속으로 숨었습니다. (……)

이런 기사는 특정 방송사만의 문제가 아니지만 분석 기간 동안은 MBC에서 제일 많이, 그다음으로 SBS에서 자주 발견되었다. 모든 방송이 경쟁하듯 구체적인 상품이나 서비스에 대해 '정보성' 내지는 '트렌드'를 내세워서 사실상 광고를 대신하는 보도를 하고 있는 셈이다. 경제 뉴스의 상당 부분은 이런 유형의 기사라고 해도 과언이 아닌 실정이다. 다음 SBS 기사는 진료비 할인에 나선 강남 성형외과에 대한

얘기다. 고가 진료비가 반값에 가깝게 떨어졌다는 점을 적극 홍보하고 있다고 볼 수 있다. 기사가 강조하는 것이 '성형업계의 불황'인지 '성형 수술 가격을 낮췄다'는 것인지도 불분명하다. 전반적으로 가격 할인 소식을 알려 시청자의 성형 욕구를 자극할 가능성이 높다. 성형의 문제나 주의할 점이 언급되기는 하지만 기사 끝에 형식적으로 덧붙인 것처럼 보인다.

2013년 5월 8일 SBS 〈8뉴스〉

"보톡스 한 방에 5만 원" 강남 병원들 할인 공세

앵커 잘나가던 서울 강남의 병원들이 불황을 이기지 못하고 진료비 할인 공세에 나섰습니다. 물론 값싸다고 다 좋은 건 아닙니다. ○○○ 기자의 설명을 들어보시죠.

기자 서울 강남의 한 피부과. 이 병원은 최근 대표적 미용 시술인 주름 개선 치료를 50만 원에 내놨습니다. 보통 강남의 피부과에서 200에서 300만 원까지 받는 것에 비하면 파격적인 할인입니다. 이 병원은 할인 이후 시술 문의가 20% 이상 늘었습니다. [○○○(서울 창동): 눈가에 잔주름과 팔자주름이 깊어져서 여러 군데 알아봤는데 고가더라고요. 그래서 망설였는데 여기서 50만 원에 시술을 해준다고 해서……] 강남의 한 정형외과는 400만 원에 이르는 인공관절 수술비를 50%까지 할인해 주고 있고, 보통 10만 원 넘던 보톡스 주사 값을 5만 원까지 내린 성형외과도 등장했습니다. 이런 병원들은 대개 평소에 비보험 고가 진료가 많던 곳들입니다. 생명에 지장이 없는 문제를 치료하는데 지갑을 여는 환자가 줄어들자 어쩔 수 없이 파격 할인에 나서는 겁니다.

다음 기사도 비슷하다. 얼핏 보면 달라지는 렌터카 서비스의 흐름을 보도하는 것 같은데 실제로는 겉으로만 경제적으로 보일 수 있는 장기 렌트의 단점을 충분히 짚어 주지 않은 채 렌트와 리스를 단순 비교한 것이 지적되었다. 계약 과정에서의 불합리한 조항 등 논란이 되고 있는 여러 상황을 적시하지 않아 오히려 소비자에게 잘못된 정보를 전달할 수 있다는 것이다. 계약 조건에 따라 천차만별이 될 수 있는 것을 단순화해서 "할부가 제일 싸고 리스, 렌트순"이라고 표현하는 것은 정확한 사실 관계를 전달해야 할 기사로서는 적절하지 않은 구성 방법으로 보인다. 저널리즘의 첫 번째 원칙인 사실 관계의 철저한 확인이라는 기본에 어긋난 기사인 셈이다. 차라리 장기 렌트나 리스에서 비롯된 문제점들을 찾아서 제도적 개선점을 찾는 것이라면 기사로서의 공익성을 인정받을 수 있었을 것이다.

2013년 5월 5일 SBS 〈8뉴스〉

'하,' '호' 번호판 인기…… 렌트·리스 뭐가 좋을까?

앵커 지난 3월부터 렌터카에 '허' 자 외에도 '하'나 '호' 자 달린 번호판을 허용했죠. 그랬더니 장기 렌터카를 찾는 고객들이 늘어났습니다. 이들 가운데 80%는 '빌린 차' 느낌이 드는 '허' 번호판 대신에 '하'나 '호' 넘버를 선택했습니다. 목돈 들여 차 사기 부담스러울 때 이용하는 장기 렌트, 할부, 또 리스. 이 가운데 어떤 게 가장 유리할까요? ○○○ 기자가 따져봤습니다.

기자 '하' 넘버 달린 K5, '호' 자 달린 BMW. 모두 개인이 렌터카 회사에서 임대한 차입니다. '허' 자 번호판이 불편해 망설였던 홍승환 씨도 번호판이 다양해지면서 렌터카 계약을 다시 생각하게 됐습니다. [○○○(직장인): 차값이 워낙 비싸잖아요. 요즘 직장인들의 주머니가 점점 얇아지니까 나누어 내고……] 지난달 국내에서 제일 많이 팔린 소나타를 리스나 할부, 장기 렌트로 이용하면 어떻게 다를까? 차값 2,200여만 원에 선납금을 똑같이 740만 원으로 잡으면, 매달 내야 하는 돈은 50에서 60만 원 선. 계약 조건에 따라 다르지만 할부가 제일 싸고 리스, 렌트순입니다. 하지만 할부는 보험료와 세금을, 리스는 보험료를 추가로 내야 합니다. 이렇게 해서 3년간 총액을 비교하면 장기 렌트가 경제적입니다.

'심층 취재'라는 타이틀까지 달고 방송된 MBC의 다음 기사는 '심층성'은 안 보이고 고가 아웃도어 의류 열풍이 어린이들에게까지 퍼진 왜곡된 소비 문화를 보여 주는 데 그치고 있다. 그런 소비 문화에 비판적으로 접근하는 것도 아니다. 그저 '어린이 마케팅' 상황을 보여 주고 친절하게 "새 학기 대목과 캠핑 인기 덕에 얼마 전 청소년들에게 일었던 열풍이 재현되기를 기대"하고 있는 업체들의 속마음을 그대로 기사에서 전해주고 있다. 미처 어린이들에게까지 이런 고가 아웃도어 의류를 사줄 생각도 하지 않았던 학부모들에게 이런 열풍이 분다는 사실을 알려주고 있는 것이다.

2013년 3월 16일 MBC 〈뉴스데스크〉

[심층 취재] 아웃도어, 이제는 '키즈' 전쟁…… 어린이 잡아라!

앵커 아웃도어 열풍에 호황을 누려온 업체들이 경쟁이 치열해지자 이제 어린이들을 새 고객층으로 겨냥하고 있습니다. 부모와 같이 입을 수 있는 디자인에다 다양한 기능을 내세우고 있는데 옷 가격이 수십만 원대여서 빨리 자라는 아이들에게 사 입히기에는 부담이 되고 있습니다. ooo 기자가 심층 취재했습니다.

기자 날이 완연히 풀린 한강변, 짐을 가득 싣고 온 가족들이 캠핑 준비에 바쁩니다. [ooo: 요즘 많이들 나가시는 것 같고요. 저희도 나와 보니까 너무 좋고 가족들끼리 얘기도 많이 할 수 있어서 좋은 것 같아요.] 아침저녁으로 아직 쌀쌀하다 보니 외부에선 바람을 막아 주는 재킷이 필수입니다. 최근 가족 단위로 나들이객이나 캠핑족들이 늘면서, 업체들은 너나 할 것 없이 어린이 아웃도어 시장에 뛰어들고 있습니다. (……)

다음 '라면 전쟁' 기사는 단순히 라면 전반에 대한 광고 같다는 지적을 받았다. 라면을 두고 어떤 경쟁이 벌어지고 있는지, 어떤 업체들이 어떤 상품을 준비하고 있는지 등을 구체적인 업체 이름과 상품명까지 동원해가며 제법 길게 다뤘다. 불가피하게 라면을 많이 먹는 것은 사실이지만 이 기사가 소개한 라면은 전형적인 패스트푸드의 하나일 뿐이다. 신문으로 치면 업계의 협찬을 받아서 제작하는 이른바 '스폰서 면*Sponsored page*'을 연상시키는 기사다.

2013년 5월 10일 MBC 〈뉴스데스크〉

불꽃 튀는 신 '라면 전쟁'…… 불황에 더 뜨겁다

앵커 요즘 경기 불황에 오히려 더 맵고 뜨거운 곳이 있습니다. 바로 라면 시장인데요, 새로 나온 라면에 30년 1위의 아성이 무너지는가 하면, 스프 건더기 하나도 다르게 만들려는 경쟁이 치열합니다. ○○○ 기자가 취재했습니다.

기자 냄비를 불에 올리고 스프에 갖은 양념, 계란을 풀고 면을 넣으면, 푸짐한 라면 한 그릇이 완성됩니다. 수십 종의 면과 재료를 갖춘 샐러드바에 라면 카페까지 생겨날 정도로 우리나라 소비자들의 라면 사랑은 유별나고 입맛도 그만큼 까다롭습니다. (……) 업계 1위 농심은 튀기지 않은 저칼로리 면으로 승부를 걸었고 삼양은 '짜파구리'를 잡을 대항마를 준비 중입니다. 하얀 라면 돌풍의 주역 팔도도 올해만 신제품 2~3개를 내놓을 계획입니다. 맛내기 정도였던 건더기 스프도 식감을 살린 큼직한 야채는 기본, 말린 새우부터 얇게 자른 마늘, 계란 블록까지 차별화 경쟁이 치열합니다. ……

MBC는 이 기사를 전후해서 5월 2일에는 "공기청정기 가격, 성능 천차만별," 5월 9일 "원조 위협하는 미투 상품들," 5월 26일 "여름 시작! 선풍기, 부채, 에어컨 불티난다" 같은 기사를 내보냈는데, 특별히 이 시기만의 문제도 아니었다. 7월의 경우에도 다음 표에 나타난 것처럼 유사한 성격의 기사가 연달아 방송됐다. 정통 경제 분석 기사를 이른바 '트렌드성 경제 기사,' 즉 사실상의 광고성 기사들이 대체한 것이

표 13. 유사한 광고성 기사 사례(MBC)

날짜	기사 제목
7. 1 (월)	(12) 타이어도 ‘연비 경쟁’ 후끈…… 기름값 얼마나 아낄까
7. 2 (화)	(21) 립스틱 대신 ‘매니큐어’ 효과
7. 4 (목)	(15) 국산 보리로 차별화…… ‘제주 특산 맥주’ 나온다
7. 11 (목)	(18) 청정기 대신 아토피 잡는 ‘바이오 월’…… 냉방 기능까지 (23) 생막걸리 나간다, 수입 주류 비켜!…… ‘재도약 노린다’
7. 13 (토)	(15) 한여름에 즐기는 ‘얼얼한’ 겨울 스포츠
7. 15 (월)	(18) 빨간색 국물, 하얀색 국물? 대세는 ‘비벼 먹는 라면’
7. 17 (수)	(22) 외산에 밀린 소형 가전 잡아라…… 스마트 명품화 전략
7. 21 (일)	(15) 초코파이, 대륙 입맛 잡았다…… 10억 개의 신화
7. 22 (월)	(16) 스마트폰 껐다 켰다 하루 70번…… ‘첫 화면’ 잡아라
7. 26 (금)	(12) 생수 시장 급성장…… 천차만별 가격 ‘불신’
7. 30 (화)	(17) 휴가 도와주는 ‘똑똑한’ 스마트폰 앱…… 인기 앱은?

* 괄호 안의 숫자는 리포트 순서임.

다. 생활 정보, 생활 밀착형이라는 명목 아래 온갖 광고성 기사들이 양산된 것이다. 다른 시기에서도 비슷한 유형의 기사를 어렵지 않게 찾아볼 수 있다. 정도의 차이는 있지만 다른 방송들도 이런 비판에서 자유롭지 않다.

다음 기사도 상당수 특위 위원들로부터 특정 기업의 특정 제품에 대한 광고성 기사에 불과하다는 지적을 받았다. 물론 이 기사의 소재인 볼펜이 사치품도 아니고 서민들이 일상적으로 사용하는 품목이라는 점에서 생활 속의 숨은 얘깃거리를 다룬 것으로 볼 수 있다는 반론도 있었다. 이 기사의 경우는 광고성이라는 측면보다는 전반적인 뉴스의 연성화와 연결해서 보는 것이 타당하지 않겠느냐는 것이다.

그런데 화면에서 해당 상품이 지속적으로 뚜렷하게 부각된 것은 물론 "수많은 필기구의 등장에도 변함없이 사랑받고 있는 모나미 153펜의 역사" 운운하는 홍보성 문구는 이 기사를 단순한 연성 기사로만 보기는 어렵다는 지적에 설득력을 더하고 있다. 같은 날 "사막에 난로를 팔아라"는 리포트도 방송되었는데, 특별한 계기도 없이 메인 뉴스에서 이런 성격의 기사가 여럿 배치된다면 결국 실질적인 각종 사회 현안을 다루는 데는 소홀해질 수밖에 없다.

2013년 5월 29일 MBC 〈뉴스데스크〉

모나미 '153 볼펜' 출시 50년…… 추억 그려나간 36억 자루

앵커 이 볼펜 누구나 한번쯤은 써보셨을 겁니다. 출시 50년이 다 됐는데 지금까지 무려 36억 자루. 일렬로 이으면 지구를 12바퀴나 감을 수 있는 개수가 팔렸습니다. 수많은 필기구의 등장에도 변함없이 사랑받고 있는 모나미 153펜의 역사, ○○○ 기자가 소개합니다.

기자 하얀 몸통의 단순한 디자인은 지난 1963년 처음 만들어진 이래 변하지 않았습니다. 잉크와 만년필이 필수이던 시절, 간편한데다 값까지 쌌던 최초의 국산 볼펜은 선풍적인 인기를 끌었습니다. (……) 단순한 필기구에서 옛 기억을 떠올리게 해주는 추억의 매개로까지 지나온 50년. '153볼펜'은 그 이름 앞에 '국민'이라는 칭호를 달게 됐습니다.

---

(4) 광고주 활동 (국수주의적) 홍보

광고주인 대자본의 활동이나 실적을 심층적인 분석 없이 전달하는 홍보성 보도, 그리고 '국산 vs. 수입품' 혹은 '한국 기업 vs. 외국 기업'의 대결이라는 국수주의적 프레임 속에서 한국 기업의 활동 등을 무비판적으로 칭찬하는 보도도 심심찮게 볼 수 있다. 일부 거대 기업이 차지하는 비중이 워낙 큰 우리 경제 현실을 생각해보면 이들의 국제 시장에서의 활약에 국민적 관심이 집중되는 것은 불가피한 측면도 있다. 하지만 이런 보도가 사회적으로 타당성을 가지려면 그만큼 이런 경제력 집중의 문제나 이들이 국내 시장에서 부적절한 활동을 벌이는 문제 등에 대해서도 상응하는 취재 보도가 이뤄져야 한다. 그런 '감시' 차원의 보도는 제대로 이뤄지지 않는 상황에서 홍보나 칭찬 일변도의 보도가 줄을 잇는다면 그것은 광고주 편향이라는 지적을 피할 수 없다.

CJ그룹은 이재현 회장의 검찰 소환에 앞서 아르바이트 직원을 계약직으로 전환한다고 발표했다. 이런 사안을 보도하는 방법은 여러 가지가 있을 수 있다. MBC는 이를 '표면적으로는' 기계적으로 단순 전달하는 쪽을 택했다. 반면에 당일 SBS는 기자 리포트를 통해 '하필 왜 지금?'이라는 의문을 제기했다. MBC 단신만 보면 시청자는 CJ그룹이 이 시점에 이런 결정을 내린 내막에 대한 의문을 갖기보다는 단순히 긍정적인 인상을 갖기가 쉽다. 물론 MBC의 경우 단신으로 전달하는 방식을 선택했기 때문에 단순 사실 전달에 그칠 수밖에 없었다는 시각도 있을 수 있다. 그런데 짧은 단신임에도 불구하고 MBC 기사에서는 "CJ 측은 (……) 정부가 추진 중인 양질의 시간제 일자리로 만들 계획이라고 밝혔다"며 CJ 측이 이 조치를 통해 알리고 싶은 핵심 내용은 충분히 전달하고 있다. CJ 측의 의도를 알았든 몰랐든 결과적으로 CJ의 의도에 봉사한 기사인 셈이다.

2013년 6월 18일 MBC 〈뉴스데스크〉

CJ 아르바이트 직원 무기 계약직 전환 (단신)

CJ그룹이 서비스 업종 계열사의 아르바이트 직원 1만 5천여 명을 본인이 희망하는 시점까지 근무할 수 있는 무기 계약직으로 전환하기로 했습니다. CJ 측은 해당 직원들에게 4대 보험과 법정 수당, 퇴직금 등 정규직 사원과 같은 혜택을 부여해, 정부가 추진 중인 양질의 시간제 일자리로 만들 계획이라고 밝혔습니다.

2013년 6월 18일 SBS 〈8뉴스〉

CJ '알바' 1만 5천 명 정규직 대우…… 왜 지금?

앵커 CJ가 아르바이트 직원 1만 5천 명에게 정규직 대우를 해주겠다고 밝혔습니다. 다른 때였으면 더 박수 받을 수 있었을 텐데 시점이 묘합니다. ○○○ 기자가 취재했습니다.

기자 이 영화관에서 일하는 직원들은 대부분 아르바이트입니다. [두 분이서 편하게 관람하실 수 있는 좌석입니다.] 전국에 있는 이 영화관에만 4천 700명의 아르바이트 직원이 있는데 모기업인 CJ가 이들에게 정규직에 준하는 혜택을 주겠다고 밝혔습니다. 올리브영 등 다른 CJ 계열사도 포함돼, 모두 1만 5천 명이 대상입니다. 4대 보험을 비롯해 퇴직금과 휴일 수당 등을 지급하는 데 연 200억 원이 듭니다. [CJ 그룹 관계자: 88만 원 세대로 불리는 젊은이들에게 희망을 주고 사회적 책임을 다하는 기업으로 거듭나기 위한 취지입니다.] CJ는 지난주에도 출산 등으로 경력이 단절된 여성 5천 명을 고용하겠다고 밝힌 바 있습니다. 정부의 일자리 창출 정책에 협조한다는 취지라지만, CJ 그룹 이재현 회장의 검찰 소환이 머지않은 상황 때문이라는 분석이 제기되고 있습니다. 기업 총수가 재판 중인 한화와 SK, 노조 설립 방해 등으로 조사를 받은 이마트도 비정규직의 정규직 전환을 발표한 바 있습니다. [○○○ 청년유니온 위원장: 검찰 수사가 들어가고 뭔가 안 좋은 사건들이 터졌을 때 보여 주기 식, 그런 식으로 내놓는 게 순수하지 않은 의도들이 있는 것 같다. 사실은……] 사정 당국의 조사가 없었어도 대기업들이 일자리 개선 대책을 내놨을지, 의구심을 갖고 있는 시민들이 적지 않습니다.

국수주의적 프레임을 보여 주는 기사도 심심찮게 발견된다. 다음은 미국 슈퍼볼에서의 한국 기업의 광고에 대한 MBC의 기사들이다.

2013년 2월 2일 MBC 〈뉴스데스크〉

美 슈퍼볼 개막, 열기 '후끈'…… 싸이도 광고 모델

앵커 미국 프로 풋볼 챔피언 결정전인 슈퍼볼 개막이 이틀 앞으로 다가왔습니다. 1억 명 넘게 시청하다 보니 수십억에서 수백억 하는 세계 기업들의 글로벌 광고전 역시 치열합니다. 로스앤젤레스에서 ○○○ 특파원입니다.

기자 슈퍼볼 개막 이틀 전, 미국 전역은 벌써부터 달아오르고 있습니다. 프로 풋볼의 왕중왕을 가리는 결정전은 친형제인, 양 팀 감독의 대결로 관심이 더 뜨겁습니다. 초당 광고비가 1억 4,000만 원에 달하는 광고전도 볼거리. 월드 스타 싸이는 미국 최대 견과류 회사의 광고 모델로 나섰고, 삼성전자는 사사건건 소송을 거는 애플을 비꼬는 광고를 내놓았습니다. [영상: 삼성 슈퍼볼 광고: "(이름 갖고) 누군가 고소를 할 수 있어!" "샌프란시스코 포티나이너스(49ers)는 50빼기 1s'라고 부르죠." "볼티모어 레이븐스(까마귀들)는 그냥 '검은 새'로 부릅시다."] 현대·기아차는 인기 록그룹과 함께 하는 신차 광고에 370억 원을 쏟아 부었습니다. [○○○ 현대차 마케팅 부사장: 지난해 1억 1000만 명이 슈퍼볼을 시청했습니다. 상품 홍보에는 최고의 기회인 셈입니다.] (……)

2013년 2월 4일 MBC 〈뉴스데스크〉

'한국 광고 잔치' 美 슈퍼볼 축제, 사상 초유 정전

앵커 지상 최대 광고쇼로 불리는 미국 프로 풋불 챔피언 결정전 슈퍼볼이 끝났습니다. 특히 올해 광고전은 한국 기업들이 잔치판을 벌여서 눈길을 끌었는데요, 하지만 사상 초유의 정전 사태는 옥의 티였습니다. 로스앤젤레스에서 ○○○ 특파원입니다.

기자 …… 총 3,200억 원이 투입된 광고전은 더 치열했습니다. 가수 싸이는 말춤을 추며 광고에 출연했고 현대. 기아차는 350억 원이 든 광고 7편을, 삼성은 165억 원이 든 120초 광고를 선보였습니다. 1억 1,200만 명이 시청한 것으로 집계된 올 슈퍼볼 광고는 그래서 한국 기업들이 점령했다는 말이 나왔습니다.

슈퍼볼이라는 소재의 특성상 광고 이야기가 나오지 않을 수는 없다. 하지만 이틀에 걸쳐서 국내 기업의 활약상을 조명하듯이 지상파 방송의 메인 뉴스에서 이렇게 잇달아 보도할 만한 사안인지 의문이 든다. 특히 첫날 보도에서는 노골적으로 애플을 비방하는 듯한 삼성의 광고를 그대로 보도했다. 은연중에 삼성에 정당성을 부여하며 홍보에 도움을 준 셈이다. 두 번째 기사의 '슈퍼볼 광고를 한국 기업이 점령했다'는 표현은 다분히 감정적이다. 미국 광고계에서도 논란거리인 슈퍼볼의 천문학적 광고비에 대한 의례적인 문제 제기도 찾아볼 수 없다. 미국 내에서도 슈퍼볼은 앵커 멘트에 썼듯이 '지상 최대 광고 쇼'로 불린다. 여기서 우리 기업이 당당하게 광고를 하는 것이 국민적 관심사였던 시절도 있었다. 하지만 국내 소비자보다는 해외 소비자에 더 관심을 기울이는 이들 기업이 단 하루의 광고 쇼를 위해 수백억 원을 투입하는 것을 국내 소비자들이 '우리 기업 대단하다'며 감탄해야 하는지 냉정하게 되돌아볼 필요가 있다. 이들 기사는 이런 당연한 물음을 제기하지 않았다.

다음 두 기사는 같은 날 '곡면 스마트폰' 출시를 다룬 것이다. MBC는 삼성전자만을 소재로 해서 신제품의 장점을 집중적으로 보여주고 있다. SBS는 이미 출시된 삼성전자 신제품에 다음 달 출시될 LG의 신제품을 소개하면서 애플까지 포함한 휴대전화 진화 경쟁을 분석하고 있다. 특정 업체 제품만을 소개하는 것을 최대한 피하려는 노력을 보인 것이다. 물론 경우에 따라 특정 업체의 특정 제품만을 기사로 다룰 수도 있다. 하지만 제품 관련 기사에서도 최대한 저널리즘적 태도를 견지하려는 노력이 필요하고, 비교나 분석, 전망 등이 포함되어야 할 것이다.

2013년 10월 9일 MBC 〈뉴스데스크〉

세계 최초 '곡면 스마트폰' 출시…… 디스플레이 기술 전쟁

앵커 화면이 평면이 아닌, 오목하게 휜 국산 스마트폰이 세계 최초로 출시됐습니다. 좀더 있으면 자유자재로 접거나 둘둘 말 수 있는 휴대폰도 나올 것으로 보입니다. ○○○ 기자입니다.

기자 액정 화면이 오목하게 구부러져 있는 신형 스마트폰입니다. 일단 손에 쥐기가 기존의 평면 스마트폰보다 편하고, 곡면대로 기울이면 꺼져 있던 화면이 켜집니다. [EFFECT: 사랑해! (발라드)] 노래를 듣다가도 오른쪽으로 기울이면. [EFFECT: 우린 짝패! (록)] 다음 노래가 재생되는 기능도 있습니다. 구부러진 액정 화면이 스마트폰에 탑재돼 출시된 건 세계 최초입니다. 디스플레이 기술은 기존의 평면에서 점차 접었다 펼쳤다 하는 형태로 진화하고 있는데요. 이 곡면 액정이 그 초기 단계로 볼 수 있습니다. 더욱 발전하면 스마트폰 옆면에까지 영상 정보가 흐르고, 자유자재로 접거나 둘둘 마는 단계까지 가면 태블릿 PC도 대체하게 될 것으로 보입니다. (……)

2013년 10월 9일 SBS 〈8뉴스〉

'휘는 스마트폰' 출시…… 휴대전화 진화 경쟁

앵커 삼성전자가 세계에서 처음으로 화면이 휘어진 스마트폰을 내놨습니다. LG도 곧 출시합니다. 둘둘 말았다가 펴는데까지 가기 위한 첫걸음입니다. ○○○ 기자입니다.

기자 일자로 쭉 뻗은 기존 휴대전화와 달리 제품 전체가 좌우로 오

목하게 휘어져 있습니다. 휘어지는 성질의 플라스틱 디스플레이를 사용해서 삼성이 세계 최초로 내놓은 휴대전화입니다. 갤럭시 라운드라는 제품명으로 내일(10일)부터 시장에 공식 출시됩니다. LG전자도 다음 달 역시 비슷한 제품을 내놓습니다. 삼성 제품이 좌우를 휘어서 잡기 편하게 만든게 특징이라면, LG는 위아래를 휘어서 동영상을 볼 때 입체감을 좋게 만드는데 집중했습니다. 아직 완전히 휘어지는 스마트폰은 아니지만 삼성과 LG는 그룹 전체가 나서서 다음 단계를 준비 중입니다. 화면과 함께 배터리와 부품들도 휘도록 개발하는데 계열사들이 총동원된 겁니다. 이 제품이 세계 최초로 개발된 케이블형 배터리입니다. 시곗줄로 쓸 수 있고, 목걸이로 만들 수도 있고, 또 옷에 넣을 수도 있고 다양한 형태에 입는 기기에 사용이 가능합니다. 애플도 이미 다양한 모양의 휜 전화기를 준비하고 있는 상황입니다. 수첩처럼 전화를 반으로 접었다 펴서 쓸 수 있고, 화면을 말고 다니다가 필요할 때만 펼쳐서 볼 수도 있게 되는 최첨단 휴대전화 시장을 선점하기 위한 글로벌 경쟁이 본격적으로 시작됐습니다.

대기업의 실적은 분기별로, 그리고 반기, 연간 실적이 공표될 때마다 주요한 기사로 보도된다. 대기업이 주요한 생산 설비를 가동하거나 새로운 시장 등을 확보하는 것도 마찬가지다. 뿐만 아니라 다음 대한항공 기사와 같이 기업의 소소한 실적이나 화제들도 기사로 다뤄진다.

2013년 10월 4일 MBC 〈뉴스데스크〉

삼성전자 3분기 영업이익 '10조' 돌파…… 거침없는 질주

앵커 삼성전자의 질주가 거침이 없습니다. 스마트폰과 반도체 호조로 지난 3분기 영업이익이 처음으로 10조 원을 돌파했습니다. ○○○ 기자입니다. (……)

2013년 10월 4일 SBS 〈8뉴스〉

삼성전자 사상 최대 매출…… 분기 영업이익 '10조'

앵커 삼성전자가 사상 최대의 이익을 올렸습니다. 지난 3분기 영업이익이 10조 원을 돌파했습니다. 하루에 1천 100억 원씩 벌어들인 셈입니다. 먼저 ○○○ 기자입니다. (……)

2013년 9월 21일 YTN 낮 뉴스

삼성그룹 매출 300조 · 총자산 500조 원 돌파 (단신)

삼성그룹이 연간 매출 300조 원을 돌파했습니다. 삼성은 2012년 기준으로 그룹의 총매출이 302조 9천억 원을 기록해 1년 전보다 10.4% 늘었다고 밝혔습니다. 삼성의 매출 급증은 주력 계열사인 삼성전자의 휴대전화 판매 호조로 매출이 크게 늘었기 때문으로 분석됩니다. 삼성전자는 지난해 매출 201조 천억 원을 기록하며 삼성 그룹 전체 매출의 3분의 2를 차지했습니다. 삼성그룹은 이와 함께 지난해에 총자산 500조 원을 돌파하고 순이익도 29조 5천억 원으로 사상 최대를

기록했습니다.

2013년 9월 15일 YTN 오전 뉴스

대한항공, 작년 부수입 8천억 원…… 세계 10위 (단신)

대한항공이 지난해 여객·화물 운임 외에 기내 면세품 판매와 항공권 환불 수수료 등으로 8천억 원을 벌어들여 부수입 면에서 세계 항공사 10위를 차지했습니다. 미국의 항공 컨설팅 업체 아이디어웍스의 항공사 부가 수입 보고서를 보면, 대한항공의 지난해 매출 110억 3,751만 달러 가운데 부수입은 6.5%인 7억 2,090만 달러, 우리 돈으로 8,010억 원을 기록했습니다. 이에 따라 대한항공은 세계 항공사 부수입 순위에서 처음으로 10위를 차지했습니다. (……)

2013년 5월 11일 MBC 〈뉴스데스크〉

레이싱 속도전 빰치는 타이어 전쟁…… 세계 뚫는 국산

앵커　시속 300km가 넘는 자동차들의 레이스. 유럽과 미국에선 최고 인기 스포츠 가운데 하나입니다. 워낙 빨리 달리다 보니 타이어를 자주 갈아야 하고, 그 모습이 생중계되기 때문에 독점 공급하기 위한 업체들의 경쟁도 치열합니다. 독일 프랑크푸르트 현지에서 ○○○ 기자가 취재했습니다.

기자　(……) [○○○ 한국타이어 상무: 기술력과 품질의 입증과 함께 더불어서 브랜드에 대해서 상당히 강한 홍보 효과를 가질 수가 있습니다.] 무려 100조 원이 넘는 것으로 알려진 세계 타이어 시장. 모터레이스에서 펼쳐지는 속도전만큼이나 타이어업체들의 경쟁도 치열해지고 있습니다.

위에서 예로 든 모든 기사가 그 자체로 광고주 편향이라고 볼 수는 없다. 하지만 앞에서도 언급했듯이 이들 대기업이 국가 경제에서 차지하는 엄청난 비중 때문에 이처럼 실적이나 활약상이 보도될 필요가 있다면 그만큼 이들 기업의 사회적 책임, 법률 준수 여부 등에 대해서도 적극적인 보도가 있어야 한다. 그렇지 않은 보도는 일방적이고 편향적이라는 비판을 받게 되는 것이다.

물론 기업의 활동이라도 새로운 기술이나 시도, 국내 기업의 세계적 경쟁 상황 등에 대한 분석 등을 모두 광고주 편향이라고 보는 것은 무리가 있다. 이는 방송 심의에서도 마찬가지다. 예를 들어서 애플의 새 제품이 나왔다는 것은 그것만 가지고 방송을 해도 각종 모니터에서는 물론 방송 심의에서도 거의 문제가 되지 않는다. 이런 부분에서는 일정한 역편향의 문제 혹은 언론 보도를 과도하게 단순한 규제의 시각에서 보려는 것이라는 지적이 제기될 수 있다.

2) 광고주 편향의 원인 분석

이런 광고주 편향은 어떤 경로로, 왜 발생하는 것일까? 세부 유형별로 이런 광고주 편향이 나타나는 원인을 구분해 보는 것은 앞으로 이런 문제에 해당하는 것인지를 어떻게 판단할 것인지, 그리고 이를 어떻게 예방할 수 있는지를 파악하기 위해 필요하다.

(1) 광고주 관련 기사 누락·축소

광고주의 문제점을 축소하거나 아예 누락시키는 유형의 기사는 갈등 사안에서 한쪽에 치우친 보도와 함께 기사가 어떤 의미에서든 권력에 대한 감시 기능을 해야 한다는 점을 망각하는 데서 출발한다. 자본주의 사회에서 광고주, 즉 대기업은 선출된 정치 권력보다도 더 강력할 뿐만 아니라 임기도 따로 없는 권력이다. 이런 권력의 문제점을 취재해서 보도하는 것은 정치 권력, 행정 권력, 사법 권력에 대한 감시에 비해 결코 중요성이 떨어지지 않는다. 하지만 이런 문제를 발굴해 보도하는 사례들은 거의 찾아보기 어려운 것이 현실이다.

더 큰 문제는 이미 제기된 사안들, 눈앞에 나타난 사례들까지 외면하는 경우인데, 위에서 예로 든 것들이 바로 그런 것이라고 할 수 있다. 이미 공개된 문제의 경우 표면만 보고 기계적으로 보도하는 것도 문제이다. '왜?'라는 의문을 가지고 한 단계만 더 고민해도 완전히 다른 기사를 쓸 수 있는데, 이를 회피하는 것으로 볼 수밖에 없는 경우들이 많다. 부담을 안고 한 단계 더 취재를 하기보다는 기계적 보도에 안주하는 것이다.

이러한 보도는 원칙적으로는 불완전 보도라고 할 수 있다. 단순해 보이는 것도 사실 관계를 조금만 더 파고들면 다른 측면이 드러나는 경우가 많다. 광고주와 관련된 사안은 무조건 끝장을 볼 정도로 탐사 보도를 하라고 요구하는 것이 아니다. 스스로 공개했거나 드러난 한 면만을 기계적으로 보도하는 것은 사안에 대한 왜곡 보도가 될 수 있다는 것이다.

(2) 광고주 입장 대변

갈등 사안에서 광고주의 입장에 치우치는 것도 역시 갈등 사안의 본질에 대한 무관심이나 의도적인 외면, 혹은 불완전한 취재에서 비롯되는 경우가 많다. 갈등 사안의 본질을 조금만 더 면밀하게 취재하면 대개의 경우 어느 쪽의 주장이 옳은 것인지를 금방 확인할 수 있다는 것이다. 단순한 확인 취재를 통해 갈등 사안의 당사자들이 주장하는 내용 가운데 무엇이 옳은 것인지, 무엇이 근거를 갖추지 않은 일방적인 주장인지를 확인하게 된다면 전혀 차원이 다른 보도를 할 수 있다. 즉 갈등 사안과 관련해 광고주의 입장에 치우친 보도의 경우 의도했든 아니든 기본적인 사실 관계 확인이 부족한 경우가 많다.

갈등 사안에서의 치우친 보도는 이미 짜놓은 어떤 프레임을 기계적으로 들이댐으로써 발생하는 경우도 있다. 대표적으로 노사 문제에서 이런 기사들이 나타난다. 이런 광고주 편향 역시 사실 관계 확인 부족으로 인해 비롯되는 것으로 볼 수 있다. 사안 자체를 제대로 취재하지는 않고 특정한 프레임에 의존해 기사를 쓰는 것이기 때문이다.

이런 기사는 출입처 동화와도 관련이 있다. 평소 자주 대면하는 사측 관계자들의 주장을 노측 주장에 비해 더 신뢰하는 것도 원인의 하나라고 볼 수 있기 때문이다. 이런 경향은 일선 기자는 물론 데스크 등에서도 나타나는 경우가 많다. 일상적인 취재원이었던 사측 홍보 관계자 등과의 동화 현상이 근저에 깔려있다고 볼 수 있다.

(3) 상품 및 서비스 홍보성 기사

이 유형은 직접 업무를 맡고 있는 경제부 소속 기자들로서는 제일 부담스러운 기사들일 수 있다. 위의 두 세부 유형과는 달리 이런 '생활 밀착형' 기사들의 경우 별 문제의식을 갖지 않는 경우가 많다. 이런 기사에 대해 문제를 제기하면 경제부 소속 데스크나 기자들은 '그럼 경제 기사는 도대체 뭘 쓰라는 거냐'며 반론을 제기하기도 한다.

하지만 여기서 본질적으로 뉴스가 무엇인지, 광고나 홍보는 무엇인지를 따져볼 필요가 있다. 방송법이나 신문법은 물론 각종 언론 관련 윤리 강령에서도 기사와 광고를 엄격하게 구분할 것을 요구한다. 미국에서도 광고와 프로그램을 구분하지 않으면 처벌하고 있다. 신문의 경우 기사 형식의 광고인 '기사형 광고*advertorial*'가 사회적 문제로 지적되고 있다. 다시 말해 기사와 광고 또는 홍보는 분명히 다를 뿐만 아니라 명확하게 구분되어야 한다는 점을 분명히 인식해야 한다.

문제는 사회적인 흐름을 소개하는 일종의 트렌드 기사의 형식을 갖춘 것들이다. 하지만 아무리 '기사' 형식을 갖추고 있더라도 단순한 상품이나 서비스 소개에 그치는 경우는 본질적으로 광고와 별 차이가 없다고 보는 것이 옳다. 조금이라도 더 기사 형식을 갖춰 보려고 복수의 제품을 비교하는 모양새를 취하더라도 결국은 기능 등에 대한 단순한 소개에 불과한 경우도 마찬가지다. 본질적으로 기사가 되려면 어떤 상품이나 서비스에 문제는 없는지, 어떤 것을 주의해야 하는지 등에 대한 내용이 중심이 돼야 한다. 본문에서는 제품이나 서비스 소개만 죽 해놓고 끝에 가서 이런 식의 멘트를 한두 마디 붙이는 것은 해당 기자나 데스크도 그런 내용만으로는 기사가 되기 어렵다는 점을 사실상 인식하고 있다는 증거라고 볼 수도 있다. 특히 특정 업계나 새로운 소비 패턴을 소개하는 기사는 사실상 해당 제품군의 소비를 촉진하는 효과를 갖는 이미지 광고의 기능을 갖는다. 어떤 경우는 일부에 국한된 소비 행태를 사회적으로 확산시키는 기능을 수행하기도 한다. 이런 측면에 대한 보다 면밀한 인식이 필요하다.

물론 대단히 큰 사회적 흐름을 형성할 수도 있는 신기술이나 혁신적 제품의 등장 같은 것을 '광고 효과'가 있다는 이유로 기사 가치를 부정할 수는 없다. 기사라는 것 자체가 원래 우리 주변에서 무슨 일이 일어나고 있는지를 알려주는 것에서부터 출발한 것이기 때문이다. 하지만 앞에서 예로 든 이 세부 유형의 기사들은 사회적 흐름에 영향을 미치는 그런 신기술이나 혁신적 제품의 등장에 대한 것들이라고 보기는 어렵다. 단순 정보 전달이라고 강변할 수도 있지만 방송 메인 뉴스에서 생활 정보를 빙자해 이뤄지는 상품이나 서비스 소개는 대체로 기사의 외형을 입힌 광고일 가능성이 크다. 이와 유사한 낮 시간대의 각종 생활 정보 프로그램들이 해당 제조사나 유통업체 등의 협찬에 의해 제작되고 있는 현실을 보면 이해가 될 것이다.

(4) 광고주 활동 (국수주의적) 홍보

이 세부 유형에 속하는 기사들은 도대체 기사는 누구의 시각에서 써야 하는지, 그리고 기사를 도대체 왜 쓰는지에 대한 의문을 제기한다. 기자는 광고주가 국가 경제에서 차지하는 비중이 클수록 당연히 전체 사회에 미치는 긍정적인 면과 부정적인 면을 모두 보도해야 한다. 하지만 관습적으로 해당 대기업 등이 공개하는 실적이나 대규모 공장 설치 같은 기업 활동을 단순히 전달하는 데 그치는 경우가 많다.

특히 자국 기업을 마치 스포츠에서의 국가 대표 선수인 것처럼 생각하는 국수주의적 프레임도 종종 나타난다. 일단 이런 프레임을 적용하면 사안을 냉정하게 객관적으로 들여다보는 것은 불가능해진다. 기사는 시청자, 독자들의 애국주의적 경향에 호소함으로써 소구력을 가질 수도 있다. 하지만 이렇게 되면 비판적 시각은 사라지고 미화 중심의 기사로 흐르기 쉽다.

모든 기사 하나하나에서 정보 전달과 비판적 시각 등이 모두 나타날 수는 없다. 때문에 개별 기사에서는 단순히 대기업 등의 활동이나 실적 등을 전달하는 것 이상을 담지 못할 수도 있다. 대신 전체적으로 언론의 기본적인 사명이라고 할 수 있는 권력에 대한 감시 기능으로서의 보도, 단순히 드러난 사실의 이면을 들여다보기 위한 보도가 같이 가야 하는데, 앞서 살펴본 바와 같이 이런 노력이 부족한 것이 현실이다.

이런 홍보성 보도가 양산되는 것은 역시 해당 사안이 그렇게 장밋빛으로만 볼 일인지에 대한 사실 관계 확인의 불철저, 그리고 취재원인 광고주나 그 관계자의 발언이나 제공된 정보를 과신하는 출입처 동화가 함께 작용하는 것으로 볼 수 있다. 항상 그렇듯이 저널리즘의 여러 문제들은 항상 여러 원인이 중첩되어 일어나는 것이다.

3) 광고주 편향 방지를 위한 점검 목록

광고주 편향 기사를 방지하기 위해서는 두 가지 차원에서의 점검이 필요하다. 먼저 개별 기사 차원에서는 해당 기사가 그 자체로 위에서 지적된 각종 문제를 갖고 있는 것은 아닌지, 더 완전한 기사로 만들 여지는 없는지 등을 점검해야 한다. 다음으로 단순히 사실을 전달하는 기사도 있을 수 있고 이런 사실의 이면을 심층적으로 들여다보는 기사도 있을 수 있다는 점에서 전반적인 보도량 등 구조적 측면에서의 점검이 필요하다. 1차적으로는 개별 기사들의 문제를 점검하되 2차적으로는 일련의 뉴스 속에서 종합적인 점검도 해야 한다.

(1) 광고주 관련 기사 누락·축소

- 쟁점이 된 사안의 주인공(기업 또는 개인)의 활동이 평소에도 기사로 다뤄지고 있었나?
  그렇다면 그런 주인공의 문제점도 충분히 보도 가치가 있을 가능성이 매우 크다.

- 쟁점이 된 사안에 대해 사회적 비난 가능성이 큰 것인가?
  비난 가능성이 클수록 당연히 보도 가치가 있을 가능성이 매우 크다.

- 쟁점이 된 사안이 주인공(기업 또는 개인)의 영향력, 지위 등과 무관하게 객관적으로 처리되고 있는가?
  그렇지 않다면 보도 가치가 더 높을 가능성이 크다.

- 쟁점이 된 사안이 어떤 경로를 통해 문제가 되었나?
  시민단체, 소비자단체 등의 문제 제기로 쟁점이 된 사안일 경우 공익 가치가 더 높을 가능성이 크다.

- 일반적인 경우 쟁점이 된 사안과 유사한 사안이 비슷한 방식으로 처리되는가?
  그렇지 않다면 보도 가치가 있을 가능성이 크다.

- 이런 유형의 사안을 보도하지 않거나 축소했다는 이유로 사회적으로 논란이 된 경우가 있는가?
  그렇다면 사회적으로 이런 사안의 보도가 공익성을 가질 가능성이 크다.

(2) 광고주 입장 대변

- 해당 사안에서 당사자들 사이나 사회적으로 집단이나 단체 등에 따라 의견이 엇갈리고 있는가?
  일단 해석이나 주장이 엇갈리는 갈등 상황임을 인식하는 것이 중요하다.

- 해석이나 주장이 엇갈리는 부분이 무엇인지를 직접 당사자나 핵심 관련자를 통해 충분히 취재했는가?
  어떤 주장이 있는지, 각각의 주장의 논거가 무엇인지를 직접 확인하는 것이 중요하다.

- 각각의 해석이나 주장은 실질적인 자료나 근거를 통해 입증되거나 반박되는가? 의혹의 제기는 충분한 합리적 개연성이나 타당성을 갖추고 있는가?
  의혹의 경우는 합리적 개연성이나 타당성을 갖추고 있는

지를 통해, 이에 대한 해석이나 주장은 실질적인 자료나 근거를 통해 뒷받침되어야 한다.

- 해당 사안에서 쟁점이 되는 내용, 엇갈리는 주장 등을 기자가 직접 확인 취재했는가?

  갈등의 본질이 무엇인지, 각각의 주장이 실제로 타당성이 있는지를 직접 취재하는 것이 제일 중요하다. 단순히 말을 전달하는 것으로는 갈등의 본질에 접근할 수 없다. 1보에서라면 몰라도 2보, 3보에서는 더욱 분명하게 본질에 접근하는 보도가 필요하다.

- 해당 사안에 대한 보도가 대립하는 주장에 대한 실질적인 취재 결과로 뒷받침되고 있는가?

  실제 취재 결과가 아니라 기존의 막연한 관념 등에 따라 보도를 하는 경우 편향성에 빠질 가능성이 높아진다.

- 만약 갈등의 당사자가 해당 보도에 대해 문제를 제기해 온다면 취재 내용 등을 바탕으로 논박이 가능한가?

  합리적 논박이 가능한 취재를 바탕으로 한 기사라면 당사자가 반발하더라도 정당한 보도일 가능성이 높다.

(3) 상품 및 서비스 홍보성 기사

- 당신이 해당 업계 관계자라면 이 기사를 내보내는 데 비용을 지불할 용의가 있는가?
  그렇다면 이 기사는 광고 성격을 갖고 있을 가능성이 크다. 물론 그렇다고 해서 모두 기사가 안 되는 것은 아니다. 다음 점검 사항을 더 살펴보아야 한다.

- 이 기사는 해당 상품이나 서비스의 긍정적인 면이나 효용 등과 부정적인 면이나 주의할 점 가운데 어떤 측면에 초점을 맞추고 있는가?
  기사의 구조나 분량 등이 긍정적인 면이나 효용 등이 더 많다면 광고 성격일 가능성이 더 크다.

- 이 기사는 결과적으로 해당 상품이나 서비스의 구매나 사용을 더 촉진할 가능성이 큰가? 이 기사를 보지 않았다면 해당 상품이나 서비스를 구매하거나 사용하지 않았을 소비자에 대해 소비심리를 자극할 가능성이 있는가?
  그렇다면 이 기사는 형식은 기사라도 광고 성격일 가능성이 더 크다.

- 이 기사가 전달하는 정보는 충분히 객관적이며 검증된 것인가?
  상품 생산자나 서비스 제공자의 주장을 검증 없이 전달하는 대목은 없는가?

기획 의도가 정당하더라도 '취재'를 하지 않고 '제작'만 하는 경우는 이런 함정에 빠지기 쉽다.

- 이 기사가 전달하는 정보가 해당 방송사의 소중한 뉴스 시간을 차지할 만큼, 또한 이를 시청하는 사람의 소중한 시간을 빼앗을 만큼 의미가 있는 것인가?

  이 기사 하나가 채택됨으로써 빠지게 되는 다른 기사에 비해 이 기사는 뉴스 시간을 차지할 만한 필요성이 있는지 부서의 벽을 넘어서 고민해 보아야 한다. 이 기사가 빼앗게 되는 시청자의 시간도 소중하다. 특히 '생활 밀착형'을 내세운 연성 기획 기사의 경우 이 대목에 대한 진지한 성찰이 필요하다. 전체 뉴스 시간을 고려해서 어느 정도 부드러운 기사를 배치할 수도 있지만 이런 기사가 본질적인 쟁점을 보도하는 데 방해가 되어서는 안 된다.

(4) 광고주 활동 (국수주의적) 홍보

- 해당 광고주에 대해서는 평소 긍정적인 면과 함께 부정적인 면에 대해서도 균형적인 보도가 이뤄지고 있는가?

  그렇다면 보다 홀가분하게 활동이나 실적에 대한 '객관적'

인 보도를 해도 될 것이다.

- 해당 활동이나 실적은 달리 해석될 여지는 없는가? 해당 활동이나 실적에 대한 비판적인 견해를 갖고 있는 사람은 없는가? 단순 전달될 경우 오해를 초래할 가능성은 없는가?
  다른 해석의 여지가 있는데도 이를 그냥 기계적으로 보도할 경우 오해를 초래할 수 있고 궁극적으로는 왜곡의 가능성이 있다.

- 해당 활동이나 실적에 대해 직접 이해관계가 대립하는 곳이 아닌 제3의 외국 언론에서도 비슷한 평가를 내릴 것이라고 보는가?
  순전히 우리의 '우물 안' 시각일 경우 국수주의적 보도가 될 가능성이 크고 이는 결과적으로 시청자들을 오도하는 왜곡이 될 가능성이 높다. 기자는 애국주의적일 수도 있고 국수주의적일 수도 있지만 기사가 애국주의나 국수주의에 빠지면 시청자나 독자의 올바른 판단을 가로막는 장애가 된다.

4. 출입처 동화

1) 출입처 동화의 유형별 사례 분석

한국 기자 사회는 아직까지도 출입처 중심의 기사 생산 구조로부터 자유롭지 못하다. 특정 출입처에 얽매이지 않은 전문 기자의 필요성이 강조돼 오고 있지만 여전히 출입처 중심의 취재, 보도가 주류를 이루고 있는 것이 현실이다. 둥지에 갇힌 새는 새가 아니듯이 출입처에 안주해 있는 기자 역시 진정한 저널리스트라고 할 수 없다. 특위는 자신이 담당하고 있는 출입처의 입장에 동화되어 균형감을 상실하고 무비판적으로 기사를 작성하는 것을 '출입처 동화'로 분류한 바 있다.

출입처 동화가 저널리즘에서 나타나는 방식은 크게 두 가지로 분류된다. 하나는 '전형적인 홍보성 기사'이고 다른 하나는 '축소 보도' 또는 '기사 쓰지 않기'이다. '전형적인 홍보성 기사'란 출입처에 동화되거나 유착된 취재 기자가 팩트와 팩트 이면에 자리 잡고 있는 진실을 외면한 채 일방적으로 홍보성 기사를 쓰는 것이다. '축소 보도' 또는 '기사 쓰지 않기'란 기자가 해당 사안을 의도적으로 축소하거나 아예 보도하지 않는 경우를 말한다. 후자의 경우 '출입처 시각의 일방적 보도,' '권력 지향적 보도,' '본질을 외면하는 보도' 등으로 더 세분화된다. 이들 유형들은 정치적 편향, 시청률 집착, 관습적 기사 작성 등과 맞물려 한국 기자 사회의 고질적인 병폐로 자리 잡고 있다는 점에서 지극히 우려할 만한 사안이다. 기자 사회의 출입처 동화는 우리 사회의 양극화 현상이 심화되면서 사실을 바탕으로 한 진실 추구라는 저널리즘 본연의 임무를 수행하는 데 큰 걸림돌이 되고 있다. 진영 논리에 빠진 일부 기자들이 비판 없는 홍보성 기사 쓰기, 의도적인 축소 또는 과장 보도를 하고 있는 것이다. 최근의 사례들을 중심으로 살펴본다.

(1) 전형적인 홍보성 보도

이 유형에 속한 기사들은 저널리즘의 기본이라고 할 수 있는 "저널리즘이 가장 충성을 바쳐야 할 대상은 시민들이다"라는 원칙에서도 한참 떨어져 있다.[71] 이들 기사들 대부분은 출입처가 배포한 보도자료에 의존해 작성되고 언론사들 간의 다양한 시각은 찾아 볼 수 없을 정도로 한결같이 비슷한 패턴을 보여 준다. 몇 가지 사례를 살펴보자.

2013년 8월 2일 YTN

휴가철 쇠고기 한 근, 농가 주름 편다

앵커 이번 휴가 가방에 쇠고기 한 근 챙겨 보시는 건 어떨까요? 외국산 소가 들어와 몇 년째 솟값이 떨어지면서 농가의 불만은 한계에 다다랐지만 소비를 늘리는 것 외에 별다른 방법이 없습니다. 휴가철을 맞아 한우 할인 행사도 곳곳에서 열리고 있어서 소비자 부담도 크게 줄었다고 합니다. ○○○ 기자입니다.

기자 농협이 운영하는 한 대형 마트입니다. 1등급 '한우 불고기' 100g을 어제보다 무려 천 원이나 싸게 팔고 있습니다. 물론 구이용 등심 등도 값이 내렸습니다. [인터뷰: ○○○(서울 하계동): 많이 가격이

71 Kovach & Rosenstiel (2011), p.93.

내렸는데요. 이 정도 가격이면 참 좋은 거예요.] 휴가를 떠나는 주부를 겨냥한 할인 행사는 갑자기 준비된 겁니다. 고사 위기에 처한 한우 농가를 돕기 위해서입니다. [CG 그래픽] 솟값이 몇 년째 떨어지고 있는 건 한우 공급을 수요가 따라 주지 못해서입니다. 게다가 값싼 수입 쇠고기와 경쟁해야 하고, 사룟값도 오르고 있습니다. 그러다 보니 키울수록 손해 보는 악순환이 계속되는 겁니다. 정부도 사정을 모르진 않습니다. 암소를 잡아 송아지 생산을 막아 한우 숫자를 줄이는 게 근본 처방이란 건 알고 있지만 많은 시간이 걸리고 있습니다. [권재한 농식품부 축산정책국장: 현재 한우 사육 마리 수는 2013년 6월 기준으로 306만 마리입니다. 우리들이 적절하다고 보는 규모가 260만 마리 정도 되는데, 상당히 초과인 상태입니다.] 효과가 바로 나는 처방은 한우를 지금보다 많이 소비하는 수밖에 없다는 얘깁니다. 할인 행사가 이어지면서 딴 데서 소비를 조금만 줄이면 휴가지에서 한우를 즐길 좋은 기회입니다. 휴가 가방 속 '쇠고기 한 근'을 시름에 빠진 우리 농가는 기대하고 있습니다.

이 기사는 팩트에 대한 객관적인 전달과 그 기사로 인한 여론 조성이라는 언론의 기본 원칙을 지키지 않고 있다. 한우 값이 떨어지는 원인과 그 의미를 제대로 전달하지 않고 한우 소비를 직접적으로 촉구하는 선전지나 호소문 성격으로 일관하고 있다. 암소를 잡는 것이 한우 숫자를 줄이는 근본 처방이라는 방법을 제시만 했을 뿐, 왜 암소가 늘었는지, 한우 사육 두수 증가에 따른 정부 대책이 왜 부실한지 등 비판적 시각으로 기사를 확장해 나가지 않고 당장 한우 소비를 많이 하는 것만이 농가를 돕는 것이라는 정책 당국의 홍보 내용만을 전달하

고 있다. 드러난 상황에 대한 표면적 보도만 하고 있을 뿐 다면적 취재가 결여돼 있다. 비슷한 사례는 타 출입처에 비해 상대적으로 취재가 까다로운 국방 관련 리포트에서 더욱 두드러지게 나타난다.

2013년 5월 6일 KBS 〈뉴스 9〉

한미 대잠훈련 시작…… 美 잠수함 7척 괌 전진 배치

앵커 한미 해군이 북한의 잠수함 공격에 대비한 연합 해상 훈련을 시작했습니다. 미군의 핵추진 잠수함 7척도 괌 기지에 전진 배치됐습니다. 한미 연합 독수리 훈련이 끝났지만 만일의 사태에 대비해 대북 감시 태세를 소홀히 하지 않겠다는 한미 군 당국의 의지의 표현입니다. ㅇㅇㅇ 기자가 보도합니다.

기자 오늘부터 서해에서 시작된 한미 연합 해상 훈련은 잠수함의 기습 공격에 대비하기 위한 것입니다. 3년 전 천안함 피격 사건과 같은 비극을 다시는 되풀이하지 않겠다는 의지를 담았습니다. 미국 괌 기지에서 출항한 핵추진 잠수함 한 척도 투입됐습니다. 한미 독수리 훈련이 끝난 지난달 말부터 미국 괌 기지에는 핵추진 잠수함들이 전진 배치 됐습니다. 중형 잠수함 6척과 대형 잠수함 1척입니다. 대형 오하이오급 잠수함은 만 6천 톤급으로, 연료 보급 없이 길게는 3개월 동안 작전을 수행할 수 있습니다. 토마호크 순항 미사일 150기 등 정밀 타격 능력까지 갖춰 세계 최고의 잠수함으로 꼽힙니다. [신인균 자주국방네트워크 대표: 하나의 기지에 무려 7척의 잠수함을 배치했다는 것은 그만큼 북한의 도발을 크게 생각하고 있다는 것이 되고요. 북한의 도발이 있을 때 신속하게 한반도로 전개할 수 있는 대비 태세를 유지하고 있다.] 미 잠수함들은 이달 중순 항공모함이 동원되는 한미 해상 훈련에도 참가할 것으로 전해졌습니다. [김민석 국방부 대변인: 북한의 도발에 대비한 방어적 훈련의 성격입니다. 북한이 언급한다고 해서 한미 연합 훈련을 중단할 수 없습니다.] 한미 군 당국은 연합 훈련을 예정대로 추진하되 북한을 불필요하게 자극하지 않기 위해 비공개로 진행하기로 했습니다.

위 기사는 국방부에서 내놓은 보도자료만 가지고 기사를 쓴 전형적인 홍보성 리포트이다. 한미 연합 훈련이 왜 실행되는지, 현재 대한민국 정세에서 왜 필요한지에 대한 설명이 더 필요하다. 특히 리포트 중간에 나오는 컴퓨터 그래픽과 영상을 통한 잠수함과 무기들을 소개하는 부분에서는 마치 국방부 홍보용 뉴스를 보는 듯한 착각에 빠질 정도다.

2013년 7월 20일 YTN

멋에 실용성 강화한 승무원 유니폼

앵커 승무원 유니폼은 아름다움과 항공사의 정체성을 담아내는 역할을 하고 있습니다. 그런데 <u>요즘 비상 상황 때 승무원의 활동성을 감안해 신축성을 높이는 등 실용성도 강화되고 있습니다</u>. 보도에 ○○○ 기자입니다.

기자 저비용 항공사인 진에어가 취항 5년 만에 바꾼 유니폼의 가장 큰 특징은 활동성을 감안해 신축성을 높인 겁니다. 현장에서 장시간 활동하는 특성을 고려해 신발은 바닥 쿠션이 충분히 들어간 스니커

즈 형태로 제작됐습니다. [스탠드업: 이번에 진에어에서 바꾼 유니폼을 제가 직접 입어 봤습니다. 요즘 승무원 유니폼의 실용성이 강조되고 있는 만큼 보시는 것처럼 탄력이 좋은 재질로 바뀌었습니다.] [조현민 진에어 전무: 청바지의 상징 자체가 실용성, 편안함, 활동을 할 수 있는 게 상징이다 보니까 어떤 상황에서도 손님 한 분 한 분을 모시기 위해서 좀더 편안한 활동성을 강조했습니다.] 미국 유나이티드 항공도 이번 달 유니폼을 교체하면서 유니폼을 입는 직원들의 의견을 적극 수렴해 원피스 유니폼 등 디자인의 초점을 활동성과 기능성에 맞췄습니다. 항공사 승무원 유니폼은 멋과 항공사의 정체성을 동시에 드러내야 하는 만큼 세계 유명 디자이너들의 혼이 담긴 패션의 집약체입니다. 이번 아시아나항공 여객기 사고로 비상 상황 때 승무원들의 활동을 제약하지 않는 신축성이 주목을 받는 가운데 최근 승무원 유니폼에 실용성이 더해지고 있습니다.

특정 회사를 홍보하는 출입처 동화의 전형적 사례라고 할 수 있는 리포트이다. 간접 광고를 막기 위해 특정사의 로고를 가리는 방송 보도의 기본이 무색할 정도로 해당 기자는 아예 해당사의 유니폼을 입고 마이크를 들고 있다. 이 기사에 시청자가 알아야 할 새로운 팩트가 있을까? 이 정보를 공유할 만한 가치가 있을까? 멋에 실용성을 강화했다는 객관적인 근거는 무엇일까? 묻지 않을 수 없다.

(2) 출입처 시각의 일방적 보도

출입처 동화의 또 다른 유형의 대표적 사례는 비판 기능을 상실한 일방적인 보도들이다. 기자는 취재를 통해 시청자들의 알권리에 부응해야 하는 것이 기본적인 임무임에도 불구하고 이런 유형의 보도들은 한결같이 받아쓰기식 보도, 한 걸음 더 나아가 일방적인 특정 편들기 식 보도로 진실을 외면하는 경우가 대부분이다. BBC의 '적절한 공정성 *due impartiality*'[72] 원칙과 비교해 보면 우리 방송 뉴스에서 자주 나타나는 출입처 시각에 편향된 보도는 시청자의 판단을 흐리게 할 뿐만 아니라, 진실을 왜곡시킨다. 대표적인 사례로 원전 비리 관련 보도를 살펴보자. 방송사들은 2013년 5월 31일 "청와대 관계자, 이명박 정부 원전 비리 적발하고도 보고 안 해"라는 제목으로 원전 부품 비리가 이명박 정권에서 발생했으며 심지어 발견하고도 보고하지 않은 책임이 있다고 보도했다. 그런데 그로부터 1주일 뒤 나온 정홍원 국무총리의 대책 발언과 관련해 SBS가 문제의식을 던진 것을 제외하고는 대부분 방송사들은 아무런 비판 없이 보도했다.

2013년 6월 7일 KBS 〈뉴스 9〉

정부 "원전 비리와의 전쟁"…… '부품 성적서' 전수 조사

앵커 정홍원 국무총리가 오늘 원전 비리와 관련해 대국민 사과문을

72 BBC는 'Editorial Guidelines'를 통해 적절한 공정성에 대해 다음과 같이 설명하고 있다. "공정성은 BBC가 시청자에게 지켜야 할 책무의 핵심이다. 우리는 적절한 공정성의 원칙에 기반해 뉴스를 제작할 것이다. BBC의 제작물 전반에 대한 폭넓고 다양한 여론이 적정한 기간 동안 반영되도록 할 것이다. 이는 뉴스와 관련된 어떤 중요한 견해도 의도적으로 누락하거나 소홀히 다루는 일이 없도록 하기 위함이다. BBC는 (뉴스의) 근거를 살피고 실체적 사실을 평가함에 있어 공평함과 열린 마음으로 임할 것이다."

발표하고 비리 근절을 위한 강도 높은 대책을 발표했습니다. 12만 건이 넘는 원전 부품의 시험 성적서 전체에 대한 위조 여부 조사가 실시됩니다. ○○○ 기자가 보도합니다. (……)

2013년 6월 7일 MBC 〈뉴스데스크〉

원전 비리와의 전쟁 선포…… 10년치 시험 성적서 전수 조사

앵커 전력 비상을 몰고 온 원전 비리를 근절하기 위해 정부가 대책을 내놓았습니다. 모든 원전 부품의 시험 성적서를 전수 조사하고, 원전 공기업 퇴직자의 재취업 금지를 확대하기로 했습니다. 보도에 ○○○ 기자입니다. (……)

2013년 6월 7일 10시 46분 YTN

정총리, 원전 비리 책임 소재 밝히고 엄벌

정홍원 국무총리는 최근 드러난 원전 부품 비리와 관련해 범법 행위의 책임 소재를 명백히 가리고 관련자 전원을 엄벌하겠다고 밝혔습니다. 정 총리는 이를 위해 한국원자력위원회가 28개 모든 원전을 대상으로, 지난 10년 동안의 시험성적서 12만여 건을 전수 조사해 진위를 가릴 것이라고 설명했습니다. (……)

2013년 6월 7일 SBS 〈8뉴스〉

원전 부품 서류 12만여 개 전수 조사…… '잘 될까?'

앵커 정부가 전력 위기를 불러온 원전 비리 문제를 근절하기 위해

12만 개가 넘는 원전 부품 시험성적서를 모두 조사하기로 했습니다. 시민단체들은 그게 되겠느냐고 비판했습니다. ○○○ 기자입니다.

(……)

제목에서 나타난 대로 SBS의 "원전 부품 서류 12만여 개 전수 조사…… '잘 될까?'"를 제외하고는 다른 방송 뉴스들은 정 총리의 대책 발언을 아무런 비판 의식 없이 그대로 인용 보도하고 있음을 확인할 수 있다. 해당 사안을 리포트 아닌 단신으로 처리한 YTN의 경우 "원전 부품 비리와 관련해 범법 행위의 책임 소재를 명백히 가리고 관련자 전원을 엄벌하겠다"는 식으로 보도함으로써 '무비판적 받아쓰기식 보도'의 전형을 보여 주었다. 현장 취재 없이 기자실에 상주하면서 출입처에서 나오는 보도 자료에 의존해 기사를 쓰는 이른바 '발표 저널리즘' 사례라는 지적으로부터 피해 나가기 어렵다.

다음 기사도 마찬가지다.

2013년 3월 19일 YTN

손주 돌보는 할머니 40만 원 지급

앵커 여성가족부가 손주를 돌보는 할머니에게 정부 예산으로 월 40만 원씩 수당을 지급하는 방안을 검토하고 있습니다. 추경 예산을 확보한다면 올해 하반기부터 아니면 내년부터 시행할 수 있을 것으로 보입니다. ○○○ 기자가 보도합니다.

기자 여성가족부가 검토하는 손자 돌보미 사업은 손자나 손녀를 돌보는 친할머니나 외할머니에게 월 40만 원씩 수당을 지급하는 것입니다. 여성가족부는 기획재정부와 보건복지부 등 관계 부처 협의와 여론 수렴 등의 과정을 거쳐 최종안을 확정할 계획입니다. 당장 올해 예산에는 반영이 돼 있지 않아서 추경 예산을 확보한다면 올해 하반기부터, 그렇지 않다면 내년부터 시행할 수 있을 것으로 보입니다. 지난 2011년 서울 서초구에서 시작된 손자 돌보미 사업이 큰 호응을 얻자 여성가족부가 전국 확대 방안을 검토하게 됐습니다. 여성가족부가 검토하는 방안은 두 자녀 이상인 맞벌이 가구의 12개월 이하 영아를 돌보는 친할머니나 외할머니 중 한 명에게 월 40만 원씩 수당을 지급하는 것입니다. 수당을 받을 사람은 70세 이하여야 하고, 40시간의 사전 교육을 받아야 합니다. 여성가족부는 현재 영아에게 지급하는 양육 수당이나 보육료와는 중복 수혜가 안 되도록 지급한다는 입장입니다. 또 손주를 실제로 돌보지 않으면서 수당을 부정으로 수급하는 등의 문제점을 어떻게 해결할지도 함께 검토하고 있습니다.

"당장 올해 예산에는 반영이 돼 있지 않아서 추경 예산을 확보한다면 올해 하반기부터, 그렇지 않다면 내년부터 시행할 수 있을 것으로 보입니다"라는 식의 기사 작성에서 보이듯, 이 리포트는 실현 가능성에 대한 문제의식 없이 출입처 보도자료에 전적으로 의존한 보도라고 할 수 있다. "만약에 ~한다면"이라는 방식의 보도는 팩트에 근거한 취재 방식이라고 할 수 없다. 40만 원씩 수당을 지급하기 위해 얼마나 예산이 필요한지, 예산 확보가 실현 가능한 것인지, 혜택을 볼 수 있는 예상 가구 수는 얼마나 되는지 등에 대한 기본적 취재 없이 출입처 보도자료를 소개하는 수준에 머물고 있다. 객관성을 높이기 위한 관계

자 인터뷰조차 들어가 있지 않다.

(3) 권력 편향적 보도

출입처 동화의 기사들이 권력 편향적 내용으로 채워지게 될 때, 그 폐해는 더욱 심각한 수준이 된다. 대체로 이 유형의 기사들은 정치적 편향과 광고주 편향, 자사 이기주의 등과 직결돼 있는 경우가 많다. 출입처에 동화되는 현상은 정치 권력의 최상층부라 할 수 있는 청와대가 가장 심각하다. 2012년 방송기자연합회가 실시한 방송 저널리즘에 대한 기자 인식 조사에서도 응답자들은 공정 보도를 저해하는 인물/단체를 묻는 문항에서 청와대 등 정부를 가장 큰 요인으로 꼽았다.[73] 대통령을 소재로 한 청와대 관련 기사를 쓴 기자가 청와대 출입 기자인지, 청와대 직원인지 가늠하기 어렵다는 자조 섞인 비판이 나오는 배경이다. 객관적 관찰자로서가 아니라 전지적 작가 시점에서 대통령을 바라보는, 일정 부분 '상상력'까지 동원한 기사들마저 발견된다. 사례를 보자.

2013년 6월 4일 YTN

"48시간도 모자랐다"…… 국정 운영 시스템 구축

앵커 박근혜 대통령의 취임 100일은 새로운 국정 운영 시스템을 구

73 조사 결과, 공정 보도를 저해하는 인물이나 단체 가운데 청와대/정부가 5점 척도를 기준으로 4.27점을 얻어 가장 문제적 기관으로 꼽혔고, 광고주(4.13점), 사장(3.88점) 순으로 나타났다.

축하는 기간이기도 했습니다. 일자리 중심의 창조 경제와 맞춤형 민생 정책, 공정하고 믿을 수 있는 사회를 향한, 변화의 틀을 마련하는 데 주력했다는 평가입니다. ○○○ 기자입니다.

기자 박근혜 대통령은 취임 100일을 앞둔 소회를 지난주 청와대 출입 기자 간담회에서 밝혔습니다. 신이 48시간을 주셨으면 이것도 하고 저것도 했을 텐데 100일이 실감이 안 난다고 말했습니다. 이처럼 할 일이 많았던 지난 100일은 성과를 내기보다는 국민 중심과 현장 중심, 협업 중심이라는 국정 운영의 시스템을 구축하는 기간이었습니다. [브릿지: 일자리 중심 창조 경제] 박근혜 정부 4대 국정 기조 가운데 최우선인 경제 부흥의 핵심은 역시 창조 경제입니다. 여전히 개념이 모호하다는 지적도 나오지만 필요성은 분명하게 인식시켰다는 평가입니다. [박근혜 대통령: 고용률 70%와 중산층 70%를 달성하기 위해서는 우리 경제의 패러다임을 추격형에서 선도형 창조 경제로 근본적으로 바꿔 나가야 한다고 생각합니다.] 추가 경정 예산 편성과 부동산 대책, 벤처 활성화 대책 등을 통해 경기 정상화를 위한 기반을 마련했습니다. 최근 발표한 공약 가계부는 세율 인상 없는 공약 추진의 믿음을 보여 줬고, 창조 경제의 실현 전략도 곧 가시화할 것으로 보입니다. [브릿지: 공정하고 믿을 수 있는 사회] 최근 확정된 140개 국정 과제 추진 전략에는 경제 민주화가 명시됐습니다. [박근혜 대통령: 그동안 만연했던 불공정한 제도와 관행을 바로 잡아서 우리 경제 주체 모두가 노력한 만큼 정당한 성과를 거두고 공동 발전할 수 있는 원칙이 바로선 시장 경제를 만들려고 하는 것입니다.] 이를 위해 납품 단가 조정 등의 내용이 담긴 하도급법이 개정됐고, 농산물 유통 구조 개선 대책도 나왔습니다. 거대 포털사이트 등에 대한 불공정 행위 조사가 진행되고 있고, 정보 공개가 원칙인 '정부 3.0'도

추진되고 있습니다. [브릿지: 맞춤형 민생 정책] 국민 중심의 국정 운영은 맞춤형 복지를 비롯한 민생 정책들로 나타났습니다. 국민행복기금과 IMF 연대 보증 신용불량자 구제, 행복주택, 비정규직 정규직 전환 등의 정책이 가시화하고 있습니다. 도덕적 해이나 형평성 논란이 없이 국민이 체감하는 변화를 이끌어 내는 게 관건입니다. [박근혜 대통령: 국민 행복에 기여하지 못하는 정책은 없는 정책이나 마찬가지라고 생각하시고 확정된 국정 과제들을 철저히 추진해 나가기를 바랍니다.] [브릿지: 사회악 척결과 안전한 법치] 4대 사회악 척결 의지는 학교 CCTV 설치 확대와 불량 식품 단속 강화 등의 후속 조치를 이끌었습니다. 정부 출범 초기 주가 조작 근절을 천명했고, 대검찰청 중앙수사부 폐지 등 검찰 개혁 조치도 현실화하고 있습니다. 박 대통령은 이른바 '깨알' 리더십으로 국민 중심의 새로운 방향성과 실질적 해법을 주문함으로써 국정 변화의 시작을 알렸습니다. 당장 성과를 내세우기보다 '5년간의 최종 결과로써 평가받겠다'는 게 취임 100일을 맞는 박 대통령의 각오라는 설명입니다.

대통령 취임 100일을 맞이해 작성한 위 기사는 말 그대로 '용비어천가'식 보도라는 표현이라는 수사가 어색하지 않을 정도로 대통령 찬양 일색의 내용으로 도배를 하다시피 했다. 도를 넘어선 청와대 홍보성 내용에서 저널리즘의 비판 기능은 찾아보기 힘들다. 대통령 취임 100일 관련 연속 리포트 가운데 하나로 방송된 것이긴 하지만, 리포트를 끌고 가는 데 필수적인 국정 운영에 대한 찬반 시각, 그 시각을 뒷받침하는 복수 관계자의 인터뷰 등 리포트가 갖추어야 할 기본이 지켜지지 않았다.

대통령의 일상사를 다루는 리포트는 그 정도가 더 심했다. 다음 4건의 KBS, MBC, SBS, YTN 리포트에서 어떤 상이점을 찾아낼 수 있을까?

2013년 7월 30일 KBS 〈뉴스 9〉

휴가지 모습 공개

앵커 어제부터 휴가에 들어간 박근혜 대통령이 휴가지에서의 모습을 공개했습니다. 청와대에선 볼 수 없었던 편한 옷차림에 여유 있는 모습이었습니다. ○○○ 기자입니다.

기자 박근혜 대통령이 남색 니트와 긴 치마 차림으로 백사장에 글을 쓰고 있습니다. "저도의 추억" 어린 시절 비키니를 입고 부모님과 휴가를 즐겼던 그 바닷가입니다. 특유의 올림머리를 풀고 가볍게 묶은 머리가 여유로워 보이고, 짙은 선글라스를 끼고 먼 바다를 바라보는 모습이 한가롭습니다. 박 대통령은 35년이 지난 오랜 세월 속에 늘 '저도의 추억'이 남아 있었다면서 부모님과 함께 했던 추억의 이곳에 다시 오게 돼 그리움이 밀려온다고 소회를 적었습니다. 또 변함없는 저도의 모습에 늘 평화롭고 아름다운 자연의 자태는 마음을 사로잡는다고 밝혔습니다. 경남 거제에 있는 저도는 박정희 전 대통령 때 대통령 별장으로 공식 지정됐고 바다의 청와대라는 청해대가 있습니다. 지난 93년 대통령 별장에서 해제되면서 군 휴양 시설로 사용되고 있지만 이명박 전 대통령도 자주 찾던 곳입니다. 산적한 현안 속에 추억의 휴가지를 찾은 박 대통령, 복잡하고 힘든 일상을 떠나 마음을 식히고 자연과 어우러진 백사장을 걷고 있다고 소식을 전해왔습니다.

2013년 7월 30일 MBC 〈뉴스데스크〉

휴가 모습 공개

앵커 오늘부터 4박 5일간 휴가를 떠난 박근혜 대통령이 휴가지에서의 사진을 공개했습니다. 박 대통령은 아버지인 고 박정희 대통령과 함께 했던 경남 거제의 저도를 찾았습니다. ○○○ 기자가 전합니다.

기자 박근혜 대통령이 오늘 페이스북에 올린 사진입니다. 긴 스커트와 남색 상의를 입은 박 대통령, 경남 거제 저도 백사장에 나뭇가지로 저도의 추억이라는 글씨를 적습니다. 평소 스타일은 올림머리를 풀고 편안한 모습으로 취임 후 첫 망중한을 보내고 있습니다. 박 대통령은 "저도의 추억이 가슴 한켠에 남아있다"면서 "부모님과 함께 했던 추억의 장소를 오게 되어 그리움이 몰려온다"는 글을 남겼습니다. 고 박정희 대통령이 가족들과 즐겨 찾았던 저도는, 1972년 대통령 별장으로 공식 지정됐고 바다의 청와대라는 뜻의 청해대라는 이름까지 붙었습니다. 지난 대선 당시 화제가 됐던 박 대통령의 비키니 차림의 사진도 이곳에서 찍은 것으로 알려졌습니다.

2013년 7월 30일 SBS 〈8뉴스〉

'저도의 추억' 휴가 사진 공개

앵커 휴가지를 비밀로 부쳤던 박근혜 대통령이 피서 모습을 SNS를 통해 공개했습니다. ○○○ 기자입니다.

기자 박근혜 대통령이 휴가지인 경남 거제 저도 휴양소에서 찍은 사진 5장을 오늘(30일) 페이스북에 올렸습니다. 어린 시절 박정희 전 대통령과 여름 휴가를 보냈던 곳입니다. 사진에는 취임 다섯 달 만에 격무에서 벗어나 간편한 복장으로 휴식을 취하는 박 대통령의 모습이 담겨 있습니다. 백사장 위에 나뭇가지로 저도의 추억이라는 글을 쓰기도 하고, '옛 생각을 더듬으며'라는 제목을 붙인 사진 속에서는 재킷 차림으로 어딘가를 응시하고 있습니다. 박 대통령은 사진과 함께 올린 글을 통해 "35년이 지난 오랜 세월 속에 저도의 추억이 항상 가슴 한켠에 남아 있었다"며, "부모님과 함께 했던 곳에 오게 돼 그리움이 밀려온다"고 밝혔습니다. 당초 청와대는 경호 문제를 이유로 박 대통령의 휴가지를 공개하지 않았지만, 국민과의 소통을 강조해 온 박 대통령이 휴가지와 사진을 직접 공개한 것으로 보입니다.

2013년 7월 30일 YTN

박 대통령, 여름 휴가 사진 공개

앵커 휴가지를 비밀에 부쳤던 박근혜 대통령이 피서 모습을 페이스북에 공개했습니다. 어린 시절 박정희 전 대통령과 함께 보냈던 경남 거제의 저도 휴양소에서 찍은 사진 5장과 부모님에 대한 그리움을 토로한 글을 함께 올렸습니다. ○○○ 기자의 보도입니다.

기자 박근혜 대통령이 자신의 페이스북에 경남 거제의 저도 휴양소에서 휴가를 보내고 있음을 알리는 글과 함께 사진 5장을 올렸습니다. 거제 휴양소는 박정희 전 대통령의 별장인 청해대가 위치했던 곳으로 어린 시절 가족들이 함께 여름 휴가를 보내곤 했습니다. 사진에는 취임 후 처음으로 격무에서 벗어나 간편한 복장으로 휴가를 즐기는 박 대통령의 모습이 담겼습니다. 하얀 모래 위에 저도의 추억이라는 글을 쓰기도 하고 산책로를 걸어가면서 손가락으로 뭔가를 가리키기도 합니다. 또 선글라스를 쓴 채 배 위에 앉아 바다를 바라보는가 하면 거가대교를 응시하면서 활짝 웃는 모습 등 다채로운 모습이 담겼습니다. 박 대통령은 사진과 함께 올린 글을 통해 35년이 지난 오랜 세월 속에 늘 저도의 추억이 가슴 한편에 남아 있었다며 부모님과 함께 했던 추억의 장소에 오게 돼 그리움이 밀려온다고 심경을 토로했습니다. 당초 청와대는 경호 문제를 이유로 휴가 일정만 알렸는데, 평소 국민과의 소통을 강조해 온 박 대통령이 직접 휴가지와 사진을 공개한 것으로 보입니다. 박 대통령은 지난 29일부터 4박 5일 일정으로 휴가를 떠났으며, 언제까지 저도에 머물지는 알려지지 않았습니다.

7월 30일 지상파 3사와 YTN은 일제히 박근혜 대통령이 자신의 페이스북에 '추억 속의 저도'라는 제목으로 올린 여름 휴가 사진 5장과 글에 관한 내용을 보도했다. 대통령의 일거수일투족은 항상 언론의 스포트라이트를 받는다. 대통령의 언행은 국민들의 지대한 관심사이기 때문이다. 그러나 청와대가 박 대통령의 휴가지를 경호상의 문제로 기사화하지 말아 달라고 한 상황에서 박 대통령 스스로가 페이스북에 사진, 글과 함께 휴가지를 공개한 것을 어떻게 해석해야 할까? 그리고 이를 그대로 보도한 언론의 행태를 또 어떻게 봐야 할까? 결과적으로 청와대는 고도의 언론 플레이를 하고, 언론은 그것을 무비판적으로 받아쓴 셈이다. 출입처 동화의 극명한 사례라고 하지 않을 수 없다. 정치, 경제적으로 중대한 이슈들이 산적한 상황에서 겉으로 드러난 대통령의 이미지만을 부각시키는 보도는 한국 방송사들의 무비판적이고 관습적인 대통령 관련 보도의 현주소를 보여 주는 것이다. 이런 종류의 출입처 동화형 보도는 대통령의 해외 순방 관련 보도에서 정상

외교의 본질보다는 그 주변 스케치에 열중하는 쪽으로 방향을 잡기도 한다. 달을 보여 주는 것이 아니라, 달을 가리키는 대통령의 손가락만 클로즈업하는 것이다.

2013년 9월 9일 MBC 〈뉴스데스크〉

마음 얻는 문화 외교

앵커 이번 해외 순방에서도 박근혜 대통령의 문화 외교가 빛을 발하고 있습니다. 우리 문화의 아름다움을 알리고, 상대국 문화에 대해서는 깊은 존중을 표하면서, 그 나라 국민들에게 친밀하게 다가서고 있습니다. ○○○ 기자입니다.

기자 베트남 전통의 아오자이와 우리 한복의 만남. 그리고 무대 위에 깜짝 등장한 대통령. [박 대통령: 두 나라가 진정한 동반자로 더욱 발전해 나가기를 바라겠습니다. 고맙습니다. 까먼(고맙습니다)] 패션으로 다가선 박 대통령의 감성 외교를 놓치지 않고 보도한 현지 언론은, '베트남은 한국의 친구이자 동반자'라는 이번 국빈 방문의 슬로건과 두 나라의 문화적인 공통점을 강조했습니다. [하노이 TV 방송: 베트남과 한국은 전통 문화 분야에서 유사점이 많습니다.] 지난 6월 중국 방문 때는 중국 문화의 보고 병마용갱을 찾아 현지 관광객들의 환호를 받았고. 러시아 문화의 상징 에르미타쥐 박물관에서는, 바지 정장이 아니라 박물관 분위기에 맞춰 긴 원피스를 선택해 상대국에 대한 존중과 조화의 메시지를 표현하기도 했습니다. [이순천 고려대 교수: 자연스럽게 문화를 통해서 그러면서 우리가 더 대접을 받고 또 경제 협력도 더 잘 할 수 있고……] 청와대는 앞으로도 해외 순방 때마다 우리 문화를 알리고, 상대 문화를 이해하려는 노력과 담긴 행사들을 준비할 것이라고 밝혔습니다. 하노이에서 MBC 뉴스 ○○○입니다.

위와 같은 스케치성 대통령 관련 동정 보도는 기사의 흐름 자체가 객관적이지 않은 것은 물론이고 단편적이고 나열식 보도가 주를 이룬다. 방송사들은 한-베트남 FTA에 대한 분석 기사보다는 스케치성 보도에 더 치중했다. 정상 외교의 의미와 성과, 평가 등 객관적 보도를 떠나 대통령의 패션 쇼, 대통령의 외국어 실력 보도에서 "아이돌 그룹 못지않은 대통령의 인기"를 언급하는 데까지 이어진다. 공영 방송에서 과연 이런 보도가 필요한 것일까? 출입처 동화 없이는 불가능한 기사이다. 더군다나 이런 유형의 기사들은 청와대가 홈페이지에 공개한 미공개 동영상까지 써가면서 노골적인 대통령 찬양 보도를 제작하는 데까지 나아간다.

2013년 9월 22일 KBS 〈뉴스 9〉

공식 석상 뒤의 모습은?

앵커 박근혜 대통령의 미공개 동영상이 청와대 홈페이지에 공개됐습니다. 공식 석상에선 볼 수 없었던 친근한 대통령의 모습, ○○○ 기자가 전해드립니다.

기자 아이돌 그룹 못지않은 인기. 감춰뒀던 중국어 실력. [박근혜 대통령: 한중 미래를 얘기할 수 있어 기쁩니다.] 전용기 안에서의 참모회의. 오마바 대통령과 백악관 산책. 외교 무대에서 공개되지 않았던 대통령의 모습입니다. [박근혜 대통령: 수고하십니다.] 장애인 재활 센터에서 쓰레기봉투를 같이 접고, 학생 발명품 전시장에서는 가상 낚시에 푹 빠졌습니다. [박근혜 대통령: 거북이가 말을 안 듣네요.] 병마와 싸우고 있는 애국지사를 찾아 위로합니다. [박근혜 대통령: 빨리 건강 회복하시기 바랍니다.] 전통 시장에서, 어린이들과 함께 TV에서 볼 수 없었던 모습들입니다. 이뿐 아니라 박 대통령은 SNS 등 다양한 방식으로 국민들에게 다가가기 위해 애쓰고 있다고 청와대는 밝혔습니다.

위 기사에 나타난 "국민들에게 다가가기 위해 애쓰고 있는 대통령" 이미지는 다음과 같은 기사들에서 거듭 강조된다.

2013년 10월 27일 YTN

청와대 안뜰에 울려 퍼진 '아리랑'

앵커 시월의 마지막 일요일 밤, 박근혜 대통령은 청와대 안뜰에서 열린 아리랑 공연을 관람했습니다. 앞서 박 대통령은 프로 야구 한국시리즈 3차전에서 깜짝 시구를 하는 등 문화와 스포츠를 통해 국민 곁으로 가까이 다가갔습니다. ○○○ 기자의 보도입니다.

기자 온갖 장르의 아리랑이 청와대 안뜰에 모였습니다. 국악으로 시작한 아리랑은 재즈와 힙합을 만나고, K-POP과 어우러졌습니다. 바이올린의 아리랑 선율에 춤사위도 곁들여졌습니다. 아리랑의 유네스코 무형문화유산 등재 1주년을 축하하는 무대입니다. 가을밤에 다채로운 아리랑을 선사한 박근혜 대통령도 무대에 올라 아리랑을 합창했습니다. 청와대는 앞으로도 문화가 있는 삶을 솔선수범하는, 문화 융성의 '마중물' 역할을 자임했습니다. 앞서 박 대통령은 잠실야구장에 깜짝 등장했습니다. 프로 야구 한국시리즈 3차전에 시구를 하기 위해서입니다. 관중은 물론 선수들도 놀라 지켜보는 가운데 깔끔한 폼으로 공을 던졌습니다. 시구를 마친 박 대통령은 꿈나무 야구선수들과 함께 2회 말까지 경기를 관람했습니다.

2013년 10월 27일 MBC 〈뉴스데스크〉

박근혜 대통령, 경기장 방문…… 한국시리즈 '깜짝 시구'

앵커 박근혜 대통령, 오늘 열린 한국시리즈 3차전 경기장을 방문해 깜짝 시구를 펼쳐 화제를 모았습니다. ○○○ 기자입니다.

기자 서울 잠실구장에서 열린 두산과 삼성의 한국시리즈 3차전. 경기 시작 전 박근혜 대통령이 모습을 보이며 그라운드에 오릅니다. [해설자: 박근혜 대통령께서 오늘 나오셨어요. 잠실구장이 술렁이고 있는데 팬들도 전혀 예상하지 못했던 시구에요.] 대통령의 깜짝 등장에 놀란 관중과 선수들. 곳곳에서 환호와 탄성이 쏟아집니다. 한국시리즈가 새겨진 운동복을 입고 나선 박 대통령은 태극기 글러브를 끼고 공을 던졌습니다. 손을 흔들며 화답한 박 대통령은 관중석에서 어린이 야구선수들과 함께 경기를 관전했습니다. 현직 대통령이 프로 야구 경기에서 시구를 한 것은 전두환, 김영삼, 노무현 전 대통령에 이어 4번째입니다. 청와대 녹지원에서는 아리랑의 유네스코 등재 1주년 기념 공연이 열렸습니다. 아이유 등 신세대 K팝 아리랑부터 전통 아리랑까지. 10여 곡의 다양한 장르의 아리랑 선율이 가을밤을 수놓았습니다. 이번 행사에는 중동 근로자들과 다문화 가족, 관람 신청을 받은 시민 등 1천2백여 명이 초청됐으며, 세대와 이념, 지역의 벽을 넘는 국민 화합과 문화 융성을 기원하는 뜻이 담겼다고 청와대는 밝혔습니다.

'문화 융성의 마중물,' '깜짝 시구,' '환호,' '탄성,' 이런 주관적 표현들이 과연 객관적 사실 보도에 적합한 것일까? 또 출입처 동화형 기사들에 던지는 시청자들의 질문에 언론은 어떻게 답할 수 있을 것인가?

'용비어천가식' 권력 편향적 보도 사례는 청와대 기자회견에서도 드러난다. 2014년 1월 6일 박근혜 대통령의 취임 이후 첫 기자회견은 잘 짜여진 각본대로 진행된 한 편의 공연이나 다름없었다. 기자들은 사전에 준비된 각본 그대로 질문했고, 대통령은 사전에 작성된 내용 그대로 답변했다. 사전 질문지에 나타난 일부 순서가 바뀐 것을 제외하고는 기자들은 사전 질문지 그대로 물었고, 일부 기자의 경우 토씨 하나 틀리지 않았으며, 대통령은 사전에 정리된 내용 그대로 답변했다. 그 어느 누구도 기자회견 진행 도중, 추가 질문을 하지 않았다. 따라서 돌발질문도 없었다. '예상 질문'을 넘어선 '예정 질문' 수준이었다. 일례로, "통일은 대박이다"라는 대통령의 대북 관련 발언에, 왜 대박인가? 대박을 위한 대통령의 통일 비전은 구체적으로 무엇인가? 결과만 강조하지 말고 과정을 위한 준비는 어떤 것들이 추진되고 있는가? 등등의 후속 질문은 찾아보기 어려웠다. "기자에게 무례한 질문이란 없다"라며 역대 대통령들에게 뼈아픈 질문을 서슴지 않았던 전설적인 백악관 출입 기자 헬렌 토머스Helen Thomas 같은 기자를 우리는 가질 수 없는 것인가? 권력 기관 출입처에 동화된 기자는 결국 "질문도 못하고, 권력

「박근혜 대통령 신년 구상 발표 및 기자회견」 질문지

'14.1.6.(월) 10:00, 홍보수석실

1. (연합뉴스)

대통령께서는 1년 전 이맘때 18대 대한민국 대통령으로 당선되었습니다.
2월 25일 새 정부를 출범한 뒤로 대외적으로는 미국과 중국, 러시아 등 한반도 주변 주요국가들을 순방해 외교안보의 틀을 다졌고, 대내적으로는 일자리 창출과 복지강화 등 민생을 위한 행보에 매진하셨습니다. 하지만 대선후유증이 이어졌고, 철도노조 파업사태에서 보듯이 노사관계도 불안했습니다. 서민이 느끼는 체감경기도 아직 회복되지 않은 것 같습니다. 박대통령 스스로가 돌아보는 지난 일년의 소회와 정부2년차를 맞는 각오를 국민께 소상히 밝혀주시기 바랍니다.

2. (YTN)

두 번째 질문은 한반도 문제로 가겠습니다.
대통령께서는 국정과제이자 지표로 한반도 신뢰프로세스를 통한 임기내 '평화통일의 기반 구축'을 내세우고 계십니다.
우선, '통일의 기반 구축'이 추상적이란 지적이 있는데, 이 자리에서 기반 구축을 위해 구체적으로 어떤 조치들을 준비하고 계신지, 설명해 주시기 바랍니다.
그리고, 장성택 처형 등 북한의 상황이 불안정하다고 수차례 말씀하신바 있는데요, 북한의 급변 사태에 대한 여러 시나리오 가운데, 가장 심각한 시나리오는 어떤 상황을 설정하고 계신지 국민들은 궁금해 하고 있습니다. 북한의 급변 사태에 대한 생각도 설명해 주시기 바랍니다.

3. (동아일보)

대선이 끝난지 일년이 넘었지만 '국가정보원 대선개입' 의혹사건으로 여전히 시끄러운 상황입니다. 야당은 이 사건에 대한 특검도입을 지금도 요구하고 있습니다. 국정 최고 책임자로써 대통령께서는 이 사건에 대한 어떤 입장을 갖고 있으며, 야당의 특검요구에 대해서는 어떤 답을 하시겠습니까?

- 1 -

4. (매일경제)

국내 가계자산의 80%를 차지하는 부동산의 활기 없이 내수 활성화는 불가능한 주제입니다. 하우스푸어는 금융분야 가계부채 문제에도 핵심이고 거래가 안돼 자금의 유동화도 안되고 있습니다. 올해로 감면이 끝난 주택거래시 100% 양도세 감면 한시법을 되살리고 주택매입자에 대한 장기저리대출 등 파격적인 주택정책을 촉구하는 목소리가 높은데 복안이 있으신지요.

그리고 선거 공약으로 증세를 끝까지 안하겠다고 하셨지만 이번 국회에서 결국 부자증세법을 처리하면서 그 약속이 퇴색한 것 같습니다. 많은 전문가들이 약속한 지출을 위해선 증세를 안하곤 불가능하다고 지적해 왔는데 대선 때 증세가 필요하다면 증세논의 기구 위원회를 구성해 논의하겠다고 한 계획을 올해는 시작하실 것인지...

5. (대구일보)

수도권에 비해 지역의 경제여건은 여전히 어려움을 겪고 있습니다. 특히 지역경제를 견인하는 역할을 하는 지역 SOC사업의 축소조정에 대한 우려가 많습니다. 이에 대한 대통령의 입장을 말씀해주시고, 더불어 지역경제 활력을 제고하고, 지역 일자리를 창출하는 등 희망을 줄 수 있는 구체적인 방안은 무엇인지 답변 부탁드립니다.

6. (뉴데일리)

대통령께서는 수차례 우리 역사인식문제를 지적하면서 교육현장에서 벌어지는 진실왜곡을 지적하신바 있습니다. 최근 한국사 교과서 채택문제에서 볼 수 있듯, 이런 문제에 대한 이념적 대립이 계속되고 있습니다. 대통령께서는 역사교육문제점을 새정부에서는 반드시 바로 잡겠다고 하셨는데, 구체적으로 어떻게 해결 하실 것인지 답변해주시길 바라며, 이 문제를 둘러싼 전교조나 최근 파업으로 논란이 되는 철도노조 등이 대통령의 불통을 문제의 원인으로 삼고 있는데 대통령께서는 이에 대해 어떤 원칙을 갖고 있는지 답변해 주시길 바랍니다. 끝으로 대통령께서 말씀하시는 소통이 이들 단체와의 만남으로 추진될지 혹은 말씀하신 선제적 대응에 대한 국정홍보의 원칙으로 다가서실지 알고 싶습니다.

7. (채널A)

1) 김기춘 비서실장을 통해 지난주 개각고려 없다는 뜻을 밝히셨는데요, 지

- 2 -

금도 같은 생각이신지요. 개각이 아예 필요 없다는 것인지, 당분간은 개각이 없다는 것인지... 궁금합니다. 아울러 청와대 비서진에 대한 개편에 대한 생각도 말씀해 주시기 바랍니다.

2) 짧게 하나 더 여쭙겠습니다. 대통령님께 사생활을 묻는게 실례지만, 퇴근 후 관저 생활에 대해 국민들이 매우 궁금해 합니다. 관저에서 도대체 뭐 하세요? 보고서를 본다, 이런 답 말고! 다른 답변 부탁드립니다.

8. (로이터)

박근혜 대통령 정부는 일본 엔화 대비 원화가치 상승에 대항하기 위해 어떤 조치를 취하실 예정인시요? 또한 수출 시장에서 엔저의 혜택을 받고있는 일본 경쟁사에 비해 원화가치 상승으로 인해 고통을 받고 있는 한국 기업들을 돕기 위해 어떤 조치를 도입하실 예정이신지요?

9. (세계일보)

철도파업사태가 마무리 되었지만 앞으로 산적한 공기업개혁을 비롯해 노조와 부딪힐 일이 많을 전망입니다. 앞으로 공기업개혁을 비롯해 노사관계를 어떻게 풀어갈 생각이신지... 또한, 노사정 대타협을 도출할 방안은 있는지 답변해주시길 바랍니다.

10. (중부일보)

대통령께서는 문화융성을 4대 국정기조로 내걸었습니다.

그래서 문화융성위원회도 만들었고 외국 순방 때마다 문화 현장을 찾고 신년음악회도 직접 가셨습니다.

하지만 아직 국민들은 문화융성 정책으로 달라진 점을 체감하지도 못하고 어떤 정책이 있는지도 모른다고 합니다. 특히 지방의 경우는 문화 소외현상이 갈수록 심화되어 수도권과 문화 격차가 커지고 있는데요.

문화 대통령으로 평가받고 실질적인 문화융성을 이루시기 위해 그리고 지방 문화 발전을 위해 구체적으로 어떤 복안을 갖고 계신지 밝혀 주시기 바랍니다.

11. (MBC)

앞에서 나왔던 한반도 문제에 대한 추가 질문 드리겠습니다.

'남북간 정상급 대화 가능성'에 대한 추측들이 나오고 있습니다.

대통령께서는 그 가능성을 어떻게 보고 계시는지,

- 3 -

의 입이 되고…… 불신 받는 기자들"이란 비판을 받게 된다.[74] 저널리스트가 자칫 폴리널리스트로 전락하게 되는 것이다.

(4) 본질을 외면하는 보도

출입처 동화형 보도들에서는 대개 정치적으로 편향돼 있거나 시청률에 집착하거나 혹은 관습적인 기사 작성과 같은 문제들이 동시에 나타난다. 이른바 '잘못된 기사의 종합판' 성격을 띠고 있다. 사실에 근거해 진실을 밝히는 것이 저널리즘의 사명이라고 할 때, 본질을 외면하는 출입처 동화형 보도는 그 폐해가 막대하다. 팩트의 본질을 외면하면 진실이 왜곡되기 때문이다.

대통령의 방미 기간 중 발생한 윤창중 청와대 대변인 성추행 의혹 사건 관련 보도는 사태의 본질은 뒷전으로 밀려나고 청와대의 유감 발표에만 초점을 맞춘 대표적 출입처 동화형 리포트이다.

2013년 5월 13일 SBS 〈8뉴스〉

박 대통령 "국민께 송구…… 사실 철저히 밝힐 것"

앵커 박근혜 대통령이 윤창중 전 대변인의 성추행 의혹 사태에 대해서 공식 사과했습니다. 국민께 송구스럽다면서 사실 관계를 철저히 밝히겠다고 말했습니다. ○○○ 기자가 보도입니다.

74 김고은 (2014. 2. 12), 〈기자협회보〉. http://www.journalist.or.kr/news/articleView.html?idxno=32876

기자 박근혜 대통령은 오늘(13일) 방미를 마친 뒤 처음으로 열린 청와대 수석비서관 회의에서 윤창중 전 대변인의 성추행 의혹에 대해 국민에게 직접 사과했습니다. [박근혜 대통령: 공직자로서 있어서는 안 되는 불미스러운 일이 발생을 해서 국민 여러분에게 큰 실망을 끼쳐 드린 데 대해 송구스럽게 생각합니다.] 또 "피해 여학생과 가족, 그리고 동포들의 마음에 큰 상처가 됐다"면서 "진심으로 사과드린다"고 말했습니다. 철저한 진상 조사와 관련자 문책도 약속했습니다. [박 대통령: 관련자들은 어느 누구도 예외 없이 조사에 적극 협조해야 할 것이고, 응당한 책임을 져야 할 것입니다.] 이번 사건을 계기로 청와대 직원들의 기강을 바로 세우겠다면서 앞으로 이런 일이 생기면 관련 수석들도 모두 책임져야 할 것이라고 경고했습니다. 윤창중 전 대변인의 직속 상관으로 사의를 표명한 이남기 홍보 수석은 오늘 회의에 참석하지 않았습니다. 박 대통령의 대국민 사과는 대통령 자신의 직접적인 입장 표명 없이는 청와대 대변인의 성추문 파장을 가라앉힐 수 없다는 판단에 따른 것으로 보입니다.

청와대 대변인의 성추행 사건과 관련해 그 책임의 소재를 어떻게 밝혀야 할 것인가? 책임 소재에 따른 인사상의 난맥상은 누가 책임질 것인가? 대통령의 사과보다는 철저한 진상 조사와 책임자 문책에 방점을 둔 속보를 보면, 문제의 핵심을 비껴가려는 권력의 입장을 대변하고 있음이 거듭 확인된다. 해당 방송사는 유감 발표 후 오히려 인사 문제에 대한 책임 통감보다는 방미 성과의 빛이 바랬다는 청와대 입장을 전하고 있다. 책임 소재를 묻는 비판적 보도보다는 오히려 청와대에 면죄부를 주는 역할을 언론이 대신하고 있다. 일부 방송사의 경우 '윤

창중 보도지침' 파문까지 불러일으켰을 정도이다.[75]

2013년 5월 15일 SBS 〈8뉴스〉

박 대통령 "윤창중 인사…… 엉뚱한 결과에 실망"

앵커 박근혜 대통령이 이번 사태를 계기로 인사 검증 시스템에 대한 개선을 하겠다고 밝혔습니다. 윤 전 대변인 사건에 대한 후속 조치도 신속하게 처리해 나가겠다고 말했습니다. ○○○ 기자가 보도합니다.

기자 박근혜 대통령은 오늘(15일) 저녁 언론사 정치부장단과 가진 만찬에서 인사 검증 시스템 개선 방침을 밝혔습니다. 지금의 인사위원회를 보다 다면적으로 구성해서 제도적으로 철저한 검증이 되도록 하겠다는 겁니다. 특히 윤창준 전 대변인과 관련해서는 전문성을 보고 다양한 분야에서 새로운 인물이 한 번 맡으면 어떻겠나 싶어서 발탁했는데 엉뚱한 결과가 나와 굉장히 실망스럽다고 말했습니다. 윤창중 전 대변인 성추행 의혹 사건에 대한 신속한 처리 방침도 밝혔습니다. [박근혜 대통령: 지금 미국 쪽에 수사 의뢰를 해놨기 때문에 기다리면서 결과가 나오는 대로 후속 조치를 발 빠르게 해나가도록 하겠습니다.] 이남기 홍보수석 사표 수리 여부를 비롯한 관련자 문책과 관

75 KBS는 2013년 5월 10일 공지 사항을 통해 윤창중 대변인 관련 보도 시 청와대 브리핑룸 브리핑 그림을 사용하지 말 것과 뒷배경에 태극기 등 그림을 사용하지 말고 일반적인 그림을 사용하라고 밝혔고, 〈경향신문〉과 〈한겨레신문〉은 이를 이른바 '윤창중 보도지침'이라는 내용으로 기사화했다. 이에 대해 KBS는 해당 언론사를 상대로 손해배상과 정정보도 청구 소송을 냈으나 1심에서 모두 패소했다. 최원형 (2013. 5. 10), "청와대 브리핑룸·태극기 화면 쓰지 말라," KBS, 윤창중 성추행 '보도지침' 논란, 〈한겨레〉. http://www.hani.co.kr/arti/society/media/586954.html

련해서는 미국 측의 수사 결과를 지켜보면서 판단하겠다고 말했습니다. 박 대통령은 특히 "보람 있는 미국 방문이었는데 일정 말미에 불미스런 일이 생겨서 안타깝다"면서, 방미 성과가 윤 전 대변인 성추행 파문에 묻힌 데 대한 아쉬움도 내보였습니다.

청와대 출입 기자들의 본질을 외면한 대변인성 리포트는 어느 특정 정권에 국한되지 않는다. 이전 대통령 관련 기사들 가운데서도 쉽게 찾아볼 수 있다. 한 예를 보자.

2011년 10월 9일 KBS 〈뉴스 9〉

이 대통령, 퇴임 후 내곡동 사저 건립 추진

앵커 이명박 대통령이 퇴임 이후에 살게 될 사저를 서울 내곡동에 짓기로 했습니다. 아들 이름으로 부지를 마련해 논란이 되고 있는데, 청와대는 보안 때문에 어쩔 수 없었다고 해명했습니다. ○○○ 기자입니다.

기자 이명박 대통령의 퇴임 후 사저가 들어설 서울 내곡동의 부지입니다. 기존 건물이 철거되고 새 건물을 짓기 위한 정지 작업이 진행되고 있습니다. 전체 부지는 2,606제곱미터이며, 이 가운데 463제곱미터가 대통령 사저가 들어설 땅입니다. 사저용 부지는 대통령의 아들 이시형 씨가 은행에서 대출받은 돈 6억 원과 친척들로부터 빌린 5억 2,000만 원 등 모두 11억 2,000만 원을 들여 매입했다고 청와대는 설명했습니다. 나머지 2,143제곱미터의 땅은 경호 시설이 들어설 부지로 대통령실이 42억 8,000만 원의 국가 예산을 들여 매입해 대통령실

명의로 등기했습니다. 청와대는 이 대통령이 퇴임 후 논현동 자택으로 돌아가려 했으나 주택 밀집 지역이어서 경호상 문제가 발생해 올해 초 다른 곳에 사저를 건립하기로 하고 지난 6월 부지를 매입했다고 밝혔습니다. 또 아들 명의로 매입한 데 대해 일부 문제 제기를 하는 것과 관련해서는 이 대통령이나 김윤옥 여사 명의로 부지 매입에 나서면 사저의 위치가 너무 일찍 노출되는 등의 문제가 있어 아들 이시형 씨가 사도록 했다는 해명을 내놨습니다. 청와대는 앞으로 건축허가를 신청하는 시점을 전후해 이 대통령이 아들 시형 씨로부터 사저 부지를 재매입할 것이라고 밝혔습니다.

위 기사의 본질은 이명박 전 대통령이 아들 명의로 사저 부지를 매입했는데 향후 아들로부터 이를 재매입했다는 것이다. 아들 명의로 부지를 매입하게 된 이유는 무엇인가, 자금 출처는 어디인가, 그로 인한 법적 하자는 없는가, 대통령의 책임은 어디까지인가 등등 사안의 본질에 대한 언급은 없고, 퇴임 이후 대통령이 살게 될 집을 소개하는 수준에서 머물고 있다. 아들 명의 부지 매입 관련해서는 "사저의 위치가 너무 일찍 노출되는 등의 문제가 있어 아들 이시형 씨가 사도록 했다"는 해명에 초점을 맞추고 있다. 사안의 핵심과 관련한 비판적 시각은 물론 기본적인 의문 제기도 찾아볼 수가 없다.

본질을 외면한 출입처 동화형 기사는 행정부처 출입 기자의 리포트에서도 나타난다.

2013년 1월 18일 KBS 〈뉴스 9〉

국토부 "보 안전·기능 문제없어"…… "수질 개선 최선"

앵커 시청자 여러분, 안녕하십니까? 4대강 사업이 총체적인 부실이라고 판단한 감사원의 감사 결과에 대해 국토해양부가 강하게 반발하고 나섰습니다. 4대강 보의 안전성을 둘러싼 논란이 또 다시 불거질 것으로 보입니다. 먼저, ○○○ 기자입니다.

기자 국토해양부는 우선 감사원의 설계 기준 지적에 오류가 있다고 주장했습니다. [권도엽 국토해양부 장관: 감사원에서는 이 보 높이가 4미터 되는 보를 기준으로 해서 했다고 했는데 그것은 잘못된 지적이다.] 바닥 침식을 막는 바닥 보호공이 15개 보에서 파손됐다는 지적에 대해서도 대부분 보강을 마쳐 문제없다고 말했습니다. 특히 보의 누수와 균열 지적에 대해서는 보의 안전과 직접 연관이 없으며 현재까지 보강을 끝냈고 앞으로도 보강해 나가겠다고 말했습니다. 홍수를 예방하려고 과도하게 바닥을 팠고 이후 비용만 더 들게 됐다는 지적에 대해서는 200년 빈도의 홍수뿐 아니라 이상 가뭄에도 충분한 물 확보가 목적이라고 설명했습니다. <u>4대강 보 시설 자체의 기능이나 안전성에 아무 문제가 없다는 겁니다.</u> 반면 환경부는 4대강 수질 관리가 미흡하거나 부적합했다는 감사원 지적 내용을 적극 반영하겠다고 밝혔습니다. [유영숙 환경부 장관: 우리가 적극 검토를 하고 앞으로 수질이 개선될 수 있도록 우리가 최선을 다하겠다는 말씀을 드립니다.] 다만 조류 발생에 대선 4대강 해사업 이전에도 있었던 현상이라며, 추가 대책을 약속했습니다. 국토해양부가 감사원의 감사 결과를 정면으로 반박하면서 4대강 보 시설의 안전성을 둘러싼 논란은 다시

가열될 것으로 보입니다.

위 보도는 4대강 사업의 부실 문제를 제기한 감사원 결과에 대한 국토부와 환경부의 대응을 각각 보도한 것이다. 그런데 감사원의 지적은 거의 없고 국토부와 환경부의 해명만 온전히 보도했다. 기자는 기사 도입부인 앵커 멘트를 통해 국토해양부의 입장을 강조하고 있다. 본문에서는 "4대강 보 시설의 기능이나 안전성에 아무 문제가 없다"며 마치 국토해양부 대변인과 같은 입장을 보이고 있다. 환경부 입장을 한 문장 포함시키기는 했지만, 기계적 균형이라는 측면에서도 국토부에 치우친 보도라는 인상을 지우기 어렵다. 같은 날 여당의 문제 제기까지 인용해 리포트를 제작한 SBS의 보도와 대조를 보이고 있다.

2013년 1월 18일 SBS 〈8뉴스〉

'4대강 감사 결과' 공방…… 국토부 "문제없다"

앵커 4대강 사업에 문제가 있다는 감사원 감사 결과가 파장을 낳고 있습니다. 정부가 그렇게 심각한 건 아니라고 반박했지만 야당은 물론이고 여당까지 따지고 나섰습니다. ○○○ 기자가 보도합니다.

기자 새누리당 지도부는 고위 당정회의에서 감사원의 감사 결과도 나온 만큼 정부가 4대강 사업의 문제점을 밝히고 해결책을 제시하라고 요구했습니다. [이한구 새누리당 원내대표: (4대강 사업에 대해) 어떤 해결책을 가지고 있는지도 제시해 주셔야, 이런 걸 확인한 뒤에 저희도 보충할 것은 보충하고……] 특히 박근혜 당선인 비서실의 이정현 정무팀장은 의혹 해소를 위해 전문가와 감사원 관계자의 공동 조사를 주문했습니다. 박 당선인 측이 새 정부 출범을 앞두고 현 정부의 주력 사업인 4대강 사업과 선을 긋고 있다는 해석이 나왔습니다. 그러나 권도엽 국토해양부 장관은 고위 당정회의와 별도의 기자회견에서 4대강 보의 안전과 기능에 아무런 문제가 없다고 맞섰습니다. 감사원의 지적한 문제점은 보강 공사만 하면 되는 사안이라는 겁니다. [권도엽 국토해양부 장관: 이미 보완을 했습니다. 다만, 3개 보에 대해서는 현재 보강 중이기 때문에 이 보강이 완료되면 별 문제가 없을 것으로 판단합니다.] 민주통합당은 이명박 대통령의 사과와 국정 조사를 요구하며 공세를 강화했습니다. [이미경 민주통합당 4대강조사특위 위원장: (이명박 정부가) 국민에게 거짓말을 해왔고, 22조 원의 소중한 혈세를 낭비한 것이 확인됐습니다.] 민주당은 또 4대강 원상회복을 위한 대책 기구 구성을 촉구했습니다.

다음 보도도 기사의 기본을 갖추지 않은 관습적 기사 작성을 통한 또 다른 출입처 동화형 기사의 사례이다.

2013년 6월 4일 KBS 〈뉴스 9〉

현오석 부총재–김중수 총재, 곰탕 회동 "정책 공조"

앵커 경제 정책에 엇박자를 내던 현오석 경제부총리와 김중수 한국은행 총재가 첫 공식 만남을 가졌습니다. 함께 곰탕을 먹으며 앞으로의 공조를 다짐했습니다. ○○○ 기자입니다.

기자 엇박자라는 평가를 받아 온 두 경제 수장, 현오석 경제부총리와 김중수 한국은행 총재가 곰탕집에서 마주앉았습니다. 먼저, 현 부총리가 지난주에 참석했던 OECD 각료 이사회 얘기로 말문을 열었습니다. [현오석 경제부총리: (OECD 사무총장에게) 고용률을 경제정책의 목표로 한다고 했더니 상당히 그런데 대해서 관심을 많이 가졌다.] [김중수 한국은행 총재: 한 나라의 소득 수준을 높이기 위해서는 여성의 참여가 중요하지 않습니까?] 식사가 나오자 현 부총리가 고등학교 3년 선배인 김 총재의 곰탕에 파를 넣어 줍니다. 이어 배석자와 취재진 없이 한 시간가량 계속된 현 부총리와 김 총재의 대화, 식당 문을 나서는 두 사람은 만족한 표정입니다. [현오석 경제부총리: 그 동안 경제 회복 정책을 했잖아요? 그런 것이 잘 효과를 발휘할 것인지 중앙은행 차원에서도 정부로서도 잘 보자고 얘기했다.] [김중수 한국은행 총재: 고용률을 어떻게 올릴 것인가 하는 문제에 대해서 앞으로 계속 서로 논의해 가면서 좋은 방향을 찾자는 인식을 같이했다.] 금리 인하 등 정책 공조를 놓고 대립각을 세우던 두 경제 수장, 앞으로 한 달에 한 번씩은 만나기로 했다며 정책 공조를 약속했습니다.

현오석 경제부총리와 김중수 한국은행 총재의 회동을 다룬 보도인데 만남의 내용과 의미를 전하기보다 스케치로 일관했다. 화면 중심의 보도가 많을 수밖에 없는 TV 뉴스의 특성을 감안하더라도 회동의 본질과 상관없이 회동 당사자의 이미지를 부각시킨 결과를 초래했다. 단신 정도로도 충분한 기사이다. 시간이 제한된 리포트에서 "식사가 나오자 현 부총리가 고등학교 3년 선배인 김 총재의 곰탕에 파를 넣어 줍니다"라는 표현으로 보도 시간을 소비하기보다는 "고용률을 어떻

게 올릴 것인가 하는 문제에 대해서 앞으로 계속 서로 논의해 가면서 좋은 방향을 찾자는 인식을 같이했다"는 김중수 한은 총재 말을 분석했어야 했다. 한마디로 두 경제 관료의 회동에 대한 본질적 내용보다는 회동 스케치에 그쳤다. 취재의 기본이 안 됐다는 얘기다. 광고주 편향과도 밀접히 관련돼 있는 재벌 관련 보도들에서도 출입처 동화성 보도로 사안의 본질이 흐려지는 경우가 다반사로 일어나고 있다.

2) 출입처 동화의 원인 분석

한국 기자 사회에서 출입처 제도는 현재도 진행형이다. 출입처는 기자가 취재를 담당하는 '영역'인 동시에 기자 이외에는 접근 자체가 어려운 '성역'이기도 하다. 기자 사회의 이런 기득권이 존속되는 한 취재 현장을 누비는 '유목민 정신'은 사라지고, 출입처에 안주하는 '정주민 기자'들만 양산될 것이다.[76] 다른 방식의 언론 통제라는 비판을 받기도 했지만 지난 노무현 정부의 '취재 선진화 방안'은 기자들의 '출입처 동화'와 관련해 시사하는 바가 적지 않다. 참여 정부는 "정보 개방 확대를 통해 정부와 언론 간의 투명성을 제고하고 브리핑 제도 운영 및 취재 지원 효율화, 실질적 대언론 서비스 강화"라는 취재 선진화 방안의 기본 방향을 설정했으나, 결과적으로는 좌초했다. 1차적으로 기자실 운영을 비롯한 보도 시스템을 정부가 앞장서서 개선하겠다는 '관 주도'식

76 "세상을 보고, 무수한 장애물을 넘어 벽을 허물고, 더 가까이 다가가 서로를 알아가고 느끼는 것, 그것이 바로 우리가 살아가는 인생의 목표이다"라는 〈라이프〉지의 모토를 생각해 볼 필요가 있다.

발상 자체가 무리였다. 하지만 출입처 의존도가 큰 한국 기자 사회의 한 단면을 보여 주는 사례이기도 하다. 출입처 의존도가 큰 기자일수록 출입처 동화 현상이 심하다. 출입처 동화의 원인을 살펴보자.

(1) 전형적인 홍보성 보도

이런 유형의 보도는 취재가 사실상 배제된 것들이다. 이런 보도는 기사가 아니라 차라리 홍보 대행사의 홍보적 수사修辭에 가깝다는 비판이 나올 수밖에 없다. 심층 취재나 비판적 시각 없이 출입처에서 제공하는 보도자료를 무비판적으로 베껴 쓰는 이른바 '발표 저널리즘'의 전형이다. 이런 사례는 기자실을 중심으로 확대 재생산된다. '발표 저널리즘' 유형의 기사들에는 팩트에 대한 객관적 전달, 그 전달 방식을 통한 문제 제기, 이를 통한 환경 감시와 여론 조성 기능이 크게 부족하다. 이런 유형의 보도는 취재원 접근이 어려운 국방, 안보 관련 보도에서 특히 두드러진다. 일부 기자들은 현장 접근이 어렵다는 이유로 취재 의지를 보이지 않기 때문이다. 취재의 기본은 현장이지만, 현장 접근이 어려울 경우, 현장 주변, 현장을 대신 전할 수 있는 취재원 등등 심층 취재를 할 수 있는 여지는 많다. 시청자의 알권리에 부응하겠다는 의지가 없는 한, 그리고 그 의지를 실천하려는 노력이 뒤따르지 않는 한, 출입처 동화형 홍보성 보도는 계속될 수밖에 없다.

(2) 출입처 시각의 일방적 보도

이들 유형의 보도가 양산되는 가장 큰 원인은 '왜'라는 저널리즘의 기본이 부족하기 때문이다. 저널리스트에게 있어서 '왜'라고 묻는 자세는 '어떻게' 기사를 쓸 것인가 하는 문제보다 더 중요한 사안이다. 비판 기능을 상실한 채 보도자료에 의존해 전달하는 보도는 1차적으로 정확한 사실 전달이 될 수 없으며 2차적으로 진실 왜곡의 성격을 띠면서 출입처 시각만을 강조하는 일방적 기사로 전락하고 만다. 정부 차원의 대책만 있지 그 대책이 안고 있는 실현 가능성, 정부 발표 이면에 대한 취재가 배제된 부실한 보도가 발생하는 이유는 무엇인가? 그것은 '왜'라는 질문을 달고 추가 취재를 하지 않았거나, 사안을 일부러 외면하기 때문에 발생한다. '왜'라고 묻지 않을 때 기자는 비판적 저널리스트가 아닌 전달자 수준에 머문다. 기자가 양비론, 또는 양시론에 입각한 기계적 균형의 함정에 빠질 때 비판 기능을 상실한 보도가 나오고, 결국 이런 보도는 약자 아닌 강자의 논리에 함몰되는 불공정 보도로 이어지게 된다. 비판 기능을 상실한 출입처 시각의 일방적 보도는 '적절한 공정성*due impartiality*'을 잃을 때 나오게 된다.

(3) 권력 편향적 보도

권력 편향적 보도국의 환경과 기자실 운영 관행이 이런 권력 편향적 보도를 가능케 하는 주된 원인이다. 기본적으로 잘못된 시스템에 기인한 것이지만, 기자들 역시 그 책임에서 자유롭지 못하다. 스스로 자기 검열을 하기 때문이다.

이른바 출입처의 '1급 코스'라고 일컬어지는 시경캡(서울경찰청 출입 기자) → 사건 데스크 → 국회 출입 → 청와대 출입으로 이어지는 보도국의 출입처 배정 관행이 개선되지 않는 한 권력 편향적 청와대발 대통령 찬양 보도는 사라지지 않을 것이다. 청와대 출입 기자는 춘추관 출입 기자이고, 더 정확히 말한다면 춘추관에서 내놓는 내용을 전달

청와대 출입기자단 공지

\-   관련

대변인 '백 브리핑'을 방송한 것은 '백브리핑' 비보도 원칙과 상호 신의를 위배한 것으로 간주,   에 엄중 경고조치하고 3일(3.10~3.12)간 취재 기자의 춘추관 출입금지 조치를 취하기로 결정함.

은 이에 대해 가혹한 측면이 있다고 반대 입장을 피력했으나 민주적 절차에 의해 결정된 청와대 기자단의 결정을 수용키로 함.

\- 대통령 방미·방일 계획이 이번주 중 공식 발표될 예정임.

발표 시점까지 방미·방일과 관련된 모든 보도는 포괄적 엠바고를 적용키로 함.

청와대 발표 이후에는 공식 발표 내용에 한해서만 보도할 수 있음.

\- 향후 청와대와 관련한 엠바고는 중앙지, 방송, 지역지, 경제지, 기타 매체 대표 등 5명으로 '엠바고 위원회'를 한시적으로 구성해 세부적인 지침을 마련키로 함. 이번주 중 초안을 마련, 출입기자들의 공람을 거쳐 의견을 구한 뒤 '엠바고 위원회'와 기자단 운영위원회가 최종 확정할 계획임.

\- 상기 결정 사항은 기자단 간사로 구성된 운영위원회가 오늘(3.9)회의를 열어 최종 결정한 것임. 불참한 운영위원에 대해선 사후 추인을 받았음.

기자단 운영위원회

하는 전달자 혹은 경우에 따라 그 내용을 각색해서 전하는 대행자라는 지적으로부터 자유로울 수 있는 기자가 얼마나 될까? 우리는 최근까지 이런 현상을 청와대 출입 기자단의 대통령 기자회견장에서 확인했다. 질문과 답변이 사전에 짜여진 각본대로 움직이는 기자회견장에서 저널리즘 정신을 기대하기 어렵다. 오죽 했으면 한 나라의 대통령이 기자실의 폐단을 지적하는 지경까지 이르게 됐겠는가? 카르텔화돼 있는 청와대 기자단 운영도 이런 유형의 기사가 나오는 배경이다. 엠바고룰을 어겼을 때 가해지는 기자단 출입 금지 조치 등이 그 한 예이다. 다음 공지는 지난 2008년 3월 YTN이 엠바고를 어겼다는 이유로 청와대 출입 기자단으로부터 출입 금지 조치를 당한 내용이다. 엠바고를 이유로 국민의 알권리라는 '목적'보다, 기사 작성이라는 '수단'이 더 중시되는 관행이 남용되는 한, '용비어천가'식 편향 보도는 사라지기 힘들다.

(4) 본질을 외면하는 보도

정치적으로 편향돼 있거나, 시청률에 집착할 때 이런 기사가 나온다. 취재를 했거나, 했어도 기사 작성을 하지 않는다는 점에서 '전형적인 홍보성 기사' 유형들과는 성격을 달리한다. 본질을 외면한 기사는 '기자 = 출입처 소속 일꾼'이라는 등식이 성립되기 때문에 가능하다. '초록은 동색'인 셈이다. 여당 출입 기자는 여당 의원이 되고 야당 출입 기자는 야당 의원이 된다는 자조적 목소리는 어제 오늘의 얘기가 아니다. 이런 환경 속에서 기자는 객관적 시각을 잃고 폴리널리스트로 전락한다. 물론 1차 책임은 출입처에 동화된 취재 기자 자신이다. 배타적인 출입처 취재 시스템 속에서 초심을 잃고 직업 정신을 망각하는 기자 자신의 책임이 크다. 하지만 그런 기자를 필요로 하는 보도국, 그런 보도국을 움직이는 간부들, 그 간부들에 영향력을 행사하는 권력이 서로 네트워크를 구축하고 있는 한 본질을 외면하는 출입처 시각 위주의 보도 관행은 사라지기 힘들다.

3) 출입처 동화 방지를 위한 점검 목록

(1) 전형적인 홍보성 보도

- 시청자가 알아야 할 새로운 팩트가 있는가?
- 이 정보를 공유할 만한 가치가 있는가?
- 시청자들에게 알리는 내용이 객관적 근거를 갖추고 있는가?
- 시청자들의 흥미를 유발시킬 수 있는 스토리텔링이 있는가?
- 홍보성 기사로 나갔을 경우, 부작용에 대한 우려는 없는가?
- 보도 자료에 담긴 컴퓨터 그래픽과 홍보 영상이 객관성을 갖추고 있는가?

- 특정 출입처 관련 홍보성 보도를 특정 기자가 지속적으로 하고 있는가?
- 특정 인사 관련 홍보 보도가 자사 이익과 연관돼 있는가?
- 연속 보도 또는 심층 보도를 할 만한 가치가 있는가?
- 광고와 협찬 등 스폰서에 기반한 취재인가?

(2) 출입처 시각의 일방적 보도

- 보도자료가 객관적인 내용을 담고 있는가?
- 현장 취재가 뒷받침되어 있는가?
- 통계 수치의 오류는 없는가?
- 정부의 발표 내용이 구체성을 담보하고 있는가?
- 출입처가 언급한 상대에 대한 반론권이 제대로 반영됐는가?
- 분석 자료들의 출처가 분명히 명시되고 있는가?

- 실현 가능성 여부를 충분히 파악했는가?
- 부작용 여부는 없는가?
- 출입처 제공 홍보 영상을 사용했는가?

(3) 권력 편향적 보도

- 대통령 발언에 대한 구체적인 방안은 마련되어 있는가?
- 대통령 발언에 대한 청와대 이외의 반응을 잘 반영하고 있는가?
- 청와대의 공식 보도 자료 이외에 언론 흘리기 식 보도를 확인했는가?
- 대통령 사적 영역에 대한 과도한 보도가 어떤 기준으로 이뤄지고 있는가?
- 보도국 의사 결정 라인에서 취재 기자를 지나치게 간섭하고 있지는 않는가?
- 객관적 서술이 아닌 주관적 표현은 없는가?

- 권력 기관의 언론 플레이는 아닌가?
- 사전에 각본대로 짜여진 기자회견은 아닌가?
- 출입 기자가 권력 지향적 성향이 있는가?

(4) 본질을 외면하는 보도

- 해당 기자가 사태의 본질을 파악하고 있는가?
- 찬반양론으로 갈린 양측의 입장을 균형 있게 다루고 있는가?
- 비슷한 내용을 다룬 보도의 전례 또는 외국의 사례 등을 파악했는가?
- 발표 내용에서 언급된 현장의 다양한 시각을 보여 주는 인터뷰를 포함하고 있는가?
- 취재원의 사적인 감정을 여과 없이 기사화하지는 않았는가?
- 서로 입장이 다른 취재원을 상대로 양적 균형을 맞췄는가?

- 핵심적인 내용을 빼고 스케치성 기사로만 끝내진 않았나?
- 의도적으로 사안을 축소 보도하지는 않았나?
- 취재 기자가 출입처와 밀착돼 있지는 않은가?

5. 자사 이기주의

1) 자사 이기주의의 유형별 사례 분석

시장주의 경제 체제하에서 언론사는 개별 기업의 형태로 존재한다. 어떤 언론사든 수입과 지출을 통해 상업적으로 운영되는 근본 방식은 같다. 다만 수입원이 광고나 사업 수익, 수신료, 후원금, 정부 지원금 등으로 다양할 뿐이다. 수신료나 정부 지원금처럼 개별 언론사의 실적과 무관하게 보장되는 수입도 있지만 대개의 경우 언론사의 수입은 해당 언론사의 콘텐츠 경쟁력에서 비롯되는 측면이 크다. 경쟁이 경제적 성과 내지는 장기적인 언론사 자체의 존망에 영향을 미치다 보니 무엇을 어떻게 보도할 것인지에 대한 기본적인 판단에까지 영향을 미치게 되는 것이 현실이다. 이는 신문과 방송 모두가 마찬가지다.

자사 이기주의 보도의 세부 유형 가운데 첫 번째는 자사의 입장을 일방적으로 대변하는 보도를 들 수 있다. 자사의 이익을 극대화하기 위해 자사의 일방적 입장을 기사의 형식으로 내보내는 것이다. 두 번째 세부 유형으로는 역시 자사의 이익을 위한 것이기는 하지만 특히 자사 프로그램 홍보에 뉴스를 동원하는 것을 들 수 있다. 자사의 드라마나 예능 프로그램 등을 홍보하기 위한 목적으로 뉴스 시간을 사용하는 것으로 방송의 사적 사용이라고 할 수 있다. 종편의 모회사인 신문사들의 경우는 첫 번째 유형인 정책적 사안 등에서 '자사 입장 일방적 대변'과 함께 두 번째 유형인 '자사 프로그램 홍보'가 매우 노골적으로 나타난다. 아예 자회사인 종편의 홍보지 역할을 자임하는 것이다.

자사 이기주의 보도는 이 밖에도 자사의 행사나 대주주 및 경영진 등의 활동을 홍보하는 방식으로도 나타난다. 이러한 '자사 행사 등 홍보·미화'가 자사 이기주의 보도의 세 번째 세부 유형이다. 자사의 사업적 활동을 홍보하는 것은 물론 뉴스와 별로 상관이 없는 자사의 대주주나 경영진의 활동을 기사로 다루는 경우가 여기에 해당한다. 최근 사례를 중심으로 자사 이기주의가 나타나는 보도를 이러한 세 가지 세부 유형으로 나눠 살펴본다.

(1) 자사 입장 일방적 대변

회사의 일방적 입장을 대변하는 보도로는 KBS 수신료 인상과 관련한 일방적인 홍보 보도가 많이 눈에 띄었다. 수신료에 관련된 일방적인 보도의 대표적 사례는 이미 《방송 보도를 통해 본 저널리즘의 7가지 문제》에서도 소개했던 2011년 4월의 다음 기사를 들 수 있다. 이 기사는 방송통신심의위원회 심의에서도 문제가 지적돼 같은 해 6월 22일 법정 제재의 하나인 '주의' 조치를 받았다. 수신료 인상 관련 공청회를 보도한 기사인데, 수신료 인상이 필요하다고 강조하는 당시 한나라당 의원들의 발언을 집중 보도했다. 민주당 의원들은 공청회에 진행에 반대하면서 퇴장했는데, 그 이유를 제대로 설명하지 않은 채 본질적이지 않은 발언을 잠깐 소개하는 데 그쳤다. 더구나 이에 대한 한나라당 의원들의 비난을 잇달아 붙여서 전체적인 균형과는 거리가 멀었다는 지적을 받았다.

2011년 4월 18일 KBS 〈뉴스 9〉

문방위, KBS 수신료 인상 공청회 열어

앵커 TV 수신료 현실화 방안을 놓고 국회에서 공청회가 열렸습니다. 공영 방송의 건전한 재정 기반 마련과 공적 책무 선결 주장이 팽팽히 맞선 그 현장을 ○○○ 기자가 다녀왔습니다.

기자 수신료 공청회는 토론자들이 찬반 의견을 밝히면서 본격화됐습니다. [윤석민 서울대 교수(찬성): 현실화로 공영 방송이 정상적으로 기능할 수 있게끔……] [하주용 인하대 교수(반대): 수신료 인상을 주장하기에 앞서 이런 공적 책무를 제대로 수행해 왔는지……] 여당 의원들은 공영 방송의 기능 강화를 위해 수신료 인상이 필요하다고 강조했습니다. [강승규 한나라당 의원: 재원 조달 방법을 우리가 손대지 않으면……] [이병석 한나라당 의원: 30년간 2,500원 하는 동안 프랑스가 20만 900원……] [허원제 한나라당 의원: 광고 없는 방송, 그렇게 해서 시청률 경쟁으로부터 자유로운 그런 방송해서……] [이철우 한나라당 의원: 그런 내용은 다 알고 있습니다. 그래서 1,000원 인상안은 최소한 인상이다.] [조윤선 한나라당 의원: 81년 그때 물가상승률이 21.4%였거든요.] [김성동 한나라당 의원: KBS 1,000원

인상안은 대단히 서글픈 안이다.] 공영 방송의 의무를 강화하라는 주문도 나왔습니다. [김을동(미래희망연대): 난시청 지역 주민들이 오히려 불만의 목소리가……] [조순형(자유선진당): 나아가서는 한국 방송 발전을 위한 수신료인데……] [이용경(창조한국당): 공정성하고 같이 논의하지 않으면 우리는 이 악순환을 되풀이할 것이다.] 민주당의 상정 반대에 대한 반박도 제기됐습니다. [이군현 한나라당 의원: KBS 수신료 인상안을 상정해서 토론하는 게 왜 어려운지 의문이 갑니다.] [조진형 한나라당 의원: 오늘 의사 일정이 다 잡혀 있었음에도 불구하고……] [이경재 한나라당 의원: 정치적으로 교묘한 쇼를 하고 있는 겁니다.] 민주당은 합의 없이 대체 토론을 강행한다고 주장하며 공청회에 앞서 퇴장했습니다. [김재윤(민주당): 일방적으로 통보하고, 야당을 무시하는 건지.] [한선교(한나라당): 시간 끌기로 일관한다면 정말 구태의연한 정치 행태가 아닐까.] [전재희 문방위원장: 민주당 의원 나오셔서 공청회 원활히 진행해 주시길 바랍니다.] 대체 토론을 거친 수신료 인상안은 문방위 법안심사소위에 넘겨졌습니다.

수신료 문제와 관련한 KBS의 일방적인 보도 행태는 이후로도 변하지 않은 것으로 보인다. 다음 2013년의 기사들에서도 이러한 태도가 그대로 나타난다. 방송통신위원회가 방송 통신 전반에 걸친 정책 추진 방향을 발표한 것을 보도하면서도 수신료 인상 문제를 집중적으로 소개했고, 역시 수신료 인상에 대해 KBS 이사회가 주최한 토론회를 소개하면서도 수신료 인상의 당위성을 뒷받침하는 내용만을 기사에 담았다.

2013년 4월 18일 KBS 〈뉴스 9〉

공영 방송 재원 안정화 위해 수신료 인상안 검토

앵커 방송통신위원회가 오늘 올해의 정책 추진 방향을 발표하면서 공영 방송의 재원 안정화를 위한 제도 개선 방침을 밝혔습니다. ○○○ 기자가 보도합니다.

기자 30년 이상 수신료가 묶여있으면서 공영 방송 KBS의 재원 가운데 수신료의 비중은 매년 낮아져 지난해에는 37%대로 떨어졌습니다. 방송통신위원회는 방송의 공공성 강화를 위해 공영 방송의 재원 구조를 안정화해 나가기로 했습니다. 수신료 현실화가 필요함을 시사한 것입니다. [김대희 방통위 상임위원: 공영 방송에서 재원 구조 안정화 그러면 시청료(수신료)가 당연히 포함되는 거니까 그 부분에 대해선 폭넓게 검토하도록……] 방송통신위원회는 대통령에 대한 업무 보고에서 방송의 공적 역할 강화와 더불어 컨텐츠 다양성 지원 계획을 밝혔습니다. 또한 방송통신 융합 산업의 규제를 최소화하는 한편 소비자 피해에 대해서는 직권 조정에 나서는 등 이용자 보호는 한층 강화하기로 했습니다. [박근혜 대통령: 방통 융합을 선도하는 그런 새로운 서비스가 시장에 많이 등장하고 또 세계적인 방송 컨텐츠가 제작될 수 있도록 적극 노력해 주시기 바랍니다.] 방통위는 주파수 관리와 이동 통신 보조금, 지상파 방송 재송신 등은 미래부 등 관련 부처와 협조해 풀어 가겠다고 설명했습니다.

2013년 8월 22일 KBS 〈뉴스 9〉

"공영 방송 공적 책무 위해 재원 안정 중요"

앵커 TV 수신료 현실화를 위한 공청회가 오늘 대전에서 열렸습니다. 시청자들에게 다양한 공적 서비스를 충실히 제공하려면 공영 방송의 안정적인 재원 확보가 무엇보다 중요하다는 의견들이 나왔습니다. ○○○ 기자입니다.

기자 일본의 공영 방송 NHK는 매일 오후 2시가 되면 채널 하나를 두 개로 나눠 방송합니다. 학습 진도가 차이 나는 학생들을 위해 두 개의 강좌 프로그램을 따로 제작해 두 채널로 동시에 내보내는 겁니다. 이처럼 시청자들을 위한 NHK의 다양한 서비스는 시청자들이 내는 수신료가 든든한 기반이 되고 있습니다. 이를 위해 NHK는 연간 17만 원이 넘는 수신료를 받고 있고, 영국의 BBC도 25만 원이 넘지만, 우리나라는 33년째 3만 원에 머물러 있습니다. 수신료 현실화를 추진하고 있는 KBS 이사회가 마련한 지역 공청회에서 공영 방송의 공적 책무를 다하기 위해서는 무엇보다 재원 안정화가 중요하다고 전문가들은 강조했습니다. 특히 KBS 재원 구조에서 수신료 비중이 BBC나 NHK에 비해 현저히 낮은 것은 문제가 있다는 지적입니다. [주정민 전남대 신방과 교수: 수신료의 비중이 커질 때 재원의 안정성, 정치적 독립성, 자본의 독립성, 프로그램의 공정성 등에서 긍정적 신호로 나타난다.] 수신료 현실화와 함께 공적 서비스를 대폭 확대해야 한다는 제안도 나왔습니다. [최우정 계명대 교수: 다양하게 채널 15개 정도 보여 주고 직접 수신한다면 그게 오히려 국민을 설득할 수 있는 방법 아닐까요?] KBS 이사회는 수신료 현실화 방안을 지난달 공식 상정한 데 이어 공청회 등을 통해 다양한 여론을 수렴하고 있습니다.

위의 사례에서도 일부 언급되었지만 수신료 외에도 KBS가 정책적으로 추진하는 다채널 서비스에 대한 보도에서도 이런 경향이 나타난다. KBS는 2013년 5월의 다음 보도에서 이경재 당시 방송통신위원장이 자사 프로그램에 출연해 녹화 과정에서 발언한 내용을 소개하면서 무료 지상파 채널의 수를 늘리겠다는 발언에 중점을 두고 있다. 무료 지상파 채널수를 늘리는 것은 시청자 복지를 위해서 바람직한 방향이라고 할 수 있다. 하지만 이에 대해서는 이해관계자 사이의 논란이 존재할 뿐만 아니라 지상파 방송사들 사이에서도 입장 차이가 존재하는 사안이지만 이런 내용은 전혀 반영되지 않았다.

더구나 무료 지상파 채널을 늘리는 문제에 대한 이경재 위원장의 발언은 '막을 이유가 없다'는 것으로 적극적으로 추진하겠다는 것으로 보기도 어렵다. 하지만 기사의 앵커 멘트는 "무료 지상파 채널의 수가 지금보다 더 늘어날 것으로 보인다"는 것으로 마치 이런 방향으로 방통위가 정책을 추진하기로 한 것처럼 과장하고 있다. 더구나 이 보도에서도 "이 위원장은 또 KBS가 진정한 공영 방송이 되기 위해선 광고를 줄이는 대신 수신료의 비중을 높이는 재원 구조를 확립해야 한다고 강조했습니다"라며 지상파 무료 채널 확대라는 공적 서비스 확대를 무료 방송 서비스의 확대라는 방송 구조 개선의 문제가 아니라 자사의 수신료 인상 추진을 위한 근거로 활용하려는 태도를 보이고 있다.

2013년 5월 18일 KBS 〈뉴스 9〉

이경재 방통위원장 "지상파 무료 다채널 '찬성'"

앵커 시청자 여러분이 보시는 <u>무료 지상파 채널의 수가 지금보다</u>

더 늘어날 것으로 보입니다. 이경재 방송통신위원장이 내일 방송될 KBS 1TV 〈일요진단〉에 출연해 다채널 방송 서비스에 찬성 입장을 밝혔습니다. 보도에 ○○○ 기자입니다.

기자 아시아에서 처음으로 지상파 디지털 전환을 완료한 일본. 한 채널 대역에 두세 개 프로그램을 송출하는 무료 다채널 서비스가 이뤄지고 있습니다. 시청자들은 특히 스포츠 중계 때 효과를 실감합니다. [○○○(하찌오지 시민): 뉴스가 9시부터 시작하기 때문에 연장전에 들어간 야구 중계가 멈추게 됐을 때, 뉴스를 보면서도 야구 중계도 계속해서 볼 수 있죠.] 영국과 독일 등에서는 40~50개의 지상파 채널을 무료로 시청할 수 있습니다. 하지만 우리나라는 OECD 국가 가운데 유일하게 다채널 서비스를 하지 않아 전처럼 5개 채널밖에 볼 수 없습니다. 송신 기술은 있지만 허가가 나지 않았기 때문인데, 이와 관련해 이경재 방송통신위원장이 전향적인 입장을 밝혔습니다. [이경재 방송통신위원장: 국민에게 부담이 되지 않는 선에서 무료로 서비스를 더 해주겠다는 데 막을 이유가 없다고 봅니다.] 이 위원장은 또 KBS가 진정한 공영 방송이 되기 위해선 광고를 줄이는 대신 수신료의 비중을 높이는 재원 구조를 확립해야 한다고 강조했습니다. [이경재 방통위원장: 품위를 높이는 공영 방송이 되기 위해서는 광고를 줄이고 대신 수신료로 건전한 방송을 하면 좋겠다는 원칙이 좋겠다.] 통신 정책과 관련해서는 휴대전화 보조금을 과다하게 주는 기업에 대해 강력하게 조치하겠다고 강조했습니다.

이른바 '친박' 캠프에서 활동하던 이경재 씨가 직무의 성격상 공정성과 정치적 중립성 등이 요구되는 방통위원장에 내정된 뒤 국회 인사

청문회를 보도하는 과정에서도 방송사들의 자사 이기주의적 태도가 나타났다. 시청자의 시각에서 뉴스 가치를 판단하는 것이 아니라 주로 자기 회사에 유리한 것을 골라 중점적으로 보도하는 행태를 보인 것이다. KBS는 "지상파 다채널 찬성"이라는 리포트에서 이경재 방통위원장 후보자가 지상파 다채널 방송 서비스를 도입하는 데 찬성 입장을 밝혔다는 내용을 주로 보도하고, 정작 논란을 빚었던 '친박 방통위원장'의 공정성 문제에 대해서는 리포트 끝에 후보자의 해명성 발언만 소개하는 데 그쳤다. 무료 지상파 다채널 방송 도입이 정책적으로 중요한 문제라고 하더라도 인사청문회 보도의 중심이 될 사안은 아니었다.

MBC는 "친박 공정성 훼손 동의 못해"라는 단신 기사를 내보내는 데 머물렀다. 더구나 "이경재 방송통신위원장 후보자에 대한 국회 인사청문회에서 이 후보자는 자신이 대통령과 가깝다는 이유만으로 공정성을 훼손할 것이란 주장에는 동의하기 어렵다고 밝혔습니다"라고 딱 한 줄로 보도하면서 야당 의원들의 주장은 아예 무시해, 결국 이 문제에 대해 이 후보자에게 해명 기회만 부여한 셈이 되었다. 새 방통위원장에게 적극적으로 우호적 보도를 한 것으로 자사 이기주의적 보도인 동시에 정치적 편향성까지 드러낸 보도라 할 수 있다.

SBS는 이 후보자 청문회 소식을 아예 단신으로도 다루지 않았다. 공정성 논란이 이는 민감한 사안이라는 것에 대한 부담이었다고 볼 수도 있다. 이와 관련해서는 당시 북한의 도발 가능성이 쟁점이던 시기라 뉴스 판단의 문제라고 볼 수도 있겠지만 민감한 문제는 아예 보도하지 않는 것이 유리하다는 자사 이기주의적 태도로 볼 수 있다는 의견이 많았다.

2013년 4월 10일 KBS 〈뉴스 9〉

이경재 방통위원장 후보자 "지상파 다채널 찬성"

앵커 지상파 다채널 방송 MMS는 수십 개의 채널을 통해 다양한 방송을 무료로 제공하는 서비스입니다. 이경재 방송통신위원장 후보자가 지상파 방송의 MMS 도입에 찬성한다는 입장을 밝혔습니다. ○○○ 기자입니다.

기자 지상파 다채널 방송, MMS는 하나의 방송 주파수를 세분해 다양한 형식의 방송을 제공하는 서비스입니다. KBS 등 지상파 방송사들이 추진 중인 '코리아 뷰'가 대표적입니다. KBS 1TV를 예로 들면 현재의 9번 채널을 3~4개로 나눠 기존의 고화질 HD TV 방송에다 표준 화질 SD TV 방송, 데이터 서비스 등까지 시청자들에게 무료로 제공할 수 있습니다. 이경재 방송통신위원장 후보자는 MMS 방송 서비스 도입에 찬성한다는 입장을 밝혔습니다. [최민희 민주통합당 의원: 지상파 MMS 도입하실 겁니까?] [이경재 방통위원장 후보자: 원칙적으로는 기술 발전이 경제 성장의 동력이 되고 한다는 것은 인정을 해야 한다.] 청문회에서 야당 의원들은 이 후보자가 대통령의 측근이었다며 방송 공정성 훼손이 우려된다고 따졌지만 이 후보자는 단호히 반박했습니다. [박대출 새누리당 의원: 한 사람이 방송의 공정성 훼손할 그런 부분 있다고 보십니까] [이경재 방통위원장 후보자: 제 소신은 정부가 섣불리 (방송을) 장악하려는 것은 오히려 그 것이 큰 손해가 된다.] 이 후보자는 또 지난 81년 이후 동결된 TV 수신료를 인상하는데도 경영 효율화를 전제로 공감한다는 입장을 밝혔습니다.

2013년 4월 10일 MBC 〈뉴스데스크〉

이경재 인사청문회…… "친박 공정성 훼손 동의 못해" (단신)

이경재 방송통신위원장 후보자에 대한 국회 인사청문회에서 이 후보자는 자신이 대통령과 가깝다는 이유만으로 공정성을 훼손할 것이란 주장에는 동의하기 어렵다고 밝혔습니다. 서기석 헌법재판관 후보자는 인사청문회에서 삼성에버랜드 편법 증여 의혹 사건에 대해 무죄 판결을 내린 것은 법과 양심에 따라 법리대로 판결한 것이라고 말했습니다.

2013년 6월 12일에는 이경재 방송통신위원장이 KBS 메인 뉴스에 두 번이나 등장했다. 한 번은 이 위원장이 KBS 재난방송센터를 방문했다는 단신 기사에서, 다른 한 번은 이른바 '선플' 달기 운동 기사에서 이 위원장의 육성까지 소개했다. 이 위원장이 KBS를 방문한 자리에는 KBS 사장과 보도본부장, 보도국장이 일제히 영접에 나서 KBS 내부에서도 논란을 빚었다. 이 사안은 방송사에 대한 규제 기관으로서 KBS 수신료 인상의 열쇠를 쥐고 있는 사람 중의 한 명인 이 위원장과의 우호적 관계 구축을 위해 메인 뉴스를 활용한 것이라는 지적을 받았다.

2013년 6월 12일 KBS 〈뉴스 9〉

방통위원장 "전력 수급 상황 정확히 알려줘야" (단신)

이경재 방송통신위원장은 오늘 KBS의 재난방송센터를 방문하고 재난 방송 주관 방송사로서 여름철 전력난과 기상 재해 등의 상황을 신속하게 전해줄 것을 당부했습니다. 이경재 위원장은 또 그동안 KBS가 재난 상황 때 큰 역할을 해왔다고 말하고 최근 전력 사정이 좋지 않은 가운데 국민들에게 전력 수급에 대한 정확한 정보를 제공해야 한다고 강조했습니다.

[앵커&리포트] 사이버 폭력 예방 '선플' 달기 운동

앵커 암 투병 중에 한 오디션 프로그램에 출연해 우승까지 차지했던 고 임윤택 씨. 하지만 숨을 거두기 직전까지 가짜 투병설 운운하는 인터넷 악플에 시달려야 했습니다. 요즘에는 스마트폰이 일반화되면서 악플이 모바일로도 확산되고 있습니다. 학생들 가운데는 카카오톡을 비롯한 SNS상에서 한 명을 집중적으로 공격하는, 이른바 카톡 왕따를 당해 스스로 목숨을 끊는 경우까지 생겨나고 있습니다. 사이버 학교 폭력이 2년 새 5배나 늘었다는 통계도 나왔습니다. 이런 악플을 줄이려면 어린 시절부터 올바른 인터넷 사용 습관을 갖는 것이 무엇보다도 중요합니다. 악플을 막는 선플운동 교육 현장을 ○○○ 기자가 다녀왔습니다.

기자 한 초등학교에서 열린 사이버 폭력 예방 교육. 유명 방송인의 강의에 학생들 표정은 진지해집니다. [○○○ 선플국민운동본부 공동대

표: 절대 왕따 시키면 안 돼요. 어려운 친구가 있으면 끌어 주고 안아 줘야지.] 인터넷 윤리를 주제로 한 '도전! 골든벨,' '착한 댓글'에 관한 질문에 학생들은 거침없이 정답을 적어 내립니다. [ㅇㅇㅇ(부천 계남초등학교 3학년): "인터넷상에 악의적인 글을 올리지 않고 착한 글로 왕따 같은 걸 당하는 사람에게 용기를 주는……"] 스마트폰 보급이 늘면서 이른바 '모바일 왕따' 등이 확산되자 정부 당국은 이 같은 예방교육 강화에 나섰습니다. [이경재 방송통신위원장: 여러분 앞으로 인터넷에서 남을 칭찬하는 좋은 댓글을 다는 어린이가 되길 바랍니다.] [ㅇㅇㅇ(부천 계남초등학교 3학년): (앞으로 어떻게 할 거예요?) 앞으로 아무한테도 욕을 안 쓸 거예요.] 착한 댓글은 남에 대한 이해와 배려심을 갖는데서 시작됩니다. [ㅇㅇㅇ 선플국민운동본부 이사장: 어릴 적부터 영어, 수학만 공부하려고 하지 말고 가장 중요한 인성을 중점적으로 가르칠 수 있는 기회를 만들고자 합니다.] 정부 당국은 올해 60여 개 학교에서 사이버 폭력 예방 교육을 실시하고, 민간 단체와 함께 '선플 달기' 캠페인을 펴 나갈 계획입니다.

방송사가 스스로 논란의 당사자가 된 사안에서 일방적으로 자사의 입장을 강변하기 위해 뉴스를 동원하는 것도 자사 이기주의 보도의 전형적인 형태 가운데 하나이다. MBC의 다음 기사들은 자사 최고 경영진에 관련된 보도를 한 상대 언론사를 정상적인 보도·논평의 한계를 벗어나 비판하고 있다. 정수장학회 비밀 회동 의혹이라는 사실의 문제에 대한 반박에 그치지 않고, 해당 언론사와 관련 정치인의 과거 발언을 들추며 상대를 '왜곡'과 '거짓'의 프레임에 가두려는 태도를 보이고 있기 때문이다. 특히 한 야당 의원을 상대로 '도둑 촬영' 의혹을

제기하면서 경위가 정확하게 드러나지 않은 정수장학회 비밀 회동 녹취와 민주당 대표실 도청 사건을 동일시하려는 것도 아전인수식 기사라고 할 수 있다.

2012년 10월 15일 MBC 〈뉴스데스크〉

정수장학회, 비밀 회동 가능한가?…… 교묘한 왜곡 보도

앵커 또 한 가지 짚고 넘어갈 게 있습니다. 〈한겨레신문〉은 정수장학회와 MBC 측의 만남이 비밀 회동이라고 보도했습니다. 그런데 만남의 장소인 정수장학회 이사장실이 비밀스런 회동을 할 만큼 은밀한 곳일까요? ○○○ 기자의 보도입니다.

기자 정수장학회 사무실이 위치한 서울 정동의 한 건물. 경향신문 건물로 1층부터 8층까지 경향신문이 쓰고, 장학회 사무실은 11층에 있습니다. 장학회 사무실 바로 아래층인 10층에는 일본 산케이신문 한국지사 등이 있고 13층부터 16층까지는 민주노총과 산하 노조가 사용하고 있었습니다. 각층은 엘리베이터와 비상구로 연결돼 있어 누구나 수시로 오갈 수 있는 구조입니다. [경향신문빌딩 관계자: 그걸 어떻게 알아요? 각층에서 내려와서 비상 계단으로 나가는데. 그거는 통제 안 해요.] 하지만, 주차장과 건물 입구에는 CCTV가 설치돼 있어 외부에서 들어가는 사람은 쉽게 확인이 가능했습니다. 실제로 한겨레신문은 개인정보보호법 위반 가능성에도 불구하고 비밀 회동을 했다며 MBC 이진숙 본부장의 얼굴이 찍힌 CCTV 화면을 건물 관리 주체인 경향신문 측으로부터 받아 공개했습니다. 또 1층 아트홀에는 관광객과 시민들이 수시로 다녔고, 최근엔 부산일보 노조 등 언론노조

가 정수장학회 해체 등을 요구하며 수시로 집회를 열고 있습니다. [입주 업체 관계자: 부산일보가 이슈가 있을 때마다 그걸로 집회를 했었던 것 같고, 이슈가 터질 때마다 산발적으로 집회를 하는 것 같아요.] 지난 8일 이 빌딩 11층에 있는 정수장학회 이사장실에서 있었던 만남을 〈한겨레신문〉은 웃음까지 자세히 묘사하며 도청된 것으로 보이는 대화록을 공개했습니다. 해당 기사를 쓴 〈한겨레신문〉 기자는 불법 녹취인 줄 알면서 교묘히 왜곡 보도한 것 아니냐는 질문에 대해 "정치적 의도가 없었다"고 주장했습니다.

2012년 10월 22일 MBC 〈뉴스데스크〉

남이 하면 불법, 내가 하면 '공익'…… 한겨레 '이중 잣대'

앵커 대선 정국 도청·도촬 의혹으로 시끌시끌합니다. 정수장학회 도청 의혹을 받고 있는 〈한겨레신문〉은 아직 녹취록 입수 경위를 제대로 설명하지 못하고 있습니다. 또 도둑 촬영 논란에 오른 민주통합당 배재정 의원도 마찬가지인데요, 이들의 태도는 이중 잣대라는 지적이 있습니다. ○○○ 기자입니다.

기자 지난해 7월 〈한겨레신문〉은 KBS 기자가 민주당의 수신료 대책회의를 도청했다는 의혹과 관련해 "한국방송이 민주당의 회의 내용을 부적절한 방식으로 취득해 한나라당에 넘겼느냐"가 사안의 본질이라고 주장했습니다. 올해 7월 5일엔 한선교 의원이 공개한 민주당 회의록은 도청의 결과물이라며 한 의원의 국회 문방위원장 내정을 문제 삼기도 했습니다. 한겨레는 그러나 자신들을 향해 제기된 도청 의혹에 대해선 전혀 다른 태도를 보이고 있습니다. 특정 지역을 거론하며 교묘히 왜곡 보도했다는 지적이 일고 있는 '정수장학회 녹취록'

보도의 정당성을 거듭 강조하면서도 정작 녹취록 입수 경위는 설명하지 못하고 있습니다. 정수장학회 이 모 사무처장의 스마트폰 통화 기록을 도둑 촬영했다는 의혹을 받고 있지만 입수 경위를 밝히지 않고 있는 민주당 배재정 의원도 마찬가지입니다. '도청 의혹'과 관련해 한선교 의원의 문방위원장 사퇴를 앞장서 촉구한 사람이 바로 배 의원이었습니다. [배재정 민주당 의원(7월 5일): 한선교 의원은 (민주당) 비공개 연석회의 내용을 다음날 열린 문방위 전체 회의에서 토씨 하나 다르지 않게 공표했습니다. 명백한 도청의 결과였습니다.] 배 의원이 소속된 민주당 역시 지난해 12월 대표 선출 과정에서 불거진 금품 살포 의혹을 수사하던 검찰이, 600여 명의 통화 기록을 조회했던 사실이 알려지자 인권 침해라고 반발했습니다. [김유정 민주통합당 대변인(3월 28일): 자신도 모르게 통화 내역과 인적 사항이 무차별로 조사되었다는 사실에 경악을 금치 못하고 있습니다.] 새누리당은 통화 기록 도둑 촬영 의혹을 받고 있는 배 의원에 대한 징계안을 국회 윤리위원회에 제출했습니다.

---

(2) 자사 프로그램 홍보

자사 프로그램 홍보에 보도를 이용하는 행위도 수시로 발생한다. 드라마나 예능 프로그램 홍보에 뉴스 프로그램을 동원하는 것이다. 다음 MBC 보도는 당시 관심을 끌던 자사 예능 프로그램에 대한 것이다. '남자 예능'이 하나의 트렌드가 되고 있다고 볼 수는 있으나, 오직 자사의 예능 프로그램만 예시로 내세우며 홍보성 짙은 보도를 한 것이다. 특히 이렇게 자사 프로그램을 가지고 방송 트렌드를 분석하는 것이 과연 기사일 수 있는 것인지, 더구나 메인 뉴스 시간에 들어갈 만한 가치가 있는 것인지 의문이다. 자화자찬을 하는 것이어서 시청자 입장에서 민망하기도 하다. 또한 그 트렌드 분석이라는 것이 전문가가 행한 것도 아니고 기자 자신의 상상력과 단순 시청자 인터뷰를 이어 붙인 정도에 그치기 때문에 더욱 가치를 부여할 수 없는 보도이다.

2013년 5월 19일 MBC 〈뉴스데스크〉

남자 예능의 변신…… 관찰 예능의 시대

앵커 이른바 리얼 버라이어티가 대세가 되면서 남자들이 주축이 된 예능 프로그램이 주목받은 지는 꽤 됐습니다. 최근에는 이 남자 예능의 세계가 좀더 다양해지고 있다고 합니다. ○○○ 기자가 보도합니다.

기자 남자 연예인들이 함께 뒹굴면서 과제를 수행하는 모습을 밀착해서 담아내는 리얼버라이어티 프로그램. 그러나 최근 카메라는 한 발짝 물러선 느낌이고 등장하는 남자 연예인들 스타일도 달라졌습니다. 멋있기는커녕 궁상맞기까지 한 독신 연예인 남성 6명의 모습을 가만히 지켜보는가 하면 아이들 때문에 쩔쩔매는 아빠들 모습은 순수라는 공감 코드를 만들어 내면서 시청률 10%가 넘는 인기를 이어갑니다. [○○○(시청자): 그냥 연예인들도 일반인들과 별 다른 것 없이 그냥 똑같구나, 비슷하구나라는 생각에서 재미있게 보고 있어요.] 이제는 여자들이 가장 싫어한다는 군대에서 축구하는 이야기마저 아련한 추억과 애환을 불러일으키면서 프로그램의 테마로 활용됩니다. 시청률을 조사해 보면 TV 속 군대 이야기에는 남자보다 여자들이 더 많은 관심을 보이는 것으로 나타납니다. [○○○(시청자): 군대 문화라든가 어떠한 문화들에 대해서 연예인들과 공유하면서 일반인과 연예인들의 괴리감을 충분히 극복시키고……] 성공담, 영웅담 대신 인간적인 면모를 전달하면서, 남성 예능 프로그램의 진화는 계속되고 있습니다.

KBS는 2013년 6월, 중국 베이징에서 박근혜 대통령의 중국 방문 시기에 주최한 공연 소식을 메인 뉴스에서 보도했다. 자사가 주최한 '공연'을 단순히 소개하는 내용에 불과한데, 그것을 메인 뉴스로 보도한 것은 자사 이기주의 보도 사례라 할 수 있다. 또 박 대통령이 자사가 주최한 행사장을 방문한 것을 기사에서 주요하게 소개했는데, 이는 대통령을 끌어들여 자사가 주최한 행사의 위상을 높이는 것과 함께 청와대와의 우호적 관계 구축에 보도를 활용한 측면이 엿보이는 대목이다.

2013년 6월 28일 KBS 〈뉴스 9〉

한·중 우정 콘서트…… 베이징 'K팝' 열기 후끈

앵커 중국 베이징에서는 오늘 밤 우리의 스타급 아이돌 가수들이 대거 출연하는 한중 우정 K-POP 공연이 열리고 있습니다. 마침 박 대통령이 중국을 방문 중이어서 중국 팬들의 관심과 열기가 그 어느 때보다 뜨겁습니다. 베이징 ○○○ 특파원이 취재했습니다.

기자 출연 아이돌 그룹이 모두 함께 열창한 첫 곡목은 중국의 인기 가요 〈첨밀밀〉. 익숙한 가락에 환호와 함성이 이어집니다. 베이징 한복판의 5천여 객석은 중국의 K-POP 팬들로 가득 메워졌습니다. 젊은 우리 K-POP 스타들은 때로는 유창한 중국어로, 때로는 현란한 춤동작으로, 팬들을 매료시켰습니다. [중국인 K-POP 팬: 너무 멋있어요. 노래와 춤이 너무 좋아요.] [중국인 K-POP 팬: 저는 2PM을 제일 좋아해요. 2PM 사랑해요!] 박근혜 대통령도 공연장을 깜짝 방문해 문화 교류의 한마당을 지켜봤습니다. KBS가 한중 우호 관계를 한 단계 업그레이드하기 위해 마련한 오늘 공연은 밤 11시까지 역동적인 K-POP 열창으로, 뜨거운 감동을 선사합니다. (16초)

자사 이기주의 사례는 SBS에서도 나타난다. 다음 보도는 창사 특집 프로그램을 소개하는 것이기는 하지만 그 자체로 어떤 측면에서 메인 뉴스 시간을 차지할 정도의 가치가 있는 것인지 판단하기 어려운 전형적인 프로그램 홍보에 불과하다. 다른 프로그램을 소개하는 것이라 하더라도 뉴스에 소개되는 내용만으로도 충분히 정보나 영상 등에서 시청자들이 관심을 가질 수 있는 것이라면 기사 가치를 인정받을 수 있다. 하지만 7명의 정치인이 '오지에서 바람직한 권력을 찾아 나선다'는 것은 결국은 하나의 '예능'적인 설정일 뿐이다.

2013년 11월 16일 SBS 〈8뉴스〉

정치인 7인, 오지에서 본 '권력의 실체'…… SBS 창사 특집 〈최후의 권력〉

앵커 권력이란 무엇일까요? SBS가 창사 특집으로 바람직한 권력과 리더십을 찾아 나서는 5부작 〈최후의 권력〉을 준비했습니다. 특히 오늘(16일)과 내일 방송되는 '7인의 빅맨'에선 여야 정치인 7명이 대자연 속에서 권력의 민낯을 파헤칩니다. ○○○ 기자입니다.

기자 정쟁의 복판에서 앙숙으로 맞붙었던 7인의 여야 정치인이 원정길에 올랐습니다. 사람의 발길마저 끊긴 광활한 코카서스 산맥을 온몸으로 부딪칩니다. 매일 원정대를 이끄는 리더인 빅맨이 선출됩니다. 빅맨의 판단에 따라 임무를 수행한 뒤, 치열한 비판을 통해 권력의 실체를 적나라하게 보여 줍니다. [차명진 전 새누리당 의원: 빅맨이 좀 잘했어봐. 그러면 그런 어려움을 지금 겪었겠는가……] [금태섭 무소속 안철수 의원 언론특보: 지금도 제가 최선의 결정을 했다고 생각하고 그 결정 옆에 서 있을 수 있습니다.] 얼싸안고, 울고 웃으며, 진정한 권력과 리더십의 실체에 한 발 더 다가갑니다. [천호선 정의당 대표: 권력의 본질을 이렇게 생각해요. 소통하는 만큼 힘이 커진다.] 5부작으로 구성된 SBS 창사 특집 다큐멘터리 〈최후의 권력〉은 오늘 밤 11시 15분 '7인의 빅맨'으로 첫 방송을 시작합니다.

자사의 드라마 등을 홍보하는 뉴스 아이템은 잊을 만하면 나타나는 전형적인 자사 이기주의 행태이다. 최근 KBS에서 이런 사례가 많이 나타났다. KBS는 연초부터 자사 대하 사극이 시작된다는 내용의 리포트를 메인 뉴스에 내보냈다. 기사가 아니라 단순한 드라마 홍보일 뿐이다. 며칠 뒤에는 역시 KBS 〈뉴스 9〉의 '이 시각 현장' 코너가 느닷없이 자사 드라마인 〈총리와 나〉 촬영 현장을 '드라마도 영화처럼'이라는 제목으로 보여 주더니 바로 이어지는 기자의 중국 상하이 현장 취재 기사를 통해 자사의 특별 기획 드라마의 시작을 소개했다. 그야말로 자사의 드라마 '홍보'에 메인 뉴스를 총동원한 것이다. 전형적인 전파 낭비 사례로 사적 이익을 위해 전파를 이용한 것이다. 메인 뉴

스를 이렇게 자사 드라마 홍보에 사용하면서 수신료 인상을 요구하는 것이 얼마나 설득력을 가질지 의문이다. 다음 한류 기사에서도 자사 드라마 두 편의 현장만을 소개하면서 한류와 관광의 효과를 설명하고 있다.

2014년 1월 2일 KBS 〈뉴스 9〉

참신함으로 무장한 KBS 새 대하 사극 〈정도전〉

앵커 KBS의 새 대하 드라마 정도전이 이번 주말 첫 방송에 들어갑니다. 고증에 충실한 정통 사극이면서도 그동안 사극의 단골 주인공이었던 왕이 아닌, 신하를 주인공으로 세워 역사를 참신하게 그렸다는 평가를 받고 있습니다. ○○○ 기자가 보도합니다.

기자 정도전이 내딛는 걸음마다 고려 왕궁이 무너져 내립니다. 고려를 무너뜨리고 새 나라를 세운 관료 정도전. 기존 대하 드라마와 달리 왕이나 장군이 아닌 신하가 주인공입니다. [조재현(정도전 역): 지금의 현실과 고려 말 조선의 현실이 크게 다르지 않다라는…… 시청자들이 보시기에 굉장히 현실감 있게 다가올 것 같습니다.] 신하에 주목한 정치 사극은 한명회 이후 20년 만입니다. 불꽃 튀는 말과 말의 대결에 의상과 갓에 이르기까지 정확한 고증이 가미돼, 사극의 묘미를 느끼게 해줄 것으로 기대됩니다. 17년 전 최고 49%의 시청률을 기록한 〈용의 눈물〉의 배우와 제작진이 다시 참여해 선 굵은 대하 드라마의 전통을 이어갑니다. 이방원 역을 맡았던 유동근 씨는 이번에는 아버지 이성계로 열연합니다. [유동근(이성계 역): 당시 김무생 선배님이 하셨던 연기가 주마등처럼 스쳐 지나갔습니다. 소명 의식을 가지고 이 드라마에 참여하고 있습니다.] 박력 있는 영상과 참신한 관점으로 돌아온 정통 대하 드라마가 퓨전 사극 위주의 안방극장에 어떤 바람을 일으킬 것인지 관심이 쏠립니다.

2014년 1월 15일 KBS 〈뉴스 9〉

[이 시각 현장] 드라마도 영화처럼…… 스튜디오를 떠나다!

2014년 1월 15일 KBS 〈뉴스 9〉

블록버스터 드라마 〈감격시대〉…… 화려한 액션!

앵커 보다 감동적인 드라마를 만들기 위해 이 시간에도 계속되는 드라마 촬영 현장, 보셨는데요, 오늘부터 KBS 특별 기획 드라마가 시작되죠? 네, 〈감격시대〉, 투신의 탄생인데요. 1930년대 중국 상하이를 배경으로 고품격 영상과 액션을 선보일 예정입니다. ○○○ 기자입니다.

기자 세계 열강들의 각축장이었던 1930년대 상하이. 격동의 시대를 배경으로 한·중·일 사나이들이 불꽃 튀는 대결을 벌입니다. [임수향

(〈감격시대〉 주연): 그 시대 주먹들의 이야기에요. 싸움도 있을 것이고, 로맨스도 있고 다양한 이야기가 있습니다.] 〈감격시대〉는 1930년대 상하이 뒷골목까지 생생하게 옮긴 중국 최대의 시대극 세트장에서 촬영됐습니다. 우리 배우와 제작진 100여 명이 상하이로 옮겨가고, 중국 보조 배우 2,500명을 동원해 블록버스터 영화 못지않은 제작비와 인력이 투입됐습니다. 〈감격시대〉를 촬영하는 이 상하이 세트장의 규모는 124만 제곱미터가 넘습니다. 여의도 공원 면적의 5배 규모입니다. (……)

2014년 1월 5일 KBS 〈뉴스 9〉

'주인공처럼……' 한류 드라마가 바꾼 관광 지도

앵커 대표적인 한류 드라마죠. 〈겨울연가〉가 방영된 지 벌써 10년이 넘었는데요, 여전히 촬영지에는 외국 관광객들이 몰리고 있습니다. 한류 드라마들의 이런 높은 인기 덕분에 우리나라의 관광 지도가 바뀌었다는 말이 나올 정도입니다. ○○○ 기자입니다.

기자 흰눈 덮인 메타세콰이어 길에서 애틋한 첫사랑을 나누는 준상과 유진. 방영된 지 10년이 지났어도 시들지 않는 주인공들의 인기는 드라마 촬영지인 춘천 남이섬 곳곳에서 묻어납니다. 다정한 포즈를 취하고 함께 사진을 찍으며 드라마 속 한국 겨울의 낭만을 만끽합니다. [에든 허, 스텔라(중국 상하이): 올해 결혼했는데, 〈겨울연가〉 주인공처럼 뜨거운 사랑을 나누길 바라며 오게 됐습니다.] 춘천 닭갈비 골목과 스키장 등 드라마 속 장면은 관광 상품으로 연계되면서 남이섬은 이제, 한 해 270만 명이 찾는 외국인 필수 관광 코스가 됐습니다. 이국적 풍경의 수목원은 한류 스타 장근석이 출연한 드라마 〈사랑비〉의 촬영지로 소문나면서 개장 3년 만에 관광객이 2배로 늘었습니다. (……)

방송사가 공익적 행사를 직접 주최하고 그 내용을 적극적으로 보도하는 경우에도 자사 행사에 대한 홍보라는 측면 때문에 자사 이기주의 보도로 볼 것인지는 논란이 있다. 특위에서는 SBS가 매년 주최하는 서울디지털포럼(SDF) 행사 내용을 며칠에 걸쳐 보도한 것을 자사 이기주의 보도로 볼 것인지를 검토하였다. 이에 대해서는 메인 뉴스에서 많은 시간을 들여 자사 행사에 대한 홍보성 보도를 했다는 점에서 자사 이기주의에 해당한다는 의견이 있었다. 반면 공익적 행사의 경우 그 자체적으로도 내용을 소개하는 보도를 할 수 있는데 자사가 직접 주최한 것이라고 해서 소개 자체를 문제 삼는 것은 지나치다는 의견도 있었다. 종합적으로 보건대 자사가 주최한 행사라고 해서 그것을 소개하는 것을 무조건 자사 이기주의로 규정하는 것은 지나치다고 볼 수 있다. 문제는 보도 내용이 그 자체로 기사로서의 정보 가치와 함께 객관성을 견지하고 있느냐는 것이다. 자사 행사를 보도하는 것을 빌미로 자사의 경영진이나 유명 인사들의 동정 중심으로 기사를 만든다면 이 경우에는 행사 자체의 의미를 떠나 회사나 경영진에 대한 홍보나 미화라는 자사 이기주의 보도의 한 세부 유형에 해당할 것이다.

자사에서 제작한 다큐멘터리 프로그램을 뉴스에서 미리 소개하는 경우에도 비슷한 판단을 내릴 수 있다. 일반적으로 촬영이 어려운 희귀 동식물을 다큐멘터리 제작진이 촬영한 경우 이를 본 프로그램 방송 이전에 뉴스에서 소개하는 것을 무조건 프로그램 홍보라고 해서 자사 이기주의로 보기는 어렵다. 역시 기사가 그 자체로 정보성 등 기사의 요건을 갖추고 있는지, 아니면 오로지 프로그램 홍보에 그치고 있는지가 판단의 기준이다.

2013년 6월 15일 KBS 〈뉴스 9〉

'숲의 제왕' 담비, 고라니 포식 장면 첫 포착

앵커 호랑이가 사라진 직후 숲의 최고 포식자로 군림하고 있는 담비가 고라니를 포식하는 장면을 KBS가 포착했습니다. ○○○ 기자가 소개합니다.

기자 해가 저무는 한 야산. 나무 밑동에서 들려오는 울음소리, 갓 태어난 담비 새끼들입니다. 모습을 드러낸 어미 담비. 한참을 경계하더니, 둥지로 들어갑니다. 어둠이 깔리자, 이내 새끼를 입에 물고 거처를 옮깁니다. [고라니요! 죽은 거.] 오대산에서 발견된 고라니 사체. 턱에선 공격 받은 흔적이, 주변에선 담비의 배설물이 발견됐습니다. 한 번 잡은 먹이를 여러 번 나눠 먹는 담비, 촬영팀이 카메라를 설치하고 기다린 지 7시간 만에 나타나 고라니 사체를 뜯습니다. 무리 지어 다니는 특성상 여러 마리가 공격해 잡은 것으로 추정됩니다. [○○○ 박사/국립환경과학원: 담비 2~3마리로 이뤄진 하나의 무리가 1년에 고라니나 어린 멧돼지를 각 9마리씩 정도를 사냥을 합니다.] 60센티미터의 몸길이에 긴 꼬리, 마치 나는 듯 이동하며 나무를 탑니다. 귀여운 외모와 달리 적수를 찾기 힘들만큼 호전적인 담비는 국내에 대략 2,000마리가 서식 중입니다. 호랑이와 표범이 종적을 감춘 이 땅. 작지만 강한 담비가 숲의 제왕으로 군림하며 건강한 생태계를 지키고 있습니다.

---

(3) 자사 행사 등 홍보·미화

앞에서도 언급했듯이 방송사가 공익적인 행사를 주최하는 것이나 이런 행사 가운데 정보 가치가 있는 것을 기사화하는 것 자체를 문제 삼을 수는 없다. 다만 이러한 행사 등에 대한 보도가 회사나 경영진 등에 대한 홍보 또는 미화에 머무는 것은 정당한 보도 활동이 아니라 자사 이기주의 보도의 한 형태일 뿐이다. 다음 기사들의 경우 도무지 일반 시청자에 대한 정보적 가치나 시사적 의미를 발견할 수 없는 단순한 회사 차원의 사업 관련 소식을 전하는 데 그치고 있다.

2013년 3월 14일 MBC 〈뉴스데스크〉

남이섬 방송 체험관 'NAmbc' 공식 개관식

문화방송은 오늘 오후 남이섬에서 방송 체험관 NAmbc(나엠비씨)를 공식 개관했습니다. NAmbc에서는 방송 시설과 제작 과정을 살펴보고 직접 체험할 수 있어, 남이섬을 찾는 국내외 관광객들에게 색다른 재미를 선사할 것으로 기대됩니다.

2013년 6월 17일 MBC 〈뉴스데스크〉

MBC 꿈나무 축구재단, 레알 마드리드와 협약식 (단신)

MBC 꿈나무 축구재단은 오늘 스페인 축구의 전설인 부트라게뇨 레알 마드리드 홍보단장이 참석한 가운데 명문 구단 레알 마드리드와 업무 협약을 맺었습니다. 이에 따라 MBC 꿈나무 축구 리그를 통해 선발된 우수 선수와 지도자 24명은 오는 12월, 레알 마드리드에서 연수를 받게 됩니다.

2013년 10월 2일 SBS 〈8뉴스〉

SBS－간송미술문화재단, 업무 협약 체결 (단신)

SBS와 간송미술문화재단은 우리 문화재의 홍보와 보존을 위해 함께 노력하기로 하고 오늘(2일) 이를 위한 업무 협약을 맺었습니다. 양측은 앞으로 5년 동안 간송재단의 미공개 소장품을 포함한 다양한 기획 전시와 방송, 캠페인을 통해 우리 문화재에 대한 자긍심과 책임감을 국민과 공유하고 그 우수성을 국내외에 널리 알릴 계획입니다.

이처럼 '사고社告'에 해당하는 사안들은 꼭 방송을 통한 소개가 필요하다면 스테이션 브레이크(*Station Break*: SB) 시간을 활용해 홍보를 하는 것이 타당할 것이다. 어떤 방송사든, 뉴스를 일반적인 자기 회사의 기업 활동에 대한 소개에 활용해도 된다는 시각은 바로잡아야 한다.

이런 문제와 관련해 뉴스 프로그램 안에 포함될 수 있는 내용의 한계를 어떻게 잡을 것인지 정리해 볼 필요가 있다. 단순한 회사의 사업적 활동 관련 내용을 뉴스 프로그램 안에서 '공지 사항' 전달하듯 보도하는 것은 저널리즘의 형식 측면에서도 문제가 있다. 더구나 뉴스를 일반적인 방송사 업무와 관련한 홍보 수단으로 활용하는 것도 문제이다. 그렇다면 뉴스 프로그램에 포함시킬 수 있는 것으로는 순수한 의미에서의 기사와 함께 적어도 해당 뉴스 제작과 관련한 내용으로 제한하는 것이 타당해 보인다. 위에 소개한 것과 같이 순전히 방송사 차원의 사업적 내용에 대한 것이나 다른 프로그램 홍보 같은 것들은 적절한 다른 홍보 창구를 통하는 것이 맞을 것이다.

대신 이를테면 해당 보도 프로그램의 목표나 지향점에 대한 발표, 보도와 관련된 각종 기준에 대한 공표, 각종 공인된 보도 관련 수상 소식 등 해당 방송사의 보도 부문이 '보도 활동'과 관련해서 이룬 성취 등을 공개하는 것은 크게 보아 뉴스 제작진이 시청자에 대한 일종의 설명 의무를 다하는 것으로 볼 수 있다. 물론 보도 활동과 관련해서 해당 방송사의 보도 부문이 이룬 성취를 시청자들에게 전달하는 것 또한 기사가 아니라 공지의 영역에서 다루어야 한다는 주장도 존재한다. 하지만 이런 내용은 뉴스 프로그램이나 제작진의 활동 내지는 업적에 대한 객관적인 평가를 전달하는 것으로서 해당 뉴스 프로그램이나 제작진에 대한 신뢰도를 높이는 기능을 인정할 수 있다.

다만 보도 관계자의 수상 소식 같은 경우에도 보도 활동에서 비롯된 것에 국한해야지 보도 부문과 상관없는 상을 받았다든지 혹은 언론계 등에서 일반적으로 인정받지도 못하는 상을 받았다는 소식을 보도하는 것 등은 문제라고 할 수 있다. 다음 MBC 기사의 경우 비록 보도본부장이기는 하지만 '방송 경영'에 대한 상을 받은 것이고 더구나 상 자체가 폭넓은 공인을 받은 것도 아니라는 점을 감안하면 단순한 자사 임원의 홍보성 동정 기사에 불과하다.

2013년 10월 11일 MBC 〈뉴스데스크〉

권재홍 MBC 본부장 '참언론인 대상'

권재홍 MBC 보도본부장이 방송경영 부문 대상을 받는 등 중견 언론인 11명이 제9회 '한국 참언론인 대상'을 수상했습니다. 한국언론인연합회는 언론사 책임자들의 공적을 발굴하고 격려하기 위해 지난 2005년부터 매년 '한국 참언론인 대상'을 시상하고 있습니다.

다음 SBS 기사의 경우에는 방송사 경영진도 아닌, 방송사에 대한 지배권을 가진 지주회사 대표의 단순 동정을 메인 뉴스에서 다룬 것으로 전형적으로 전파를 사적으로 사용한 사례라고 볼 수 있다. SBS는 정작 불과 몇 달 뒤 같은 사람이 스키협회장을 사퇴했을 때는 일정한 사회적 관심을 불러 일으켰을 뿐만 아니라 여러 언론이 사퇴 경위 등을 보도하는 등 객관적으로 기사 가치가 있는 사안이 되었음에도 전혀 해당 사안을 보도하지 않아 대조를 이뤘다.

2013년 4월 17일 SBS 〈8뉴스〉

대한스키협회, 윤석민 신임 회장 선출 (단신)

대한스키협회가 새 회장을 선임하고 새롭게 출발합니다. 스키협회는 대의원총회에서 제19대 회장 선거에 단독 출마한 윤석민 SBS 미디어홀딩스 부회장을 새 회장으로 선출했습니다. 윤 신임 회장은 임기 4년 동안 총 50억 원을 협회에 지원해, 오는 2018년 평창 동계올림픽에 나설 선수 육성 지원에 최선을 다하겠다고 약속했습니다.

---

2) 자사 이기주의 보도의 원인 분석

자사 이기주의 보도가 나타나는 가장 기본적인 이유는 본질적으로 뉴스가 어떠해야 하는가에 대한 원칙을 너무 쉽게 벗어나기 때문이다. 뉴스 판단을 시청자의 이익이 아니라 방송사나 제작자의 이익에 따라 내리기 때문이다. 세부 유형별로 이러한 보도가 나타나는 이유를 구체적으로 살펴본다.

(1) 자사 입장 일방적 대변

어떤 경우에도 관련된 당사자들의 입장을 공정하게 반영하는 것은 기사의 기본이다. 이런 기본이 무너지고 회사의 일방적인 입장을 대변하거나 회사의 이익을 고려해 기사 판단을 내리는 것은 기사를 회사 이익을 대변하는 무기로 사용해도 된다는, 즉 기사는 '우리 것'이라는 잘못된 생각 때문이다. 뉴스 보도의 공정성, 균형성은 회사의 이익을 위해서는 물론 어떠한 경우에도 훼손, 왜곡되어서는 안 된다는 원칙을 갖고 있지 못하기 때문이다.

다시 말하면 이런 보도가 나오는 것은 언론인들 사이에 직업 윤리, 즉 프로페셔널리즘이 정착돼 있지 못하기 때문이다. 언론인으로서 스스로를 전문가라고 생각한다면 직업 윤리상의 원칙에서 함부로 벗어날 수 없을 것이다. 따지고 보면 종종 언론인들이 스스로를 '월급쟁이' 혹은 '직장인'이라고 규정하는 것이 이런 현상이 쉽게 나타나는 이유라고 할 수도 있다. 스스로를 단순히 샐러리맨이라고 규정하고 나면 자신이 만드는 뉴스가 어떤 경우에도 회사의 경영상, 정책상의 이익을 위해 원칙을 벗어나 활용되어서는 안 된다는 생각 자체를 갖기가 어렵다. 특히 이런 일이 발생하지 않도록 언론인들이 일상적으로 적용할 수 있는 자체적인 윤리적 점검 체계, 판단 체계가 존재하지 않는 것도 문제이다.

(2) 자사 프로그램 홍보

역시 이 세부 유형에 해당하는 보도도 뉴스가 무엇인가에 대한 본질에 대한 태도의 문제에서 비롯된다. 기자들이 회사의 이익을 위해서 프로그램을 홍보하는 것이 뉴스의 본령을 벗어난 것이라는 생각을 갖지 못하는 경우가 종종 있기 때문이다. 뉴스는 회사의 이익뿐 아니라 해당 회사 종사자의 이익을 위해서도 사적으로 사용될 수 없다는 인식이 부족하다. '회사의 이익을 위해 보도 프로그램을 동원하는 것은 불가피하다'는 생각을 갖는 경우도 있다. 위에서 본 것과 마찬가지로 뉴스 프로그램 제작에 임하는 기본적인 직업 윤리의 문제이고, 개개의 언론인을 전체적인 회사 이익 극대화의 부품으로 인식하는 것이라고 볼 수 있다. 바꾸어 말하면 뉴스를 회사가 경영을 위해 동원할 수 있는 수단의 하나쯤으로 생각하는 것이다. 이런 것이 문제라는 명확한 인식이 없는 데다, 문제를 시스템적으로 걸러낼 수 있는 윤리적 점검 체계도 갖고 있지 않기 때문이다. 특히 방송사들의 경영 환경이 악화되면서 이런 경향은 점점 심해질 수 있다. 이런 상황이 계속되면 뉴스 자체에 대한 신뢰의 하락과 함께 전체적인 방송사 경영에도 오히려 걸림돌이 될 수 있다는 인식이 필요하다.

(3) 자사 행사 등 홍보·미화

회사나 경영진을 위한 홍보나 미화 보도 또한 무엇이 기사인지, 보도 행위는 무엇을 위해 하는 것인지에 대한 판단 기준이 결여되어 있기 때문에 발생한다. 자사 이기주의 보도의 다른 세부 유형에 비해 이 유형에 해당하는 보도는 특히 보도의 사유화私有化에 해당한다. 뉴스 제작에 참여하는 사람들, 특히 책임자들이 자신이 만드는 뉴스 프로그램에서 회사의 최고 경영진 등에게 충성 경쟁을 하는 극단적인 보도 사유화 양상이 나타나기도 한다. 일반 시청자와 독자에게 충성해야 하는 저널리즘이 자신의 내부 권력을 위해 충성하는 것을 당연하게 생각하기 때문에 나타나는 일이다.

뉴스가 자신의 보도 방침이나 보도성과, 보도 절차와 조직의 구성 등을 스스로 시청자와 독자에게 설명하고 이해를 구하는 것을 넘어서서 뉴스를 기업으로서의 회사 자체에 대한 홍보 수단으로 사용해도 되는 것으로 잘못 생각하고 있는 것은 큰 문제라고 볼 수 있다. 이는 뉴스를 일반적인 '사고社告'와 동일시하는 근본적인 인식의 잘못에서 비롯된다.

3) 자사 이기주의 방지를 위한 점검 목록

(1) 자사 입장 일방적 대변

- 사안이 해당 언론사와 관련되지 않았더라도 기사로 취급될 만한 사안인가?

- 해당 사안을 다른 언론사에서도 통상적인 뉴스 판단 절차에 따라 기사로 취급할 만한가?

- 해당 사안을 둘러싼 여러 측면에 대한 종합적인 취재가 이루어졌는가? 그러한 다양한 측면, 특히 대립되는 견해가 충분히 기사에 반영되었는가?

- 해당 사안에 대하여 반대 의견, 특히 회사의 입장에 비판적인 기관, 단체 등이 있는가? 이들의 입장은 취재되고 기사에 반영되었는가?

- 기사의 표현 및 제작 방식은 감정적인 측면을 배제하고 충분히 객관적 태도를 유지하고 있는가?

- 일반적인 기사를 작성할 때와 같이 '취재'가 이루어졌는가? 기사의 작성이나 제작 과정은 충분히 객관성을 갖고 진행되었는가? 단순히 회사 입장을 대변하고 있는 것은 아닌가?

(2) 자사 프로그램 홍보

- 해당 사안이 다른 제3의 같은 성격의 언론에서도 보도할 만한 것인가?

- 해당 보도 자체가 충분히 정보성과 시사성을 갖고 있어서 그 자체로 기사로서의 완결성을 갖는 것인가?

- (이미 방송된 프로그램 등에 대한 것일 경우) 해당 프로그램 등에 대한 구체적인 내용과 다양한 평가가 취재되었는가? 그러한 내용과 평가가 기사에 실제로 반영되었는가?

- (아직 방송된 프로그램이 아닐 경우) 해당 프로그램 등의 제작 및 추진 과정 자체가 사회적으로 관심의 대상이 되고 있는가? 해당 기사를 제안 혹은 지시한 사람은 누구인가? 해당 기사가 저널리즘적 이유에서 제안된 것인가?

- 해당 프로그램 등에 대한 비판적 의견이 있는가? 있다면 그런 내용이 취재되었고 또한 균형 있게 반영되었는가?

- 이 보도가 해당 프로그램 등의 홍보나 사회적 관심을 제고시키기 위한 목적으로 기획된 것은 아닌가?

- 일반적인 기사를 작성할 때와 같이 '취재'가 이루어졌는가? 기사의 작성이나 제작 과정은 충분히 객관성을 갖고 진행되었는가?

- 뉴스 프로그램을 회사나 특정 프로그램의 홍보 등 사적으로 활용하는 것이라는 비판 가능성을 검토하였는가?

(3) 자사 행사 등 홍보·미화

- 해당 사안은 보도 프로그램이 자신의 보도 방침이나 보도성과, 보도 절차와 조직의 구성 등에 관하여 시청자에게 설명하고 이해를 구하는 것에 해당하는가?

- 보도와 관련이 없는 회사의 다른 기구나 조직, 담당자 등에 관한 것이거나, 보도와 관련된 사람 또는 조직과 관련된 경우라도 '보도와 관련이 없는 활동'에 대한 소개에 해당하지 않는가?

- 회사 및 경영진 등 고위층의 단순 동정에 대한 보도인가?

- 회사 및 경영진 등 고위층 관련 동정의 경우 일반인들의 관심의 대상이 되거나 통상 다른 언론에 의해서도 기사로 취급하고 있는가? 해당 사안이 만약 회사 및 경영진 등 고위층에 관련된 것이 아니라도 기사로 다룰 만한 것인가?

- 회사에 대한 외부 평가 등에 해당하는 보도의 경우 충분히 객관성, 공정성을 갖고 종합적으로 사안을 다루고 있는가? 그 평가 등은 그 자체로 관련 학계나 업계 등에서 공정성 등에 대한 신뢰를 받고 있는 것인가?

- 이와 같은 평가 등에 대한 기사는 지나치게 자기 회사의 입장에서 서술, 제작되고 있지 않는가? 해당 평가의 의미는 물론 비교

대상이 되는 회사나 프로그램 등에 대한 종합적이고 객관적인 서술을 담고 있는가?

- 일반적인 기사를 작성할 때와 같은 '취재'가 이루어졌는가? 기사의 작성이나 제작 과정은 충분히 객관성을 갖고 진행되었는가?

6. 시청률 집착

1) 시청률 집착의 유형별 사례 분석

우리는 '기사에 대한 합리적이고 정당한 판단 기준'을 단순하게 시청률로 대체하는 경향을 '시청률 집착' 유형으로 정의했다. 즉 시청률에 도움이 될 만한 것을 기사로 채택할 뿐만 아니라, 기사 가치에 비해 많은 시간을 할애하는 것을 뜻한다. 세부 유형을 살펴보기에 앞서 먼저 두 가지를 짚고 넘어가고자 한다. 첫째, 시청률이 저널리즘 원칙에 충실한 '좋은 보도'를 평가하는데 있어 필요충분조건은 아니라는 점이다. 큰 파장을 불러 왔을 뿐 아니라 우리 사회를 긍정적으로 변화시킨 기사들, 예를 들어 각종 언론상을 받는 등 널리 인정받은 보도들이 시청률 면에서 꼭 좋았던 것은 아니라는 사실이 이를 실증적으로 증명한다. 둘째, 보도 프로그램은 예능 또는 드라마 등과 비교할 때 시청률이 단기간에 요동치지 않는다는 점이다. 뉴스는 '공정성,' '균형감,' '심층성' 그리고 '앵커'와 '방송사 이미지' 등 시청률에 영향을 주는 요인이 매우 다양할 뿐더러 이런 요소들이 복합적이고 또 장기적으로 작용하면서 시청률의 등락을 결정하기 때문이다. 결국 몇몇 보도만으로 뉴스 전체의 시청률을 크게 상승시킨다는 것은 불가능에 가깝다. 오히려 단기적인 시청률 상승에 집착하다 무리수를 두면 자칫 장기적으로는 뉴스 자체의 신뢰를 잃을 우려마저 존재한다. 따라서 원칙과 기초에 충실한 보도들을 꾸준히 많이 하는 것만이 저널리즘 가치에 부합하는 것이자 '시청률 상승의 동력'이 될 수 있다는 것은 자명해진다. 우리가 이 유형을 정의할 때 '시청률 집착'이라고 표현한 것은 기껏해야 일시적인 시청률 반등만을 가져올 뿐인 '작은 요소'들에 집착하는 역설적 상황을 강조하기 위해서였다. "시청률에 도움이 된다"가 아니라 "도움이 될 것으로 기대하고"라고 굳이 표현한 것도 '장기적 관점에서의 시청률 실패 가능성'을 경고하기 위해서였다.

이런 사항들을 염두에 두고 '시청률 집착'의 세부 유형들을 보면 다음과 같다. 첫 번째는 '말초적 사건 사고의 습관적 채택'이다. 이 유형은 뉴스 가치에 앞서 '재미있고,' '화끈하고,' 또 '주목을 끄는' 영상이 있는 경우를 우선적으로 선호하는 경향을 의미한다. '꼬리가 몸통을 흔드는 격'이다. 두 번째는 '선정적 소재에 대한 집착'이다. 이른바 '성문제'가 결부된 사안들에 대해 필요 이상의 보도 가치를 부여하거나 지나칠 정도로 자세하게 설명하는 행태를 의미한다. 세 번째는 '깊이 없는 연예 뉴스의 양산'이다. 주목할 만하거나 새로운 내용이 없음에도 불구하고 인기 연예인의 등장에 힘입어 단지 시청률 효과를 노리는 유형이다. 네 번째는 이른바 '호기심 천국' 유형이다. '세상에 이런 일이 있을까' 하고 흥미는 유발하지만 냉정하게 따져보면 뉴스 가치는 부족하고, 사실 관계를 명확하게 전달하지 못하거나 아예 불분명하기까지 한 경우이다. 다섯 번째는 '그래픽 및 재연 기법의 남용'이다. 과도하게 3D 그래픽이나 재연 기법까지 사용하는 유형을 의미한다. 사안에 따라 자세한 묘사나 세부적인 정보 전달이 오히려 실제 사실과 맞지 않는 경우가 있음에도 불구하고 이를 간과하거나 의도적으로 무시하는 경우라고 할 수 있다. 윤리적 비판은 물론 사실 확인이 부족하면 더욱 거센 비판에 직면할 가능성이 높은 유형이다.

세부 유형들을 종합해 보면 '시청률 집착' 유형은 언론의 '정체성 혼동'과 직결된 문제임을 알 수 있다. 언론이 무엇을, 그리고 어떻게 보도해야 하는 것인가에 대한 기본이 흔들릴 때 '시청률 집착'이라는 비저널리즘적 행태가 자주 나타나기 때문이다. 그리고 이런 유형의 보도들이 반복된다면 '뉴스의 연성화'라는 비판에서 자유로울 수 없게 된다. 방송 보도가 흥미에 얽매이는 사이 '기사다운' 기사, 즉 공적으로 중요한 사안을 다룬 일부 기사들은 뉴스의 주변부로 밀리거나 아예 누락될 수밖에 없기 때문이다.[77] 아울러 화끈한 그림에만 집착하다보면 아무래도 사실 확인 또는 영상에 등장하는 인물에 대한 인권 문제에 소홀할 수도 있다. '시청률 집착'은 오보와 인권 침해라는 2차 위험까지도 내포하고 있다는 뜻이다. 최근 사례를 통해 각 유형들을 자세하게 살펴본다.

(1) 말초적 사건 사고의 습관적 선택

사건 사고 보도는 각종 범죄 사건, 교통사고, 화재, 자연 재해, 집회, 시

77 이는 날씨나 사건 사고 등의 기사들이 블록 편집돼 뉴스 초중반에 집중 배치되는 현상과 밀접하게 연관된 문제로 '관습적 기사 작성' 유형에서 자세하게 살펴볼 것이다.

위 등 그 범위가 매우 넓다. 그리고 '6하 원칙'이 가장 강하게 요구되는 기사 범주이기도 하다. 사건 사고를 '발생 보도'의 기초라고 생각해 쉽게 취재하고 보도할 수 있는 분야라고 보는 경향도 있다. 그러나 사건 사고가 뉴스로서 진정한 의미를 가지는 이유는 단지 '발생했다'는 것에만 있지 않다. 사건 사고의 이면에는 세상을 투영하는 '그 무엇'이 있기 때문이다. 사건 사고를 제대로 취재할 줄 알아야 우리 사회의 진짜 모습, 이웃들의 진솔한 삶을 들여다 볼 수 있다. 이런 측면에서 사건 사고 보도는 사건의 과정뿐 아니라, 사회적 배경과 이면을 함께 드러낼 때 진정한 보도 가치가 빛을 발한다고 할 수 있다.

그러나 현실은 그렇지 않은 경우가 있다. 상당수 뉴스들이 사건의 관계망과 배경을 추적하기보다는 사건의 겉모습만 나열하는데 그치기 때문이다. 'CCTV에 찍힌 범행 과정,' '블랙박스에 담긴 교통사고의 과정' 등이 사건 사고 리포트의 절대 분량을 차지한 채 자주 보도되는 것은 대표적인 사례들이다. 이는 스마트폰과 CCTV 등 촬영은 물론 유통까지 쉬워진 영상 장비가 보편화된 데 따른 것이기도 하다. 그러나 문제의 핵심은 보도 가치가 충분하지 않은 사건 사고들까지 단지 '그림이 좋다'는 이유만으로 자주 뉴스 시간을 차지한다는 데 있다. 다음 사례를 보자.

2013년 12월 2일 MBC 〈뉴스데스크〉

대낮 금은방 10초 만에 싹쓸이…… 인터넷으로 범행 모의

앵커 눈 뜨고 당한다는 말이 있죠. 그야말로 대담한 귀금속 털이 일당이 붙잡혔습니다. 그 범행 장면이 고스란히 CCTV에 잡혔는데 ○○

○ 기자의 보도 보시죠.

기자　서울 중랑구의 한 귀금속 매장. 모자와 마스크로 얼굴을 가린 남성 2명이 들어오더니 다짜고짜 보도블록으로 유리 진열장을 내려쳐 깨드립니다. 보석을 고르던 여성 손님은 공포에 질려 혼비백산 달아나고, 놀란 주인도 주저앉아버린 사이 진열대에 있던 귀금속 400만 원 어치를 챙겨 달아납니다. 범행에 걸린 시간은 불과 13초밖에 되지 않았습니다. [금은방 주인: "깜짝 놀랐죠. 낮에 이런 황당한 일이 일어나…… 들어왔다 나가는데 13초 (걸렸습니다)."] 순식간에 반지 8개를 훔친 이들은 미리 준비해 온 오토바이를 타고 그대로 달아났습니다. 경찰 추적을 따돌리기 위해 옷을 갈아입었지만, 신발과 가방이 그대로여서 덜미를 잡혔습니다. 경찰에 붙잡힌 39살 유 모 씨 등 2명은 3억 원이 넘는 돈을 갚기 위해 인터넷 카페를 통해 범행을 모의한 것으로 드러났습니다. [유 모 씨(피의자): "'아이템 있으신 분 연락해 주세요'라고 해서 제가 전화했습니다. (범죄) 영상 보니까 쉽게 하기에 그렇게 하면 될 줄 알았어요."] 지난 4월에도 서울의 한 금은방에 헬멧을 쓴 남성이 들어와 주인이 보는 앞에서 진열대를 깨고 귀금속을

홈쳐 가는 등 절도 행각이 갈수록 대담해지고 있습니다.

언뜻 보면 전형적인 사건 사고 기사이다. 뉴스의 대부분을 금은방과 거리에 설치된 CCTV 영상을 보여 주는 것으로 일관한 이 리포트는 9번째 소식으로 다뤄졌다. 그러나 내용을 보면 다소 허탈하다. 훔친 귀금속은 400만 원어치에 불과하기 때문이다. 인터넷상에서 모의해 벌인 범죄치곤 오히려 '어설프다'는 표현이 더 어울려 보인다. 제목에선 '13초 만에 싹쓸이'라는 표현을 달아 흥미를 돋우고 있기는 하다. 하지만 냉정하게 따져보면 대부분의 절도 행위는 순식간에 이뤄진다. 그렇지 않으면 범죄가 끝나기도 전에 검거되기 때문이다. 더구나 뒤집어 생각해 보면 13초 만에 달아났기에 훔친 금품이 400만 원어치에 그쳤다는 분석도 가능하다. '모의'라는 거창한 표현은 그저 도식적인 기사 작성의 흔적인 것이다. 종합하면 고작해야 1단짜리 기사에 불과한데 생생한 범행 순간이 담긴 CCTV 영상이 있다는 이유만으로 메인 뉴스에서 그것도 주요한 시간대에 다뤄진 것임을 알 수 있다.

다음 기사를 보면 인터넷 모의만 없었을 뿐 모든 면에서 범죄 수법이 위 사례와 너무도 유사하다. 오히려 훔친 액수는 1억 1,000만 원으로 위 사례의 400만 원보다 27.5배나 많다. 그러나 메인 뉴스나 아침 종합 뉴스는 물론이고 어떤 TV 뉴스 프로그램에서도 리포트로 보도되지 않았다. 이유는 무엇이었을까? 아마도 CCTV 영상이 없었기 때문일 가능성이 매우 크다. 사건의 중대성과 시사성보다는 '영상이 있고 없고'가 메인 뉴스의 리포트로 처리되느냐 마느냐를 좌우하는 결정적 변수로 작용하는 셈이다.

2013년 4월 30일 MBC 〈뉴스데스크〉
서울 경기 일대 대낮 금은방 털이범 일당 검거 (단신)

서울혜화경찰서는 대낮에 금은방에 들어가 귀금속을 훔친 혐의로 33살 김 모 씨 등 2명을 구속하고, 장물업자 58살 손 모 씨 등 3명을 불구속 입건했습니다. 김 씨 등은 지난달 2일부터 최근까지 서울과 경기도 일대 귀금속점 6곳에 헬멧을 쓰고 들어가 진열장 유리를 대리석으로 깨고, 귀금속 1억 1,000만 원어치를 훔쳐 달아난 혐의를 받고 있습니다. 경찰은 "김 씨가 오토바이 날치기로 징역형을 살다 재작년 11월에 출소했으며, 이번에도 훔친 오토바이를 이용해 범행 이후 불과 5초 만에 달아났다"고 밝혔습니다.

이처럼 CCTV를 이용한 보도는 과거와 비교할 수 없을 정도로 많아졌다. 블랙박스 영상과 스마트폰 촬영 영상의 경우도 마찬가지다. 영상 기술 발달로 인한 자연스런 결과로 방송사들이 이런 영상들을 제보로 받기 위한 시스템을 갖춘 지도 이제 상당 시간이 흘렀다. 그러나 문제는 앞서 사례에서 본 것처럼 과거에는 단신으로조차 채택되기 어려웠던 눈요깃거리 수준의 사건들을 메인 뉴스에서 부쩍 자주 다루고 있다는 점이다. 아무리 어렵게 입수한 제보 영상이라 하더라도 그 내용을 보고 메인 뉴스에서 다룰만한 사안인지 냉정하게 따져봐야 하는데, 이에 대한 고려가 부족한 것이다. 다음은 2013년 6월 27일 두 지상파 방송의 메인 뉴스에서 동시에 방송된 사례이다.

2013년 6월 27일 MBC 〈뉴스데스크〉

'광주 파이트녀' 동영상 확산…… 싸움 부추긴 시민들

앵커 광주 도심 한복판에서 젊은 남녀가 주먹다짐까지 하며 심하게 싸우는 동영상이 확산되고 있습니다. 문제는 싸움을 말리기는커녕 휴대폰으로 찍으며 부추기는 듯한 시민들의 행태입니다. ○○○ 기자입니다.

기자 연인으로 보이는 남녀가 도로 한복판에서 심한 몸싸움을 벌입니다. 신발까지 벗어 던진 여성은 남성의 머리를 잡고 욕설을 퍼붓습니다. 그래도 화가 풀리지 않는 듯 이 여성은 도망가는 남성을 쫓아다니며 싸움을 겁니다. (……) 당시 현장에는 수많은 사람들이 싸움을 지켜보고 있었지만 정작 싸움을 말리는 시민은 찾아보기 힘들었습니다. 구경하는 시민들은 싸움을 부추기며 휴대전화로 촬영하기에 바빴습니다. [현장음: "카메라로 찍고 있어 다들…… 야 여기 와서 싸워라……"] 경찰은 소동을 벌인 남녀를 기소하지는 않을 계획이고, 동영상을 SNS나 인터넷상에서 유포하는 행위도 형사 처벌은 어렵다고 밝혔습니다. 다만 초상권 침해와 같은 민사 소송을 당할 수가 있다며 추가 유포를 자제해 줄 것을 당부했습니다.

2013년 6월 27일 SBS 〈8뉴스〉

싸우는 남녀 말리기는커녕…… '폰카' 찍으며 구경만

앵커 남녀 한 쌍이 길거리에서 치고받고 싸우는 영상이 인터넷에 올라왔습니다. 꽤 긴 시간 동안 벌어진 일인데 누구 하나 말리는 사람은 없었습니다. ○○○ 기자입니다.

기자 광주의 대표 유흥가 중 하나인 구 시청 사거리. 커플로 보이는

남녀 사이에 몸싸움이 벌어집니다. 여성이 남성의 머리채를 잡아 흔들고 심지어 뺨까지 때립니다. (……) 인터넷에서 급속히 확산되고 있는 이 5분 분량의 싸움 동영상을 보며 구경꾼들을 비판하는 목소리가 적지 않습니다. 지난 4월 목포에서는 20대 정신질환 여성이 알몸으로 거리를 활보하는 장면을 찍어 인터넷에 올린 20대 2명이 처벌을 받았습니다. 남의 어려움과 개인사조차 쾌락으로 즐기려는 실종된 시민 의식이 씁쓸함을 던져 주고 있습니다.

두 리포트는 모두 스마트폰 촬영 영상을 입수해 보도했다. 그러나 영상을 보면 적어도 심각한 다툼이라고 보기는 힘들다. 그럼에도 불구하고 두 방송 모두 메인 뉴스에서 다뤘다. 더구나 보도 순서도 동일한 8번째였다. 저잣거리 수준의 싸움을 주요 뉴스로 다룬 이유는 기사 중간에 명기했다. 바로 관찰자의 태도, 즉 싸움을 말리지 않는 시민의식의 실종이 문제라는 것이다. 이렇게 보면 제법 진지한 접근이 필요한 주제일 수도 있다. 그러나 기사에서는 '시민의식이 문제'라고만 지적하고 더 이상 나아가지 않는다. 생각할 문제라고 해놓고 실제로는 성찰하지 않은 격이다. 깊이 있는 시선으로 다뤘다면 묵직한 보도가 될 수도 있었지만, 결과적으로 자극적인 영상을 사용하는데 급급한 수준에 그치고 말았다. 이런 사례가 잇따르는 것은 '엿보기'라는 원초적 쾌락을 위해 저널리즘 정신을 훼손하는 것이라고 볼 수밖에 없다. 이런 유형의 사례들과 관련해 방송 기자들 사이에선 오래전부터 다음과 같은 말이 자주 오르내리고 있다. "그림 좋아?," "그림 끝내줘?"가 그것이다. 그러나 영상의 긴박성보다는 저널리즘적 기초에서 봤을 때 정말 다룰만한 사안인지 판단하는 것이 우선일 것이다. 그런데 자극적인 영상을 다루

는데 집착한 나머지 인권 문제를 간과하는 경우도 발생한다. 다음 사례를 보자.

2013년 4월 23일 SBS 〈8뉴스〉

"일진 자랑하려고……" 소독제 뿌리고 폭행한 초등생

앵커 초등학교 5학년 여학생들이 동급생을 끌고 가 머리에 소독제를 붓고 폭행했습니다. 이번에도 학교는 제대로 된 대응을 보여 주지 못했습니다. ○○○ 기자입니다.

기자 서울 구로구에 있는 한 초등학교. 지난 6일 이 학교에 다니는 5학년 조 모 양 등 두 명이 동급생 송 모 양을 폭행했습니다. 송 양이 자기들 모르게 욕을 하고 다녔다는 게 이유였습니다. [목격 학생: (송 양이) 옛날에 △△ 얘기 한 번 했어요. 그 일 때문에 찾아와 갖고 그렇게 된 거예요.] 가해 학생들은 송 양을 반나절 넘게 이리저리 끌고 다니며 괴롭혔습니다. 친구 집 옥상으로 끌고 가 때리는가 하면, 넘어져서 더러워졌으니 씻어야겠다며 공원 화장실로 끌고 갔습니다. 가해 학생들은 피해 학생의 머리를 감겨 준다며 근처 공원 화장실로 끌고 와 살균 소독제를 머리에 들이부었습니다. [학교 관계자: 머리를 감긴 게, 악의로 감긴 게 아니고 선의로 감기려고 한 거예요, 선의로 거기(화장실)에 있던 스프레이 같은 액체, 이런 정도에요.] 가해 학생들은 송 양을 폭행하며 사진을 찍고 이를 스마트폰 메신저를 통해 학교 친구들에게 퍼뜨리기까지 했습니다. [해당 학교 학생: 일진이라고. 자기 자랑하려고.] 학교는 폭행이 있은 지 한참이 지난 뒤에서야 이런 사실을 파악하고 경찰에 수사를 의뢰했습니다. [경찰 관계자: 한 10일간

(처리를) 고민한 모양이죠. 자체적으로 처리를 해야 되는지, 고민을 하다가 상담을 한 거죠. 경찰관한테.] 교육 당국은 학교를 찾아가 가해 학생과 피해 학생을 상대로 진상을 조사하고 있으며 경찰도 조만간 가해 학생을 따로 불러 조사할 계획입니다.

초등학교에서 발생한 폭행 사건을 다뤘는데 언뜻 기사로만 보면 큰 문제점이 없어 보인다. 그러나 보도 당시 영상을 보면(위 기사의 밑줄 부분) 아무리 뒷모습이라곤 하지만 피해자 학생에 대해 모자이크조차 하지 않았다는 점이 눈에 들어온다. 피해자가 초등학생이라는 점을 감안하면 더욱 인권 문제를 적극적으로 고려했어야 하는 부분이다.

방송 뉴스가 이처럼 인권 문제를 소홀히 하는 사례는 의외로 심심치 않게 발생하고 있다. 하지만 '영상을 구하는데 시간이 너무 걸렸다,' '편집 시간이 부족했다,' 또는 '단순한 편집 실수였다'라는 식으로 깊이 성찰하는 과정 없이 넘어가는 경우도 많다. 그만큼 영상을 사용하는 데 더 많은 관심을 둘 뿐, 정작 어느 정도 수위의 영상이 적당한 것인지, 이때 윤리적 문제는 없는지에 대한 고민은 부족함을 드러내는 셈이다. 지난 2013년 7월, 고故 성재기 남성연대 대표의 한강 투신 사건 당시, 한 방송은 투신 상황을 직접 촬영하는 바람에 결국 보도는 하지도 못한 채, 한동안 거센 비난을 받아야 했다. 뿐만 아니라 다른 방송들도 투신 당시 상황이 담긴 사진을 남성연대 측으로부터 제공받아 그대로 사용해 신중치 못했다는 비판을 받아야 했다. 아무리 사실 보도라고 하더라도 고인이 난간에 매달려 있는 모습과 떨어지는 순간을 잡은 사진을 공개한 것은 그 자체로 지나치게 끔찍할 수밖에 없기 때문이다. 그리고 이런 실수들은 바로 시청률을 의식한 것이라는 비판에서 자유로울 수가 없다.

(2) 선정적 소재의 집착

시청률을 의식한다고 하더라도 앞서 언급한 '사건 사고' 유형은 영상이 없을 경우엔 대체로 보도되기가 어렵다고 볼 수 있다. 그러나 성문제가 결부된 선정적인 소재의 경우는 꼭 그렇지도 않다. 직접적인 영상이 부족하거나 심지어 아예 없더라도 적극적으로 뉴스로 채택되는 것이다. 사안의 경중도 크게 따지지 않는다. 사실상 '성적 코드*sex code*'로까지 작용하는 게 아니냐는 의문마저 드는데, 이는 '여성의 상품화'라는 비판까지 제기될 수 있는 문제이다. 성 관련 보도가 큰 틀에서는 사건 사고 범주에 포함됨에도 불구하고 이를 별도로 유형화해 따져보고자 하는 이유가 여기에 있다. 다음 기사를 보면 이 설명이 분명하게 이해될 것이다. 우선 영상이 있는 경우를 보자.

2013년 6월 20일 MBC 〈뉴스데스크〉

중국의 불륜녀 3인, '반부패 영웅' 되다

앵커 요즘 중국은 이른바 불륜녀 스캔들로 무척 시끄럽습니다. 중국 공직자들의 숨겨둔 애인들이 공직자들 비리를 잇따라 폭로하면서 파문이 확산되고 있습니다. 베이징 ○○○ 특파원이 보도합니다.

기자 중국의 중급 공무원인 41살 판웨가 중국 경제여행TV 앵커 25살 지잉난과 호화 파티를 즐깁니다. 판웨는 지난 4년간 독신이라며 속이며 뇌물로 챙긴 포르셰 승용차와 용돈 등으로 우리 돈 18억 원을

쓴 걸로 알려졌습니다. [주루이펑(지잉난 앵커 대리인): 판웨의 안경 하나에 2만 위안(180만 원)입니다. 신발도 제일 싼게 2만 위안입니다. 월급과 소비 수준이 맞지 않는 겁니다.] 작년 말 남자가 변심하자 지잉난은 최근 부패 관리는 파면돼야 한다며 폭로를 감행했고 당국은 수사에 착수했습니다. 31살 자오홍샤는 관리들과의 애정 행각을 몰래카메라로 찍어 협박하다 구속됐지만 충칭시의 고위 관리와 기업 책임자 11명이 줄줄이 옷을 벗었습니다. 올 초에는 국가발전개혁위원회 부주임이 내연녀의 폭로로 낙마하는 등 사정당국도 몰랐던 부패가 드러나면서 불륜녀들이 중국의 반부패 운동의 상징이 됐다는 말까지 나옵니다. 물론 폭로의 배경이 순수한 것만은 아닙니다. 하지만 관리들의 부패에 질린 중국인들은 폭로 내용에 분노하며 이들을 동정하고 있습니다.

중국의 대단한 정치-경제 권력자도 아닌 일반 공직자들의 불륜 스캔들인터라 애초부터 메인 뉴스에서 다뤄질 사안도 아니었다는 것

이 타당한 판단일 것이다. 그럼에도 불구하고 위 사진에서 볼 수 있듯이 중국 방송에서 사용한 19금 수준의 영상을 그대로 이용해 보도한 것은 노골적인 '시청률 집착'일 뿐만 아니라, 지상파 방송 뉴스의 품격을 훼손한 것이라고 할 수 있다. (위 사진은 이 책에서 별도로 얼굴 부분을 모자이크 처리한 것이며, 실제 뉴스 영상에서는 이런 처리조차 없었다.) "중국의 불륜녀 3인, 반부패 영웅되다"라는 제목부터가 침소봉대 식 보도의 전형이다.

성문제를 다루는 또 다른 기사를 보자. 이번엔 직접적인 영상이 없는 경우이다. 의사가 환자를 성폭행했다는 내용인데 자료 영상을 사용해 보도했다.

2013월 3월 4일 MBC 〈뉴스데스크〉

성형외과 의사가 '수면제 칵테일' 성폭행

앵커 이렇게 최근 유명인들의 성폭행 사건이 잇따르고 있는데 이번에는 현직 의사들이 성폭행 혐의로 구속됐습니다. 이들은 여성들에게 술에 수면제를 타서 먹인 뒤 범행을 저질렀습니다. ○○○ 기자입니다.

기자 성형외과 의사 김 모 씨와 군의관 임 모 씨는 서울 강남의 한 클럽에서 만난 여성을 자신들의 집으로 데려갔습니다. 그리고 "미리 준비한 '졸피뎀' 성분의 수면제를 칵테일에 타 먹인 뒤 여성이 몸을 잘 가누지 못하게 되자 차례로 성폭행했다"고 검찰이 밝혔습니다. 이들은 또 SNS를 통해 만난 또 다른 여성에게 역시 수면제를 먹이고 성폭행한 혐의를 받고 있습니다. 성형외과 의사 김 씨는 자신이 "불면증이 있다"며 수면제를 미리 처방받아 놓은 뒤 여성에게 사용한 것으로 조사됐습니다. 이들은 합의하에 관계를 가졌다며 혐의를 부인했습니다. (……)

이 기사에서 주목할 점은 영상보다는 범죄의 수법을 지나칠 정도로 자세하게 명시했다는 점이다. '졸피뎀'이라는 수면제 이름을 밝혔고, 이 약을 칵테일에 타 먹였다고 구체적으로 기술하고 있다. 또한 성형외과 의사가 "불면증이 있다며 수면제를 미리 처방받았다"는 것까지 설명하고 있다. 범죄 과정에 대한 설명이 지나치게 자세하면 뉴스가 사회 문제를 경고한다기보다는 오히려 범죄 수법을 알려줘 범죄를 부추기는 것이 아니냐는 비판이 제기될 수 있다. 이처럼 자극적인 소재는 '성적 코드'와 결부된 것들이 대단히 많다.

(3) 깊이 없는 연예 뉴스의 양산

'연예 뉴스'라는 항목을 만들 수밖에 없었던 것은 그만큼 관련 사례들이 많기 때문이다. 물론 연예 뉴스라고 해서 무조건 좋은 뉴스가 될 수 없다는 것은 아니다. 특위가 주목한 것은 '깊이 없는 연예 뉴스'이다. 뉴스라는 외피를 썼을 뿐, 사실상 연예인의 이름과 얼굴을 빌어 시청률 상승만을 꾀한 것에 불과하기 때문이다.

다음 사례를 보자. 탤런트 박시후 씨 사건을 다루는 기사이다. 2013년 3월, 방송 뉴스에서는 박 씨 사건을 다루는 보도가 매우 많았다. 물론 유명 배우가 등장하는 사건이라는 점에서 관심도가 높을 수밖에 없다는 점은 납득할 수 있다. 그러나 이를 감안하더라도 주목할 만한 새로운 내용이 없음에도 불구하고 연일 중계 방송식으로 보도한 것은 다분히 시청률을 의식한 것이라고 밖에는 달리 해석할 방법이 없다. 실제로 YTN 뉴스에서는 하루에만도 속보라는 명목으로 수차례의 중계차와 전화 연결을 통한 리포트가 이뤄졌는데, 다음은 그 일부이다. 앵커멘트만 봐도 지나칠 정도로 많은 보도를 한 것임을 알 수 있다.

2013년 3월 1일 YTN 뉴스

① 오전 10시 보도
성폭행 혐의로 피소된 배우 박시후 씨가 잠시 후 서울서부경찰서에 출석합니다. 취재 기자 연결해 보겠습니다. ○○○ 기자. 많은 취재진이 모여서 박시후 씨가 도착하기를 기다리고 있겠군요. (……)

② 오전 출석 직후
성폭행 혐의로 피소된 배우 박시후 씨가 오전 10시 경찰에 출석했습니다. 두 차례 출석을 미뤘다가 출석해 경찰의 강도 높은 조사가 예상되는데요, (……)

③ 20시 귀가 직후
성폭행 혐의로 피소된 배우 박시후 씨가 오늘 경찰 조사를 받고 조금 전 8시쯤 일단 귀가했습니다. 조사를 받고 나온 박 씨의 말을 직접 들어 보겠습니다. (……)

그런데 연예인이 등장하는 일부 뉴스의 경우는 '여성의 상품화'란 인상을 강하게 주는 경우도 상당하다. 대표적인 사례가 여성 연예인들

이 야구장에서 시구를 할 때마다 언론에서 앞다퉈 다뤘던 사례를 들 수 있다. 그러나 눈요기 그 이상, 그 이하도 아니다. 특히 한 뉴스는 아예 해당 여성을 뉴스에 출연시켜 화제가 된 시구를 직접 보여 줄 것을 요구해 눈총을 받기도 했다. 다음은 그 해당 대목이다.

2013년 7월 15일 KBS 〈뉴스라인〉

[뉴스토크] '화제의 시구' 신수지, 제2의 도전

앵커 요즘 같은 장마철, 날씨도 궂고 뭔가 신나고 화끈한 거 없을까 하며 무료해 하셨던 분들은 눈이 번쩍 뜨일만한 그런 장면이었습니다. 전 리듬체조 선수인 신수지 씨가 특유의 유연성을 살려서 몸을 360도로 회전하면서 공을 던지는 이른바 곡예 시구를 선보여 화제를 모았는데요. 신수지 씨 오늘 뉴스토크에 모셨습니다. (……)

여 앵커 이번 시구 이름이 일명 일루션 시구인데요. 어떻게 하는 건가요? 원리를 좀 설명해 주실까요?

신수지 한 다리 축을 두고 몸과 다리를 360도 회전을 시키는 동작이에요.

여 앵커 말로는 쉽게 설명이 안 되는데, 시청자 여러분을 위해서 한 번 보여 주실 수 있을까요?

신수지 (시구 동작 시범–다음 화면 참조)

(……)

남 앵커 네 오늘부터 신수지의 꿈을 응원하겠습니다. 감사합니다.

신수지 감사합니다.

2013년에는 한류 바람이 특히 거셌다. 그 중심엔 가수 싸이의 열풍이 있었다. 그러나 이를 감안한다 해도 뉴스에서 다루는 횟수가 지나쳤다. 지상파 메인 뉴스는 싸이 소식을 지난 2013년 4월에만 무려 각각 6~8차례나 다뤘다. 앨범 발표에서부터 유튜브 조회가 몇 건을 넘

었다는 식으로 '경마식 보도'의 전형을 보여 준다. 이처럼 특정 연예인의 상품성에 집착하다 보니 급기야 한 방송 뉴스에서는 파리에 나타난 싸이를 닮은 한국계 프랑스인을 두고 '중국산 짝퉁 싸이'라며 오보를 내고 말았다. 이는 특정 연예인의 일거수일투족을 관성적으로 보도한 결과, 자세한 사실 확인을 소홀히 하면서 빚어진 일이기도 하다. '시청률 집착'과 '관습적 기사 작성'이 동시에 나타난 셈이다.

연예 뉴스도 때에 따라 다룰 만한 가치가 있다. 그러나 다루는 이유가 분명해야 하고, 공공재인 전파를 사용하는 만큼 적어도 품위가 있어야 한다. 하지만 연예인의 상품성에만 주목해 시청률에 집착하다 보니 많은 연예 뉴스에서 깊이가 부족하다는 비판이 나오고 있다.

(4) '호기심 천국'

앞서 설명한 사건 사고, 선정적 소재, 깊이 없는 연예 뉴스 등을 제외하면 대부분 호기심 자극형 사례라고 볼 수 있다. 이 유형에 해당하는 기사들은 그 범위도 광범위하고 기사화되는 형태도 다양하다. 우선 쉽게 찾아볼 수 있는 사례를 먼저 보자.

2013년 4월 21일 SBS 〈8뉴스〉

육상선수–경주마–자동차 속도 대결…… 승자는?

앵커 육상선수와 경주마, 자동차가 달리기 시합을 했습니다. 오늘(21일) 과천 서울경마장에서 벌어진 재밌는 대결, 승자는 누구일까요? ○○○ 기자입니다.

기자 [레이싱 드라이버: 말이나 사람한테 진다는 것은 용납할 수 없는 일이겠죠. 제가 최선을 다해 1등 하겠습니다. 파이팅!] [기수: 경마장의 자존심을 걸고 최고의 호흡을 맞춰 열심히 해보겠습니다.] [육상 선수: 사람이 이겨야 하지 않겠습니까? 파이팅!] 육상선수와 경주마, 오프로드 경주용 차가 출발선에 섰습니다. 속도 차이를 고려해 육상 선수는 200m, 경주마는 450m, 자동차는 550m를 달리는 방식을 택했습니다. 출발은 역시 육상 선수가 빨랐습니다. 말과 자동차가 추격에 박차를 가해보지만, 거리를 좁히지 못합니다. [장내 아나운서: 과연 육상 선수가 이길 것인지, 경주마 그리고 버기카가 이길 것인지 아직까지는 예측할 수 없는 상황.] 결국 지난해 전국 체전 남자 200m 우승자인 ○○○ 선수가 25초 43의 기록으로 가장 먼저 결승선을 통과했습니다. 자동차는 결승선을 50m 앞두고 경주마를 제치며 26초 32의 기록으로 2등을 차지했습니다. 경주마는 컨디션 난조로 인해 꼴찌에 머물렀습니다. (……)

위 기사에서는 흥미 외에 그 어떤 공공적 성격을 찾아보기도 어렵다. 그럼에도 불구하고 이날 경기는 두 방송 뉴스에서 정식으로 영상 취재까지 한 뒤 모두 메인 뉴스에서 다뤄졌다. 물론 뉴스 가치에 대한 생각은 개인마다 다를 수 있다. 그러나 위 사례는 공공재인 방송 전파를 이용해 그것도 메인 뉴스에서 다룰만한 사안이라고 보기는 어렵다. 시청률만을 고려했다고 해석할 수밖에 없다.

위 사례처럼 분명한 영상을 통해 단순 명쾌하게 호기심을 자극하는 경우는 '시청률 집착'의 한 유형임을 쉽게 간파할 수 있다. 그러나 다음 사례의 경우는 단순 명쾌하지가 않다. 제법 복잡한 내용을 다루고 있기 때문이다. 복잡한 내용임에도 불구하고 호기심을 자극하는 것이 가능할까? 기사를 보면 그렇다. 그 비결은 '단순화'에 있다.

2013년 2월 18일 MBC 〈뉴스데스크〉

유전자와 이념…… 보수·진보 체질 따로 있나?

통합 앵커 멘트 지난해 대선을 치르면서 우리 사회는 보수와 진보, 또 세대와 세대 간 갈등이 극심하게 노출됐죠. 갈등의 근원에는 자신이 지지하는 쪽은 옳고 반대하는 쪽은 그르다는 신념이 자리 잡고 있습니다. 그런데 반드시 그럴까. 저마다의 신념은 어느 정도 선천적으로 타고나는 것이며 또 육체적인 힘이 영향을 미친다는 흥미 있는 연구 결과가 나왔습니다. 오늘 뉴스플러스에서 짚어 보겠습니다.

리포트 1 앵커 멘트 52 대 48. 지난 대선 결과에 절반을 조금 넘는 국민은 환호했고, 또한 절반에 가까운 국민은 좌절했습니다. 저마다 자신이 지지하는 쪽이 '옳고,' 그렇지 않은 쪽은 '틀렸다'는 신념에 가득 차 있습니다. 여기서 어찌 보면 뜬금없는 얘기를 하나 꺼내 보겠습니다. 당신의 알통은 얼마나 굵으신가요? 이 알통의 굵기가 당신의 '신념'에 어느 정도 영향을 미친다고 한다면 믿으시겠습니까? ○○○ 기자가 〈이코노미스트〉가 보도한 최근 연구 결과 하나를 소개해드리겠습니다.

기자 12년 전부터 헬스장에서 땀을 쏟아온 A씨. 운동이라곤 거의 하지 않는 B씨. 둘은 모두 소득이 꽤 높고, 자신이 이 사회에서 살만하다고 생각하는 중산층입니다. 힘이 얼마나 센지를 나타내는 알통 둘레를 재봤습니다. A씨는 35cm, B씨는 31cm. 저소득층을 위해 어느 정도 소득을 분배해야 하는지 둘 모두에게 똑같은 질문을 해봤습니다.

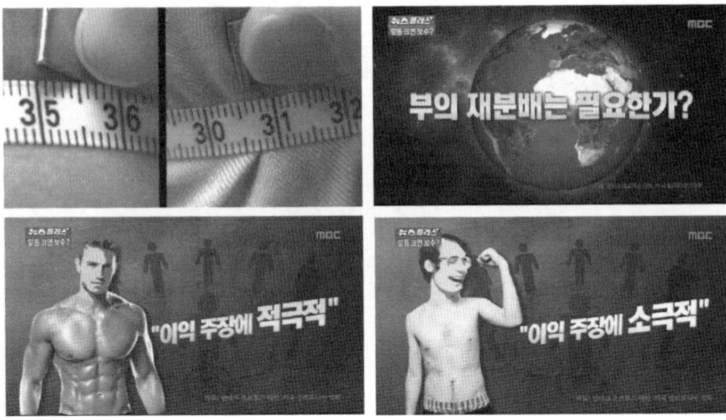

[A씨: 더 어려운 사람이 있다고 국가에서 과도하게 세금을 걷는다면 그건 좀 지나치지 않을까요?] [B씨: 세금을 거둬서 가난한 사람들에게 나눠 주는 건 국가의 의무이고 책임……] 무엇이 이 둘의 신념을 갈라놨을까? 분명, 받아온 교육과 가정 환경 등이 지대한 영향을 미쳤을 것입니다. 하지만 이 두 사람의 힘의 차이도 신념의 차이에 상당한 영향을 미쳤을 것이라는 흥미로운 연구 결과가 있습니다. 미국과 덴마크의 연구팀이 소득이나 가정 환경이 다양한 미국, 아르헨티나, 덴마크 등 3개국 1,500여 명에게 부의 재분배에 대한 평소 신념을 물었더니, 알통의 굵은 남자들 다수가 자신의 경제적 형편에 유리한 이념을 선택한 반면, 알통이 가는 남자들 다수는 자신의 이익을 대변하는 데 소극적이었습니다. 연구팀은 그 원인을 원시 시대부터 내려온 인간의 본능에서 찾았습니다. 즉 힘이 약한 쪽이 이기적 주장을 하다가는 생존을 보장받을 수 없었을 것이란 추론입니다. 반면, 힘으로 생존 여부가 결정되지 않았던 여성들의 경우에는 알통의 굵기와 신념이 별다른 상관관계를 보이지 않았다고 〈이코노미스트〉는 보도했습니다. (……)

이 기사에서 소개하는 해외 연구의 본래 핵심은 '근육이 발달하고 돈이 많은 사람은 사회적 복지 증진에 반대하는 입장이지만, 반대로 근육이 발달하지 않은 사람은 자기 이익에 대해 소극적인 경향이 있다'는 것이다. 기사는 또 클로징을 통해 유전자의 영향을 떠나서 서로 생각이 다른 부분에 대해 관용을 가지고 상대방이 옳은 부분이 무엇인지 고민하자는 일종의 교훈까지 전달하고 있다. 그러나 기사에서 느껴지는 전체적인 인상은 '알통이 굵으면 보수, 그렇지 않으면 진보'라는 것으로 요약된다. 본래 연구에서 언급하는 '사회 경제적 지위'라는 주요 변수를 생략한 것이다. 실제로 기사의 소제목을 보면 각각 '알통 굵기 정치 신념 좌우'와 '정치 성향도 유전자에 따라'로 돼 있어서 이런 단순화에 힘을 실어준다. 즉 사회 경제적 지위라는 주요 변수를 생략한 채 '힘이 셀수록 부의 재분배에 반대'하는 것처럼 소개한 것이다.

이 사례는 일명 '알통 보수'로 명명되며 세간의 비판을 받았고, 결국 방송통신심의위원회로부터 '주의'를 받았다. 방통심의위의 판단도 '힘이 강할수록 재분배에 반대하는 것을 단순화시켜 시청자들을 오인하게 했고, 이는 결과적으로 객관성 위반'이라는 것이었다.

이처럼 시청률을 의식해 자극적인 소재를 사용하는 과정에서 '지나친 해석' 또는 '그릇된 해석'을 가미하는 경우는 또 있다. 다음도 전형적인 사례에 해당한다.

2013년 12월 18일 MBC 〈뉴스데스크〉

김정은, 눈썹 왜 밀었나…… 이미지 정치?

앵커 그런데 어제 김정은의 모습에 이상한 점이 보였습니다. 짧아지고, 색깔도 짙어진 눈썹인데요. 유일 지배 체제를 공고히 하는 이미지 정치라는 분석이 나옵니다. ○○○ 기자입니다.

기자　김정일 사망 2주기 추도대회장, 김정은이 어디가 불편하기라도 한 듯이 시종 딱딱한 표정을 짓고 있습니다. 그중에서도 유독 짙은 색깔에, 반쯤 민 듯한 눈썹이 눈길을 끕니다. 지난 3월 황해도 섬을 시찰할 때와 비교하면 눈썹은 자연스럽지 못하고 반쯤은 잘려 나간 형태입니다. 정면을 쏘아볼 때는 섬뜩한 느낌마저 들게 합니다. 보여 주기, 이미지 관리에 신경 쓰는 김정은이 2인자 장성택 처형 이후 대내외에 공개되는 첫 대규모 행사를 맞아 강한 모습을 보이려고 일부러 깎은 것이라는 분석이 나옵니다. [강명도 경민대 북한학과 교수: 표독스럽고 날카롭고 근엄하고 공포스러운 분위기를 조장하기 위해서 그렇게 하지 않았나……] 김정은이 처음 모습을 보였을 때부터 할아버지 김일성과 닮은 외모와 행동이 주목됐습니다. 가운데 가르마 머리 모양, 박수치는 모습, 또 걸음걸이, 겹으로 여미는 긴 코트 등은 물론, 김일성과 비슷하게 보이려고 성형 수술을 받았다는 의혹까지 일었습니다. 이미지 전문가들은 마음이 불안하면 눈썹 끝이 올라가는데 이를 감추려는 김정은 나름의 이미지 전략이라는 분석을 내놨습니다.

2013년 말, 장성택 처형 이후 수많은 추측성 보도가 쏟아져 나왔다는 비판이 다수 제기됐다. 위 보도도 그중에 하나로 김정은의 눈썹이 짧아졌다는 것만 객관적 사실로 보일 뿐 나머지는 전부 추측이다. 그럼에도 불구하고 김정은의 눈썹을 과거 영상과 비교해 가며 그것도 10번째 소식으로 전해야 했는지 의문이 제기된다. 이 사례는 시청률에 얽매여 흥미성 소재를 어떤 식으로든 활용하려다 보니 지나친 추측이 가미될 수밖에 없고, 이는 결국 '선정적, 자극적 소재의 확대 재생산'으로까지 이어지고 있음을 보여 준다.

(5) 그래픽과 재연 기법의 남용

이 유형은 보도의 과도한 드라마화라고 할 수 있다. 이 유형은 대체로 3D 그래픽이나 재연 영상, 또는 드라마나 영화 등을 자료 영상으로 사용하는 형태로 나타나기도 한다. 다음 사례를 보자.

2013년 5월 23일 MBC 〈뉴스데스크〉

런던 도심에서 군인 잔혹하게 피살

앵커 대낮에 런던 거리에서 이슬람 급진주의자로 추정되는 괴한 두 명이 흉기로 잔인하게 군인을 살해하는 충격적인 사건이 발생했습니다. 영국 정부는 이를 테러로 규정했습니다. ○○○ 기자입니다.

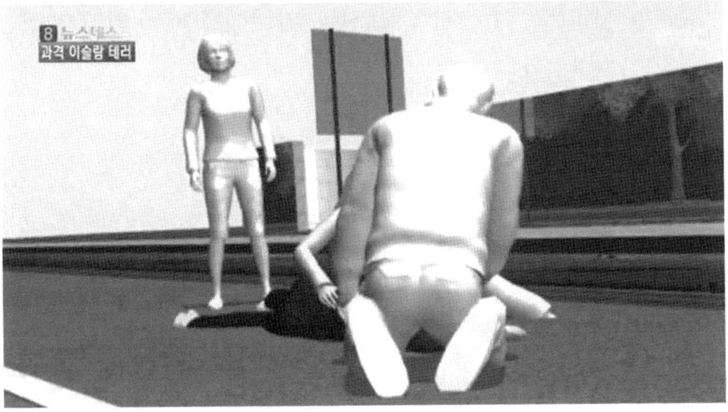

기자　피로 뒤범벅된 손에 흉기를 든 남성이 거리를 오가고 옆에는 피 흘린 남성이 쓰러져 있습니다. 용의자들은 현지 시간 어제 오후 2시 20분쯤 부대로 복귀하던 군인을 차로 들이받았습니다. 그리고는 흉기로 마구 찔러 잔인하게 살해했습니다. [용의자: 우릴 공격하기 때문에 눈에는 눈, 이에는 이로 맞서 싸울 것이다. 너휜 결코 안전하지 않다.] 이슬람 급진주의자로 보이는 용의자들은 출동한 경찰에 달려들다가 총에 맞고 체포됐습니다. 이런 급박한 상황에서 여성 한

명은 흉기를 든 용의자를 막고 설득을 시도하기도 했습니다. (……)

첫 영상부터 끔찍하다. 그러나 특위가 주목하는 대목은 3D그래픽을 이용해 범행 상황을 재연한 부분이다. 테러범들이 도끼와 칼을 들고 있는 모습까지 재연했는데, 이런 묘사는 방송강령에서 명시하고 있는 '폭력성 규정'을 위반한 것이다.

방송강령 '범죄,' '폭력' 관련 규정

범죄 규정

② 범죄의 수단이나 과정은 호기심을 유발하거나 모방할 만큼 필요 이상으로 자세히 묘사, 표현하지 않는다.

⑤ 성폭행 등의 사건은 범죄 행위의 세부적 부분까지 묘사하지 않는다.

폭력 규정

① 폭력에 관해서는 불가피한 경우일지라도 매력적, 자극적 또는 과장적으로 표현하지 않는다.

그래픽 사용은 상황 재연뿐만이 아니라 다음과 같은 유형에서도 사용되고 있다.

2013년 9월 17일 MBC 〈뉴스데스크〉

비극 부른 '분노 조절 장애'…… "9 · 11 테러 당시, 현장에 있었다"

앵커 자신을 포함해 13명의 목숨을 한순간에 앗아간 용의자. 무엇이 이 남성을 괴물로 만들었을까요. ○○○ 기자입니다.

기자 거대한 초록색 괴물로 변신해 괴력을 발휘하는 '헐크.' 연약해 보이는 주인공이 괴물로 변하는 이유는 바로 '분노'입니다. 이처

럼 분노를 참지 못하고 반복적으로 통제력을 잃는 정신질환의 정식 명칭은 '간헐적 폭발성 장애' [○○○ 교수/△△대학교병원: (간헐적 폭발성 장애는) 자극에 맞지 않게 과도하게 화를 내서 사람을 때린다거나 부순다거나 이런 행동이 수차례 반복되는……] 워싱턴 총격 용의자 역시 이 같은 장애로 고통 받아 온 것으로 알려졌습니다. 용의자 아버지는 "아들이 지난 2001년 9·11 테러 당시 사건 현장에 있었고 그 뒤 정서적인 혼란을 느꼈다"고 고백했습니다. (……)

지난 2013년 9월 발생한 미 해군 시설 테러 사건을 분석하는 과정에서 분노 조절 장애를 설명하는데 난데없이 영화 〈헐크〉의 한 장면을 사용한 것이다. 잘 알려진 영화를 사용함으로써 시청자들의 주목을 끌고 이해도를 높였다고 판단할 수도 있겠지만 SF 주인공까지 동원한 것은 지나치고, 과장된 해석이라는 비판이 제기될 수밖에 없다.

다음 사례는 어떠한가? 2014년 3월 2일 MBC 〈뉴스데스크〉에서 보도된 이 리포트는 '대통령의 화법'을 소재로 하고 있다. 기사에서 드러나듯 노골적인 홍보의 성격이 짙다. '정치적 편향성'과 '출입처 동화' 측면의 문제점을 안고 있는 것이다. 그러나 우리가 시청률 집착이라는 측면에서 주목하는 부분은 끊임없이 등장하는 애니메이션 CG 부분이다. 이 기사는 청와대가 홈페이지에 올린 영상을 그대로 가져다 사용했는데, 예능 프로그램에서나 볼 수 있는 방식으로 진돗개, 쇠사슬, 국수 등의 그래픽을 표출하고 있다. 특히 대통령이 진돗개를 비유하는 대목에서는 대통령 발언 중 '개 짖는 소리'까지 나오기도 했다.

2014년 3월 2일 MBC 〈뉴스데스크〉

사슬 · 진돗개…… '톡톡 튀는 비유' 대통령의 화법

앵커 박근혜 대통령이 최근 각 부처 업무 보고를 받으면서 톡톡 튀는 비유 화법을 선보여 화제가 되고 있습니다. 단호하면서도 유머가 섞인 말들인데요. 공식 보도를 통해서는 잘 알려지지 않았던 내용을 ○○○ 기자가 전합니다.

기자　(……) 비정상의 정상화를 끈질기게 추진하라며 내놓은 진돗개론은 비유 화법의 대표가 됐습니다. [박근혜 대통령: 불독보다 진돗개가 더 한 번 물면 살점이 완전히 뜯어져 나갈 때까지 안 놓는다고 해요. 진돗개를 그려 놓으시고, 우리는 진돗개 같은 정신으로 한다……] [참석자: 진돗개 정신으로 아주 단단히 무장하고…… 진돗개 같은 그런 자세로……] [박근혜 대통령: 나중에 회의 끝나시면 규제에 대한 얘기는 별로 생각이 안 나시고 진돗개 얘기만…… 일부러 이런 얘기하는 거에요. 잊어버리지 말라고.] (……)

대통령의 말과 화법이 중요한 기사 소재인 것은 분명하다. 그러나 이를 보도할 때는 객관적인 입장에서 말의 맥락과 반응들을 다각도로 분석하는 것이 필요하다. 그런데 이런 것은 전혀 없이 대통령의 말을 줄줄이 이어 붙이는 것은 이해 당사자들이나 할 수 있는 행태이다. 더구나 장난스러워 보이는 그래픽까지 베끼듯 사용한 것은 저널리즘 정신을 벗어나도 한참 벗어난 것이다. 마지막으로 다음 사례는 드라마의 한 장면을 사용한 경우이다.

2013년 8월 1일 MBC 〈뉴스데스크〉

차영, "조희준 아들 낳았다" 친자 확인 소송

앵커　청와대 비서관과 민주당 대변인 등을 지낸 차영 씨가 조희준 전 국민일보 회장과의 혼외 관계를 통해 아들을 낳았다며 친자 확인 소송을 냈습니다. 고소장 내용이 드라마 같습니다. ○○○ 기자입니다.

기자 차영 씨가 제출한 소장에 따르면, 지난 2001년 3월 청와대 만찬장에서 당시 청와대 비서관이었던 차 씨는 조희준 씨와 처음 만났습니다. 당시 차 씨는 결혼한 상태로 슬하에 두 딸을 두고 있었고, 조 씨는 세 번째 부인과 살면서 4명의 자녀가 있는 상태였지만, 부적절한 관계가 이어졌습니다. 조 씨는 지속적으로 차 씨에게 이혼을 종용했고, 명품 시계를 선물하며 청혼하기도 했습니다. 결국 2003년 초 차 씨는 이혼을 하고 조 씨와 동거에 들어갔고, 그해 8월 하와이로 건너가 아들을 출산했습니다. 하지만 조 씨는 결혼 약속을 지키지 않았고

2004년부터는 매달 보내던 천만 원 가량의 양육비도 주지 않았습니다. 이 와중에 고등학생이었던 차 씨의 큰 딸은 이혼의 충격으로 스스로 목숨을 끊기도 했습니다. (……)

이 보도는 기본적으로 성적인 소재가 배경에 깔린 측면이 강하다. 그러나 이를 논외로 한다 하더라도 다음과 같은 치명적인 문제가 있다. 뉴스를 드라마처럼 만들었다는 것이다. 세밀하게 따져보면 다음 방송강령과 방송통신심의원회 심의 규정을 모두 위반한 것이라는 분석도 가능하다.

– 방송강령(사건 보도 관련)

③ 참혹한 자살 또는 범죄 수법을 구체적으로 묘사하지 않는다.

– 방송통신심의원회 '방송심의에 관한 규정' 5절. 소재 및 표현 기법

37조(충격, 혐오감) 규정 중 2항.
자살장면에 대한 직접적인 묘사나 자살방법을 암시하는 표현

39조(재연기법의 사용) 규정 중 1항. 2항
1항: 방송은 불가피하게 범죄, 자살 또는 선정적인 내용을 재연기법으로 다룰 때에는 지나치게 구체적이거나 자극적으로 묘사하여서는 안 되며, 어린이를 출연시켜서는 안 된다.
2항: 방송은 재연기법을 사용할 때에는 재연 상황이 실제 상황으로 오인되지 않도록 하여야 한다.

2) 시청률 집착의 원인 분석

(1) 말초적 사건 사고의 습관적 채택

흔히 사회부 사건 기자를 기자 조직의 기둥이라고 추켜세운다. 사회부 기자들이 접하는 사건 사고는 기자 초년병으로서 취재와 보도에 눈을 뜨고 실력을 연마해야 하는 '1차 관문'에 해당할 뿐만 아니라, 사회의 일상과 그 이면의 부조리를 관찰하고 풀어내는 핵심 영역이기 때문이다. 또한 사건 사고는 대다수 출입처나 취재 영역에서 배경적 지식이 되거나 사회적 이슈를 촉발시키는 원인이 되는 경우도 많다. 예를 들어 이른바 '최진실법'으로 불리는 '친권자 인정 관련 민법 개정안'이나 '층간 소음 규제' 등을 생각하면 이해가 쉽다. 이는 각각 유명 연예인의 자살과 층간 소음 분쟁이라는 사건 사고가 촉발시킨 사회적 변화라고 할 수 있다. 보도의 사회적 기능을 보여 주는 사례인 것이다. 이런 측면에서 보면 사건 사고를 접했을 때 더 깊게 취재하고 해석해 내는 능력의 차이가 보도의 수준을 좌우한다는 것을 알 수 있다. 자연스럽게 사건 사고에 대한 추적 보도가 원활한 언론사는 특종이 많을 수밖에 없고 그만큼 저널리즘 정신이 충만하다는 평가를 받는 경우가 많다.

그럼에도 불구하고 사건 사고 기사가 시청률 집착의 대표적 소재로 꼽히는 이유는 무엇인가? 그것은 앞서 사례들에서 살펴본 것처럼 세상을 투영하는 '그 무엇,' 즉 이웃들의 진솔한 삶을 드러내는 '고갱이'가 빠져 있는 리포트가 많아지고 있기 때문이다. 그렇다면 그 핵심이 빠진 자리를 채운 것은 무엇인가? 그것은 CCTV 등의 단편적인 영상이거나 자극적인 소재인 경우가 많다.

이런 현상은 스마트폰과 CCTV 등 영상 기술의 발전에 기인한 측면이 강하지만 근본적으로는 저널리즘 정신의 실종 또는 혼동에서 비롯된 것이다. 방송 기자가 데스크에게 취재 보고를 하는 자리에서는 다음과 같은 말들이 가끔 오간다. "그림은 좋나?," "그림 나쁘면 단신 하든가"가 그것이다. 늘 그런 것은 아니지만 이런 경향이 반복되면 사안의 본질을 따지는 것이 아니라, 영상의 좋고 나쁨을 우선시하는 태도가 은연중에 몸에 배게 된다. 그리고 깊이 있는 취재와 보도가 설 자리는 점점 없어진다. 기사의 깊이는 고사하고 심지어 '6하 원칙'이 충실하지 않은 기사가 있는가 하면, 기사를 읽고 난 뒤 오히려 궁금증이 증폭되는 경우도 있다. 모두 사안의 본질보다는 영상의 화끈함과 흥미성 소재를 우선시한 나머지 알맹이 없는 보도로 전락한 결과이다.

실무적으로는 시스템적인 문제도 크다. 사건 기자들은 매일 수많은 사건 취재에 정신이 없을 정도이다. 부장, 데스크 등이 일부러 시간적 여유를 주지 않는 이상, 한두 가지 이슈를 깊이 파고들 여력이 생기지 않는다. 이런 상황에서도 아이템 압박은 매일매일 반복된다. 결국 취재 시간은 부족한데도 불구하고 보도는 끊임없이 해야 하는 악순환이 반복되는 것이다. 짧은 시간 안에 모든 것을 보여 줄 수 있는 시원한 영상, 자극적인 소재에 목매게 되는 것도 바로 이런 구조적 문제에 기인하는 바가 크다. 수시로 일어나는 단순 사건 사고조차 영상이 있다는 이유로 리포트로 보도되는 것은 바로 이런 이유 때문이기도 하고 동시에 '관습적 기사 작성'의 문제라고도 할 수 있다.

(2) 선정적 소재의 집착

성 관련 소재가 등장하는 기사는 대부분 사건 사고, 특히 범죄 보도가 많다. 따라서 일차적으로는 그 사건의 무게감이 어느 정도인지를 따져봐야 한다. 그러나 현실에선 선정적 영상을 사용하거나, 영상이 없더라도 자극적 소재를 통해 시청률을 견인해낼 수 있는지를 무의식적으로 따지는 경우가 있다. 앞서 사례로 든 '중국의 불륜녀 3인, 반부패 영웅 되다'라는 보도의 경우가 그러하다. 불륜 요소, 호화 뇌물 등 흥밋거리가 있는 건 분명하지만 13억 인구인 중국에서 그것도 일반 공직자의 스캔들은 아무래도 무게감이 떨어진다. 그런데도 뉴스로 채택돼 보도된 것에는 자극적 영상을 통해 시청률을 올리겠다는 의지가 은연중에 작용했을 가능성이 크다. 또한 선정적 사건에 대한 기사를 보면 사건 사고의 과정만을 설명하는 겉핥기 수준의 보도에 그치는 경우가 많다. 수사 당국의 발표를 그대로 요약해 전하는 경우가 그러하다. 이러다 보니 수사의 이면과 문제점은 물론, 사회적 파장에 대한 고민도 제대로 드러나지 않는 것이다.

(3) 깊이 없는 연예 뉴스의 양산

특정 연예인의 인기에 편승해 해당 연예인을 뉴스로 다루면 시청률에 도움이 될 것이라는 생각이 그 원인이다. 한마디로 연예인 뉴스는 눈요깃거리가 된다는 인식이 깔려 있는 것이다. 신수지 씨를 뉴스 스튜디오에 출연시켜 시구를 시키는가 하면, 가수 싸이 관련 보도가 홍수를 이룬 것은 바로 이 때문이다. 특히 싸이 소식의 경우는 그의 인기에 편승해 일거수일투족을 보여 주는 데만 급급했다. '빌보드 몇 위,' '유튜브 조회수 몇 건' 같은 표피적 내용을 전달하는데 주력한 반면, 문화적·사회적 의미를 조명하는 진지한 접근은 거의 없었던 것이나 다름없다. K팝 등 우리나라의 대중 문화가 한류라는 이름으로 세계적으로 환대를 받는 데 발맞춰, 방송 뉴스는 이런 현상을 깊이 있게 조명하겠다는 시도가 있었을 법도 하지만 적어도 대표적인 국내 방송 뉴스에서는 찾아보기 힘들었던 것이다.

근본적으로는 연예 등 문화 전반에 대한 취재를 통해 사회 문화적으로 접근하고자 하는 의지나 실력 자체가 없는 데서도 그 이유를 찾을 수 있다. 현상을 피상적으로만 관찰하고, 흥미 있는 영상을 보여줌으로써 그 인기에 편승하려는 시도만 반복될 뿐이다. 연예 뉴스조차 올림픽 메달 집계하듯 전하는 '경마 저널리즘'과 유사한 양상은 이 때문에 나타난다. 아울러 연예 뉴스 가운데는 앞의 '자사 이기주의' 부분에서 언급했듯이 자사 프로그램을 홍보하기 위한 의도에서 비롯되는 경우도 있다. 이른바 '트렌드 보도'라는 이유로 전파를 타는데, 엄밀히 따져보면 보도의 깊이를 찾아볼 수 없고 단순히 자사 프로그램을 홍보하는 경우가 허다하다.

(4) '호기심 천국'

깊이 없는 연예인 뉴스가 양산되는 것과 유사한 이유이다. 신기한 현상을 뉴스에 배치하면 시청률에 도움이 될 것이라고 인식하는 것이다. 이는 결국 '왜 보도해야 하는가'라는 저널리즘의 근본적인 고민을 신기함이라는 말초적 소재가 압도하는 현상이다. 일선 기자들끼리는 '왜 이런 보도를 해야 하는가?'라는 문제 제기가 없지 않다. 그러나 이런 문제 제기는 "시청률에 도움이 되는데 왜 보도를 안 해?"라는 반박에 할 말을 잃는 경우가 많다. 심지어 일부 간부들의 경우는 "그럼 얘기되는 기삿거리를 가져오든지?"라고 윽박지르는 경우도 있다. 그러나 이런 간부들은 일선 기자들이 첨예한 사회 이슈를 다루겠다고 제안하면 "나중에 생각하자," "비판의 분명한 근거를 갖고 있나?," "소송이 걸리면 이길 자신 있나?"라는 식으로 뭉개버리기 일쑤이다. 실제로 앞서 언급한 '알통 보수' 기사의 경우도 일선 기자들이 여러 차례 문제 제기를 했으나 결국 보도가 강행된 사례였다고 한다.

이러한 '호기심 천국' 유형의 경우는 과연 적절한 취재인지, 취재를 한다면 어떤 문제의식을 갖고 해야 하는 것인지에 대한 조율이 필요하다. 그러나 이런 아이템일수록 시청률에 목매는 보도국의 분위기가 상식적인 문제 제기를 가로막는다. 상명하달 식의 취재 지시가 시청률 집착을 더욱 부추기는 경우가 수시로 일어난다.

(5) 그래픽 및 재연 기법의 남용

팩트 전달에 필요한 직접적 영상이 부족할수록 편집이 어렵고, 다양한 기교를 고민할 수밖에 없는 것이 사실이다. 이럴 때일수록 과욕을 버리고 담담하게 편집하는 것이 저널리즘의 기본이다. 그러나 현실은 그렇지 않다. 매일 오전 편집회의에서 간부들은 수시로 시청률을 언급하며 크고 작은 질타를 쏟아낸다. 핵심은 '왜 편집을 그렇게 성의 없게 했느냐?'이다. 때때로 이 성의의 기준은 '재미'와 '직접성'이다. 해당 팩트를 전달하기 위해 좀더 구체적인 영상을 사용했어야 한다는 것이다. 이런 분위기 속에서 테러 등 범죄 사건을 다루는 기사에도 상황의 생생한 묘사를 위해 지나치게 자세한 3D 그래픽이 등장하곤 한다. 세월호 참사 직후 방송된 침몰 원인에 대한 그래픽 영상들처럼 객관적으로 확인되지 않은 내용까지 구체적인 그래픽을 만들어 사용하는 경우까지 있다.

이런 현상은 저널리즘에 대한 근본적인 성찰이 빠져 있기 때문에 발생한다. '정확한 보도인지,' '불편부당한지,' '인권을 지키고는 있는지,'

'언론으로서 책임 있는 보도인지' 등에 대한 고민이 부족하거나 빠져 있는 것이다. 3D 그래픽과 재연 기법을 과도하게 사용하는 이면에는 오보와 인권 침해, 그리고 편향 가능성이란 그림자가 자리 잡고 있다.

3) 시청률 집착을 줄이기 위한 유형별 점검 목록

(1) 말초적 사건 사고의 습관적 채택

- 범죄, 사고, 화재, 그리고 자연 재해 등이 큰 규모이거나 특이 사항이 있나?
  규모가 크지도 않고 특이점도 부족한 사건인데도 보도하는 것이라면 단순히 화끈한 영상이 있다는 이유이거나 관습적 형태의 보도일 우려가 있다.

- 사건의 직, 간접 당사자에 대한 취재가 포함됐나?
  당사자에 대한 취재가 없다면 영상 사용에만 급급해 사건을 단순 기술한 것일 가능성이 크고, 오보와 인권 침해의 우려도 있다.

- 6하 원칙에 따라 충분히 기술되고 있나?
  사건의 인과 관계, 시대적·인물적 배경, 사회적 문제점, 그리고 이면이 어떠한가에 따라 겉으로 드러난 영상과 달리 전혀 다른 성격의 사건일 가능성도 있다. 오보의 가능성도 있다.

- 사건 보도에 등장하는 관계자들의 명예 등에 중대한 영향을 줄 가능성은 없나?
  모자이크와 익명성 처리는 기본적인 검토 대상이다. 이를 충분히 고려하지 않았다면 인권 보호에 소홀한 것이다.

- 스마트폰이나 CCTV 영상 등이 없었다면 보도되지 않았을 가능성이 있는가?
  만약 조금이라도 그렇다면 기사 가치가 부족한 것이다. 특히 영상은 흥미롭지만 다른 기사에 비해 취재 시간이 상당히 짧았다면 영상을 보여 주기에 급급한 것일 뿐, 저널리즘적 가치가 충분하지 않은 것을 보도하는 것일 가능성이 높다.

- 영상은 흥미롭지만 주위에서 흔히 볼 수 있는 내용인가?
  그럼에도 불구하고 보도된다면 자극적인 영상에만 얽매인 전형적인 시청률 집착 유형일 가능성이 대단히 높다.

- 영상을 보여 준 뒤 하나마나한 훈계식 클로징으로 마무리되는가?
  그렇다면 보도 가치와 무관하게 시청률을 의식해 영상을 사용했을 가능성이 크다.

(2) 선정적 소재에 대한 집착

- 성이 개입된 사건의 경우, 충분한 무게감을 가진 사건인가?
  전체적으로 선정적 영상을 보여 주는데 급급한 수준이면 무게감이 부족했을 가능성이 높다.

- 선정적 장면 또는 기사 내용에 대한 수위 조절이 충분한가?
  만약 그렇지 않다면 단지 자극적 영상이나 내용을 통한 시청률 의식의 전형이다.

- 성 관련 사건에 대한 묘사가 적절한가?
  이례적일 정도로 자세한 수준의 설명이라면 무엇보다 선정성을 무기로 시청률을 올려 보려는 것일 뿐더러 모방 범죄의 우려가 높아진다.

(3) 깊이 없는 연예 뉴스의 양산

- 연예인이 등장하는 사건이나 행사가 사회 문화적으로 유의미한 내용을 포함하고 있나?
  사회 문화적으로 유의미한 내용이 부족하다면 단지 유명 연예인을 통한 시청률 상승을 의식한 것일 뿐 아니라, 연예인 홍보의 가능성도 있다.

- 연예인의 등장이 대체로 사회 문화적으로 공감할 만큼 새롭거나 파급력이 상당한가?
  선뜻 동의하기 어렵다면 이는 누구나 아는 내용이거나 하나마나한 내용을 기술한 것에 불과할 가능성이 매우 높다. 이는 결국 시청률 집착의 결과이다.

- 연예인이 등장한 기사가 교양, 연예 프로그램과 유사한 내용을 다루고 있지는 않는가?
  만약 그렇다면 시청률을 의식한 깊이 없는 연예 뉴스일 가능성이 높다.

- 연예인이 피해자 또는 가해자로 등장하는 사건에서 인권에 대한 충분한 검토가 있나?
  내용적으로 유사한 다른 사건에 비해 지나치게 세세한 내용을 다루고 있다면 인권 침해의 가능성이 있다.

(4) '호기심 천국'

- 시청자들이 몰라도 되는 내용이거나 오락 프로그램에서도 자주

소개되는 내용인가?

만약 그렇다면 전형적인 호기심 천국 유형이거나 시간 때우기 식인 뉴스일 가능성이 높다.

- 흥미롭긴 하지만 다른 뉴스보다 분량이 길거나 뉴스 전반부에 배치하기에는 의문스러운가?

  만약 그렇다면 뉴스 가치보다 시청률을 의식한 편집일 가능성이 높다. 특히 흥미성 기사가 뉴스 전반부에 배치된 반면 다수의 주요 스트레이트 기사들이 뉴스 후반부에 배치돼 있는 경우라면 더욱 시청률을 감안한 편집일 수밖에 없다.

- 흥미로운 내용을 뒷받침할 만한 충분한 이유와 논리를 갖췄나?

  객관적으로 타당한 근거를 갖추지 않고 있다면 시청률 견인을 위한 보도일 뿐이다.

(5) 그래픽 및 재연 기법의 남용

- 객관적으로 확인되지 않은 내용이 그래픽이나 재연 기법을 통해 보도되는가?

  만약 그렇다면 시청률 집착에 따른 과장이나 지나친 단

순화일 가능성이 높다. 특히 자극적인 내용이라면 '시청률 집착'의 전형이나 다름없다. 사실 확인 부족으로 오보가 될 가능성도 있다.

- 범행 장면을 기술할 때 3D 그래픽으로 다루는가?

  3D 그래픽은 세부적 묘사가 가능하기 때문에 그 자체로 '범죄의 수난이나 과정은 호기심을 유발하거나 모방을 부를 만큼 필요 이상으로 묘사해선 안 된다'는 방송강령을 위반했을 가능성이 매우 높다.

- 재연 장면이 드라마나 영화를 연상시킬 정도로 선정적인가?

  만약 그렇다면 사건의 무게감 때문에 보도하기보다는 시청률을 의식한 과장 보도일 가능성이 크다.

7. 관습적 기사 작성

1) 관습적 기사 작성의 유형별 사례 분석

저널리즘 특위는 보도 아이템 결정의 하향식 구조와 '도제식' 기자 교육이라는 환경 속에서 공식처럼 습관화된 보도 행태를 '관습적 기사 작성'으로 분류했다. 첫째, 무의미한 '스케치 기사'가 대표적이다. 새로운 내용이 전혀 없는데도 불구하고 휴일과 휴가철, 그리고 명절의 모습이 '스케치'라는 이름으로 전파를 타는 것이다. 둘째, '판 벌리기' 식 편집이다. 이는 객관적인 기사 가치에 비해 지나치게 많은 보도 시간을 할애하는 경우이다. 이 유형은 다른 중요 소식들이 누락될 수 있다는 문제점도 안고 있다. 셋째, 정치 기사에서 대립 구도에 치중하는 유형이다. '공방전 격화,' '전면전 불사' 등의 전쟁 용어들을 자주 사용하고, 기계적 양비론으로 일관하는 것도 그러한 예이다.

관습적 기사들은 전파 낭비의 소지가 많을 뿐더러 공론의 장을 잠식하고, 정치 사안에서는 본질을 흐리고 시시비비를 가리는 것을 방해하는 결과도 낳고 있다. 그런데 더 우려스러운 것은 '관습적 기사 작성'에 해당하는 기사가 위 세 가지 유형 외에도 일일이 언급하기 어려울 만큼 다양한 형태로 방송 보도 전반에 퍼져 있다는 점이다. 현업 기자들이 선배들로부터 배운 정형화된 기사 작성 요령을 얼마나 잘 따르는가를 기자의 능력쯤으로 인식하는 경향이 일부 있고, 전체 기자 사회에서도 이 문제에 대한 경각심이 다른 문제점들에 비해 무딘 편이기 때문이다. 구체적 사례를 통해 각각의 유형들을 분석해 본다.

(1) 무의미한 '스케치' 보도

상황을 생생하게 묘사하는데 주력하는 기사를 흔히 '스케치' 기사라 부른다. 그런데 '무의미한 스케치 보도'란 뉴스 가치가 부족한 사안인데도 단순히 '화면이 그럴듯하다'는 이유로 보도하는 경우를 말한다. 사안의 의미, 영향 등을 두루 감안해 보도 여부를 결정하는 것이 당연함에도 불구하고 이 유형의 기사들은 대체로 가치 있는 내용이나 의미 등을 찾아보기 힘들며, 화면 설명에 그치는 경우가 많다. 다음 기사를 보자.

2013년 5월 11일 KBS 〈뉴스 9〉

계절의 여왕 5월 정취 '흠뻑' 레포츠 즐겨요!

앵커 날씨 참 좋죠? 전국의 산과 강에는 레포츠를 즐기는 사람들로 북적거렸습니다. ○○○ 기자가 헬기를 타고 둘러봤습니다.

기자 원색의 패러글라이드들이 파란 하늘을 헤엄치듯 날아다닙니다. 발아래는 신록의 바다, 불어오는 바람을 맞아 한 달음에 창공으로 날아오릅니다. 강물도 갈수록 푸르름을 더하고 있습니다. 외줄에 매달려 강 위를 가로지르는 짜릿함은 하늘을 나는 듯한 기분입니다. 아파트 21층 높이의 번지 점프대, 다리가 후들거리지만 허공에 몸을 내던지면 긴장은 이내 환희로 바뀝니다. 때 이른 더위는 나들이객들을 강으로 불러냅니다. 하얀 물보라가 강물을 가르고 보트는 나는 듯 물 위를 질주합니다. 아직 물이 차지만 젊은이들에게는 벌써 여름입니다. 신록이 짙어가는 도봉산. 줄 하나에 몸을 맡긴 채 깎아지른 암벽을 타며 봄의 기운을 만끽하고 있습니다. 강가 자전거 길에는 이륜의 은빛 행렬이 이어집니다. 화창한 초여름 날씨에 나들이객은 계절의 여왕 5월의 정취에 흠뻑 젖었습니다.

주말 저녁 뉴스 초반에 으레 접하게 되는 '스케치' 기사이다. 밑줄 표시를 한 문장에서 볼 수 있는 것처럼 서술 방식이 '전지적 작가' 시점을 취하기도 한다. 시청자들이 정서적으로는 공감할 수도 있겠지만

사실 '독심술'이나 다름없다. 기사를 종합하면 '날씨 좋은 주말에 많은 사람들이 신나게 놀았다'는 것 이외엔 의미 있는 내용은 전무하다. 이처럼 상대적으로 내용과 가치가 크게 부족한 '스케치 뉴스'가 각 언론사별로 일주일에 서너 개씩은 방송된다. 이런 식의 '스케치' 보도는 취재와 제작이 매우 쉽다. 또 투입되는 노력과 시간, 비용에 비해 화면은 그럴 듯하다. 주말이나 휴일이 아닌데도 눈요기 수준의 화면 거리가 '스케치' 아이템으로 선정되고 그날의 '주요 뉴스'로까지 채택되는 일차적인 이유가 여기에 있다.

화면에 담긴 풍경을 단순 묘사하는 관습적 '스케치' 보도가 남발되면서 기업들이나 단체에서 이를 적극적으로 활용하는 현상도 벌어진다. 사실상 일부 스케치 기사들이 업계의 홍보 도구로 전락했다는 비판은 그래서 나온다. 어린이날 보도된 다음 기사가 한 예이다.

2013년 5월 5일 MBC 〈뉴스데스크〉

어린이날, 깜짝 이벤트 "나도 국가 대표"

앵커 즐거운 어린이날 보내셨나요? 축구 국가 대표 체험이라는 깜짝 이벤트가 어린이들을 즐겁게 했습니다. ○○○ 기자입니다.

기자 전 대표 선수 자녀들을 비롯해 다문화 가정과 복지관 지원을 받는 어린이 100여 명이 한자리에 모였습니다. [인터뷰: 정몽규 축구협회 회장: 아이들이 축구와 더 가까워 질 수 있는 기회가 됐으면 좋겠습니다.] 선물 받은 유니폼을 입어 보며 한껏 들뜬 표정입니다. [인터뷰: ○○○(전 국가 대표 선수 딸): (아빠가) 가슴에 태극기 달고 나라를 지키기 위해 열심히 뛰었었어요……] 왕년의 스타들은 푸르른 잔

디를 벗 삼아 즐겁게 경기를 치렀고 아이들은 국가 대표 체험을 통해 큰 희망을 품어봅니다. [인터뷰: ○○○ 안산 석수초등학교: "지금이라도 공부 열심히 해서 세계적으로 유명한 국가 대표가 되고 싶기도 해요."] 오늘 하루 국가 대표가 되어 보며 귀중한 경험을 얻어 간 아이들, 어느 때보다 뜻깊고 소중한 어린이 날로 남았습니다. 수원 구장에선 어린이들이 K리그 클래식 경기를 관람하고, 다양한 이벤트에 참가하며 어린이날을 만끽했습니다.

'깜짝 이벤트'라는 설명을 곁들인 이 보도는 다문화 가정과 복지관 지원을 받는 어린이들을 주인공으로 내세운 듯 보인다. 하지만 주인공인 아이들이 구체적으로 어떤 현실 속에 처해 있고, 이들에 대한 사회적 지원의 실태는 어떤지 등의 내용보다는 '오늘 하루 국가 대표가 되어 보며 귀중한 경험을 얻어간 아이들, 어느 때보다 뜻깊고 소중한 어린이 날로 남았다'는 식으로 하루짜리 행사의 긍정적 의미만을 자의적으로 부여하고 있다.

주말이나 휴일만이 아니라 때가 되면 습관적으로 해오는 '스케치' 보도들도 자주 시청자들을 찾아간다. 군부대의 훈련 모습을 소개하는 다음 기사를 보자.

2013년 9월 21일 KBS 〈뉴스 9〉

연휴 잊은 군인들…… "서부전선 이상무"

앵커 이렇게 모두가 들뜬 한가위 연휴 기간에도 단 한시도 경계를 늦추지 않는 우리 국군 장병들. 참 감사하죠. 수도권을 굳게 지키고 있는 서부전선 해병부대의 훈련 모습을 ○○○ 기자가 담아왔습니다.

기자 체력을 키우기 위한 기초 훈련, 하지만 패기만큼은 실전 못지 않습니다. 본격적인 갯벌 극복 훈련. [녹취: "모두 어깨에 매어" "하나. 둘. 셋."] 160킬로그램짜리 고무보트를 이고 오리걸음으로 바다를 향합니다. 나 자신을 이겨 내야 전우의 부담을 덜어줄 수 있습니다. [○○○ 상병/해병대 제2사단: 해병대는 훈련이 힘들면 힘들수록 더욱 힘이 넘쳐 납니다. 강인한 체력과 정신력으로 수도 서울의 관문인 이곳, 서부전선을 꼭 지켜내겠습니다.] 전우애는 함께 노를 젓는 물 위에서 배가 됩니다. 적에 노출될까 싶으면 빠르게 보트를 뒤집어 바위로 위장합니다. 어둠이 깊을수록 해병 사수의 눈빛은 더욱 매서워집니다. [○○○ 대위: 우리 해병대는 내가 근무하는 시간과 장소에 적은 반드시 도발한다는 생각과 임무 완수라는 각오로 경계 작전에 임하고 있습니다.] 한강 하류를 사이에 두고 북한군과 대치 중인 서부전선 최전방. 휴일도 잊은 이들의 빈틈없는 경계 속에 조국의 밤은 이상이 없습니다.

감정이입을 통한 단정적 표현들로 군부대의 이미지를 긍정적으로 홍보하는 것 이외에 특별한 사실이나 내용은 발견하기 쉽지 않다. '촬영을 위해 동원된 병사들의 속마음이 어떨지'에 대한 다소 지엽적인 문제점은 제처두고라도 과연 이런 유형의 기사들이 시청자들에게 어떤 가치를 지니는지 저널리즘의 관점에서 되돌아볼 필요가 있다.

'스케치' 기사는 과거 기삿거리가 적은 주말에 뉴스 분량을 메꾸기 위한 '예비용'으로 활용돼 왔다. 그러나 몇 년 전부터는 주말 뉴스의 필수 아이템처럼 여겨지고 있고 휴일 취재 인력 가운데 '스케치 담당'이 일찌감치 정해져 버리는 상황이다. 공공재인 전파는 물론 취재 인력의 낭비이기도 하거니와 당일의 주요 관심사를 가린다는 비판도 제기된다. 다음은 지난 2013년 6월 15일, MBC 〈뉴스데스크〉에서 톱 뉴스로 배치된 기사이다.

2013년 6월 15일 MBC 〈뉴스데스크〉

장마 오기 전에…… 레포츠 즐기며 여름 분위기 '만끽'

앵커 오늘 전국적으로 무더위가 기승을 부렸습니다. 더위를 피하는 데는 역시 물놀이만 한 게 없는 것 같습니다. 많은 사람들이 각종 레포츠를 즐기며 주말을 만끽했습니다. ○○○ 기자가 헬기를 타고 둘러봤습니다.

기자 하늘에 더 가까워진 사람들. 허공을 가르는 바람은 온몸을 스치고, 발밑으로 펼쳐지는 아찔한 풍경은 더위마저 날려버립니다. 계곡 옆 캠핑장은 오전부터 이미 텐트들로 꽉 들어찼습니다. 언니의 손길로 동생들은 해먹 그네를 타며 추억을 만들고, 더위에 지친 아이는 시원한 계곡물에 풍덩 뛰어 듭니다. 모터보트와 강물이 빚어내는 화려한 물보라. 수상스키는 시원하게 물살을 가르고, 결국 물에 빠져 허우적거려도 웃음이 떠나지 않습니다. 강변을 따라 쭉 뻗은 자전거 도로. 내리쬐는 햇볕 아래서 계속 페달을 밟는 게 힘들 법도 하지만, 흐르는 땀은 강바람이 식혀 줍니다. 장마를 앞둔 주말. 당분간 보기 어려울 화창한 날씨가 더없이 소중하게 느껴진 하루였습니다.

앞서 제시한 사례들과 마찬가지로 많은 사람들이 더위를 피해 휴일을 만끽했다는 내용이다. 그런데 이 기사의 바로 뒤에 배치된 기사는 탈주범 이대우에 관한 소식이었다. 사안의 중요도로 봤을 때 탈주범에 대한 기사가 '휴일을 즐긴 사람들 표정'에 밀릴 이유가 없었음에도 불구하고, 관습적인 풍경 기사가 시청자들에게 더 중요한 소식인 것처럼 전달된 것이다. 내용 없고 무의미한 '스케치' 기사 작성의 관습이 얼마나 일상화됐는지 보여 주는 사례이다.

일주일마다 되풀이되는 '휴일 스케치,' 특정한 날 어김없이 보도되는 '행사 스케치,' 혹서나 혹한을 이겨내는 군부대의 '훈련 스케치,' 스키장이나 해수욕장의 개장에 맞춘 '개장 스케치,' 봄이 오면 '벚꽃 스케치,' 여름이 오면 '더위 스케치,' 가을이 오면 '단풍 스케치,' 겨울이 오면 '추위 스케치' 등등…… 끊임없이 반복되는 비슷한 '스케치' 기사들이 귀중한 뉴스 시간을 점점 더 많이 차지하는 현상이 공론의 장 형성이라는 언론의 기능을 훼손하는 것이다.

2) '판 벌리기' 식 관습적 과잉 보도

이는 특정 사안을 이른바 '판 벌리기' 식으로 과다 편성하거나 심지어 반복적으로 발생하는 사안에 대해서도 정형화된 방식으로 많은 시간을 할애하는 것을 의미한다. 우선 전자의 경우는 '사실 관계 확인 부족' 문제에서 언급했던 아시아나 여객기 착륙 사고가 대표적이다. 사실 확인의 문제도 있었지만 그 자체로 관습적 과잉 보도에 해당했다.

지난 2014년 4월 16일 발생한 세월호 여객선 침몰 사고 관련 보도에서도 이런 유형의 보도가 나타났다. 사고 첫 날 MBC가 〈이브닝뉴스〉에서 전한 이른바 '보상금 보도'가 그것이다. 보도 직후 사회적으로 엄청난 질타가 쏟아졌다. 수많은 실종자에 대한 구조 작업이 진행되고 있는 긴박한 상황에서 보험금을 소개하는 것이 과연 적절한 보도냐는 비판을 받았다. 해당 기사는 이후 MBC 뉴스 홈페이지에서 삭제됐다. 보도 하루 뒤 이 보도의 문제를 지적한 다른 언론의 기사를 통해 논란이 된 보상금 기사의 한 대목을 살펴보면 다음과 같다.

2014년 4월 17일 〈미디어오늘〉

'세월호 구조하고 있을 때 보상금 따진 MBC에 분노'

MBC는 16일 〈특집 이브닝뉴스〉 리포트 "'2달 전 안전 검사 이상 없었다'…… 추후 보상 계획은?"에서 "먼저 인명 피해가 났을 경우 한 사람당 최고 3억 5천만 원, 총 1억 달러 한도로 배상할 수 있도록 한국해운조합의 해운공제회에 가입된 것으로 전해졌다"면서 "수학여행 길에 올랐던 안산 단원고등학교 학생들도 단체여행자보험에 가입한 것으로 확인됐는데, 여행 중에 발생할 수 있는 상해사망 1억 원, 상해치료비 5백만 원, 통원치료비 15만 원, 휴대폰 분실 20만 원 등을 보상한다"고 전했다.

당시 이 보도는 주요 신문들이 이미 온라인에서 보험료 기사를 다뤄 비판을 받고 있는 상태에서 방송된 것이었다. 이런 점에 비춰 보면 이는 '재난이 발생하면 그 보험금은 얼마나 될까'라는 기계적인 보도 행태가 빚어낸 결과라고 볼 수밖에 없다. 더불어 모든 보도 수칙에 앞

서 저널리즘 윤리의 문제가 기본임을 상기시키는 상징적인 사건이라고도 할 수 있다.

후자, 즉 반복적으로 발생하는 사안을 과도하게 보도하는 경우는 그 자체의 적절성도 문제이지만 이 때문에 다른 뉴스들이 뒤로 밀리거나 아예 누락될 수밖에 없다는 점을 주목해야 한다. 명절이나 기상 관련 보도가 대표적인 유형이다. 기사 가치나 특수성에 대한 고려 없이 다수의 취재 인력을 동원해 아이템을 확대해 뉴스 시간을 '도배'하는 관습이 연례 행사처럼 반복된다. 이런 기사들 상당수는 단순한 화면 묘사에 불과한 것들이다. 더위가 기승을 부리던 2013년 8월 9일, 지상파 3사 저녁 뉴스의 더위 관련 기사 비중을 살펴보자.

표 14. 2013년 8월 9일 지상파 방송 3사 저녁 뉴스의 더위 관련 기사

KBS	MBC	SBS
1. 연일 가마솥 더위 사망자 속출 2. 육상 양식장 첫 폐사 3. 덥고 힘들고 외롭고 — 독거 노인 4. 대구 초 중 개학 연기 (단신) 5. 밤에도 30도 넘어 6. 서풍 때문에 초열대야 7. 해파리떼 백여 명 쏘여 8. 폭염에 식중독 위험 예방법? 9. 관심 경보 올 여름 최고	3. 남부 '가마솥' 도로도 녹아 4. 새벽에도 30도 초열대야 5. 왜 동쪽이 더 더울까? 6. 열사병 속출 개학 연기 7. 응급 처지 늦으면 치명적 8. 전력난 '아슬아슬' 9. 피서지 자릿세 횡포	5. 안개 속 찜통에 갇힌 수도권 6. 살인 더위에 밭일하다 숨져 7. 밭 비닐하우스 조심하세요 8. 바빠진 119 폭염 구급대 9. 102년 만의 열대야…… 잠자러 대관령으로 16. 전력 사용 최대치…… 이틀 연속 전력 경보 17. 숨 막히는 축사 18. 배추, 열무, 무까지…… 식당도 비상 19. 자연이 만드는 에어컨 도심 속
리포트 26개 중 9개: 35%	리포트 27개 중 7개: 26%	리포트 22개 중 9개: 41%

* 번호는 리포트 순서임.

3사 모두 뉴스 시간의 약 30~40% 정도를 더위 소식에 할애했다. 이 날은 '원전 비리와 관련한 박영준 전 차관의 뇌물수수 의혹,' '4대강 녹조 현상과 이명박 정부의 관련성에 대한 환경부 발표,' 그리고 '정부의 세제 개편안이 봉급 생활자들의 세금 부담을 늘릴 수 있다는 여론,' '증세는 하지 않겠다던 박근혜 대통령의 대선 공약 포기 논란' 등이 뉴스 대상으로 떠오른 시점이었다. 그러나 이 사안들은 '더위 소식'에 밀려 상대적으로 소홀히 보도됐다. 하루 전인 8월 8일에도 KBS와 MBC는 모두 톱에서부터 더위 소식으로 시작해 각각 무려 8개, 12개씩을 보도했다. 당시 지상파 방송 3사는 7월 말부터 더위 보도를 이와 비슷한 수준으로 반복하고 있었다.

그런데 비단 더위만이 아니다. 더위 기사들이 쏟아지기 약 한달 전인 지난 2013년 7월에는 '장마 기사'가 말 그대로 홍수를 이뤘다. 특위는 7월 한 달간 지상파 방송 3사의 메인 뉴스에서 다뤄진 장마 소식을 집중 모니터했다. 지면 관계상 마지막 주의 평일 5일간의 장마 뉴스 현황만을 보면 다음 표 15와 같다.

표 15. 2013년 7월 지상파 방송 방송 3사 장마 관련 보도

	KBS	MBC	SBS
7. 22 (월)	1. [영상] 중부 300mm 폭우 2. 경기 여주 시간당 114mm 3. 곤지암천 또 범람 위기 4. 이천·여주 산사태 4명 사망 5. 탄천 주차장 '물바다' 6. 강남역 저류조 효과…… 물난리 없었다 11. 하늘에서 본 수해 현장 12. 금천·서초 등 곳곳 침수…… 담장·옹벽 붕괴 잇따라 13. 하천 고립…… 아슬아슬한 구조	2. 서울·경기, 새벽 집중 호우…… 하룻밤 새 곳곳 '아수라장' 3. 경기도 광주, 넘치고 무너지고…… 주민 고립 '필사 탈출' 4. 여주·이천 300mm 물폭탄…… 3명 사망 1명 실종 5. 강원 영서 산사태에 '물바다'…… 고속도로 흙더미 천지 6. 또 물에 잠긴 강남…… 차도 행인도 '우왕좌왕'	1. 중부 300mm 집중 호우…… 3명 사망, 1명 실종 2. 폭우에 잠기고 갇히고…… 주민들 '발 동동' 3. '물폭탄' 맞은 여주…… 도시 전체가 비상 상황 4. 하천 덮치고, 흙더미 '와르르'…… 온통 물바다 5. 엄청난 물 머금은 산…… 4천여 곳 '시한폭탄' 6. 밤사이 최고 150mm 큰 비…… 곤지암천 '긴장'

	14. 정체 · 지각 등 시민 큰 불편 15. 또 잠긴 잠수교 16. "농사 망쳤다" 17. 영동고속도로 산사태 18. 오늘만 산사태 7건…… 장마철에 잦은 이유는? 19. 중부 모레까지 150mm 더 온다…… 긴 장마 왜? 20. [데스크 분석] 도심 배수 시설 기준 강화해야 21. [이 시각 현장] 장마 이후 비상 근무 21일째	7. 모두 잠든 새벽, 안방까지 들이친 흙탕물 '혼비백산' 8. 아침 산책하다 '고립' 아찔 …… 물 빨리 불어난다 **9. '야행성 기습 폭우' 원인은? 주 중반까지 계속된다**	7. 폭우 예보에도…… 탄천 주차장 차량 40대 침수 8. 한 달 넘게 장맛비…… 이달 말까지 내린다 9. 비만 오면 사라지는 차선 …… 위험천만 도로 10. 남부 20년 만의 폭염…… 더윗병, 작년의 3배
7. 23 (화)	1. 중부, 내일 새벽 다시 폭우 2. [르포] 곤지암천 수해 현장 3. 강원 영서 비 피해 일손 부족 4. 야적 준설토에 마을 쑥대밭 5. 하천 출입 통제해도 막무가내 6. 중부·북한 1000mm 장맛비 7. 북한도 수해로 타격…… "안주시 80% 침수" 8. 남해안 '적조 경보' 격상 …… 집단 폐사 잇따라	1. 서울, 경기 북부, 내일 새벽 3시부터 '집중 호우 예보' 2. '복구도 하기 전에' 수해 현장 또 장대비…… 주민 불안 **3. 반복되는 곤지암천 물바다 ……, 콘크리트 하천 바닥이 문제?** **4. '비만 오면 침수' 위험한 하천 주차장…… 대책은?** **15. [뉴스플러스] 오늘로 37일째 장마…… 8월까지 갈까?**	1. 중부 업친 데 덮친 비…… 막막한 복구 작업 2. 현관문까지 부순 흙더미 …… 산사태 공포 3. 하루 종일 빗줄기 '오락가락'…… 긴장 속 주시 4. 새벽이 '고비'…… 최고 100mm 집중 호우 5. 빗물받이에 쓰레기 가득 …… 침수 피해 키워
7. 24 (수)	4. 장맛비 주춤, 복구 안간힘 5. 주말까지 장마 소강 6. 119 구조대원 '신속한 구조' 7. 침수 도로 운전 대처법은? 8. 장마철 집안 습기 이렇게 9. 제주는 가뭄으로 비상	1. 폐허 된 들판 복구 '구슬땀' 2. 막막한 수해 주민들 3. 일요일 다시 장맛비 4. 곳곳 '보수 시급' D등급 저수지…… 댐 붕괴는 예견된 일	10. 계곡 물가에 펼쳐진 평상 …… 폭우 피해 키웠다. 11. 중부 집중 호우 '띠 장마' …… 역대 최장 기록
7. 25 (목)	4. 장마 주춤, 폭염 기승…… 다음 달 폭염 심해진다 5. [앵커&리포트] 연일 폭염 특보…… 더위에 지친 시민들	4. 중부, 수해 복구……영남 지역 찜통 더위 '진땀'	5. 서울, 19일 만에 햇빛 '쨍쨍' 6. 산성비 더 강해졌다 7. 배추 3포기에 만 원 넘어 8. 복숭아에 구멍이 '숭숭'
7. 26 (금)	3. 장마전선 내일 다시 북상 …… 다음 주 내내 비 **4. 길어지는 장마 '북극 찬 공기'가 원인** 5. 불황에 긴 장마까지…… 여름 휴가 특수 '실종'	3. 전국 찜통 더위……폭염에 피서 인파 '북적' 4. 더위 식히는 도심 속 캠핑 ……한강 캠핑장 문 열었다 5. 주말도 폭염 · 장마…… 도시 탈출 피서 어디로?	5. '빨리 떠나자' 피서 행렬 6. '밀양 36.1도' 전국 폭염 7. 부산, 경남 12일째 폭염 특보 8. 매미 소리에 잠 못 드는 밤

* 번호는 리포트 순서임.

표에서 알 수 있는 것처럼 불과 5일 동안, KBS는 36개, MBC는 21개, SBS는 25개의 장마 관련 소식을 쏟아냈다. 그리고 한 달 전체적으로는 KBS가 126개, MBC 93개, SBS 88개에 달했다. 한 방송사에서 날씨와 관련해 한 달 동안 무려 100여 개의 리포트를 한 것은 그 유례를 찾기 힘들다. 이는 장마의 정도가 비슷했던 지난 2010년 7월과 비교해도 2배나 많은 수치였다. 기사 내용도 우려스러웠다. 장마 소식도 재난 보도의 일종인데, 이때 제일 중요한 것은 원인과 대책, 예방을 위한 점검 사항 등이다. 그러나 이런 기사들은 드물었다. 위 표에서 굵은 글씨로 된 것들이 그러한 기사들인데 그리 비중이 높지 않다는 것을 알 수 있다. 결국 이렇게 많은 보도를 하면서도 대부분 유사한 화면들로 단순히 현상을 보여 주는데 그치고 만 것이다. 반면 국정원 대선 개입과 관련해 쏟아지는 수많은 의문점들이나 국정원을 규탄하는 시민들의 촛불 시위, 경제민주화 후퇴 논란과 경제부총리의 능력 문제 등은 장마와 홍수에 밀려 제대로 보도될 기회를 얻지 못했다.

관습적인 과잉 보도가 다른 현안들을 밀어내는 현상은 명절 때도 마찬가지이다. 보도의 방식도 서로 약속이나 한 듯 뉴스 첫머리부터 '민족 대이동 시작 → 귀성길 정체' 등의 기사로 이어지는 등 천편일률적이다. 2013년 추석을 하루 앞뒀던 9월 17일, 주요 메인 뉴스도 정확하게 이런 궤적을 따라갔다. 아이템도 각각 KBS 9개, MBC 7개, SBS 6개, YTN 11개 등 모두 많은 편이었다. 반면 같은 날 JTBC의 보도 방식은 조금 달랐다.

JTBC 뉴스에서 추석 관련 기사는 명절 분위기와 교통 상황을 함께 담은 12번째 리포트, 단 1개에 불과하다. 반면 청와대와 여야 대표의 회담 결렬 내용을 첫머리로 올린 데 이어, 박 대통령이 대선 공약과 달리 증세를 언급했다는 소식을 전했다. 뿐만 아니라 채동욱 전 검찰

표 16. 2013년 9월 17일 JTBC 뉴스

	뉴스
1	안 만나느니만 못했던 만남의 역설 – 3자회담
2	세금 더 걷지 않겠다더니…… 증세 언급, 박 대통령 공약 깨나?
3	법무부 "연휴에도 조사," 채동욱 "23일 조선일보에 소장"
4	감사원장도 검찰총장도 임기 중 낙마 – 권력 기관 독립성 흔들
5	하루살이 기관장에 업무 차질…… 계획도 없는 청와대
6	공공기관장 인사 언제쯤? "박 대통령 결심 내려 보내야"
7	허용량의 110년 치 방사능이…… 죽음의 땅 후쿠시마
8	전 세계 우려에도 후쿠시마 어민들, "다시 수산물 잡겠다"
9	[단독 인터뷰] 윤진숙 "방사능 기준치 100베크렐 충분"
10	[단독] 한수원 기강 0점…… '칠순 휴가 2번, 뇌물은 퀵 배달'
11	간부 전원 사표 낸다더니…… 국민 두 번 속인 한수원
12	**어머님 이제 갑니다…… 고향 찾아 3,500만 명 즐거운 행렬**
13	국정원, "통진당 추가 압수 수색" "정치 공작" 반발
14	추석 연휴 잊은 손길에도…… 개성공단 정상화 아직 절반

총장 문제, 공공기관장 인사, 방사능 관련 단독 기사, 개성공단 재가동 모습 등 다양한 뉴스들을 전하고 있다. 관습적 '판 벌리기'에 의한 과잉 보도에서 벗어나면 다양한 기사를 더 깊이 있게 전할 수 있다는 가능성을 보여 주는 것이다.

관습적 기사 작성에 의한 과잉 보도는 이로 인해 소홀해지거나 누락될 수밖에 없는 소식들이 적지 않다는 점에서 국민의 알권리 침해란 문제점도 안고 있다. 또한 다양한 이슈들이 뉴스에서 누락된다는 것은 사회적인 논의 대상에서 배제된다는 뜻이기 때문에 결과적으로 여론의 왜곡 가능성도 있다. 특히 특정 정치 세력에게 불리한 사안이 불거졌을 때는 이에 대한 관심을 돌리는 용도로 악용될 우려마저 있다.

(3) 정치 뉴스의 관습적 기사 작성

이는 '정치적 중립'을 '기계적 균형과 추상적인 양비론'으로 오인한 나머지 정치권의 대립 구도에만 의존해 기사를 작성하는 정치 뉴스의 관행을 말한다. 기사 전개 방식과 구성, 사용되는 어휘와 표현, 그리고 기사의 논점에서 광범위하게 이뤄지고 있다. 다음 기사를 보자.

2013년 10월 25일 YTN

"대선 불복" vs. "헌법 불복"

앵커 지난 대선은 불공정했고 박근혜 대통령이 책임져야 한다는 문재인 의원의 발언 여파가 계속되고 있습니다. 새누리당은 민주당의 본뜻은 결국 대선 불복이라며 공세를 폈고 민주당은 새누리당이야말로 헌법 불복 세력이라며 정면 충돌했습니다.

기자 새누리당은 문재인 의원이 사실상 대선 불복 성명을 발표한 것이라며 강력 비판에 나섰습니다. 최근 NLL 대화록 실종 사건으로 수세에 몰렸던 문 의원이 이번 사안을 통해 자기 책임을 모면하려 하고 있다고 일축했습니다. 또, 선거 뒤 1년이 다 되도록 부정 선거 이야기를 꺼내는 것은 국정 흔들기라며 깨끗이 대선 결과에 승복하는 게 민주주의적 태도라고 지적했습니다. [황우여 새누리당 대표: 역대 어느 대선에서도 각종 선거 사범이 있어왔습니다만 모든 후보들께서 선거 사범을 문제 삼아서 대선 불복의 길을 걸은 적은 없었습니다.] 지난 대선 당시 새누리당 캠프 총괄선거대책본부장이던 김무성 의원도 박근혜 후보 캠프는 어떤 불법 선거도 하지 않았다며, 대선 불복은 대통령을 지지한 1,500만 유권자와 국민에 대한 모독이자 도전이라고 비판에 가세했습니다. 민주당은 이번 사건의 본질이 국가 기관의 대선 개입 의혹에 있다는 점을 강조하며, 여당의 대선 불복 프레임에 정면으로 대응했습니다. 국가 기관의 불법 대선 개입을 지적하는 것을 대선 불복이라고 하는 사람이나 정당은 헌법을 무시한 헌법 불복 세력이라고 맞받았습니다. 특히 국가 기관의 댓글과 트위터 대선 개입은 엄중한 사안이라며, 부정 선거를 부정 선거로 말하지 못하게 하는 것은 유신 시대 논리라고 비판했습니다. [김한길 민주당 대표: 댓글과 트위터에 의한 여론 조작은 국민들이 마시는 우물에 독극물을 풀어놓은 것이라는 것을 우리는 잘 알고 있습니다.] 또 문재인 의원 측 김경수 봉하사업본부장은 불법 대선은 현실이라며, 박근혜 대통령이 답을 내놓지 않을 경우, 문 의원은 민주주의를 위해 할 수 있는 것은 다 할 것이라고 말해 추가 공세를 예고했습니다. "대선 불복이다, 아니다" 논란이 확산되면서, 이 문제가 남은 국정감사는 물론 이후 새해 예산안 처리 등 각종 현안에 까지 연계될 것으로 보여 남은 정기 국회 전망이 어두워지고 있습니다.

국가정보원의 대규모 댓글 작업으로 불거진 불공정 대선 의혹에 대한 정치권의 시비 논쟁을 다룬 기사이다. 먼저 앵커가 '정치권에 또 싸움이 벌어졌다'는 식의 소개를 한다. 이어 기자는 국정원 대선 개입과

관련한 민주당 문재인 의원의 발언에 대한 새누리당의 공격 내용을 그대로 인용한 뒤, 새누리당의 대표 인물의 육성으로 뒷받침했다. 이어 민주당의 반응을 다시 그대로 인용한 뒤, 역시 민주당의 대표 인물의 육성을 같은 분량, 같은 형식으로 대비시켰다. 그리고 마지막에는 기자가 양당의 주장을 대립적 논란으로 요약하면서 이 때문에 국정감사와 예산안 처리, 민생 챙기기 등 국회 본연의 기능에 큰 차질이 있을 것이라는 전망으로 마무리했다. 녹취를 포함해 2분이 넘는 분량이지만 전개 방식과 구성은 다음과 같은 구도로 간단히 압축할 수 있다.

A정파의 공격 (주장 인용+육성)
→ B정파의 반격 (주장 인용+육성)
→ '정파 간 충돌로 민생 차질 우려' 지적

이 구도는 시청자들에게도 익숙한 전형적인 정치 기사의 전개 방식이다. 많은 수의 정치 보도가 위와 같은 정파 간 대립 구도에 관습적으로 짜 맞춰져 왔기 때문이다. 이를 '대결(vs.)식' 관습적 기사 작성이라 부를 수 있다. 또 어떤 지상파 방송의 정치 뉴스에서도 쉽게 찾아볼 수 있을 정도로 보편화된 지 오래다. 다음 표 17을 참조하라.

'대결식' 관습적 기사 작성은 취재한 내용을 기사화했다기보다는 '들은 말'을 옮기는 작업에 가깝다고 해도 과언이 아니다. 어느 쪽의 주장이 타당한지, 공방의 근본 원인은 무엇인지 등 본질은 제대로 드러나지 않고 이유 없이 싸우는 모양새만 부각된다. 사안의 본질을 가리는 대립 구도는 기사에 사용된 어휘나 표현을 통해서도 강화된다.

표 17. '대결(vs.)식' 관습적 기사 작성의 사례

2013년 8월 26일 KBS 〈뉴스 9〉
여야 대치 정국 심화…… 정기 국회 파행 불가피

앵커 2013년도 정기 국회가 일주일 앞으로 다가왔지만 국회 의사 일정은 물론 지난해 결산 심사조차 착수하지 못해 정기 국회가 초반부터 파행을 겪을 우려가 높아지고 있습니다. 야당은 새누리당의 단독 국회 추진에 강하게 반발하고 있어 꼬인 정국을 더 꼬이게 하고 있습니다. ○○○ 기자의 보도입니다.

A정파의 공격 주장 인용 + 육성	**기자** 새누리당이 야당 없이 단독 국회를 강행하겠다는 방침을 밝혔습니다. 지난해 예산에 대한 결산 등 야당과의 협의가 안 되고 있어 더 이상 기다릴 수는 없다는 입장입니다. [녹취/윤상현 새누리당 원내수석부대표: 국회 의사 일정이 줄줄이 첩첩산중인데 민주당은 원내외 병행 투쟁 선언하고 사실상 의정 태업으로 민생 방치해 안타까움.]
B정파의 반격 주장 인용 + 육성	반면 민주당은 새누리당의 단독 국회 시도는 국회를 파행시키려는 전략이라고 맹비난했습니다. 여당의 태업 주장에 대해선 장외 투쟁의 강도를 높이면서도 정기 국회를 포기하지 않겠다고 맞섰습니다. [녹취/박용진 민주당 대변인: 민주당은 광장에서의 투쟁 강도와 대국민 접촉면을 높일 프로그램을 마련할 것이며, 정기 국회와 국감을 통한 정권의 무능과 무책임을 확실히 따질 것이다.]
'정파 간 충돌로 민생 차질 우려' 지적	결국 꼬인 정국을 풀기 위해선 대통령과의 회담 밖에 출구가 없어 보이지만 이마저도 당분간은 쉽지 않아 보입니다. 박근혜 대통령의 해외 순방으로 일정 잡기도 어려운데다 야당이 3·15 부정 선거 운운하며 감정이 상할 대로 상했기 때문입니다. 여기에다 국정원 개혁 방안을 놓고도 공방이 계속되는 등 일주일 앞으로 다가온 정기 국회는 초반부터 파행이 불가피할 것으로 보입니다.

2013년 8월 26일 MBC 〈뉴스데스크〉
"여야 연일 강경 대치…… 다음 주 정기 국회 정상화 고비"

앵커 국정원 국정 조사에 이어 예산안 결산을 위한 심사에서도 여야의 강경 대치가 계속되고 있습니다. 다음 주 시작될 9월 정기 국회까지 파행될 수 있다는 우려가 나오고 있습니다. 보도에 ○○○ 기자입니다.

A정파의 공격 주장 인용 + 육성	**기자** 새누리당은 2012년 예산안 결산을 위해 오늘부터 여당이 위원장을 맡고 있는 상임위원회를 가동하기로 했습니다. 그러면서 야당이 위원장인 상임위원회에 대해서도 소집을 요구했습니다. 민생과 경제 현안을 강조하며 민주당의 국회 복귀를 압박한 것입니다. [녹취/윤상현 새누리당 원내수석부대표: (민주당은) 원내외 병행 투쟁을 선언해 놓고도 사실상 의정 태업으로 민생을 방치하고 있는 것 같아 안타깝습니다.]
B정파의 반격 주장 인용 + 육성	민주당은 야당과 협의 없이 상임위원회를 소집한 것은 부실 심사를 공언한 것이라며 사실상 불참을 선언했습니다. 원내외 병행 전략을 쓴다고 해서 새누리당이 제시하는 일정에 일방적으로 끌려 다니지는 않을 것이라고도 밝혔습니다. [녹취/박용진 민주당 대변인: 새누리당의 단독 국회와 부실 심사 협박은 국회를 파행시키려는 어설픈 전략에 불과하며……]
'정파 간 충돌로 민생 차질 우려' 지적	결산안 심사에 이어 국정감사와 새해예산안 심사 등 정기 국회마저 차질을 빚을 경우 여야 모두 정치적 부담이 클 수밖에 없습니다. 1주일 뒤면 시작할 정기 국회가 정상적으로 진행될지 주목됩니다.

2013년 12월 19일 SBS
집권 1년 '발목잡기 — 민심 불복' 여전히 엇갈린 여야

앵커 "국정 발목잡기에만 열중했다," "망연자실, 민심 불복의 1년이었다." 대통령 선거 치른 지 1년 되는 오늘, 여야의 반응입니다. ○○○ 기자입니다.

A정파의 공격 주장 인용 + 육성	**기자** 새누리당은 지난 1년간 야당이 국정 발목잡기에만 열중했다고 비난했습니다. [홍지만 새누리당 원내대변인: 패자로서 승복하지 못한 민주당은 새 정부에 대해서 정부 조직 개편안부터 발목잡기를 시작했습니다.]
B정파의 공격 주장 인용 + 육성	반면 민주당은 '망연자실,' '민심 불복의 1년'이었다고 맞섰습니다. [박용진 민주당 대변인: 이렇게 빠른 속도로 대선 공약을 뒤집고, 국민을 분열시키는 정부가 될 거라고는 생각하지 못 했습니다.]
'정파 간 충돌로 민생 차질 우려' 지적	국가 기관의 대선 개입 의혹에서 시작해 NLL 포기 논란과 남북 정상 회담 대화록 실종 공방까지 여야는 사사건건 대립했습니다. [최경환 새누리당 원내대표(10월 25일): 대선 불복의 유혹은 악마가 야당에게 내미는 손길이라는 것을 명심해야 할 것입니다.] [전병헌 민주당 원내대표(10월 27일): 국민의 생각을 대선 불복이라고 우기는 것으로 가리려고 하는 것은 그야말로 손바닥으로 하늘을 가리겠다고 하는 바보 같은 발상입니다.] 지난 1년 여야가 국정 운영의 어려움을 상대 당 탓으로 돌리는 사이 민생은 외면당했다는 평가가 많습니다. 오늘 당선 1년을 맞는 박근혜 대통령은 새누리당 당직자 600여 명을 청와대로 초청해 오찬을 함께 하고, 여당 지도부와는 만찬을 가질 예정입니다.

위 기사에서는 '정면 충돌,' '공세,' '추가 공세,' '맞받아치다,' '강력 비판' 등의 과장된 표현들이 사용됐다. 이 표현들은 양쪽의 주장과 논리 전개를 '격렬하게 치고받는 싸움'으로 이미지화하면서 당연한 문제 제기나 사실에 근거한 상대방의 오류 지적까지 정치 공세와 소모적 논쟁으로 비쳐지게 한다.

'대결식' 관습적 기사 작성의 본질 가리기는 '관전평'을 연상케 하는 기자의 마지막 문장에서 극대화된다. 싸움을 실컷 보여 주고 난 뒤 갑작스럽게 양비론으로 전환하면서 쟁점의 원인과 주장의 타당성 등은 민생을 방해하는 요소로 치부되고 '싸우기만 하는 정치권'이라는 무의미한 결론만 남게 한다.

① 공방과 대립이란 전개 방식, ② 격한 어휘와 표현, ③ 추상적인 양비론, 이 세 가지 요인이 어우러진 관습적 정치 보도는 사안의 본질을 가리고 시청자들에겐 정치 혐오증을 부추긴다. 이 세 가지 요인의 문제점을 각각에 해당하는 사례들과 함께 구체적으로 살펴본다. 먼저 공방과 대립이란 전개 방식이 잘 드러난 사례를 살펴보자.

2013년 6월 17일 MBC 〈뉴스데스크〉

'국정원 정치 개입' 본질은 어디 가고…… 여야 폭로전

앵커 국가정보원 정치 개입 사건에 대한 검찰 수사는 마무리됐지만, 정치권에선 여야가 폭로전을 벌이며 공방을 벌이고 있습니다. ○○○ 기자입니다.

기자 새누리당은 종북 세력에 대응하는 댓글이 왜 선거법 위반이냐고 지적하면서, [김회선 새누리당 의원: 금강산 관광 이런 것 관련해

서 목 내놓고 금강산 가긴 싫다…… 보수 누리꾼들 수도 없이 나오는 글 아닙니까?] 사건 담당 검사 중 한 명은 운동권 출신이라며 좌파 성향 단체에 후원금을 냈다는 의혹도 제기했습니다. [김진태 새누리당 의원: 사회진보연대가 뭐하는 단체냐, 국가보안법 철폐하자는 단체입니다. 주한 미군 철수하자는……] 민주당은 검찰 수사에 대한 외압 의혹을 거듭 제기하며 법무장관 사퇴를 요구했고, [이춘석 민주당 의원: 법무장관 얼마나 하실 생각이십니까?] [황교안 법무부 장관: 저는 직위에 큰 생각이 없습니다.] 김용판 전 서울경찰청장의 배후로 대선 당시 새누리당 선대본부 종합상황실장이었던 권영세 주중대사를 지목했습니다. [박범계 민주당 의원: 김용판을 중심으로 권영세 선대본 종합상황실장과 여러 차례 통화한 제보입니다.] 권 대사는 일면식도 없는 김 전 청장과 통화한 적이 없다며 일일이 대응하지 않겠다고 밝혔습니다. 새누리당은 민주당과 전 국정원 직원의 매관매직 의혹과 여직원 감금에 대한 수사가 미진했다며 특별팀을 구성했고, 민주당은 적반하장이라며 국정 조사 수용을 거듭 촉구했습니다.

국정원 대선 개입 파문과 관련한 국회의 논쟁 과정을 다룬 이 기사는 국정원 댓글 현황 등 드러난 사실에 대한 최소한의 정황 설명도 없이 여야의 일부 주장만을 그대로 인용해 나열하는 관습적 전개 방식을 취하고 있다. 인용한 주장들의 타당성이나 진위를 판단할 근거나 단서도 거의 없다. '취재' 대신 주장과 폭로만을 나열함으로써 내용이 아닌 '폭로하는 행위' 자체를 뉴스로 삼고 있다. 또 문제를 먼저 제기한 민주당의 주장이 아니라 새누리당의 반박을 먼저 배치해 공격과 방어의 주체가 누구인지에 대한 혼동마저 주고 있다. 이런 전개 방식은 각

종 주장의 타당성을 쉽게 판단하기 어렵게 만들고 중대 현안을 무책임한 폭로전으로 축소시킬 수도 있다. 여기에 자극적 용어들까지 가세하면 정치권 논쟁은 민생과는 동떨어진 지극히 불필요한 정쟁으로 규정될 개연성이 높아진다. 다음 기사를 보자.

2013년 10월 25일 KBS 〈뉴스 9〉

여 "문재인 발언, 대선 불복"…… 야 "헌법 불복"

앵커 지난 대선은 불공정했다는 민주당 문재인 의원의 발언 이후 여야는 원색적인 표현까지 서슴지 않으며 공방을 벌였습니다. 새누리당은 대선 불복이라고 공격했고, 민주당은 헌법 불복이라고 맞받았습니다.

기자 지난 대선은 불공정했고, 그 수혜자는 박 대통령이라는 민주당 문재인 의원의 발언이 대선 불복, 부정 선거 논쟁에 기름을 부었습니다. 여야는 '독'이라는 원색적인 표현까지 써가며 상대방을 향해 직격탄을 날렸습니다. [황우여 새누리당 대표: 민주주의를 무너뜨리는 의심의 독사과와 불신의 독버섯을 우리는 경계해야 합니다.] [김한길 민주당 대표: 우물에 독극물 풀어놓은 것입니다. 한 바가지를 부었느냐 백 바가지를 부었느냐가 중요한 게 아니라……] 지난 대선 당시 여당 총괄선대본부장을 맡았던 김무성 의원도 가세했습니다. 야권의 대선주자까지 대선 불복 움직임에 나선 것은 유감이라며 문재인 의원을 직접 겨냥했습니다. [김무성 새누리당 의원: (대선 당시) 박근혜 후보를 지지한 1,500만 유권자들을 포함한 대한민국 국민들에 대한 모독이자 도전입니다.] 반면 민주당은 부정 선거를 부정 선거라고 말하지 못하는 건 유신 시대 논리라면서 여당은 헌법 불복 세력이라고 맞불을 놨습니다. 대통령 사과와 책임자 처벌 등도 거듭 촉구했습니다. [전병헌 민주당 원내대표: 대통령이 사과하고 재발 방지를 하라는 것인데, 은폐에만 골몰하고 있는 (여당의) 모습은 참으로 갑갑하고……] 여야의 공방이 격화되면서 국정감사 이후 정기 국회 일정이 얼어붙을 조짐마저 보이고 있습니다.

대선 과정의 공정성은 중대 사안임에도 불구하고 위 기사는 여야의 주장만을 나열하는 전개 방식을 택하는 동시에 전쟁 용어를 사용해 정쟁의 이미지만 부각시키고 있다. '기름을 부었다,' '직격탄을 날렸다,' '직접 겨냥했다,' '맞불을 놨다'는 등의 격한 표현들로 인해 사실 검증의 과정은 그저 '싸움'으로만 비춰질 수 있다. 이런 용어들은 웬만한 정치 뉴스에서 흔하게 찾아볼 수 있다. 정치 철학에 대한 논쟁은 '설전'으로 표현되고, 서로 문제점을 제기하면 '난타전'으로 묘사되고, 또 어느 한 정파가 자신의 입장 관철 의지를 분명히 하면 '배수진을 친' 것으로 기사화된다. '언론의 이런 '관습'을 잘 알기에 일부 정치인들도 거친 표현을 사용해야만 자신의 발언이 언론에 인용될 수 있다고 믿는 실정이다.

마지막으로 추상적 양비론을 보자. 기사 전체의 분위기를 양비론으로 몰아가는 관습은 표면적으로 드러난 정치권의 일부 행태만을 부각시키며 정작 중요한 내용과 본질은 숨겨 버리는 관습적 기사 작성의 한 유형이다. 다음 사례를 보자. NLL(북방한계선)이라는 민감한 현안을 다루면서도 여야 모두를 싸잡아 비판할 뿐, 정작 필요한 실체적 내용은 적시하지 않고 있다.

2013년 6월 28일 MBC 〈뉴스데스크〉

대화록 공개 '난타전' 확산…… "도청 정당" vs. "중정 정치"

앵커 한편 노무현 전 대통령의 'NLL 포기 발언 여부'를 둘러싼 정치권의 난타전은 '정상 회담 대화록 유출' 공방으로 번지고 있습니다. '도청 전문 정당,' '중정 정치 부활' 같은 격한 말이 오갔습니다. ○○○ 기자입니다.

기자 노무현 전 대통령의 NLL 발언을 둘러싼 설전은 국회 본회의장으로 옮겨왔습니다. [김성찬 새누리당 의원: 국민을 향한 배신이고, 부하 장병들에 대한 기만 행위이며, 국기 문란 행위임을……] [진성준 민주당 의원: 김대중 노무현 대통령과 민주당은 NLL 지켜왔습니다. 그 입장에 지금도 변함이 없습니다.] 공방과 함께 고성과 야유가 오갔고 급기야 의장이 자제를 요청하기도 했습니다. [강창희 국회의장: 국민 여러분이 쳐다보고 있습니다. 서로 좀 품위를 지켜가면서 들으세요.] 새누리당은 국정원의 대선 개입 관련 음성 파일 100여 개를 확보했다는 민주당을 '도청 전문 정당'이라고 비판했습니다. [최경환 새누리당 원내대표: 폭로나 홍보전으로 본질을 흐리게 하는 것은 국민을 모독하는 것이고……] 민주당은 정상 회담 대화록 사전 유출 의혹과 관련한 박근혜 대통령의 대국민 사과를 요구했습니다. [김한길 민주당 대표: 박정희 시대의 중앙정보부 정치가 부활하고 있는 건 아닌가 걱정됩니다.] 노무현재단은 정상 회담 대화록이 날조됐다며 새누리당 의원들에게 법적 대응을 경고했고, 새누리당은 대선 당시 NLL 포기 발언 의혹이 사실이면 책임지겠다고 말했던 문재인 의원의 사퇴를 촉구했습니다.

복잡한 쟁점에 대해 시청자의 이해를 도울 만한 기자 스스로의 취재 내용은 전무하다. 그 대신 '양 당이 불필요한 정쟁만 계속했다'는 식의 양비론을 취했다. 앵커가 'NLL 포기 발언 여부'에 대한 검증 과정을 '정치권의 난타전'으로 규정한 뒤, 기자는 '설전은 국회 본회의장으로 옮겨왔다'며 처음부터 말싸움 분위기를 조성하고 있다. 이어 주장의 배경과 타당성 여부는 따지는 않고 고성과 야유만을 부각시켰다. 만일 시청자들이 이 기사에만 의존한다면 이날 쟁점이었던 'NLL 논란,' 특히 새누리당 김무성 의원의 'NLL 대화록 유출 의혹'은 아예 관심 밖으로 사라질 수도 있을 것이다.

정치권 전체를 욕하는 것은 쉽다. 정치권을 싸잡아 비판하면 시청자들은 고개를 끄덕이고, 기사에 이의를 제기하는 정파도 드물기 때문이다. 양비론이라는 손쉬운 도구가 등장하는 배경이 바로 여기에 있다. 그러나 시시비비를 분명히 가리고 타당성과 합리성을 저울질 해봐야 할 사안에 대해 양비론을 들이대는 것은 현안들에 대한 주장과 반박을 그저 '진흙탕 싸움'이란 프레임으로 규정하면서 사안의 본질을 가리게 만든다.

2) 관습적 기사 작성 원인 분석

관습적 기사 작성은 방송 보도 전반에 널리 퍼져 있어 그 이유를 한 가지로 설명하기는 어렵다. 기사 결정권자들의 성향이나 능력, 신참 기자들에 대한 교육 방식, 취재와 기사 작성 시간의 부족, 제한된 기사 분량 등 여러 요인이 복합적으로 작용하며 언론을 관습에 묶어 두기 때문이다. 위에 기술한 관습적 기사 작성 유형들에 대한 원인을 세부적으로 짚어본다.

(1) 무의미한 '스케치' 보도

첫째, 수습 기자에 대한 교육 방식을 들 수 있다. 신입 기자들에 대한 교육은 주로 한 기수 위 선배들이 맡게 된다. '도제식' 훈련 방식이다. 이때 가장 먼저 접하고 또 첫 보도도 하게 되는 분야가 사건 사고, 그리고 휴일 또는 날씨 '스케치' 기사이다. 특히 스케치 기사의 경우는 큰 부담이 없어 기계적으로 기사 작성 요령만 배우는 경우가 많고, 이를 무비판적으로 배운 기자 초년생들은 이듬해 자신의 후배들에게도 그대로 가르친다.

둘째, 주말이나 휴일에는 밝고 부드러운 기사가 들어가야 한다는 연성 아이템 선호 현상이다. 불편하고 안타까운 내용보다 화사한 화면이 더 어울린다는 정서가 은연중에 보도국 간부들은 물론 평기자들 사이에도 퍼져 있는 것이다.

셋째, 보기에 좋은 화사한 화면이 시청률을 높인다고 생각하는 인식도 의미 없는 '스케치' 기사의 양산을 부채질한다. 그러나 시청률을 크게 높여 준다는 명확한 근거도 없거니와 무엇보다 비판적 감시라는 언론의 본질적 기능을 훼손시킨다는 더 큰 문제가 있다.

넷째, 단체나 기업의 홍보전도 원인이다. 각종 단체나 기업들은 주말이나 휴일이면 보도자료와 함께 여러 가지 행사를 개최하면서 '화면거리'를 제공한다. '화면이 되는' 행사를 고르기만 하면 되는 편리한 구조를 기자들에게 마련해 주면서 이런 유형의 관습적 기사 작성을 유도하는 것이다.

(2) '판 벌리기' 식 관습적 과잉 보도

첫째, 장마나 태풍, 더위와 추위, 명절 등 해마다 반복되는 사안에서 그때그때의 특수성을 고려하지 않고 가능하면 충분한 분량을 채워야 한다는 보도국 의사결정권자들의 생각이 일차적인 원인일 것이다. 특히 취재 내용을 보고 보도 여부를 결정하는 방식이 아니라 먼저 아이템을 결정한 뒤 취재를 내보내는 방식으로 인해 무의미한 관습적 기사들은 더 양산된다.

둘째, 내용과 사실에 주력하기보다 자극적이고 역동적인 화면으로 뉴스 분량을 채워 시청률을 올리려 하는 비정상적인 생각도 큰 원인이다. 그 결과 화면 설명만 있을 뿐 내용이나 팩트는 부실한 비슷비슷한 화면의 기사들이 뉴스 시간을 점령하게 된다.

셋째, 특정 이슈를 배제하고자 하는 정치적 의도 또한 관습적 기사 작성을 부추기는 원인이 된다. 자신의 정치적 성향과 언론의 중립적 가치를 분리시키지 못하는 일부 보도국 간부들은 특정 정파에 불리한 사안이 발생할 경우 이를 희석시키기 위해 스케치 기사를 과도하게 보도하려는 경향을 보이기도 한다.

(3) 정치 뉴스의 관습적 기사 작성

첫째, 보도국 의사결정권자들의 정치적 성향의 문제이다. 특정 정파에 기울어 있는 일부 간부들은 자신의 성향을 보도 과정에 강하게 반영시키는 경우가 있다. 특정 정파에 불리한 사안이라면 양비론과 기계적 균형을 유달리 강조하는 지시가 내려오는 식이다. 관습적 기사 작성이 나올 수밖에 없는 구조적 배경이 있는 것이다.

둘째, 기자 개개인의 문제도 큰 원인이다. 확인과 검증, 비교와 분석보다는 단지 주장을 인용하고 화면을 묘사하고 또 고성과 막말을 기계적으로 묶는 방식에 무비판적으로 익숙해지는 것이다. 물론 싸우는 모습을 전하는 기사가 원초적인 재미를 주는 건 사실이다. 또 관습적 기사 작성에서는 특정 정파의 항의를 걱정할 필요도 없다. 그러나 기자들이 정치부를 처음 경험하면서부터 이런 유혹에 쉽게 빠져들면 정치보도의 관습적 기사 작성 문제는 결코 개선될 수가 없다.

셋째, 부족한 취재 시간과 제한된 기사 분량도 원인이다. 주로 정치권의 동정을 중계하듯 전하다 보니 계속 쏟아지는 쟁점과 주장들에 대한 검증이나 분석은 쉽지 않다. 이 때문에 불가피하게 각 정파의 주장만을 나열하는 전개 방식을 택하게 되기도 한다.

3) 관습적 기사 작성 방지를 위한 점검 목록

(1) 무의미한 '스케치' 보도

- '스케치' 취재가 진정한 의미의 '취재'인가, 아니면 '구경'에 불과한가?
- 작성한 기사가 맛집 또는 여행지를 소개하는 예능 프로그램의 한 코너와 무엇이 다른가?
- 실생활이나 사회 여론 조성에 필요하고 또 도움이 되는 '팩트'가

얼마나 담겨 있나?

- 주말과 휴일에도 고통 받고 있는 사람이 있지 않을까? 다른 사회적 현안은 없는가?
- '스케치' 취재 지시가 내려온 행사의 후원 단체나 주관 업체가 어디인가? 혹시 이들의 홍보 전략에 이용당할 가능성은 없는가?
- 군부대 훈련 모습에 대한 보도의 수혜자는 누구인가? 전체 국민들 또는 전체 병사들인가? 혹시 일부 군 고위 관계자나 권력에 국한되는 것은 아닌가?
- 스키장이나 해수욕장의 개장 사실은 예년과 다른 특이성 등 정보로서의 가치가 있는 것인가?

(2) '판 벌리기' 식 관습적 과잉 보도

- 더위나 추위 등 현재 벌어지고 있는 기상 현상들은 시청자 대부분이 이미 알고 있는 상황인가, 아니면 전혀 모르고 있는 상태인가?
- 현재의 기상 현상이 연일 뉴스 분량을 채울 만큼 국민 생활에

큰 타격을 주는 재난 수준인가? 아니면 예년과 유사한 수준인가?

- 이미 지나간 기상 상황의 화면을 반복적으로 단순히 설명해 주는 뉴스 때문에 누락되거나 축소되는 뉴스들이 있는가?
- 현재의 기상 현상에 대해 시청자들이 꼭 알아야 할 정보가 얼마나 있나?
- 명절 등과 관련한 기사들 중에 정보로서의 가치는 없이 단순히 해마다 반복되는 내용으로 채워진 것은 없는가?
- 명절 등과 관련한 과잉 보도로 누락되거나 축소된 뉴스는 없는가?

(3) 정치 뉴스의 관습적 기사 작성

- 기사가 전하려는 것이 정치 세력 간의 싸움 자체인가, 아니면 싸움의 원인과 내용인가?
- 기사에서 인용하는 대립된 주장들이 검증 가능한 것인가? 아니면 검증이 불가능한 정치적 견해에 불과한 것인가?

- 전달하려는 정치 세력 간 공방이 문제 해결을 위해 불가피한 논쟁 과정인가? 아니면 소모적인 논쟁에 불과한 것인가? 그 판단의 근거는 무엇인가?
- 국회의 회의 과정 속에서 벌어지는 고성이나 막말, 정회와 휴회 등이 쟁점 사안의 논의 과정에서 일부에 불과한가? 아니면 그것이 전부인가?
- 논란이나 파문의 원인 제공자는 누구인지가 기사에서 제대로 드러나고 있는가?
- 어느 정파의 논리가 더 타당한가? 타당성을 비교하기 위해 필요한 사항들이 기사에 포함돼 있는가?
- 기사의 전개 방식이나 표현, 앵커 멘트 등에 대해 데스크가 제시한 방향이 취재한 내용에 부합하는가?
- 특정 정파에 불리한 사안을 다루는 방식이 다른 정파에 불리한 사안에서도 그대로 사용되는 것인가?
- 작성한 기사가 사안의 본질을 얼마나 반영하고 있는가?
- 기사에 사용한 용어와 표현이 사안을 과장하거나 불필요하게 대립 구도를 강화하지는 않는가?

- 기사에 사용한 각종 비유나 상징이 사안의 본질을 공정하게 묘사하는 것인가?[78]
- 특정 사안에 대한 정파 간 대립의 원인이나 파급 효과, 영향 등을 기사가 제대로 반영하고 있는가? 혹시 기계적으로 민생 차질을 거론한 것은 아닌가?
- 국민에게 불필요해 보이는 사안에 대한 정파 간 논쟁의 원인은 무엇인가? 원인 제공자가 있는가? 아니면 논쟁 참여자들 모두의 똑같은 잘못인가?

78 예를 들어서 '포문을 열었다, 기름을 붓다, 맞부딪혔다, 전면전에 나서다, 배수진을 치다, 겨냥했다, 불을 지폈다, 공세를 펼치다, 역공에 나섰다, 맞받아쳤다, 전선을 넓혔다, 거센 공방전, 가시 돋친 설전, 총력전, 총공세, 정국이 급속도로 냉각되다, 안개 속 정국, 살얼음판을 걷다, 대치하고 있다, 공방이 가열되고 있다, 충돌이 한층 격화되고 있다' 등의 표현을 '토론했다, 문제를 제기했다, 주장했다, 설득했다. 제안했다, 반론을 폈다, 찬성하지 않았다, 다른 의견을 제시했다, 타협을 이루지 못했다, 토론이 길어졌다. 논쟁이 끝나기가 쉽지 않다, 대책에 대한 생각이 달랐다' 등으로 교정이 가능할 것이다.

III
문제적 보도를 바로잡기 위하여

1. 방송 보도의 7가지 문제점과 하위 유형

지금까지 한국의 방송 보도에서 나타나는 7가지 문제가 어떤 것인지를 자세히 살펴보았다. '사실 관계 확인 부족,' '정치적 편향,' '광고주 편향,' '출입처 동화,' '자사 이기주의,' '시청률 집착,' '관습적 기사 작성'의 각 문제점들은 현실에서 드러날 때 각각 다른 모습들, 즉 하위 유형들을 가지고 있다. 또한 그 하위 유형들이 나타나는 것은 특정한, 또는 공통적인 원인이 있다. 그 내용을 요약하면 다음과 같다.

우선, 사실 관계 확인 부족은 말 그대로 기사 작성을 위한 가장 기본적인 요건인 사실 관계 확인이 제대로 안 된 것을 뜻한다. 이것은 '성급한 추측 보도,' '무비판적 인용 보도,' '일방적 주장 전달,' '익명 취재원 의존 보도'라는 4가지 유형을 보이고 있었다. 여기서 '성급한 추측 보도'는 단편적인 정보에 의존해 성급하게 추측 보도를 하는 것을 말하는데, 자칫 오보가 되거나 사안의 실체적 진실을 밝히는 데 오히려 방해가 될 수도 있다. '무비판적 인용 보도'는 유력한 취재원의 발표 자료를 무비판적으로 인용하여 취재원의 언론 플레이에 이용당할 가능성이 큰 것을 말한다. '일방적 주장 전달'은 논쟁적인 사안에 대해 일방의 주장만을 전달하거나 상대 쪽 당사자에게 형식적 반론권만 주는 것을 말한다. '익명의 취재원 의존'은 신분이 드러나지 않는 취재원에 의존한 내용을 보도하는 것인데, 익명 취재원은 사실 여부에 책임이 없으므로 오보의 가능성도 그만큼 커진다.

둘째, 정치적 편향은 "특정한 정파나 진영에 일방적으로 유리하거나 불리한 방향으로 기사를 작성하는 것"이라고 정의하였다. 실제로 분석해 본 결과, 편향됐다고 판단된 뉴스들은 '의도적 아젠다 변경,' '진실 규명 소홀,' '특정 정파 낙인찍기,' '선과 악의 대비,' '편파적인 뉴스 어휘와 구성,' '보도 축소 또는 누락'이다. 다시 풀어 쓸 필요 없이 뜻이 자명한 것들이다. 그런데 중요한 것은 다른 영역보다 특히 정치뉴스에서 편향의 이러한 유형들은 중층적으로 나타나고 있었다.

셋째, 광고주 편향은 경제 권력이나 자본 권력에 일방적으로 유리한 방향으로 기사를 작성하는 것이다. 이것은 광고주를 의식했기 때문이기도 하고 때로는 기자 스스로가 자본 편향적 보도가 옳다고 생각하기 때문이다. 구체적으로 이 유형은 '광고주의 문제점 축소·누락,' '광고주 치중,' '유사 광고 보도,' '홍보성 보도'의 4가지로 나타난다. '광고주의 문제점 축소·누락'은 광고주에 불리한 사실을 축소하거나 아예 누락하는 것이다. '갈등 사안에서의 광고주 치중'은 갈등 사안에서 광고주에 편향된 정보와 흐름을 유지하는 것이다. '유사 광고 보도'는 이른바 '생활 밀착형' 보도라는 명분으로 상품이나 서비스의 문제점에는 주목하지 않고 일반적인 우호적 내용만을 보도하는 것이다. '홍보성 보도'는 주로 국가주의적 입장에서 광고주의 활동이나 실적을 홍보하는 것이다.

넷째, 출입처 동화는 "기자가 담당하고 있는 출입처의 입장에 동화되어 균형감을 상실하고 무비판적으로 기사를 작성하는 것"이다. 출입처 동화가 저널리즘에서 나타나는 방식은, 좋은 것은 홍보성으로 보도하고 나쁜 것은 축소하거나 침묵하는 것이다. 구체적으로, 이것들은 '전형적 홍보성 보도,' '출입처 시각의 일방적 보도,' '권력 지향적 보도,' '본질 외면 보도'로 나타난다. '단순 홍보성 보도'는 취재원 접근이 어려운 국방, 안보 관련 보도 등에서 문제의식 없이 취재원이 스스로 잘한 것으로서 알리고 싶은 바를 그대로 옮겨 주는 것이다. '출입처 시각 일방적 보도'는 갈등적 사안이나 논란이 될 만한 일에 출입처 시각만을 반영하는 것을 말한다. '권력 편향적 보도'는 권력에 대해 용비어천가식 찬사를 늘어놓는 것이다. '본질 외면 보도'는 사태의 본질은 외면하고 엉뚱한 부분에 초점을 맞춰 출입처에 불리한 내용을 피해가는 방식이다.

다섯째, 자사 이기주의는 "정책적 사안에서 자기 회사의 일방적 이해를 반영한 기사를 내보낸다든지, 회사의 다른 프로그램을 홍보하기 위해 뉴스를 이용하는 것"을 말한다. 이것은 '방송사 입장 대변 보도,' '방송사 홍보 보도,' '사고社告의 뉴스화'의 3가지 유형들이 있다. '방송사 입장 대변 보도'는 해당 방송사의 이해가 걸린 사안에 대해 일방적인 홍보 역할을 하는 것이다. '방송사 홍보 보도'는 드라마나 예능 등 자사 프로그램 홍보에 보도를 동원하는 것이다. '사고의 뉴스화'는 자기 방송사가 주최한 행사나 관련된 사업에 대해 뉴스를 통해 소개를 하는 것이다.

여섯째, 시청률 집착은 "합리적이고 정당한 기사 판단 기준을 시청률로 대체하는 현상"을 말한다. 이것들의 세부 유형은 5가지로 '말초적 사건 사고,' '선정적 소재,' '깊이 없는 연예 뉴스,' '호기심 천국,' '그래픽 및 재연 남용'으로 구분할 수 있다. '말초적 사건 사고'는 중요한 뉴스 가치에 앞서 주목을 끄는 영상에 이끌린 보도이다. '선정적 소재'는 성문제가 결부된 사안 등 자극적인 소재에 대해 필요 이상의 보도 가치를 부여하는 것이다. '깊이 없는 연예 뉴스'는 뉴스 가치는 없는데도 인기 연예인의 등장만으로 시청률을 노리는 것이다. '호기심 천국'은 흥미는 유발하지만 뉴스 가치나 사실성이 부족한 보도를 말한다. '그래픽 및 재연 남용'은 과도하게 그래픽이나 재연 기법을 동원해 뉴스를 극화하는 유형이다.

일곱째, 관습적 기사 작성은 "방송 기자 조직 내에서 공식처럼 전해져 내려오는 무의미한 보도 행태"를 말한다. 이러한 현상은 한국 저널리즘에서 매우 폭넓게 자리 잡고 있으나 그중 대표적인 것들을 '무의미한 스케치 보도,' '판 벌리기 식 관습적 과잉 보도,' '정치 뉴스의 관습적 기사 작성'으로 나누어 살펴보았다. '무의미한 스케치 보도'는 촬영된 화면을 무의미하게 단순 묘사하는 것을 말한다. '판 벌리기 식 관습적 과잉 보도'는 해마다 반복적으로 이뤄지는 사안이나 사회적으로 덜 중요한 사안에 대해 지나치게 많은 시간을 할애해 집중적으로 보도하는 경우이다. '정치 뉴스의 관습적 기사 작성'은 정치적 중립을 산술적 균형과 추상적인 양비론으로 오인한 나머지 정치권의 대립 구도에만 의존해 기사를 작성하는 정치 뉴스의 오랜 관행을 말한다.

2. 문제적 보도의 원인

이러한 문제적 보도가 나타나는 원인을 파악하여 보았다. 그 내용을 요약해 보면 다음과 같다.

우선, 사실 관계 확인 부족의 원인은 4가지로 분석되었는데 그것들은 '속보 경쟁과 특종 의식,' '기자의 관습과 출입처 동화'. '간부의 정치-경제적 편향성,' '회사의 시청률 경쟁' 등이었다. '속보 경쟁과 특종 의식'이란 개인적 또는 조직적 차원에서 특종 욕심을 말하는 것으로 이 때문에 사실 관계를 충분히 확인하지 않은 상태에서 기사를 쓰게 된다. '기자의 관습과 출입처 동화'는 기자가 출입처에서 주는 자료나 취재원이 흘린 정보에 의존해 관습적으로 기사를 쓰거나 이들과의 정보 교환과 사적 교류를 통해 자신도 모르게 그들의 논리에 동화되는 것이다. '간부의 정치-경제적 편향성'은 보도국 간부들의 개인적인 또는 조직적인 정치적-경제적 이해관계로 인한 편향성을 말하는 것으로 이로 인해 평소 강조해 왔던 사실 확인을 뒷전으로 미루게 된다. '회사의 시청률 경쟁'은 그야말로 시청률 경쟁에 몰입하다 보니 사실 확인을 소홀하게 되는 것이다. 이러한 4가지 원인들은 개별적으로 또는 상호작용을 통해 사실 관계 확인 부족 현상을 만들어 낸다. 아울러 사실 관계 부족의 원인은 다른 유형의 문제적 보도, 즉 '정치적 편향,' '광고주 편향,' '출입처 동화,' '관습적 기사 작성,' '시청률 집착' 등과 관계가 깊다는 것도 기억해야 할 것이다.

광고주 편향은 하위 유형들인 '광고주의 문제점 축소·누락,' '광고주 치중,' '광고 대체적 보도,' '홍보성 보도' 각각에 따라 원인을 갖고 있다. 우선, 광고주의 문제점을 축소·누락하는 원인은 조금만 파고들

표 18. 문제적 보도의 유형과 원인

문제 유형	하위 유형	원인
사실 관계 부족	성급한 추측 보도	속보 경쟁과 특종 의식
	무비판적 인용 보도	기자의 관습과 출입처 동화
	일방적 주장 전달	기자의 관습과 출입처 동화 간부의 정치 · 경제적 편향성
	익명의 취재원 의존	속보 경쟁과 특종 의식 기자의 관습과 출입처 동화 간부의 정치 · 경제적 편향성 회사의 시청률 경쟁
정치적 편향	의도적 아젠다 변경	관제적 지배 구조 언론인의 사명감 부족과 후견주의 의례적 객관주의와 균형의 악용 정치부 기자들의 동료 의식
	진실 규명 소홀	
	특정 정파 낙인찍기	
	선과 악의 대비	
	편파적인 뉴스 어휘와 구성	
	보도 축소 또는 누락	
광고주 편향	광고주의 문제점 축소 · 누락	안일한 태도
	광고주 치중	본질에 대한 무관심, 불완전한 취재
	유사 광고 보도	문제의식 결여
	홍보성 보도	사실 확인 미흡, 출입처 동화
출입처 동화	전형적 홍보성 보도	취재 의지 부족
	출입처 시각의 일방적 보도	문제의식 결여
	권력 지향적 보도	출입처 배정 관행 기자실 운영 관행
	본질 외면 보도	기자의 정치적 편향 시청률 집착

자사 이기주의	방송사 입장 대변 보도	저널리즘 직업 윤리 의식 부족
자사 이기주의	방송사 홍보 보도	저널리즘 직업 윤리 의식 부족
자사 이기주의	사고社告의 뉴스화	보도의 사유 의식
시청률 집착	말초적 사건 사고	저널리즘 직업 윤리 의식 부족 과도한 취재 업무량, 영상에 대한 집착
시청률 집착	선정적 소재	저널리즘 직업 윤리 의식 부족 과도한 취재 업무량, 영상에 대한 집착
시청률 집착	깊이 없는 연예 뉴스	사회 문화적 의지 및 역량 부족 연예인 인기 편승 기대 심리 프로그램 홍보
시청률 집착	호기심 천국	시청률 제고에 대한 기대
시청률 집착	그래픽 및 재연 남용	영상에 대한 집착
관습적 기사 작성	무의미한 스케치 보도	수습 기자 훈련 방식 휴일에 연성 뉴스 선호 인식 영상에 대한 집착 취재원들의 홍보 전략
관습적 기사 작성	판 벌리기 식 관습적 과잉 보도	기사량에 대한 강박과 집착 영상에 대한 집착 특정 정파에 불리한 사안 희석
관습적 기사 작성	정치 뉴스의 관습적 기사 작성	결정권자들의 정치적 성향 공정성 시비 피하기 위함 과도한 취재 업무량

면 문제의 핵심을 알 수 있는데도 그저 표피적으로 보이는 대로 편하게 기사를 작성하는 안일한 태도이다. 광고주 치중은 갈등 사안의 본질에 대한 무관심이나 의도적인 외면, 혹은 불완전한 취재에서 비롯된다. 또한 유사 광고 보도는 문제의식 결여에서 비롯된다. 기사와 광고 또는 홍보는 분명히 다를 뿐만 아니라 명확하게 구분되어야 한다는 점을 인식하지 못하기 때문인 것이다. 홍보성 보도는 사실 관계 확인 미흡과 취재원이 제공하는 정보를 과신하는 출입처 동화가 원인이다. 결

국, 광고주 편향은 출입처에 동화하거나 편하게 기사를 작성하고자 하는 안일한 태도에서 비롯된다.

출입처 동화 현상은 각 세부 유형에 따른 개별 원인이 있음을 알 수 있었다. 우선, '전형적인 홍보성 보도'가 나오는 이유는 기자들의 취재의지 부족이다. 주로 현장 접근이 어려울 경우에 편하게 기사를 쓰려는 태도에서 출입처가 원하는 홍보성 기사를 쓰게 되는 것이다. 또한 '출입처 시각의 일방적 보도'는 "왜"라고 묻는 문제의식이 결여되었을 때 타나나기 쉽다. 아울러, '권력 지향적 보도'는 '시경캡(서울경찰청 출입 기자) → 사건 데스크 → 국회 출입 → 청와대 출입'이라는 일종의 조직 내에서의 성공가도를 의식하게 만드는 출입처 배정 관행과 기사 작성의 편의를 위해 스스로 출입처와 타협한 기자실 운영 관행에 기인한다. 한편, '본질 외면 보도'는 기자가 출입처에 정치적으로 편향돼 있거나, 시청률에 집착할 때 발생하는 경향이 있다.

'자사 이기주의' 보도의 세부 유형별 원인은 다음과 같이 정리할 수 있다. 우선, '방송사 입장을 대변하는 보도'는 기자의 프로페셔널리즘이 부족해 기사를 '우리 것'이라고 착각하는 직업 윤리 결여에서 비롯된다. 방송사 홍보 보도 또한 직업 윤리가 부족하기 때문이다. '사고社告의 뉴스화'도 기자의 직업 윤리 부족에서 비롯되기도 하지만 보도가 주주나 최고 경영진의 사적 소유물이라고 생각하는 잘못된 의식의 영향이 크다.

시청률 집착 유형의 보도도 각 세부 유형에 따른 원인을 찾아보았다. 우선 '말초적 사건 사고'와 '선정적 소재'가 많아지는 원인은 근본적으로 저널리즘 윤리의 실종 또는 혼동에서 비롯되며, 취재 보도 시스템적으로는 과도한 취재 부담의 여파 때문이기도 하다. '깊이 없는 연예 뉴스'는 근본적으로 연예 분야를 사회 문화적으로 접근하고자 하는 의지나 실력이 없는데서 출발한다. 또한 유명 연예인 기사를 다루면 시청률이 올라갈 것이라는 타성적 사고 때문이기도 하다. 때로는 자사 프로그램 자체를 홍보하기 위한 수단으로 연예 뉴스를 다루는 경우도 있다. '호기심 천국'류의 기사는 신기한 현상이 시청률을 올려줄 것이라는 기대 때문에 방송되는 경우가 많다. 끝으로, '그래픽 및 재연 남용'은 영상과 뉴스를 극적으로 표현하려는 집착 때문이다. 해당 내용에 화면이 없을 경우 그래픽이나 재연을 사용해서라도 화면을 만들어 내야 한다는 강박이 이러한 남용을 만들어 낸다. 또 기사를 보다 극적으로 만들기 위해 이런 기법을 남용하는 것이다.

관습적 기사 작성은 여러 요인들이 복합적으로 작용하여 나타나게 된다. 우선, '무의미한 스케치 보도'는 스케치 기사를 강조하는 수습기자 훈련 방식과, 휴일이나 주말에는 연성 아이템이 맞는다는 인식, 영상이 시청률을 올린다는 간부들의 의식, 화면거리를 제공하는 취재원들의 홍보 전략 등이 원인이 되어 이루어진다. '판 벌리기 식 관습적 과잉 보도'는 특정 이벤트에 대해 무조건 기사량을 늘려야 한다는 강박관념과 집착이 일차적인 원인이다. 아울러 강렬한 화면만으로 시청률을 올리려는 태도도 원인으로 작용한다. 또한, 특정 정파에 불리한 사안이 발생할 경우 이를 희석시키기 위한 용도로 날씨 등이 과도하게 배치되기도 한다. '정치 뉴스의 관습적 기사 작성'의 가장 큰 원인은 보도 방향 결정권자들의 정치적 성향일 것이다. 정쟁 위주의 보도가 시청률을 끌어올릴 것이라는 인식에 공정성 시비 등에서 상대적으로 자유로울 수 있기 때문이기도 하다. 부족한 취재 시간과 제한된 기사 분량도 큰 원인이 된다.

이상으로 살펴본 바와 같이 문제적 보도의 원인은 각 유형마다, 그리고 다시 그것들의 세부 유형마다 각각의, 때로는 상호 겹치는 원인

그림 11. 문제적 보도의 근본 원인

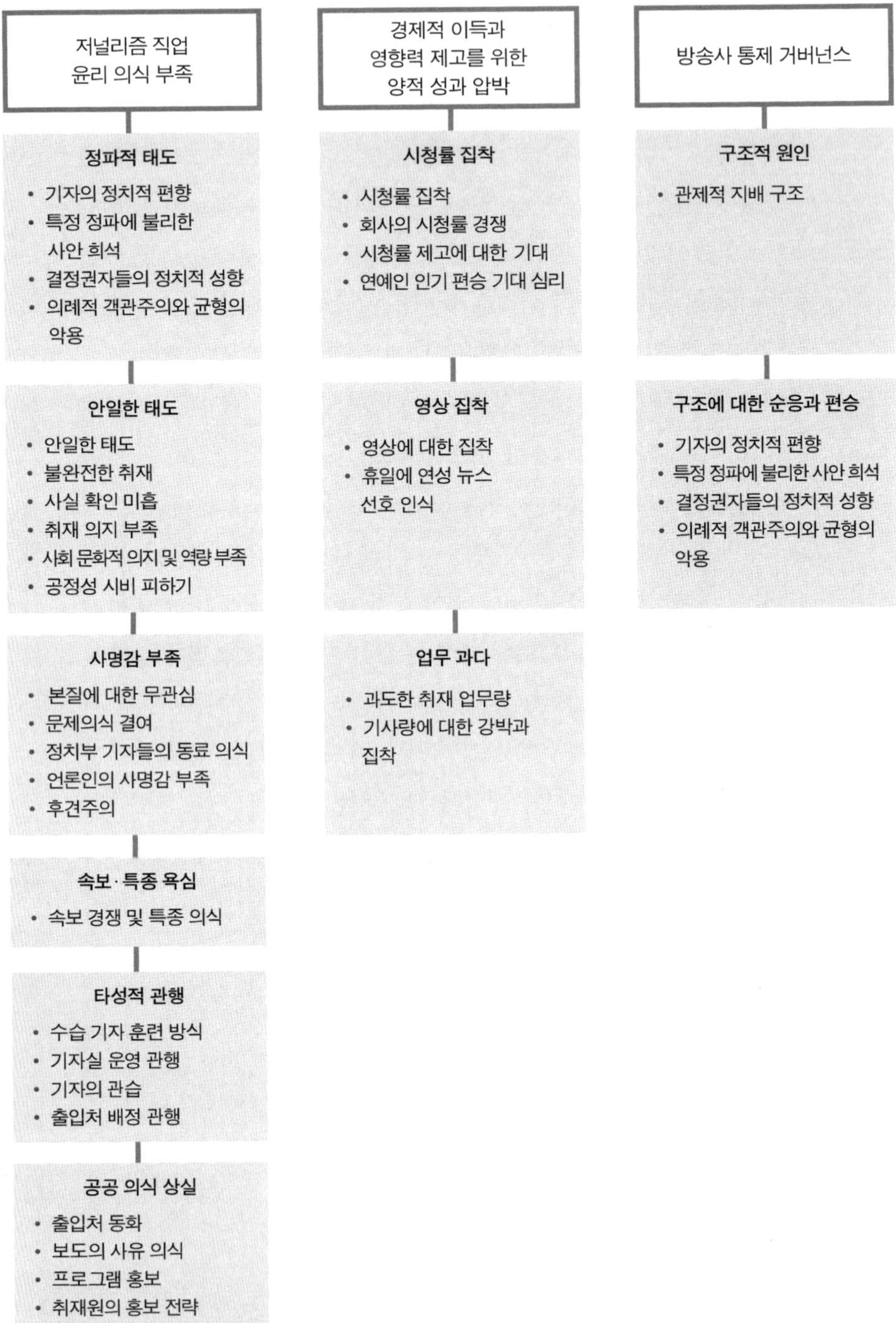

들을 지니고 있었다. 이러한 원인들을 펼쳐 놓고 조감하여 보니 크게 3가지의 근본 원인을 갖고 있음이 드러나는데, 그것들은 바로 기자들의 문제라고 할 수 있는 '저널리즘 직업 윤리 의식 부족'과 외적 요인들이라고 할 수 있는 '양적 성과 압박'과 '방송사 통제 거버넌스'이다. 우선, 기자들 개인이 또는 기자 집단이 저널리즘 직업 윤리 의식이 부족할 때 정파적 태도, 안일한 태도, 사명감 부족, 속보·특종 욕심, 타성화된 관행, 공공 의식 상실이라는 문제적 태도와 행동을 보이게 된다. 한편으로, 외적 요인으로서 경제적 이득을 이유로 또는 방송사나 보도 조직의 영향력 확대를 이유로 보도 조직은 기자들에게 양적 성과에 대한 압박을 가하게 되고 이에 따라 기자들은 시청률과 영상주의에 매몰되며, 업무 과다 상황에서 문제적 보도를 만들게 된다. 중요한 다른 외적 요인으로 정권에 예속된 방송사 및 보도 조직을 만들어 내는 통제 거버넌스가 때로는 심각한 문제를 만들어 낸다. 이러한 외적 요인은 기자들의 정파적 태도나 사명감 부족 등 저널리즘 윤리 의식 부족과 맞물릴 때 한국의 경제 발전과 문화 발전과 유리된 매우 부끄러운 저널리즘의 변종을 키우게 되는 것이다.

3. 앞으로의 과제

이 책의 선행 작업이었던 《방송 보도를 통해 본 저널리즘의 7가지 문제》와 달리 이번에는 문제적 보도의 세부 유형을 찾아보고, 그러한 문제의 원인을 파악해 보고자 하였다. 아울러 한걸음 더 나아가 이를 피할 수 있는 구체적인 지침도 마련해 보았다. 문제적 보도의 유형으로 분류한 '사실 관계 확인 부족,' '정치적 편향,' '광고주 편향,' '출입처 동화,' '자사 이기주의,' '시청률 집착,' '관습적 기사 작성'은 방송만이 아닌 신문 저널리즘에서도 강하게 나타난다. 그러나 세부 유형을 분석해 보니 방송 저널리즘만의 독특한 문제점이 고스란히 드러나는 것을 알 수 있었다.

다매체·다채널 환경에서 경쟁이 심화하면서 이러한 문제점들이 한국만이 아니라 전 세계적으로 드러나는 것도 사실이다. 그러나 이것을 선진국의 방송 저널리즘에 비교해 본다면 그 강도는 매우 심각할 정도라고 말할 수 있다. 특히, '정치적 편향'과 '광고주 편향,' 그리고 '자사 이기주의'는 한국에서 매우 두드러지게 나타나는 고질적인 문제점이다. 더구나 주요 공영 방송사들은 지난 이명박 정부 때부터 지금까지 정치적 편향을 넘어 정치적 예속이라고 할 수 있을 정도의 불공정한 보도 태도를 유지하고 있다.

한림대 심훈 교수가 2013년 말 한국의 방송학자들을 대상으로 조사한 것을 보면 노무현 정부에서 10점 만점에 6.49점, 6.36점을 각각 기록했던 KBS와 MBC의 공정 보도에 대한 평가 점수는 이명박 정부에서 각각 3.17점과 2.91을, 박근혜 정부에서 각각 3.24점과 2.87점으로 크게 떨어졌다. 기자들을 대상으로 한 한림대 최영재 교수의 조사에서도 자사 뉴스의 중립성을 묻는 질문에 KBS는 10점 만점에 평균 3.71점, MBC는 3.16점을 주었다. 노무현 정부 때 KBS와 MBC가 각각 6.22점, 6.19점을 기록한 것에 비해 크게 낮아진 것이다. 국경없는 기자회나 프리덤하우스의 언론자유도 평가 지수도 양대 정부에서 지속적으로 하락하고 있는 한국 언론 자유의 현실을 보여 주고 있다.

어떤 공영 방송사의 경우 지난 2012년 파업의 여파로 실력 있는 기자들이 현업에서 물러나고 충분한 훈련을 거치지 않았다고 생각되는 사람들이 중요 영역에 대한 보도 행위를 한다. 그러다 보니 역설적으로 "한국 방송 저널리즘사에 길이 남을만한" 기본이 안 된 황당한 보도가 버젓이 이뤄지는 상황이다. 이것은 정치적 편향성과 관계없는, 그리나 정치 권력의 방송 통제라는 정치적 상황의 엉뚱한 산물이다. '사실 관계 부족,' '광고주 편향,' '출입처 동화,' '자사 이기주의,' '시청률 집착,' '관습적 기사 작성' 등의 고질적 문제에 더해 '정치적 편향성'이 이렇게 두드러지는 것은 가뜩이나 어려워진 환경 아래 방송 저널리즘의 기본적인 신뢰마저 잃게 해 회복 불능의 상태로 전락시키는 것은 아닌지 매우 우려된다. 특히, '바람직한 보도'를 많이 경험해 보지 않은 초임 기자들이 앞으로 무엇을 배우며 성장할지, 그리고 이들이 중견으로, 또한 데스크로 성장했을 때 경험해 보지도 않은 바람직한 의사 결정을 할 수 있을지 매우 걱정이 되기도 하다.

바로 이 문제의식이 우리의 작업을 추동한 근인이다. 이러한 척박한 상황에서도 경력이 많지 않은 기자들이 바람직한 기사가 무엇인지를 알며 성장하는 데 도움이 되기 위해서 우리는 이 활동을 시작한 것이다. 현직 기자들과 방송 학자들로 구성된 특위는 '문제가 있는 것으로 생각되는 기사들'을 모아 본 다음, 이것들을 유사한 것들끼리 묶는 방식으로 '7가지 문제' 유형을 구분해 냈다. 또한 7가지로 분류된 각 유형의 기사들을 모아 놓고 다시 세부 유형을 찾아보았다. 그러나 이 분류들은 완전하게 상호 독립적인 것들이 아니다. '사실 관계 확인 부족,' '정치적 편향,' '광고주 편향,' '출입처 동화,' '자사 이기주의,' '시청률 집착,' '관습적 기사 작성'은 상호 영향을 주면서 현실 기사에 발현되고 있다. 실제로 이 책에서 특정한 유형으로 분류한 많은 기사 사례는 다른 유형의 특성 또한 지니고 있는 경우가 대부분이었다. 이 유목들은 현실을 더 쉽게 알아보기 위한 편의적 구분일 뿐이다. 실용성을 위한 것이기 때문에 이것을 통해 문제점을 더 뚜렷이 파악해 내고 그 원인과 해결책을 찾는데 도움이 된다면 이 유목은 그 자체로 의의가 큰 것이다.

또한 개별 유형의 사례로 등장한 기사들은 각각의 유형으로 보았을 때 문제가 있다고 생각되는 것들을 선별한 것들이다. 특위의 연구 모임에서 서로 다른 위원이 동시에 각기 다른 유목에 해당한다고 분류했던 것들도 있다. 이는 바로 앞서 이야기했듯이 문제 기사는 보통 하나 이상의 유형에 해당하는 문제점을 갖고 있기 때문이었다.

위에서 보았듯이 이러한 문제적 보도의 원인은 거의 공통적이라고 할 수 있었다. 다매체·다채널 상황에서 심화하는 경쟁 환경과 권위주의 정부의 언론 통제라는 외적 요인에 기자 또는 보도국 조직의 저널리즘 윤리 의식 부족이라는 내적 요인이 겹쳐서 이러한 문제들이 일어나는 것이다. 심화하는 경쟁과 언론 통제라는 외적 요인이 저널리즘 윤리 의식의 계발을 더 막고 있다는 점에서 문제의 원인은 악순환적 양태를 보인다.

우리는 무엇보다 현실 개선에 도움을 주자는 목적으로 문제적 보도의 유형화를 시도하고, 원인을 분석하고, 방지 방안을 제시해 보았다. 이제 남은 것은 현장 기자들에 대한 확산의 노력이다. 우리가 내놓은 유형 분류에 대한, 원인에 대한, 처방에 대한 이견이 있을 수 있다. 우리는 어떠한 비판과 논의도 환영한다. 어떠한 형태이든, 어떠한 목적이든 저널리즘에 대한 활발한 토론이 우리가 바라는 저널리즘의 모습을 만들어 가는 데 도움이 될 것이기 때문이다.

강명구 (1993). 《한국 언론 전문직의 사회학》. 나남.

강준만 (1998). 《카멜레온과 하이에나: 한국 언론 115년사》. 인물과사상사.

경향신문 (2008. 1. 12). "인수위, 언론사 간부 성향 조사…… '언론 통제' 의도 파문."

권영설 (2000). "방송의 공정 보도 기준에 관한 연구," 방송위원회 엮음, 《방송의 공정성에 관한 연구》. 방송위원회, pp.123~173.

김유진 (2010). "방송 장악 이후 KBS 프로그램의 변화," 방송독립포럼 창립 기념 '방송 장악과 민주주의 위기' 토론회 발제문.

김주언 (2008). 《한국의 언론 통제》. 리북.

남궁협 (2004). "방송 뉴스 보도에 미치는 내적·외적 영향 요인에 관한 연구," 한국언론학회 연구 보고서 및 기타 간행물, pp.25~66.

박승관 (1994). 《드러난 얼굴과 보이지 않는 손: 한국 사회의 커뮤니케이션 구조》. 전예원.

박인규 (2010). "조직 문화의 관점에서 본 KBS 피디 저널리즘의 퇴행 원인," 〈현상과 인식〉, 제34권 3호, pp.299~322.

박홍원 (2004). "미디어 어카운터빌리티 개념을 통한 사회 책임 이론의 재조명," 〈언론과 사회〉, 12권 3호, pp.8~53.

송국건 (2011). "'스폰서 기자'의 은밀한 세계: 타인 명의 법인 카드로 후배 기자 챙기기," 〈신동아〉, 11월호, pp.156~163.

신미현·배미경 (2008). "PR 실무자와 기자의 언론 관계성 인식 유형 연구," 〈언론과학연구〉, 제8권 4호, pp.441~479.

심석태 외 (2013). 《방송 보도를 통해 본 저널리즘의 7가지 문제》. 컬처룩.

옥선미 (1989). "자본주의 사회의 신문 언론 노동의 성격에 관한 연구," 서울대학교 대학원 석사학위 논문.

윤석홍 (1998). 《오프 더 레코드》. LG상남언론문고.

윤창빈 (2008). "언론 현장: 이번엔 한나라당 취재반장 대거 이동," 〈신문과 방송〉, 5월호, pp.62~65.

이은택·이창호 (2013). 《저널리즘의 이해》. 한국방송통신대학교 출판문화원.

이효성 (1989). 《정치 언론》. 이론과실천.

——— (1996). 《한국 언론의 좌표》. 커뮤니케이션북스.
임병걸 (1991). "방송 조직의 관료적 통제 메커니즘에 관한 연구," 서강대학교 대학원 석사 학위 논문.
정필모 (2012). "사유화된 공론장을 복원하려면," 한국언론학회 3차 기획 세미나 '민주주의와 갈등: 저널리즘의 새 지평을 모색하다' 토론문.
정현상 (2008). "단독 인터뷰: 박재완 청와대 국정기획수석 인터뷰," 〈신동아〉, 통권 587호, pp.120~135.
최영재 · 홍성구 (2004). "언론 자유와 공정성," 〈한국언론학보〉, 48권 6호, pp.326~342.
한국언론연구원 (1997). 《경제 보도》. 한국언론연구원.
한국언론진흥재단 (2013). 〈2013 언론 수용자 의식 조사〉. 한국언론진흥재단. 2013.
한규석 (2000). "한국인의 공과 사의 영역: 공적과 인정의 갈등," 〈한국심리학회지: 사회문제〉, 제6권 2호, pp.39~63.
허진 (1997). "전문직 정향과 구조적 통제에 대한 인식이 방송인의 직업 만족도에 미치는 영향: 보도 부문을 중심으로," 서울대학교 대학원 박사 학위 논문.
현동헌 · 최낙진 (2009). "지역 언론의 내적 통제 요인에 관한 연구: 제주 지역 연고주의를 중심으로," 〈언론과학연구〉, 제92호, pp.607~644.

Altschull, H. J. (1984). *Agents of Power*. New York: Longman.
Auletta , K. (1992). *Three Blind Mice: How the TV Networks Lost Their Way*. Vintage.
Baily, G. & L. Lichty (1972), "Rough Justice on a Saigon Street: A Gatekeeper Study of NBC's Tet Execution Film," *Journalism Quarterly*, 49, pp.221~229.
Berkowitz, D. A. (1997). *Social Meanings of News: A Text-reader*. Thousand Oaks, CA: Sage Publications.
Blasco, A., P. Pin & F. Sobbrio (2012). *Paying Positive to Go Negative: Advertisers' Competition and Media Reports*. Mimeo, IMT Lucca.
Breed, W. (1960). "Social Control in the News Room," in W. Schramm (ed.), *Mass Communications*. Urbana, Illinois: University of Illinois Press, pp.178~194.
Di Tella, R. & I. Franceschelli (2009). Government Advertising and Media Coverage of Corruption Scandals," NBER Working Paper no. 15402.
Dyke, G. (2005). *Greg Dyke: Inside Story*. Harper Collins. [김유신 옮김. 《BBC 구하기》. (주)황금부엉이. 2006.]
Entman, M. (1989). *Democracy without Citizens: Media and the Decay of American Politics*. New York: Oxford University Press.
Epstein, E. (1974). *News from Nowhere*. New York: Vintage Books.

Gurevitch, M. & J. G. Blumler (1990). “Political Communication Systems and Democratic Values,” *Democracy and the Mass Media: A Collection of Essays*, Cambridge University Press, pp.269~289.

Hall, S. et al. (1978). *Policing the Crisis: Mugging, the State and Law and Order*, London: Macmillan.

Hallin, D. C. & P. Mancini (2004). *Comparing Media Systems: Three Models of Media and Politics*. Cambridge, New York: Cambridge University Press.

Herman, E. (1986). “Gatekeeper Versus Propaganda Models: A Critical American Perspective,” in P. Golding et al. (eds.), *Communicating Politics: Mass Communications and the Political Process*. Leicester: Leicester University Press, pp.171~196.

Kovach, B. & T. Rosenstiel (2007). *The Elements of Journalism: What Newspeople Should Know and the Public Should Expect*. New York: Three Rivers Press. [이재경 옮김. 《저널리즘의 기본 원칙》. 한국언론진흥재단. 2011.]

Milton, K. (2001). “Bound Not Gagged: Media Reform in Democratic Transitions,” *Comparative Political Studies*, 34(5), pp.493~526.

Parenti, M. (1986). “Who Controls the News? The Myths of Independence and Objectivity,” in *Inventing Reality: The Politics of the Mass Media*. Boston: St. Martin’s Press, pp.35~61.

Rawls, J. (1971). *Theory of Justice*. [황경식 옮김. 《사회정의론》. 서광사. 1985.]

——— (1993), *Political Liberalism*. [장동진 옮김. 《정치적 자유주의》. 동명사. 1998.]

Shoemaker, P. J. & S. D. Reese (1996). *Mediating Media Message: Theories of Influences on Media Content*. New York: Longman. [김원용 옮김. 《매스미디어 사회학》. 나남. 1997.]

Soloski, J. (1989). “News Reporting and Professionalism: Some Constraints on the Reporting of the News,” *Media, Culture and Society*, 11, pp.207~228.

Somerick, N. & H. M. Culbertson (1976). “Cloaked Attribution: What Does It Mean to News Readers?,” *ANPA News Research Bulletin*, May 19.

http://www.people-press.org/1999/03/30/section-i-the-core-principles-of-journalism/

http://www.journalist.or.kr/news/articleView.html?idxno=32876

http://www.hani.co.kr/arti/society/media/586954.html

방송기자연합회 저널리즘 특별위원회

'저널리즘 위기'의 실상과 해법을 논의하기 위해 방송기자연합회가 2012년에 설치한 특별위원회. 저널리즘을 실행하는 기자들로 구성된 단체가 스스로 위기를 헤쳐 나가기 위해 만든 기구이다. 오랫동안 저널리즘의 위기를 고민해 온 현장 기자들이 역시 저널리즘을 연구해 온 학자들과 함께 머리를 맞대고 방송 보도 현장에서 실제로 발생하는 저널리즘의 문제점을 분석하고, 방송 언론인들이 실천할 수 있는 해법을 찾기 위해 노력하고 있다. '저널리즘 위기'에 대한 실천적 해법이 현장에 뿌리내릴 때까지 활동을 계속할 계획이다. 다음은 2013년 초부터 이 책의 내용을 논의, 집필하는 데 참여한 2기 위원 명단이다.

• •

심석태 SBS 보도국 부장 | 위원장

서울대학교 법대를 졸업하고 서강대학교에서 법학 석사와 박사 학위를 받았다. 미국 인디애나 주립 대학교(블루밍턴) 로스쿨에서 LL.M. 과정을 졸업했고 미국 뉴욕 주 변호사 자격을 갖고 있다. 언론법제와 언론 윤리 문제에 많은 관심을 갖고 있다. 1991년 SBS에 입사한 뒤 취재와 편집, 뉴 미디어 분야의 다양한 부서를 거쳤다. 서강대학교 로스쿨에서 겸임교수로 언론법을 강의하고 있다. 《한국 언론의 품격》(공저) 등의 저서가 있다.

김호성 YTN 웨더본부장 | 위원

단국대학교 국어국문학과를 졸업하고, 고려대학교와 호주 시드니 대학교에서 언론학 석사 학위를 받았다. 1987년 원주 MBC에 입사했다. 1995년 YTN으로 옮긴 뒤 앵커팀장, 정치부장, 국제부장을 거쳤다. 2010년부터 방송기자연합회 '이달의 방송기자상' 심사위원직을 맡고 있다. 2000년 남북정상회담 개최 합의 특종 보도를 비롯해 9·11 때 뉴욕 현지에서 한인 실종자 명단을 특종 보도하는 등 통일·외교·안보 분야에서 오랫동안 일했다.

김재용 MBC 보도본부 차장 | 위원

한국외국어대학교 신문방송학과를 졸업하고 2014년부터 KAIST 과학저널리즘대학원에서 공부하고 있다. 1999년 2월 MBC에 입사한 뒤, 사회부, 경제부, 정치부, 선거방송기획단, 시사매거진 2580부 등을 거쳤다. 지금은 뉴미디어뉴스국에서 데스크로 일하고 있다. 그동안 〈2차 서해교전〉, 〈허원근 일병 軍의문사 사건〉, 〈미군 장갑차 사건과 SOFA 연속보도〉, 〈믿기지 않는 구타사건〉 등을 취재, 보도했다.

정필모 KBS 국장급 보도위원 | 위원

한국외국어대학교를 졸업하고, 성균관대학교에서 정치학 석사와 언론학 박사 학위를 받았다. 미국 듀크 대학교 미디어 펠로우를 지냈다. 1987년 KBS에 입사한 뒤 사회·국제·경제부 기자, 〈경제전망대〉 데스크 겸 앵커, 〈취재파일 4321〉 데스크, 경제과학팀장, 1TV 뉴스제작팀장, 경제 뉴스 해설위원을 거쳐 〈미디어 인사이드〉 앵커로 일하고 있다. 미디어 정치경제학과 저널리즘, 금융 위기와 국제 경제 질서 연구에 관심을 갖고 있다.

최문호 KBS 보도본부 차장 | 위원

연세대학교 정치외교학과를 졸업하고, 서울대학교에서 언론학 석사 학위를 받았다. 1995년 KBS에 입사한 뒤 사회부, 통일부, 정치부, 탐사보도팀, 언론노조 KBS본부 공정방송추진위 간사를 거쳐 현재 탐사제작부에서 일하고 있다. 취재, 제작한 프로그램으로는 〈고위 공직자 재산 검증〉, 〈외환은행 매각의 비밀〉, 〈김앤장을 말한다〉 등이 있다.

임장혁 YTN 보도국 차장 | 위원

중앙대학교 영어영문학과를 졸업했다. 1995년 YTN에 입사해 사회부, 국제부, 정치부 등을 거쳐 2004년부터 시사풍자 프로그램인 〈돌발영상〉 제작을 담당했다. 2009년 쌍용자동차 노조 강제 진압 상황을 방송했다는 이유로 대기발령을 받아 현업을 떠났다. YTN 노동조합 공정방송추진위원장을 맡고 있다. 방송비평회의 '올해의 좋은 프로그램 PD상,' 환경재단의 '아름다운 100인상,' 한국기자협회의 '한국기자상 특별상' 등을 받았다.

강형철 숙명여자대학교 미디어학부 교수 | 위원

고려대학교 신문방송학과를 졸업한 뒤 동 대학원에서 석·박사 과정을 수료했고 영국 뉴캐슬 대학교에서 정치학 박사 학위를 받았다. 연합뉴스 편집국 및 YTN 기자, 선거방송심의위 부위원장, 숙명여자대학교 기획처장 등을 역임했다. 한국방송학회 방송저널리즘연구회 회장을 맡고 있다. 저서로는 《공영 방송 재창조: 공영 방송에서 공영 미디어로》, 《공영방송론》 등이 있다.

윤태진 연세대학교 커뮤니케이션대학원 교수 | 위원

연세대학교 신문방송학과를 졸업한 뒤 미국 매사추세츠 대학교에서 석사, 미네소타 대학교에서 박사 학위를 받았다. 한국언론진흥재단 연구위원, 단국대학교 언론영상학부 교수, 방송통신심의위원회 특별위원, KBS 옴부즈맨, KBS 경영평가위원, 학술지 〈언론정보학보〉와 〈커뮤니케이션 이론〉 편집위원장을 역임했다. 《방송 저널리즘과 공정성 위기》, 《방송의 언어 문화와 미디어 교육》, 《한국 사회의 디지털 미디어와 문화》 등의 공저가 있다.

이민규 중앙대학교 신문방송학부 교수 | 위원

중앙대학교 신문방송학과를 졸업하고 미국 미주리 대학교 언론대학원에서 석사와 언론학 박사 학위를 받았다. 미국 *Columbia Missourian* 기자, 한국언론진흥재단 연구위원, 한국언론학보 편집이사, 한겨레신문 사외이사, KBS 시청자위원, 방송통신심의위원회 특별위원, 한국기자협회 이달의 기자상 및 한국기자상 심사위원 등을 역임하였다. 저서로는 《웹 2.0시대의 인터넷 신문 발전 전략》, 《스마트폰 기반 뉴스 콘텐츠 유통 활성화 연구》 등이 있다.

임대근 MBC 보도본부 부장 | 위원

서울대학교 사회학과를 졸업했고 뒤늦게 한양대학교 언론정보대학원에서 언론정보학을 공부하고 있다. 1987년 MBC에 입사한 뒤 사회부, 경제부, 뉴스편집부를 거쳐 베를린 특파원을 지냈다. 2011년 3월부터 제4대 방송기자연합회장을 맡아 저널리즘 특별위원회를 출범시켰다. 지금은 MBC 통일방송연구소에서 일하고 있다.